Andreas Lehnardt (Hrsg.)

Wein und Judentum

Jüdische Kulturgeschichte in der Moderne
hrsg. von Joachim Schlör
Band 2

Andreas Lehnardt (Hrsg.)

Wein und Judentum

Neofelis Verlag

Bibliografische Information der Deutschen Nationalbibliothek
Die Deutsche Nationalbibliothek verzeichnet diese Publikation in der Deutschen Nationalbibliografie; detaillierte bibliografische Daten sind im Internet über http://dnb.d-nb.de abrufbar.

www.neofelis-verlag.de

Umschlaggestaltung: Marija Skara
Druck: PRESSEL Digitaler Produktionsdruck, Remshalden
Gedruckt auf FSC-zertifiziertem Papier.
ISBN: 978-3-943414-15-8

Inhalt

Vorwort

Die folgenden Beiträge gehen auf ein internationales Symposium „Wein und Judentum“ an der Johannes Gutenberg-Universität zurück, welches vom 5.–6. September 2012 vom Lehrstuhl für Judaistik in Mainz in Kooperation mit dem Verband der Judaisten in Deutschland veranstaltet wurde. Den Anstoß für die Tagung gab die Anfrage einer Journalistin im Jahre 2008 im Zusammenhang mit einem Bericht über die Produktion von 4.600 Flaschen des koscheren Rotweins Nagila durch den Erbacher Winzer Ronald Müller-Hagen. Die diesem Experiment und weiteren Presseberichten folgenden Anfragen zeigten, dass über ‚jüdischen‘ Wein nach wie vor viele Unklarheiten bestehen und längst nicht alle dieses Thema betreffenden Quellen erforscht, geschweige denn überhaupt bekannt sind. Zwar ist über Wein im Judentum bereits viel geschrieben worden, und insbesondere das Thema Wein in der Bibel erfreut sich regelmäßig großer Aufmerksamkeit. Doch wie Wein von Juden seit der Antike bis in die Neuzeit literarisch rezipiert und gedeutet wurde, wie sich der Umgang mit ihm entwickelte, ist bislang nur vereinzelt in den Blick genommen worden. Die Beiträge dieses Bandes sollen verdeutlichen, wie Wein die jüdische Kultur wie einen roten Faden durchzieht – und zwar von der Antike bis in die Gegenwart, in der auch in Deutschland wieder koscherer Wein produziert wird.

Allen, die zum Gelingen des Symposiums und zur Veröffentlichung des Bandes beigetragen haben, möchte ich herzlich danken. Insgesamt wurden auf der Tagung elf Vorträge gehalten, von denen hier acht in überarbeiteter Form erscheinen und durch zwei weitere Artikel ergänzt werden. Zwei in englischer Sprache gehaltene Vorträge wurden von Elke Morlok übersetzt; sie half auch bei der Vereinheitlichung der Manuskripte. Mein besonderer Dank gilt Frank Schlöffel vom Neofelis Verlag für das Lektorat. Joachim Schlör danke ich für die Aufnahme in die „Jüdische Kulturgeschichte in der Moderne“, und dies, obwohl einige Beiträge den Epochenbezug dieser Reihe deutlich erweitern.

Die Drucklegung des Bandes wurde von der inneruniversitären Forschungsförderung der Johannes Gutenberg-Universität und vom Verband der Judaisten in Deutschland gefördert. Für die Erlaubnis zur Verwendung von Abbildungen danke ich dem Jüdischen Kulturmuseum in Veitshöchheim, der Taylor-Schechter Genizah Research Unit an der Cambridge University Library, der Stanford University Press, dem Kupferstichkabinett Berlin und der Universitätsbibliothek Johann Christian Senckenberg in Frankfurt am Main.

Andreas Lehnardt, Mainz im April 2014

Einführung

Die jüdische Beschäftigung mit Wein ist so alt wie die ersten hebräischen Quellen, die die Frucht des Weinstocks, peri ha-gafen, erwähnen. Seit biblischen Zeiten sind Kultus, Kunst und Ökonomie des Judentums eng mit dem Wein verbunden, und es finden sich nur wenige Bereiche jüdischen Lebens, die nicht in irgendeiner Weise mit Wein verbunden wären. In den antiken jüdischen Literaturen gibt es daher zahllose Hinweise auf die Bedeutung und Nutzung des Weins, und es verwundert angesichts der Belege nicht, dass die Forschung ihren Anfang darin genommen hat, die wichtigsten Texte und Quellen in Anthologien zusammenzustellen, zu übersetzen und zu kommentieren. Von Leopold Löw (1811–1875)[1] über Moses Stark (1842–1933)[2] bis zu Samuel Krauss (1866–1948)[3] standen dabei vor allem die rabbinischen Texte im Fokus des Interesses und nur vereinzelt wurden auch Hinweise auf die mittelalterliche und neuzeitliche Adaption des Weines im Judentum berücksichtigt. Vor allem Löws Darstellung innerhalb seines Standardwerkes über die *Flora der Juden* verwirklichte erstmals einen historisch übergreifenden, enzyklopädischen Ansatz. Von ihm wurden nicht nur Belege über den Wein in der hebräischen Bibel, im Talmud und Midrasch berücksichtigt, sondern auch mittelalterliche Quellen und Zeugnisse aus der Neuzeit bis in die Gegenwart. Aus einem neuen Blickwinkel ist das Thema Wein im Judentum neuerdings von Neomi Silman aufgenommen und weitergeführt worden.[4] Mittels anthropologischer und soziologischer Methoden fragt sie vor dem Hintergrund unterschiedlicher kultureller Kategorien

1 Leopold Löw: *Die Flora der Juden*. Wien / Leipzig: Löwit 1924–1934, Bd. 1, S. 49–189; Bd. 4, S. 110–117.

2 Moses Stark: *Der Wein im jüdischen Schrifttum und Cultus*. Wien: Waizner 1902.

3 Samuel Krauss: Talmudische Archäologie. Leipzig: Fock. 1910–1911, Bd. 1, S. 258–261; Bd. 2, S. 227–242.

4 Neomi Silman: *Wine as a Symbol in Jewish Culture*. Tel Aviv: Ha-Kibbuts Ha-Me'uḥad 2014 (Hebräisch).

nach der symbolischen Funktion des Weines. Im Horizont liegt dabei auch die Bedeutung des Weines in der modernen israelischen Gesellschaft, die einerseits an traditionellen Bestimmungen orientiert bleibt, andererseits radikale Brüche mit der Tradition kennt, die es so in der jüdischen Geschichte bislang nicht gegeben hat , obwohl sich manche Entwicklung bereits viel früher abzuzeichnen begann.

Neben solchen neueren anthropologischen Studien sind in der Forschung zu Juden und Wein vor allem auch wirtschafts- und sozialgeschichtliche Aspekte untersucht worden.[5] Gelegentlich standen hierbei realiengeschichtliche Fragen im Vordergrund, etwa bezüglich der Herstellung von Wein in der Antike.[6] Doch insbesondere der jüdische Weinanbau und -handel wurden früh zum Gegenstand eigener Forschungen, und dieses Interesse ist in den vergangenen Jahrzehnten wieder verstärkt aufgenommen worden.[7] Das Abbröckeln des strengen Verbotes von nicht-jüdischem Wein im mittelalterlichen Aschkenas, der die Ausweitung jüdischen Weinhandels ermöglichte, gehört zu bemerkenswertesten Veränderungen in der kulturellen Adaption des Weines im Judentum. Von Haym Soloveitchik ist dieser Wandel im Umgang mit nicht-jüdischem (bzw. christlichem) Wein, der als Yeyn nesekh (Gußopferwein) bzw. Stam yeynam (einfach ihr Wein, d.h. der Wein von Nichtjuden) bezeichnet wurde, eingehend untersucht worden.[8] Entscheidungen einflussreicher rabbinischer Autoritäten, insbesondere von Rabbi Shlomo ben Yitsḥaq, genannt Raschi (1040/41–1105), selbst Weinhändler aus Troyes in der Champagne,

5 Arye Ben-David: *Talmudische Ökonomie. Die Wirtschaft des jüdischen Palästina zur Zeit der Mischna und des Talmud.* Hildesheim, New York: Olms 1974, Bd. 1, S. 107–111.

6 Siehe dazu etwa Uzi Leibner: Arts and Crafts, Manufacture and Production. In: Catherine Hezser (Hrsg.): *The Oxford Handbook of Jewish Daily Life in Roman Palestine.* Oxford: Oxford University Press 2010, S. 264–296.

7 Siehe Abraham Berliner: *Aus dem inneren Leben der deutschen Juden im Mittelalter: nach gedruckten und ungedruckten Quellen, zugleich ein Beitrag für deutsche Culturgeschichte.* Berlin: Benzian 1871, S. 43; Georg Caro: *Sozial- und Wirtschaftsgeschichte im Mittelalter und der Neuzeit,* Bd. 1: Das frühere und das hohe Mittelalter. Frankfurt am Main 1924, S. 181–190. Zum jüdischen Handel in Deutschland siehe etwa schon Friedrich von Bassermann-Jordan: *Geschichte des Weinbaus.* Frankfurt am Main 1975, Bd. 1, S. 527; Bd. 2, S. 1105; Franz Schicklberger: Wein-Koscher, Weinlagerung und Weinhandel der Juden in Eibelstadt. In: Ders.: *1200 Jahre Weinkultur in Eibelstadt.* Würzburg: Böhler 2005, S. 216–238.

8 Hayim Soloveitchik: *Principles and Pressures: Jewish Trade in Gentile Wine in the Middle Ages.* Tel Aviv: Am Oved 2003 (Hebräisch); ders.: *Wine in Ashkenaz in the Middle Ages.* Jerusalem: Zalman Shazar Center for Jewish History 2008 (Hebräisch).

gestatteten, auch mit nicht-jüdischem Wein Handel zu treiben.[9] Diese wichtige Entwicklung und die damit verbundenen Anpassungen der Halakha an veränderte Lebensumstände eröffneten neue Erwerbsmöglichkeiten, deren Auswirkungen bis in die Neuzeit zu verfolgen sind. Allerdings blieb diese Weichenstellung, insbesondere in christlich dominierten Lebenskontexten, in denen Wein für die Eucharistie verwendet wurde, lange umstritten. Bis in das 16. Jahrhundert – die Epoche der Rishonim, d. h. der nach-talmudischen Dezisoren und Rechtsgelehrten – entwickelte sich eine umfangreiche Literatur, die sich mit dem geeigneten Umgang mit solchem, nicht unter jüdischer Aufsicht produziertem und aufbewahrtem Wein befasste.[10] Unter orientalischen Juden blieben Verbote bezüglich des Kontaktes mit Muslimen sogar noch länger umstritten, so dass immer wieder auch nach regionalen Lösungen gesucht wurde, etwa für den Wein aus Jerusalem.[11]

In dem vorliegenden Band sollen nicht alle diese Aspekte des Wandels im Umgang mit Wein im Judentum behandelt werden. Die Stellung des Weins in der jüdischen Kultur seit der Antike ist, wie angedeutet, so zentral, dass hier nur eine kleine Auswahl von Aspekten berücksichtigt werden konnte. Grundlegend, aber genauso von Veränderungen gekennzeichnet, ist etwa die Kiddush-Zeremonie, bei der der Segen über den Wein gesprochen wird, etwa im Tischsegen (birkat ha-mazon) oder bei der Havdala am Ausgang von Shabbatot und Feiertagen.[12] Nahm der Wein schon im Tempelkult eine

9 Siehe etwa *Responsa Rashi. Salomon ben Isaac*, hrsg. v. Israel Elfenbein. New York: Shulzinger 1943, S. 56 (Hebräisch).

10 Als Beispiel seien neben den *'Arba'a Ṭurim* von Ya'aqov ben Asher (gest. 1340), auf dem der *Shulḥan 'Arukh* von Yosef Karo (gest. 1575) aufbaut, in annähernd chronologischer Folge genannt: *Sefer Halakhot Gedolot*, hrsg. v. Makhon Yerushalayim 1992, S. 593–602; *Sefer ha-Teruma asher horam we-asher hunaf terumat H' mi-had mi-ge'one qama'e, marana Rabbenu Barukh mi-Germaisa ba'al ha-Tosafot.* Warschau: Unterhendler 1897, S. 44d–50b; *Sefer ha-Eshkol yesodo Rabbenu Avraham bar Yitsḥaq Av bet Din mi-Narbonna*, hrsg. v. Chanoch Albeck. Jerusalem: Meqitse Nirdamim 1958, S. 62–90; *Sefer Kol Bo*, hrsg. v. David Avraham. Jerusalem 2001, Bd. 5, S. 762–894 (Hebräisch); *Sefer ha-Manhig le-Rabbi Avraham bi-Rabbi Natan ha-Yarḥi*, hrsg. v. Yitsḥaq Rafa'el. Jerusalem: Mossad ha-Rav Kook 1978, Bd. 2, S. 660–664; *Sefer Maharil. Minhagim shel Rabbenu Ya'aqov Molin*, hrsg. v. Shlomo Spitzer. Jerusalem: Makhon Yerushalayim 1989, S. 584–586.

11 Vgl. Ya'aqov Galis: *Minhage Erets Yisra'el.* Jerusalem: Mossad ha-Rav Kook 1968, S. 263–264. Siehe auch den Beitrag von Abraham David in diesem Band.

12 Siehe etwa Lawrence A. Hoffman: *The Canonization of the Synagogue Service.* Notre Dame, Indiana: University of Notre Dame 1979, S. 12–14.

besondere Stellung ein, so wurde er auch in der rabbinischen Liturgie aus der Zeit nach der Zerstörung Jerusalems durch die Römer (70 n.d.Z.) bedacht. Seit der Spätantike wurden zahlreiche Variationen und Interpretationen der den Wein betreffenden liturgischen Texte formuliert. Vor dem Hintergrund regional unterschiedlicher Entwicklungen werfen diese Bräuche zusätzliches Licht auf den sich wandelnden Umgang mit Wein.

Bereits eine frühmittelalterliche anonym überlieferte Schrift, in der die Unterschiede in den Bräuchen der babylonischen und palästinischen Juden aufgezählt werden, nimmt darauf Bezug, dass palästinische Juden im Unterschied zu babylonischen ihren Wein vor dem Segen stets zu zwei Teilen mit Wasser zu mischen pflegten.[13] Solche Unterschiede wurden über Jahrhunderte bewahrt und lassen sich bis in die unterschiedlichen Bräuche aschkenasischer, orientalischer und sefardischer Juden verfolgen. Bis heute bestehen einzelne Besonderheiten bezüglich des Umgangs mit Wein weiter, und diese werden durch lokale Bräuche (Minhagim) ergänzt, die sich in den unterschiedlichen Regionen, in denen Juden ansässig wurden, entwickelt haben. Einige dieser zahlreichen Minhagim sind in Einzelstudien bereits näher untersucht worden.[14] Viele Umgangsweisen mit Wein sind jedoch noch näher zu erforschen, insbesondere wenn man die Bräuche in den verschiedenen Gemeinden im Orient berücksichtigt.[15]

In Ländern, in denen Weinanbau sehr aufwendig und klimatisch bedingt nahezu unmöglich war, musste im Übrigen nach Ersatzlösungen gesucht werden. So entwickelte sich in Polen und angrenzenden ost- und nordeuropäischen Ländern der Brauch, den für das Pessach-Fest unerlässlichen Wein aus unvermischten Rosinen herzustellen.[16]

13 Vgl. Jerusalemer Talmud Berakhot 7,6 (11c). Siehe hierzu auch Joel Müller: Ḥilluf minhagim she-beyn bene Bavel u-bene Erets Yisra'el. In: *Ha-Shahar* 7 (1876), S. 579–584, hier S. 584, der die Differenz zwischen babylonischen und palästinischen Juden dadurch erklärt, dass der palästinische Wein (wie italienischer Wein) zu stark war.

14 Siehe dazu z.B. Daniel Sperber: *Minhage Yisra'el. Mekorot we-Toledot.* Jerusalem: Mossad ha-Rav Kook 1990–2007, Bd. 1, S. 81–82 (Kap. „Vier Gläser Rotwein an Pessach"); Bd. 3, S. 66–67 (Kap. „Brandwein beim Kiddush"); Bd. 4, S. 93–96 (Kap. „Wein bei der Hochzeit"); Bd. 6, S. 126–127 (Kap. „Kiddush mit offenem bzw. verdorbenem Wein").

15 Vgl. etwa Herbert C. Dobrinsky: *A Treasury of Sephardic Laws and Customs. The Ritual Practices of Syrian, Moroccan, Judeo-Spanish, and Portuguese Jews of North America.* Hoboken / New York: Ktav 2001, S. 62–63; 382; Haim Saadoun: *Iran.* Jerusalem: Ben-Zvi Institute 2005, S. 248; ders.: *Yemen.* Jerusalem: Ben-Zvi Institute 2002, S. 168.

16 Zu Rosinen-Wein siehe Löw: *Flora der Juden*, Bd. 1, S. 84; Silman: *Wine as a Symbol*,

Dieser Brauch wurde von vielen, die in die USA emigrierten, beibehalten, obwohl dort koschere Weine aus Trauben zur Verfügung standen. Während der Prohibitionszeit brachte dies wiederum neue Vorteile mit sich, die den Brauch bewahren halfen. Eine englische so genannte Prohibitionsbibel, in der jegliche Bezugnahmen auf Alkoholkonsum und somit auch auf Wein gestrichen wurden, konnte sich allerdings nicht durchsetzen.[17]

Wein wird im Judentum rituell als Vehikel verwendet, um auf eine nicht-materielle Wirklichkeit hinzuweisen, d. h. er wird anlässlich von *rites de passage* und besonderen Anlässen getrunken.[18] Im Unterschied zur christlichen Tradition, vor allem nach katholischer Lehre, wird Wein jedoch nie zu einer Manifestation des Göttlichen. Der christliche liturgische Gebrauch von Wein ist daher wohl nicht allein aus jüdischen Vorläufern zu erklären und muss deutlich unterschieden werden. Rituell verwendeter Wein wird in jüdischen Kontexten zunächst schlicht als peri ha-gafen, ‚Frucht des Weinstocks', erachtet. Ist von Yayin die Rede, ist vergorener Rebensaft gemeint, ohne ihn durch die Konsekration symbolisch aufzuwerten. Die sinnbildlichen Deutungen in der Hebräischen Bibel, etwa wenn vom ‚Weinstock Israel' die Rede ist, zielen nach jüdischer Auffassung nicht auf den Gedanken einer Transsubstantiation des Weines.[19] Zwar ist der Vergleich von Wein mit Blut jüdischerseits gut belegt, doch ist mit der Segnung des Weines keine Wandlung intendiert. Die Auseinandersetzung mit dem Christentum hat gleichwohl zahlreiche Spuren im Judentum und seinem Umgang mit Wein hinterlassen, und dies scheint auch in den vorliegenden Beiträgen dieses Bandes immer wieder auf.[20]

Die rituelle Verwendung von Wein und anderen alkoholischen Getränken während des Purim-Festes, dem Fest zu Erinnerung an die Errettung des Volkes durch Mordechai und Ester, ist von eigener Bedeutung. Zwar lassen viele Quellen eine bemerkenswerte

S. 78; zum Ganzen vgl. auch Jonathan Sarna: Passover-Raisin Wine. The American Temperance Movement and Mordecai Noah: The Origins, Meanings, and wider Significance of a Nineteenth Century American Jewish Religious Practice. In: *Hebrew Union College Annual* 59 (1988), S. 269–288.

17 Siehe Löw: *Flora der Juden*, Bd. 1, S. 87.

18 So etwa auch bei der Beschneidung (brit mila) nach aschkenasischem Ritus, bei der bereits dem acht Tage alten Kind ein Tropfen Wein eingeflößt wird und auch der Mutter etwas von demselben Wein gereicht wird. Siehe *Sefer Maharil*, S. 478 u. ö.

19 Siehe Stark: *Wein im jüdischen Schrifttum und Cultus*, S. 9–12.

20 Siehe z. B. den Beitrag von Elke Morlok in diesem Band.

Zurückhaltung gegenüber dem Rausch belegen, und bereits der hellenistisch-jüdische Philosoph Philo von Alexandrien hatte in mehreren Schriften vor übermäßigem Weingenuss gewarnt.[21] Doch diese in vielen traditionellen Texten aufscheinende Ethik der Mäßigung lässt im Umkehrschluss erkennen, was unter anderen Vorzeichen auch die Rabbinen voraussetzen mussten: Wein wurde gelegentlich in Mengen genossen, die nicht gesund waren. Und dies versuchten sie, mit verschiedenen Mitteln zu regulieren oder einzuschränken.[22]

Der Rausch mittels Wein wird in jüdischen Quellen ebenso immer wieder thematisiert wie in Texten aus der Umwelt des Judentums. Das negative Beispiel des Noah, welches in der rabbinischen Tradition hervorgehoben wurde, ist wohl auch deshalb immer wieder neu aufgegriffen worden.[23] Wein konnte dabei trotzdem unter gewissen Umständen als Stimulans genutzt werden, etwa um die Zunge zu lösen, z. B. um am mittäglichen Shabbat-Tisch eine der üblichen Ansprachen zu halten.[24] Da Wasser, wie oben bereits angedeutet, häufig mit Wein und umgekehrt Wein meist mit Wasser vermischt getrunken wurde, gehörte er zu den allgegenwärtigen Lebensmitteln, dessen heilsame und nützliche Wirkung bekannt war.

Die Verwendung von Wein und Weinprodukten in der Medizin ist im Judentum ebenfalls seit der Antike bekannt, und diesem Band wird auf diesen Aspekt zumindest im Hinblick auf magische Praktiken näher eingegangen.[25] Ein anonymer Abschnitt aus dem *Sefer Ḥasidim*, dem Buch der Frommen, welches den Kreisen der Ḥaside Aschkenas, der Frommen aus ‚Deutschland', einer Frömmigkeitsbewegung um Yehuda he-Ḥasid im 13. Jahrhundert, zugeschrieben wird, gestattet etwa die Verabreichung von Wein zur Schmerzlinderung, schärft jedoch ein, dass Wein und „derjenige, der sich mit Frauen befasst", immer getrennt werden sollen.[26]

21 Vgl. Philo von Alexandrien: *De Ebreitate* 214–219. Siehe auch Jesus Sirach 31,30–40.

22 Siehe etwa Sprüche der Väter 3,10: „Wein des Mittags bringt Menschen aus der Welt."

23 Siehe dazu meinen Beitrag über profane Weindichtungen in diesem Band.

24 Siehe hierfür mit einem Beleg aus dem 17. Jahrhundert Avriel Bar-Levav: „Ganz so wie zu meinen Lebzeiten." Jüdische ethische Testamente als Ego-Dokumente. In: Birgit Klein / Rotraud Ries (Hrsg.): *Selbstzeugnisse und Ego-Dokumente frühneuzeitlicher Juden in Aschkenas. Beispiele, Methoden und Konzepte.* Berlin: Metropol 2011, S. 27–46, hier S. 44–45.

25 Siehe zum Wein in der Medizin Julius Preuss: *Biblisch-Talmudische Medizin. Beiträge zur Geschichte der Heilkunde und der Kultur überhaupt.* Berlin: Karger 1911, S. 674–680; Fred Rosner: *Encyclopedia of Medicine in the Bible and the Talmud.* Northvale, New Jersey / Jerusalem: Aronson 2000, S. 324–325.

26 Siehe Reuven Margalioth (Hrsg.): *Sefer Ḥasidim she-ḥibber Rabbenu Yehuda he-Ḥasid.*

Zusätzliche, der älteren rabbinischen Tradition unbekannte Frömmigkeitspraktiken, die der Vermeidung von Gebotsübertretungen in Bezug auf koscheren Wein dienen sollten, haben sich dabei stets weiterentwickelt: Auf einige dieser Veränderungen wird in diesem Band eingegangen, obwohl auf diesem Gebiet noch manche Beobachtung mitzuteilen wäre. Einer dieser Bräuche besteht etwa darin, beim Kiddush den Weinbecher anwesenden Nichtjuden vorzuenthalten, um hierdurch ‚Mischehen' zu vermeiden, womit eine alte Vorstellung fortlebt, nach der gemeinsamer Weingenuss mit Nichtjuden fast zwangsläufig zu sexuellen Kontakten führt.[27] Auch die Absonderung von nicht-jüdischem Wein und der besondere Schutz von koscherem Wein werden mit unterschiedlichen Begründungen beachtet und begründet. Nach Auffassung einiger kabbalistischer Autoritäten genügte etwa schon der Blick eines Nichtjuden auf koscheren Wein, um diesen kultisch unbrauchbar zu machen.[28] Gelegentlich musste er daher besonders aufbewahrt oder sogar verborgen werden. Wein, der nicht von Händlern kam, die in großen Gemeinden wohnten, wurde oft als untauglich angesehen, da solcher Wein leicht mit Nichtjuden hätte in Berührung gekommen sein können.[29]

Wein wird allerdings schon in der Bibel und in vielen späteren jüdischen Quellen nicht allein als Grund der Sorge um seine halakhische Beschaffenheit betrachtet, sondern ebenso als Anlass zur Freude und als Mittel, um das Herz zu erfreuen.[30] Davon zeugen nicht zuletzt die zahlreichen Weinlieder, deren Vorbilder sich schon in der Bibel finden und die immer wieder den Genuss des Weines preisen und einen unbefangenen Weinkonsum voraussetzen. Bei einem Glas Wein konnte man sich versöhnen,[31] und auf seinen guten Geschmack

Jerusalem: Mossad ha-Rav Kook 1957, S. 141 (§ 118). – Zu Genderaspekten im Hinblick auf Wein siehe den Beitrag von Tal Ilan in diesem Band.

27 Siehe Babylonischer Talmud ʿAvoda Zara 31b mit dem Kommentar Raschis, s. v. mi-shum ḥatanot.

28 Siehe schon Löw: *Flora der Juden*, Bd. 1, S. 115 (ohne Quellenangaben), und Sperber: *Minhage Yisra'el*, Bd. 3, S. 201–202; Bd. 4, S. 287–288 mit Verweis auf Avraham ibn Mussa, ein Schüler Yitsḥaq Lurias, und Rabbi Menaḥem bar Moshe ha-Bavli (16. Jahrhundert).

29 Siehe etwa Yosef Yuspa Hahn Nordlingen: *Yosef Omets kolel dinim u-minhagim le-khol yemot ha-shana u-frotrot minhage Franqfurt ʿal nahar Main.* Frankfurt am Main: Kelner 1928, S. 32 (§ 141).

30 Siehe Jesus Sirach 40,20.

31 Siehe dazu etwa *Sefer Maʿase ha-Geonim kolel teshuvot u-piske dinim mi-ḥakhme Shum ha-kadmonim we-Rashi z"l*, hrsg. v. Avraham Epstein / Yaʿaqov Freiman. Berlin: Meqitse Nirdamim 1910, S. 70 (§ 81). Siehe dazu Ismar Elbogen: Hebräische Quellen

wurde besonderer Wert gelegt.[32] In rheinischen Quellentexten aus dem ausgehenden Mittelalter werden sogar regelrechte Sommeliers erwähnt, die nicht nur auf die rituelle Tauglichkeit des Weines zu achten wussten, sondern die auch guten von schlechtem Wein und verschiedene Aromen aus unterschiedlichen Lagen unterscheiden konnten.[33]

In Zeiten der öffentlichen Trauer und Klage, wie an einem Neunten Av, dem Fastentag zum Gedenken an die Tempelzerstörung(en), sollte sein Genuss jedoch vermieden werden.[34] Nur dem einzelnen Trauernden war Wein als Trost gestattet.[35] Der Gedanke einer temporären Weinabstinenz wird gelegentlich allgemein auf die Zeit nach der Tempelzerstörung übertragen, jedoch ohne prinzipiellen Charakter zu gewinnen.[36] Neben zeitweiser Enthaltsamkeit, wie bei einem Nasiräer-Gelübde (nach Numeri 6), oder die Abstinenz während kultischer Handlungen, entwickelte sich im Unterschied zum späteren Islam – trotz einer gewissen Ambiguität – im Judentum jedoch kein absolutes Weinverbot.

Verbote galten nur für solche Weine, deren halakhische Beschaffenheit zweifelhaft war, wie etwa bei samaritanischem Wein.[37] Nach der endgültigen Trennung von den Samaritanern wurde er für ungeeignet erklärt. Doch blieben ambivalente Fälle wie dieser lange umstritten, etwa auch der Wein von Karäern, den Anhängern einer frühmittelalterlichen Bewegung, in der die mündliche Lehre der Rabbinen abgelehnt wurde.[38]

zur Frühgeschichte der Juden in Deutschland. In: *Zeitschrift für die Geschichte der Juden in Deutschland* 1 (1929), S. 34–43, hier S. 40.

32 Zu verschiedenen Weinlagen in Palästina vgl. bereits Mischna Menaḥot 8,6.

33 Siehe dazu etwa den Bericht über einen regelrechten Weinwettstreit in dem *Wormser Minhagbuch des R. Jousep (Juspa) Schammes. Nach Handschriften des Verfassers zum ersten Male vollständig herausgegeben, mit Ergänzungen von Jair Chaim Bachararach*, Bd. 2, hrsg. v. Erich Zimmer. Jerusalem: Mifal Torat Chachme Aschkenas Machon Jerushalajim 1992, S. 127–130.

34 Vgl. Mischna Ta'anit 4,7; Tosefta Ta'anit 4,11.

35 Siehe Sprüche 31,6.

36 Siehe Babylonischer Talmud Bava Batra 60b.

37 In der frühen rabbinischen Überlieferung gilt dieser Wein noch als tauglich, so dass ihn Rabbi Abbahu (um 310 n.d.Z.) zu kaufen pflegte. Vgl. Mischna Demai 7,4; Babylonischer Talmud Ḥullin 6a. Siehe dazu auch Silman: *Wine as a Symbol*, S. 139–142.

38 Siehe dazu ebd., S. 142–148. Zur rabbinischen Haltung gegenüber Karäern vgl. auch Gerald J. Blidstein: *Studies in Halakhic and Aggadic Thought*. Beer Sheva: Ben-Gurion University of the Negev Press 2004, S. 165–176, hier S. 166 (Hebräisch).

Im Falle, dass kein für die kultische Verwendung geeigneter frischer Wein vorhanden ist, kann auch erhitzter Wein (Yayin mevushal) und gelegentlich sogar Brandwein verwendet werden. Die sich nach und nach durchsetzende Akzeptanz von Yayin mevushal ermöglichte weitere Erleichterungen im Zusammenleben mit Nichtjuden.[39] Der in einer Flasche oder in einem Gefäß aufbewahrte erhitzte Wein darf auch von Nichtjuden (Goyyim) berührt, geöffnet und eingeschenkt werden; er verliert durch Erhitzung seine Fähigkeit zur Verwendung als Libationsopferwein, bleibt aber koscher, solange er unter jüdischer Aufsicht zubereitet worden ist.[40] In vielen koscheren Restaurants mit nicht-jüdischem Personal wird daher bis heute Yayin mevushal kredenzt.

An diesem hier nicht eingehender zu analysierenden Beispiel der Nutzung von erhitztem Wein zeigt sich, wie flexibel und veränderlich die kulturelle Adaption des Weines im Judentum verlief und verläuft. Diese Flexibilität und der dahinter aufscheinende Pragmatismus mag einerseits dem paradoxen Charakter von Wein geschuldet sein, der sowohl Segen als auch Fluch mit sich bringen kann, andererseits wird daran auch immer wieder das Interesse deutlich, sich durch die Art des Weinkonsums, mittels religiös motivierter Sanktionierung und sachlicher Nutzbarmachung von der Umwelt, vor allem in der Diaspora, zu unterscheiden.[41] Wein konnte gerade wegen dieser progressiven Haltung zu einem unverzichtbaren Bestandteil jüdischer Kultur, ja zu einem Identifikationsfaktor werden, von dem sich Spuren bis in die verschiedenen Straten und Verästelungen der Sprache verfolgen lassen.[42]

39 Siehe Tosefta Terumot 4,4; Babylonischer Talmud ʿAvoda Zara 29b. Zur Frage, ob man über Yayin mevushal den Segen „Bore peri ha-gafen“ sprechen darf, vgl. die knappe Zusammenstellung der Belege in Shelomo Yosef Zeivin (Hrsg.): *Talmudic Encyclopedia. A Digest of Halachic Literature and Jewish Law from the Tannaitic Period to the Present Time. Alphabetically Arranged.* Jerusalem: Talmudic Encyclopedia Institute 1955–2011, Bd. 4 (1952), S. 457 (Hebräisch). Siehe auch Soloveitchik: *Wine in Ashkenaz in the Middle Ages*, S. 376; Silman: *Wine as a Symbol*, S. 83–84.

40 Zur Akzeptanz von Yayin mevushal im Mittelalter vgl. etwa Robert Brody (Hrsg.): *Teshuvot Rav Natronai Bar Hilai Gaon*, Bd. 2. Jerusalem: Makhon Ofeq 1994, S. 371 (Hebräisch); Simha Emanuel (Hrsg.): *Newly Discovered Geonic Responsa and Early Provençal Sages.* Jerusalem / Cleveland: Ofeq Institute 1995, S. 109–110 (Hebräisch); *Sefer Ravyah hu avi ha-ʿezer le-Rabbenu Eliʿezer bi-Rabbi Yoʾel ha-Lewi*, Bd. 2. Bene Braq 2005, S. 38a–41a.

41 Vgl. schon Daniel 1,8.

42 Zu Namen wie Wainstat, Weinberg, Wynreb, Weinschenk, Weinstein, Weinstock, Winehouse u. v. a. m. vgl. Löw: *Flora der Juden*, Bd. 1, S. 63. Für hebräische Buchtitel, die auf Wein Bezug nehmen, siehe ebd.

Entsprechend der Chronologie der zugrundeliegenden Quellen ist der Band in drei Teile geteilt: Im ersten Teil werden Quellen aus der Spätantike, vor allem aus rabbinischen Überlieferungen in Talmud und Midrasch untersucht. Für das traditionelle Judentum waren und sind diese Texte konstitutiv und bilden zusammen mit den biblischen Traditionen den wichtigsten Verstehenshorizont der kulturellen Adaption des Weines bis heute. Im zweiten Teil werden verschiedene literarische und historische Aspekte des Umgangs mit Weins seit dem Mittelalter bis in die frühe Neuzeit behandelt. Den dritten Teil der Sammlung bilden ein Beitrag, der auf Wein im philosophischen Diskurs der Aufklärungszeit eingeht, und eine Darstellung der antisemitisch motivierten Ablehnung jüdischen Weinhandels im Europa des ausgehenden 19. Jahrhunderts.

Der den Band eröffnende Beitrag von *Tal Ilan* geht auf die grundlegende Geschlechterdifferenz im jüdischen Umgang mit Wein ein. Anhand einer längeren Überlieferungseinheit im Babylonischen Talmud arbeitet sie heraus, welche Differenzen bezüglich der Sicht auf Frauen im Umgang mit Wein unter den männlichen Verfassern des Babylonischen und Jerusalemer Talmud bestanden. Der bis heute maßgebliche Talmud aus der babylonischen Diaspora ermöglichte Frauen schließlich einen selbstverständlicheren Weinkonsum. Traditionell verwurzelte Befürchtungen hinsichtlich sexueller Verfehlungen, wie sie von palästinischen Rabbinen tradiert wurden, konnten übergangen werden.

Giuseppe Veltri geht auf einen kulturgeschichtlichen Aspekt der Weinrezeption in der rabbinischen Literatur ein: Worauf bezogen sich die Rabbinen, wenn sie von italienischem Wein (yayin italqi) berichten? Dass in der Antike Weine aus dem Ausland nach Israel importiert wurden, ist archäologisch belegt. Doch galt den Rabbinen bekanntlich Wein, der nicht unter jüdischer Aufsicht oder von Juden produziert worden war, als für den Genuss und die Nutznießung untauglich. Wie sind Belege für die Verwendung von Wein aus Italien bzw. italienischem Wein als Maß vor diesem Hintergrund zu interpretieren?

Susanne Pietzsch analysiert das bemerkenswert negative Urteil der Rabbinen über die biblische Noah-Gestalt, den ersten Weinbauern, der wegen seiner im Rausch begangenen Taten in Verruf geraten war. Der Beitrag erklärt die im Kontrast zu frühjüdischen Autoren und Kirchenvätern besonders unter babylonischen Rabbinen der amoräischen Epoche ausgeprägte Kritik an Noah. Die veränderte Lage des

Judentums nach dem Verlust des Jerusalemer Tempels hätte die barsche Beurteilung Noahs und seine Demütigung nach sich gezogen. Die Abgrenzung vom Christentum, in dem der Erzvater früh als Prototyp Christi gedeutet werden konnte, beeinflusste die Rezeption der biblischen Weinnarrative im Judentum.

Der Beitrag von *Farina Marx* untersucht ein bis heute geläufiges rabbinisches Sprichwort, welches auf die enthemmende Wirkung des Weines Bezug nimmt. Der Satz „geht Wein hinein, kommt ein Geheimnis heraus" wurde von den Rabbinen im Unterschied zu seiner populären Rezeption in unterschiedlichen Zusammenhängen durchaus verschieden ausgelegt. Das landläufige Verständnis dieses Sprichwortes ist daher zu hinterfragen.

Aufgrund seiner Wirkung nimmt Wein seit der Antike auch in der Magie einen Platz ein. *Bill Rebiger* geht auf einige spätantike Zaubertexte ein, in denen Wein für verschiedene magische Praktiken genannt wird. Wein wird in diesen nicht offiziell tradierten Texten, die erst durch Funde in der berühmten Kairoer Genisa bekannt geworden sind, als *materia magica*, d. h. unter anderem als Heilmittel, erwähnt. In diesen bislang nahezu unbekannten Texten wird Wein ausschließlich als ein zu positivem Zweck angewandtes Mittel zur Übertragung magischer Wirkungen verstanden.

Vor dem Hintergrund dieser Verwendung ist auch die Rezeption des Weines in der mystischen Literatur von Interesse. *Elke Morlok* befragt die klassischen Schriften der Kabbala, der mittelalterlichen jüdischen Mystik, nach ihrer Sicht und den in ihnen überlieferten Deutungen des Weins. Die in diesen Werken anzutreffende ambivalente Sicht des Weins beruht auf biblischen und rabbinischen Traditionen, wird jedoch anders begründet und erläutert. Die möglicherweise auch antichristlich motivierte Zurückhaltung im Umgang mit Wein setzt sich im Chassidismus, einer an die lurianische Kabbala aus dem 16. Jahrhunderts anknüpfende Frömmigkeitsbewegung im 18. Jahrhundert, fort. Trotz hoher Wertschätzung strenger Askese spielt Wein vereinzelt auch bei herausragenden Vertretern dieser Richtung des mystisch inspirierten Judentums eine Rolle.

Eine im Vergleich dazu viel positivere Weinrezeption belegen die zahlreichen hebräischen Profandichtungen seit dem Hochmittelalter. *Andreas Lehnardt* skizziert die Entwicklung nichtliturgischer Weinlieder im Judentum und vergleicht ihre Genese in den unterschiedlichen Ländern ihrer Herkunft, vor allem in Italien, auf der Iberischen

Halbinsel (Sefarad) und in Deutschland und Nordfrankreich (Aschkenas). Der sich vor allem in Texten aus dem maurischen Spanien widerspiegelnde freizügigere Weinkonsum ist sowohl auf die engen Kontakte mit der islamischen Umwelt mit ihren eigenen arabischen Weinliedern zurückzuführen als auch auf eine progressivere religionsgesetzliche Haltung, die sich deutlich vom aschkenasischen Judentum unterschied.

An die Vorläufer in der sefardischen Poesie des Mittelalters konnten Autoren parodistischer Texte in Südfrankreich anknüpfen. Anhand einer Purim-Parodie von Levi ben Gershon, dem im 13. Jahrhundert verfassten *Sefer Bakbuk ha-Navi*, „dem Buch von der Flasche Prophet“, stellt *Miriam Beddig* die literarischen Strategien und Arten von Humor vor, die den heiteren Alkoholgenuss des Lesers an diesem religiös motivierten Freudenfest fördern sollten.

Die beachtliche ökonomische Bedeutung des Weinhandels unter Juden im islamischen Herrschaftsbereich belegen Dokumente und Urkunden aus der Kairoer Genisa, die von *Abraham David* vorgestellt und analysiert werden. Trotz mancher Probleme konnten Juden auch unter dem Islam im 16. Jahrhundert Weinhandel betreiben. Dies führte allerdings immer wieder zu Verdächtigungen, die nicht zuletzt auf das sich erst langsam durchsetzende absolute Weinverbot im Islam zurückzuführen sind.

Uta Lohmann schlägt in ihrem Aufsatz den Bogen zur jüdischen Aufklärung (Haskala) in Preußen am Ende des 18. Jahrhunderts. Auch in diesem philosophisch geprägten Kontext wurde dem Wein von verschiedenen jüdischen Persönlichkeiten positive Aufmerksamkeit geschenkt, und insbesondere David Friedlander, der mit Emanuel Kant in regem Austausch stand, hat wiederholt den Versuch unternommen, Wein als wichtigen Teil jüdischer Kultur darzustellen. An der in Kants Schriften immer wieder erkennbaren, von Vorurteilen bezüglich jüdischen Weinkonsums geprägten Sicht konnte dies allerdings wenig ändern.

Die in diesem Beitrag aufgezeigte, seit der Aufklärung weit verbreitete antijüdische Haltung in Deutschland betraf in der Folge auch jüdische Weinhändler. Der abschließende Artikel von *Kevin D. Goldberg* führt die Konsequenzen antisemitisch motivierter Urteile über Juden und Wein vor Augen. Ende des 19. und zu Beginn des 20. Jahrhunderts kam es wiederholt zu Prozessen gegen jüdische Weinhändler, insbesondere gegen Kaufleute in Rheinhessen und Österreich.

Dieser Beitrag weist insofern noch einmal deutlich darauf hin, worauf bereits zu Beginn hingewiesen wurde: Die kulturelle Adaption des Weines im Judentum verlief in den verschiedenen gesellschaftlichen und politischen Zusammenhängen unterschiedlich. Sie war sowohl von innerjüdischen Veränderungen und Wandlungen als auch durch die Umwelt bedingt. Es gab jedoch Konstanten, die von Goldberg als jüdische Spezifität beschrieben werden und die gelegentlich zu Vorurteilen beitragen konnten. Der in diesem Band vertretene Epochen übergreifende Blickwinkel sollte ermöglichen, diese Entwicklungen im Hinblick auf den jüdischen Umgang mit Wein besser nachvollziehen und seine kulturelle Bedeutung besser einordnen zu können. Es ist damit auch begründet, warum diese epochenübergreifende Aufsatzsammlung keine Synthese intendiert, sondern die verschiedenen Beiträge für sich selbst sprechen lassen möchte.

Antike und Spätantike

„Trinkt eine Frau vier Becher Wein, so fordert sie einen Esel auf der Straße auf“

Der Babylonische Talmud über Frauen und Wein

Tal Ilan

Im Babylonischen Talmud (Bavli) im Traktat Ketubbot (Eheverträge) findet sich eine spezielle Sugya, ein Sinnabschnitt, der zur Klärung eines Problems in Bezug auf Frauen und Wein verfasst wurde. Im folgenden Beitrag soll besonderes Augenmerk darauf gelegt werden, wie diese Sugya verfasst und welche Quellen in ihr rezipiert wurden und wie frühe amoräische bzw. auch ältere tannaitische Traditionen aus Palästina in ihr eingearbeitet wurden. Der Babylonische Talmud ist voller Traditionen, die von ihren Verfassern aus einem palästinischen Kontext übernommen, verändert und bearbeitet wurden. Gerade die Frage nach solchen Veränderungen nimmt in diesen Tagen eine Sonderstellung in der Erforschung des Bavli ein.[1] Die Babylonier sahen die palästinische Mischna als maßgeblich und verbindlich an und beugten sich größtenteils auch nach dem Abschluss der Mischna den palästinischen Autoritäten.[2] Das war in vielerlei Hinsicht problematisch, da die Mischna und andere palästinische

1 Siehe vor allem Jeffrey L. Rubenstein: *Talmudic Stories*. Baltimore: John Hopkins University Press 1999, bes. S. 15–30; Richard Kalmin: *Jewish Babylonian between Persia and Roman Palestine*. Oxford: Oxford University Press 2006, z. B. S. 19–36; Christine E. Hayes: *Between the Babylonian and the Palestinian Talmuds: Accounting for Halakhic Differences in Selected Sugyot from Tractate Avodah Zarah*. New York / Oxford: Oxford University Press 1997, hier S. 123–179 (Kapitel 5–8); Alyssa M. Gray: *A Talmud in Exile: The Influence of Yerushalmi Avodah Zarah on the Formation of Bavli Avodah Zarah*. Providence, RI: Brown University 2005. Siehe auch Ronit Nikolsky / Tal Ilan (Hrsg.): R*abbinic Traditions between Palestine and Babylonia*. Leiden: Brill 2014 (in Vorbereitung).

2 Siehe Isaiah M. Gafni: Babylonia and the Land of Israel. The Loyal Opposition. In: Ders.: *Land, Center and Diaspora. Jewish Constructs in Late Antiquity*. Sheffield: Sheffield Academic Press 1997, S. 96–117.

Traditionen dazu benutzt wurden, um die Bräuche der Juden Babyloniens zu rechtfertigen und zu verteidigen, obwohl diese häufig diametral entgegengesetzt und somit nicht wirklich deckungsgleich miteinander waren. Eine Möglichkeit, mit der die Babylonier diesem Problem Herr zu werden versuchten, war das Anführen einer Vielzahl von palästinischen Geschichten, die angeblich ihre Sicht – die babylonische Sicht – unterstützen. Dabei ignorierten sie die palästinische Zusammenfassung, die auf die eigentliche Geschichte folgt. Man besserte die Geschichte grundlegend nach eigenem Ermessen nach, oder erfand sogar angeblich „palästinische" Geschichten, um den eigenen Standpunkt zu verteidigen.

Es soll im Folgenden dargelegt werden, was die Mischna darüber sagt, wie die Mischna im Jerusalemer Talmud (Yerushalmi) verstanden wurde und wie sie im Babylonischen Talmud in überarbeiteter Form wieder in Erscheinung tritt.[3] Man wird sehen, dass, es für die Frauen in Palästina nicht ungewöhnlich war, Wein zu trinken, aber keineswegs die Regel. In Babylonien hingegen war der Weingenuss bei Frauen ein verbreitetes Phänomen.

Tannaitische Literatur

Ausgangspunkt ist folgende Mischna aus dem Traktat Ketubbot, der von Eheverträgen handelt:

> Wer seine Frau durch einen Dritten ernährt, soll ihr nicht weniger als zwei Handvoll (kav) Weizen und vier Handvoll Gerste zumessen […] Er gibt ihr ein halbes Handvoll Hülsenfrüchte, ein halbes Log Öl und ein Handvoll trockene Feigen oder eine Mine Feigenkuchen […] Er gibt ihr ein Bett und eine Decke, und wenn er keine Decke hat, eine Matte. Er gibt ihr eine Kopfbedeckung und einen Lendengurt und Schuhwerk von Fest zu Fest sowie Kleider im Werte von 50 Sus jährlich. Er gibt ihr keine neuen im Sommer und keine abgenutzten im Winter […] Wenn sie (ihr Kind stillt, soll man) ihre Handarbeit verringern, aber die (Mittel) für ihren Unterhalt erhöhen. Wovon ist die Rede? Von einem Armen in Israel. Aber bei einer gut gestellten Person geht alles nach ihrer Stellung (Mischna Ketubbot 5,7–9).

Obwohl dieser Text beschreibt, was ein Mann seiner Frau zu gewährleisten hat, wenn er abwesend ist – Nahrung, Kleidung, Bettwäsche, usw. –, findet man darin keinerlei Erwähnung von Wein. Es könnte

3 Dieser Abschnitt wurde bereits kurz in Tal Ilan: *Mine and Yours are Hers: Retrieving Women's History from Rabbinic Literature*, Leiden: Brill 1997, S. 199–202 diskutiert; siehe auch Shulamit Valler: *Women and Womanhood in the Talmud*, Providence, RI: Brown University 1999, S. 77–97, die bei dieser Sugya zu einer ähnlichen Schlussfolgerung kommt.

der Eindruck entstehen, dass Wein in diesem Text nicht von Relevanz sei, hätte man nicht einen parallelen, tannaitischen Text aus der Tosefta, der Folgendes erklärt:

> Wer seine Frau durch einen Dritten ernährt [...] sie hat keinen Anspruch auf Wein, da die Frauen der Armen keinen Wein trinken. Sie hat keinen Anspruch auf ein Kissen, da die Frauen der Armen nicht auf Kissen schlafen (Tosefta Ketubbot 5,8).

Dieser Text bildet eine Art Zusatz zur Mischna, da er mit den gleichen Worten wie der vorangegangene Text beginnt. Erst beim Wein wird man darüber unterrichtet, dass ein Ehemann seiner Frau keinen Wein (oder kein Kissen) zur Verfügung stellen sollte, da arme Frauen weder Wein trinken noch auf Kissen schlafen. Offensichtlich verweist dies auf das Ende der oben angeführten Mischna, welche alle durch sie aufgestellten Gebote auf die Armen bezieht. Kann man also daraus die Schlussfolgerung ziehen, dass ein reicher Mann seine Frau mit Wein versorgen sollte? Weder die Tosefta, noch die Mischna bezeugen dies.

Auf die Aussage der Tosefta, die eine Zuteilung von Wein an arme Frauen untersagt, folgt eine andere Geschichte über eine reiche Frau, der durch ein Gericht während der Abwesenheit ihres Mannes ein sehr üppiges Leben zuteil wird. Die Aufeinanderfolge beider Geschichten soll wahrscheinlich zweierlei verdeutlichen: zum einen sagt die Mischna so etwas über die Unterstützung einer Frau in Abwesenheit ihres Mann aus, und zum anderen erfährt man etwas über den Unterschied zwischen armen und reichen Frauen.

> Die Weisen gewährten der Tochter Naqdimon ben Gurions täglich einen Korb wohlriechender Kräuter, der (im Werte) von 500 Denar ihr zuerkannt werden sollte, und sie war nur eine Leviratswitwe.[4] Aber sie fluchte (über sie) und sagte: So gebet euren eigenen Töchtern! Rabbi Eleazar bar Rabbi Tsadoq sagte: Vielleicht sähe ich (keine) Annehmlichkeit darin, wenn ich sie nicht dabei gesehen hätte, wie sie Gerstenstücke zwischen den Hufen der Pferde in Akko sammelte. In Bezug auf sie habe ich diesen Vers zitiert: „Weißt du es nicht, du Schönste unter den Frauen“ usw. (Hohelied 1,8) (Tosefta Ketubbot 5,9–10).

Diese Geschichte ist eine von vielen über das Schicksal von reichen Matronen in Jerusalem. Sie berichten von den Nachwehen des Krieges gegen Rom und beleuchten die Verhältnisse nach dem Ende dieses Ereignisses.[5] Naqdimon ben Gurion wird in vielen

4 Eine kinderlose Witwe, die mit dem Bruder des verstorbenen Mannes verheiratet werden muss. Vgl. Deuteronomium 25,5–10.

5 Siehe Ofra Meir: The Story as a Hermeneutic Device. In: *Association of Jewish*

rabbinischen Sammlungen als einer der reichsten Männer Jerusalems vorgestellt und findet darüber hinaus auch Erwähnung in den Schriften des Flavius Josephus – als eine der Berühmtheiten Jerusalems, die in der Anfangsphase des Krieges gegen Rom 66 n. d. Z. aktiv waren (Josephus, *Bellum Judaicum*, 2,451).[6] Die oben erwähnte Geschichte hat wenig bis gar nichts mit Wein zu tun, und man müsste sie an dieser Stelle nicht erwähnen, wenn sie nicht dennoch im Folgenden von Relevanz wäre.

Bisher lässt sich aus den angeführten Stellen zusammenfassen, dass die tannaitische Literatur Wein nicht als ein essentielles Nahrungsmittel für die Frau vorsieht, trinkende Frauen der tannaitischen Literatur aber durchaus bekannt sind. Die Mischna berichtet von einer betrunkenen Frau, die während ihres Rausches die Absicht erklärt, ein Gelübde abzulegen, keinen Wein mehr zu trinken, d. h. Nasiräerin zu werden:

> Ein Ereignis von einer Frau, die schon betrunken war, und der man (noch) einen Becher mischte. Und sie sagte: Siehe, ich will Nasiräerin sein von diesem (Wein)! Da sagten die Gelehrten: Sie beabsichtigte dies nicht, sondern (nur) um zu erklären: Siehe, wenn ich diesen (Becher trinke, werde ich) ein Opfer bringen (Mischna Nazir 2,3).

Diese Erzählung soll an dieser Stelle nicht analysiert werden, da es sich hierbei eher um einen unglücklichen Fall handelt und keine Regelung, die über die Zweckmäßigkeit berichtet, Frauen mit Wein zu versorgen. Dennoch sollten wir beachten, dass es sich dabei um die erste und einzige bekannte Tradition in der tannaitischen Literatur handelt, die von einer betrunkenen Frau erzählt. Auch hier wird die Verbindung von Frauen und Wein negativ und keineswegs normativ dargestellt.

Studies Review 7–8 (1982–1983), S. 231–262; Burton Visotzky: 'Most Tender and Fairest of Women': A Study in the Transmission of *Aggada*. In: *Harvard Theological Review* 76 (1983), S. 403–418; Avigdor Shinan: Four Stories on the Causes and Results of the Destruction of the Temple. In: Avidov Lipsker / Rella Kushelevsky (Hrsg.): *Ma'aseh Sippur. Studies in Jewish Narrative*. Ramat Gan: Bar Ilan University 2006, S. 37–50 (Hebräisch); Naomi Cohen: The Theological Stratum of the Martha b. Boethus Tradition: An Explication of the Text in *Giṭṭin* 56a. In: *Harvard Theological Review* 69 (1976), S. 187–196.

6 Vgl. Flavius Josephus: *De Bello Judaico. Der Jüdische Krieg. Griechisch und Deutsch.* Bd. 1: Buch I–III, hrsg. v. Otto Michel / Otto Bauernfeind. Darmstadt: WBG 1982, S. 272–273. Siehe dazu Zeev Safrai: Nakdimon b. Guryon: A Galilean Aristocrat in Jerusalem. In: Jack Pastor / Menachem Mor (Hrsg.): *The Beginnings of Christianity. A Collection of Articles*. Jerusalem: Ben-Zvi Institute 2005, S. 297–314.

Mit anderen Worten: die tannaitische Literatur scheint Wein für Frauen nicht zu erlauben. Aber gilt dies auch am Pessach-Fest? An Pessach ist man doch verpflichtet, vier Becher Wein zu trinken? Wie hat sich die Frau in diesem Fall zu verhalten? Kurioserweise schweigt sich die tannaitische Literatur über dieses Thema aus; obwohl die Tosefta darüber Folgendes aussagt:

> Es gilt als Gebot für den Mann, seinen Kindern und Angehörigen, an einem Fest, Freude zu bereiten. Und wie bereitet er ihnen Freude? Mit Wein, wie gesagt wird: „dass der Wein erfreue des Menschen Herz" (Psalmen 104,15). Rabbi Yehuda sagt: (Man gibt) Frauen was zu ihnen passt, und (man gibt) Kindern was zu ihnen passt (Tosefta Pesaḥim 10,4).

Dieser Text bezieht sich auf das Gebot, dass man an einem Fest fröhlich sein solle. Des Weiteren belegt der Abschnitt, wie man aus einem biblischen Vers aus dem Buch der Psalmen die Verantwortung des männlichen Hausherrn abzuleiten versuchte, seine Familienmitglieder am Feiertag stets fröhlich zu stimmen. Die Familienmitglieder sind dabei in zwei Gruppen unterteilt – Kinder und Angehörige des Hausstandes. Der Begriff *bayit* (Haus) wird in der Mischna unter anderem dazu verwendet, um die Frau eines Mannes zu bezeichnen.[7] Es kann daher davon ausgegangen werden, diese Aussage beziehe sich auf Frau und Kinder. Die Tosefta scheint somit vorauszusetzen und festzulegen, dass man seiner Frau am Feiertag Wein geben müsse, um sie fröhlich zu stimmen. Rabbi Yehuda schränkt diese Aussage aber sofort ein, indem er sagt: Männer sind glücklich, durch das, was zu ihnen passt, und Frauen sind glücklich durch das, was zu ihnen passt. Vertritt Rabbi Yehuda also die Meinung, Wein sei unpassend für Frauen oder nicht? Der Text schweigt sich darüber aus, und dennoch sollte man zur Kenntnis nehmen, dass seine Einschränkung genau an dem Punkt erfolgt, an dem möglicherweise angedeutet wird, dass Frauen mit Wein glücklich gemacht werden sollten.

Der Jerusalemer Talmud (Yerushalmi)

Wendet man sich von der tannaitischen der amoräischen Literatur – innerhalb der Grenzen des Landes Israels – zu, kann man insbesondere im Talmud Yerushalmi beobachten, wie diese beiden

7 Charlotte E. Fonrobert: *Menstrual Purity: Rabbinic and Christian Reconstructions of Biblical Gender*. Stanford: Stanford University Press 2000, S. 40–67; Cynthia Baker: *Rebuilding the House of Israel: Architectures of Gender in Jewish Antiquity*. Stanford: Stanford University Press 2002, hier S. 34–76; Tal Ilan: *Massekhet Ta'anit. Text, Translation, and Commentary*. Tübingen: Mohr Siebeck 2008, S. 26–28.

Mischnayot behandelt werden. Man stößt auf einige Erläuterungen und Ausarbeitungen, stellt aber letztendlich fest, dass im Prinzip die gleiche Auffassung tradiert wird. Der Yerushalmi behandelt Mischna Ketubbot 5,7 im Kontext einer Textstelle, die von der Aufwandsentschädigung des Mannes gegenüber seiner Frau berichtet – Wein ist in einer solchen Entschädigung nicht enthalten. Wie wir uns erinnern, fand Wein in der Tosefta Erwähnung, allerdings nur, um ihn als Bestandteil einer Aufwandsentschädigung für *arme* Frauen abzulehnen. Der Yerushalmi bezieht sich auf diese Baraita aus der Tosefta, um darauf entsprechend zu reagieren. Betrachten wir diese kurze Sugya etwas näher: Der Abschnitt beginnt damit, die Tosefta zu zitieren, und tut dabei so, als ob dieses Tosefta-Zitat ein Teil aus der Mischna wäre.

> Sie hat keinen (Anspruch auf Wein), denn die armen Israelitinnen trinken keinen Wein (Tosefta Ketubbot 5,8).
> Die reichen (Israelitinnen aber) trinken (Wein)?
> Ist es nicht gelehrt worden, dass die Gelehrten einst der Marta, der Tochter des Boetus, ein Doppelmaß Wein täglich zuerkannt haben? (Jerusalemer Talmud Ketubbot 5,13 [30b]).

Sofort folgen die Fragen: Wird nur den armen Frauen kein Wein gegeben? Dürfen reiche Frauen Wein zu sich nehmen? Mit anderen Worten bemerkt der Herausgeber die gleiche Lücke, die oben aufgezeigt wurde – in der zwar behauptet wird, man dürfe armen Frauen keinen Wein zuteilen, die aber rein gar nichts über reiche Frauen aussagt. Wie wird diese Diskrepanz hier aufgelöst? Durch das Erzählen der Geschichte von einer berühmten, reichen Frau – Marta bat Boetus, welche die Frau eines Hohepriesters war und die vermutlich zur Witwe wurde. Ein Gericht teilte ihr nun im Rahmen dieser Witwenschaft Wein zu. Dies musste natürlich bedeuten, dass die reichen Frauen durchaus daran gewöhnt waren, Wein zu trinken. Und obwohl Marta bat Boetus eine bekannte Persönlichkeit in der rabbinischen Literatur war,[8] finden wir in der gleichen Erzählung aus der Tosefta, die dort von der Tochter Naqdimon ben Gurions handelt, keinerlei Aussagen über Wein. Dies ist ein ernstes inhaltliches und literarisches Problem, auf das wir gute Gründe haben zurückzukommen.

Kehren wir jedoch zunächst zu unserem Text zurück, so bemerken wir, dass der Yerushalmi hier einen Exkurs macht, indem er fragt,

8 Siehe Ilan: *Mine and Yours*, S. 88–97.

ob ein Gericht über die Zuteilung von Wein überhaupt entscheiden darf.

> Darf denn ein Gerichtshof (einer Frau) Wein zuerkennen?
> Rabbi Ḥiyya bar Ada sagte (doch, dass man einer Frau keinen Wein geben soll), weil (es in der Schrift heißt) „Hurerei, Wein und Most nehmen den Verstand" (Hosea 4,11).

Er legt dabei ein Nein nahe, da es einen sehr negativen biblischen Vers des Propheten Hosea gibt, der Wein mit Prostitution in Verbindung bringt. Hier haben wir also den Grund, warum Rabbiner im Lande Israel denken, es sei keine gute Idee, Frauen Wein zu geben. Wein führt zu sexueller Promiskuität. Diese Aussage wird durch ein Zitat aus der oben präsentierten Mischna Ketubbot 5,7 begleitet, welches behauptet, dass einer stillenden Frau mehr Nahrung als einer normalen Frau zuzuerkennen sei:

> Wir haben aber auch gelehrt: Wenn sie (ihr Kind stillt, soll man) ihre Handarbeit verringern, aber die (Mittel) für ihren Unterhalt erhöhen (Mischna Ketubbot 5,9). Worin (besteht diese) Erhöhung? Rabbi Yehoshuaʿ ben Levi sagte: (In) Wein, weil er reichlich (Mutter-)Milch vermehrt.

Warum ist diese Mischna relevant? Schließlich findet hier der Wein als zusätzliche Nahrung für eine stillende Frau keine Erwähnung. Der Yerushalmi beantwortet diese Frage mit den Worten einer späteren amoräischen Tradition im Namen von Yehoshuaʿ ben Levi. Er kommt jedoch zu dem Schluss, es handle sich bei der zusätzlichen Nahrung um Wein, da dieser die Milchproduktion der Frau anrege. Man beachte aber, dass diese Meinung nicht in der Mischna vertreten ist. Sogar der Yerushalmi lehnt Wein nach diesem Verständnis für nicht-stillende Frauen ab. Am Ende des Exkurses legt Rabbi Yoḥanan noch einmal nahe, der Wein sei Marta für ihre Kochkunst zugeteilt worden.

> Rabbi Ḥizqiyya (und) Rabbi Abbahu (sagten) im Namen des Rabbi Yoḥanan: (Nicht zum Trinken) haben (die Gelehrten ihr Wein) zuerkannt, sondern zum Kochen.

Der Yerushalmi setzt die Geschichte folgendermaßen fort:

> Dennoch hat sie sie verflucht. Sie sagte ihnen: Soviel gebt ihr euren Töchtern?! Rabbi Aḥa sagte: Wir haben ihren (Fluch zur Bestätigung) mit Amen beantwortet. Rabbi Eleazar bar Tsadoq sagte: So (wahr) ich ihren Trost sehen möchte, (so will ich doch nicht erleben), wenn ich sie nicht gesehen habe, wie sie Gerstenstücke zwischen den Hufen der Pferde in Akko sammelte. In Bezug auf sie habe ich diesen Vers zitiert: „Die Verwöhnteste und Üppigste unter dir" usw. (Deuteronomium 28,56) (Jerusalemer Talmud Ketubbot 5,7 [30 b–c]).

Marta dachte, die Rabbiner seien in ihrer Zuteilung zu geizig gewesen und verfluchte sie daher: „So solltet ihr euren Töchtern geben." Das wurde von den Rabbinern jedoch nicht als Fluch verstanden, da sie sich eine solche Zuteilung bzw. einen solchen Wohlstand für ihre Töchter durchaus gewünscht hätten. Daher antworteten sie mit: „Amen." Martas Geschichte hat ein trauriges, schicksalhaftes Ende in der Folge der Zerstörung Jerusalems im Jahre 70 n. d. Z. Sie war von da an gezwungen, in Pferdedung nach Nahrung zu suchen, genau wie die Tochter Naqdimon ben Gurions in der Tosefta. Es handelte sich dabei offensichtlich um eine Strafe. Allerdings ist nicht klar, ob sie die Strafe für das Verfluchen der Weisen bekam oder vielleicht, weil sie Wein getrunken hatte – dies war schließlich das Thema der Sugya. In jedem Fall scheint der Talmud Yerushalmi nicht glücklich darüber zu sein, reichen Frauen Wein zuzuteilen, geschweige denn armen Frauen.

Interessanterweise scheint der Jerusalemer Talmud einzuräumen, dass er die Erzählung aus der Tosefta (die Geschichte von der Tochter von Naqdimon ben Gurion) verwendet hat, als er die Geschichte von Marta bat Boetus erzählt. Denn der Yerushalmi fragt: „Wird nicht die folgende Geschichte erzählt?" und beginnt dann die letztere Erzählung wiederzugeben:

> Aber es ist [doch auch] gelehrt worden, dass die Weisen einst der Miriam, der Tochter des Shimʿon ben Gurion, täglich einen Korb wohlriechender Kräuter, [im Werte] von 500 Denar zuerkannt haben, [während] sie [noch nicht einmal eine Ehefrau], sondern nur als Leviratwitwe war. Dennoch [hat Miriam, die Tochter des Shimʿon ben Gurion], sie verflucht. Sie sagte ihnen: So viel gebt ihr euren Töchtern?! Rabbi Aḥa sagte: Wir haben ihren [Fluch] mit Amen beantwortet. Rabbi Eleʿazar bar Tsadoq sagte: Vielleicht sehe ich [keine] Annehmlichkeit, wenn ich sie nicht gesehen habe, wie sie in Akko mit ihrem Haar an einen Pferdeschweif angebunden war. In Bezug auf sie habe ich diesen Vers zitiert: „Die Verwöhnteste und Üppigste unter dir usw." (Deuteronomium 28,56) (Jerusalemer Talmud Ketubbot 5,7 [30c]).

Die Unterschiede zwischen der Tosefta-Version dieser Geschichte über die Tochter Naqdimon ben Gurions und der anderen Version des Yerushalmi sind offensichtlich:

Tosefta Ketubbot	**Yerushalmi Ketubbot**	**Yerushalmi Ketubbot**
Bat Naqdimon ben Gurion	Marta bat Boetus	Miriam bat Shimʿon ben Gurion
Gold für wohlriechende Kräuter	Wein	Gold für wohlriechende Kräuter

Tosefta Ketubbot	Yerushalmi Ketubbot	Yerushalmi Ketubbot
War eine Leviratswitwe	–	War eine Leviratswitwe
–	Rabbi Aḥa sagt: Amen	Rabbi Aḥa sagt: Amen
Gerstenstücke zwischen den Hufen der Pferde in Akko sammelte	Gerstenstücke zwischen den Hufen der Pferde in Akko sammelte	Mit ihrem Haar an einen Pferdeschweif angebunden war

Folgende Unterschiede zwischen den Versionen lassen sich festhalten:

1. Der genannte Vater ist Shimʿon statt Naqdimon.
2. Ihr Schicksal ist noch düsterer als das, welches die Tosefta über sie zu berichten weiß – sie wird jetzt von einem Pferd an ihren Haaren durch die Straßen gezogen, statt unter dessen Hufen nach Nahrung zu suchen.
3. Wie in der Marta bat Boetus-Geschichte des Yerushalmi, aber anders als in der Tosefta, erklärt Rabbi Aḥa, dass die Weisen ihren Fluch mit Amen beantworteten.
4. Dennoch ist anzumerken, dass (genau wie in der Tosefta) Wein hier nicht das Thema ist, sondern Gold und Parfüm.

Durch die Beendigung der Sugya mit dieser Erzählung könnte der Yerushalmi andeuten, dass die Marta bat Boetus-Geschichte frei erfunden ist, somit keinerlei Gültigkeit besitzt und damit auch die Annahme, die Weisen hätten einer Frau jemals Wein zugeteilt, hinfällig sei.
Lassen sie uns nun der Art zuwenden, wie der Yerushalmi die Anordnung der Tosefta behandelt, dass ein Mann die Mitglieder seines Haushaltes während der Festtage des Pessach-Festes glücklich machen soll. Wir sollten uns dabei an die folgende Aussage der anonymen Stimme aus der Tosefta erinnern: Menschen fröhlich zu machen, bedeute, sie mit Wein zu versorgen. Diese Aussage wurde dann von Rabbi Yehuda näher erläutert, indem er sagt, dass Männer und Frauen durch das, was zu ihnen passt, glücklich gemacht werden sollten. Offensichtlich ist das, was für Männer passend ist, nicht immer auch für Frauen passend. Wie verhält sich also der Yerushalmi zu dieser Äußerung?

> Es wird in einer (Baraita) gelehrt: Ein Mann muss seine Frau und seine Kinder am Fest fröhlich machen. Wie macht er (sie) fröhlich? Mit Wein! Rabbi Yehuda sagt: (Man gibt) Frauen, was zu ihnen passt, und (man gibt) Kindern, was zu ihnen passt. Frauen, was zu ihnen passt – z. B. Schuhe und Gürtel; und Kinder was zu ihnen passt – z. B. Nüsse und Mandeln (Jerusalemer Talmud Pesaḥim 10,1 [37b]).

Der Yerushalmi zitiert die Baraita nach der Fassung in der Tosefta und wagt eine Ergänzung: Frauen seien mit Luxusgegenständen glücklich zu machen (neuen Schuhen und aufwendigen Gürteln) und Kindern mit Nüssen und Mandeln. Dies lässt den Wein für die Männer übrig – schließlich seien sie mit Wein überglücklich. Der Yerushalmi betont ausdrücklicher als die Tosefta, dass Frauen kein Wein zugeteilt werden darf, selbst an einem Festtag, wie zum Beispiel Pessach.

Der Babylonische Talmud (Bavli)

Das Fehlen eines Wein-Zuschusses bei all den oben zitierten tannaitischen Texten störte die Babylonier, die gewillt waren, sich in einer viel längeren Sugya mit diesem Thema auseinanderzusetzen. Diese Sugya beginnt wortgetreu und ausführlich, die palästinische Position zum Thema Frauen und Wein darzulegen: [9]

> 1. Rabbi Ele'azar sagte: Man setze einer Frau keinen Wein aus. Wenn du aber erwiderst (es heißt ja): „ich will meinen Buhlen nachgehen, die mir mein Brot und mein Wasser, meine Wolle und mein Flachs, mein Öl und mein Getränk geben" (Hosea 2,7), so sind darunter Dinge zu verstehen, nach denen die Frau gelüstet, das sind Schmucksachen (Babylonischer Talmud Ketubbot 64b–65a).

Der Bavli beginnt zunächst mit dem Hinweis auf eine extreme Entscheidung des palästinischen Amoräers Rabbi Eleazar (die wir allerdings in keiner palästinischen Quelle finden): „Man setze einer Frau keinen Wein aus." Er zitiert in diesem Zusammenhang auch den Propheten Hosea, wenn auch mit einem anderen Vers als den, den der Yerushalmi verwendet, um zu behaupten, man solle einer Frau keinen Wein zuteilen. Dieser Vers bringt Wein nicht mit Prostitution in Verbindung, sondern verweist vielmehr darauf, dass eine Frau ihrem Geliebten nur folgt, weil er sie mit *shiqui* – offensichtlich eine Art von Getränk, das mit Wein assoziiert wird – versorgt hat. Doch der Bavli zitiert (vielleicht palästinische) amoräische Gelehrte, welche die vorangegangene Interpretation ablehnen und eher die folgende nahelegen: *shiquy* leite sich von dem Wort *teshuqa* (Wunsch/Verlangen/Leidenschaft) ab. Das Verlangen der Frau nach Schmuck (und nicht nach Wein) veranlasse sie dazu, ihrem Geliebten zu folgen.

Im Anschluss an diese wörtliche Wiedergabe des palästinischen Standpunktes[10] führt der Bavli eine weitere Tradition an. Dieses

9 Die einzelnen Teile der Sugya werden im Folgenden nummeriert, um sie anders anordnen zu können.

10 Wie von Richard Kalmin: *Sages, Stories, Authors, and Editors in Rabbinic Babylonia.*

Mal handelt es sich um einen Midrasch zum selben Thema, der auf einen Bibelvers Bezug nimmt, welcher mit dem palästinischen Weisen Rabbi Yehuda aus Kefar Nevoraya (in Galiläa) in Verbindung gebracht wird:

> 2. Rabbi Yehuda aus Kefar Nevoraya, manche sagen aus Kefar Gabor Ḥayil, trug vor: Woher, dass man einer Frau keine Weine vorsetze? Es heißt: „und Hanna stand auf nach ihrem Essen zu Schilo und nach (ihrem) Trinken (shata)" (1 Samuel 1,9); er trank, sie trank nicht (Babylonischer Talmud Ketubbot 65a).

Dieser Weise bestimmt nicht von sich aus, dass Frauen kein Wein zugeteilt werden darf, sondern leitet die Antwort auf die gestellte Frage aus einem Bibelvers ab – diesmal durch die Assoziation mit Hanna, Samuels Mutter. In diesem Vers ist von Hanna die Rede, welche, als sie im Tempel in Schilo war, nach dem Essen und Trinken zum Beten ging. Der Bavli behauptet – mit dem Verweis auf die Deklination des Verbes trinken in 1 Samuel 1,9 – eine linguistische Unregelmäßigkeit entdeckt zu haben und schlägt daher vor, es müsse sich dort um ein maskulines Verb handeln. Es beziehe sich demnach eigentlich auf Hannas Ehemann, der Wein getrunken hatte und nicht auf Hanna selbst. Dies ist wahrscheinlich eine Folge des archaischen Hebräisch, welches vom Autor des Samuel-Buches verwendet wurde und welches den Redaktoren des Bavli nicht mehr geläufig war. Für die Hanna-Erzählung hat diese Schlussfolgerung weitreichende Folgen, da sie in der nächsten Szene, als sie inbrünstig um einen Sohn bittet, von dem Priester Eli für betrunken gehalten wird. Unser Midrasch spricht sie vollkommen von diesem Vorwurf frei. Allerdings sei anzumerken, dass dieser Midrasch an keiner anderen Stelle in der rabbinischen Literatur angeführt wird, an der in einem größeren Zusammenhang von der angeblichen Trunkenheit Hannas die Rede ist.[11] Er findet nur hier in einem palästinischen Midrasch

Atlanta, GA: Scholars Press 1994, angemerkt wurde. Kalmin glaubt, dass man die Zuordnung zu den palästinischen bzw. babylonischen Traditionen in der rabbinischen Literatur ernst nehmen sollte und gibt dabei glaubwürdig die Unterschiede zwischen den beiden Zentren wider. Dies ist die These des gesamten Buches. Ein gutes Beispiel hierfür findet sich ebd., S. 61–80.

11 Hanna wird im Bavli für gewöhnlich sehr positiv dargestellt. Siehe hierzu Simi Peters: *Learning to Read Midrash*. Jerusalem: Urim Publications 2004, S. 255–292; Ishai Rosen-Zvi: 'The Woman Standing': The Prayer of Hanna in a Rabbinic Homily. In: Avi Sagi / Nahem Ilan (Hrsg.): *Jewish Culture in the Eye of the Storm. Jubilee Volume in Honor of the 70. Anniversary of Yosef Ahituv*. Tel Aviv: Ha-Kibbuts Ha-Me'uḥad 2002, S. 675–698 (Hebräisch).

Erwähnung, um zu beweisen, dass Frauen nicht gestattet werden darf Wein zu trinken.

Nach dieser langen Erklärung, in welcher der Bavli die negative Haltung der palästinischen Weisen zu Frauen und Wein dargestellt hat – und das in einem größeren Ausmaß als sie es selbst getan haben –, bestimmt der babylonische Amoräer Shmuʿel diese Regelung näher. Er sagt, wenn eine Frau daran gewöhnt sei, Wein zu trinken, dann solle dieser auch in ihrem Zuschuss berücksichtigt werden.

> 3. Man wandte ein: Ist sie daran gewöhnt, so gebe man ihr!? Anders ist es, wenn sie daran gewöhnt ist, wie Rabbi Ḥinena bar Kahana nämlich im Namen Shmuʿels sagte: Ist sie daran gewöhnt, so gebe man ihr einen Becher, ist sie daran nicht gewöhnt, so gebe man ihr zwei Becher (Babylonischer Talmud Ketubbot 65a).

Dies ist eine amüsantes und eher typisch babylonisches Geben und Nehmen. Als erstes nennen sie das Gesetz: Trotz alle dem, was wir gerade behauptet haben, „wenn eine Frau gewohnt ist (Wein zu trinken), versorge man sie (mit diesem Getränk)." Darauf folgt dann wahrscheinlich die Quelle dieser Regelung – der große babylonische Weise Shmuel. Allerdings ist die Art und Weise, wie diese Tradition in seinem Namen übertragen wird, etwas verwirrend (vielleicht, weil sie fehlerhaft übertragen wurde?):

> Ist sie daran gewöhnt, so gebe man ihr einen Becher, ist sie daran nicht gewöhnt, so gebe man ihr zwei Becher.

Meine Vermutung ist, dass der originale Ausspruch in genau umgekehrter Reihenfolge formuliert worden war: wenn sie gewohnt war, Wein zu trinken, so solle man ihr zwei Tassen geben, und wenn sie es nicht gewohnt war, dann nur eine Tasse. Mit der Zeit hatte sich dieses Sprichwort dann verändert und war zu seiner Umkehrung gelangt, als es die Herausgeber des Bavli erreichte – dies musste ja erklärt werden. Der späte Amoräer Abayye überarbeitete diesen Spruch durch seine meisterhafte Methode der Interpretation sowie durch die Ergänzung von fehlenden Informationen:

> 4. Wie ist dies zu verstehen? Abayye erwiderte: Er meint es wie folgt: War sie bei ihrem Manne zwei Becher (zu trinken) gewöhnt, so gebe man ihr in Abwesenheit ihres Mannes einen Becher, war sie bei ihrem Manne mehr als einen Becher (zu trinken) nicht gewöhnt, so gebe man ihr in Abwesenheit ihres Mannes überhaupt nicht (Babylonischer Talmud Ketubbot 65a).

Diese Variante erklärt immer noch nicht den letzten Satz von Shmuels Ausspruch, kommt diesem aber schon ziemlich nah. Am Ende dieser Diskussion wird ein Vorschlag gemacht, dass „Wenn sie daran gewöhnt ist, so gebe man ihr, zum Würzen von Speisen (ציקי קדירה)“. Vielleicht geschah dies aufgrund des unbedeutenden Kommentars, den wir im Yerushalmi beobachtet haben, dass Marta bat Boetus nur Wein bekam, um damit zu kochen. Die folgende Erzählung über die Tochter des Naqdimon ben Gurion folgt dann ein Hinweis über den Wein als Zusatz beim Kochen:

> 5. Wenn du aber willst, erkläre ich: Wenn sie daran gewöhnt ist, so gebe man ihr, zum Würzen von Speisen. So erzählte Rabbi Abbahu im Namen Rabbi Yoḥanans: Für die Schwiegertochter des Naqdimon ben Gurion setzen die Weisen zwei Se'a Wein von Freitag zu Freitag zum Würzen der Speisen aus. Da sprach sie zu ihnen: Das mögt ihr euren Töchtern aussetzen! Es wird gelehrt: Sie war eine Leviratswitwe, deshalb sagten sie nicht: Amen (Babylonischer Talmud Ketubbot 65a).

Auch hier werden einige Unterschiede deutlich, die wir an einer erweiterten Tabelle – durch Hinzufügen einer neuen Spalte – veranschaulichen wollen:

Tosefat Ketubbot	**Yerushalmi Ketubbot**	**Yerushalmi Ketubbot**	**Bavli Ketubbot**
Tochter des Naqdimon ben Gurion	Marta bat Boetus	Miriam bat Shim'on ben Gurion	Naqdimon ben Gurions Schwiegertochter
Gold für wohlriechende Kräuter	Wein	Gold für wohlriechender Kräuter	Wein zum Würzen der Speisen
War eine Leviratswitwe	–	War eine Leviratswitwe	War eine Leviratswitwe
Verflucht die Rabbinen	Verflucht die Rabbinen	Verflucht die Rabbinen	
–	Rabbi Aḥa sagt: Amen	Rabbi Aḥa sagt: Amen	Die Rabbinen sagten nicht Amen
Gerstenstücke zwischen den Hufen der Pferde in Akko sammelte	Gerstenstücke zwischen den Hufen der Pferde in Akko sammelte	Mit ihrem Haar an einen Pferdeschweif angebunden war	–

1. Im Unterschied zur Tosefta ist sie nicht die Tochter, sondern die Schwiegertochter von Naqdimon ben Gurion. Genau wie in der Tosefta, aber anders als im Yerushalmi, trägt sie keinen Namen. Das ist nicht besonders wichtig, aber durchaus interessant.
2. Anders als in der Tosefta und im Yerushalmi (wenn auf die Tochter von Naqdimon ben Gurion verwiesen wird), aber wie im Yerushalmi (wenn von Marta bat Boetus die Rede ist) wird ihr

Wein zugeteilt, um damit ausschließlich ihre Speisen zu würzen, d. h. ihn zum Kochen zu verwenden.

3. Sie antwortet den Rabbinern „So solltet ihr euren Töchtern geben", was aber nicht als Fluch beschrieben wird.
4. Der Bavli betont, sie sei nur eine Leviratswitwe (ein Element, welches in allen Tradition mit der Tochter Naqdimon ben Gurions assoziiert wird). Aus diesem Grund beantworten die Rabbiner ihren Fluch nicht mit Amen. Hier zeigt der Bavli seine Innovationsfreude, und trotzdem wäre dieser Ausspruch unverständlich, wenn wir nichts von den anderen Traditionen wüssten, in denen die Rabbinen einen Fluch mit Amen beantworten.
5. Zu guter Letzt erzählt der Bavli nichts von einer Bestrafung, die über die Frau verhängt wurde.

Warum hat der Bavli diese Veränderungen vorgenommen?
Zuallererst möchte der Bavli nicht die Zuteilung von Wein mit Marta bat Boetus in Verbindung bringen. Das hat mit seiner eigenen Agenda zu tun. Wie bereits an anderer Stelle gezeigt wurde,[12] stehen beide Traditionen – die tannaitische Tradition und der Bavli – in einem ausgeprägten Gegensatz zueinander. Während wir in der erstgenannten eine unabhängige und fantastische Marta vorfinden (was vielleicht daran liegt, dass sie zu ihrer Zeit mit den Pharisäern sympathisiert hat), transformiert der Bavli die gleiche Frau in ein Paradigma der Korruption, welche mit ihrem großen Reichtum einhergeht – sie ist verwöhnt, kriminell und sie verdient eine schreckliche Strafe, die den Tod nach sich zieht. Die folgende Tabelle verdeutlicht dies:

Tannaitische Marta	**Babylonische Marta**
Ist mit einem Hohepriester verheiratet (Mischna Yevamot 6,4)	Bestiсht den König, um ihren Mann zum Hohepriester zu nominieren (Bavli Yevamot 61a)
Ihr Sohn bekommt Ehre als Priester, wegen seiner Mutter (Tosefta Yoma 1,13–14)	Ihr Sohn ist in seinem priesterlichen Dienst verhindert, wegen seiner Mutter (Bavli Sukka 52b)
Sie wird als Paradebeispiel für eine Witwe gegeben (Sifre Deuteronomium 281)	Sie wird als Beispiel für eine reiche Witwe gegeben, die *kein* Beispiel für eine Witwe sein kann (Bavli Ketubbot 104a)
–	Leidet unter Armut und stirbt im Krieg (Bavli Giṭṭin 56a)

12 Siehe Anm. 7.

1. In der Mischna wird sie als eine Witwe beschrieben, die einen Priester heiratet, welcher im Anschluss daran für die Hohepriesterschaft vorgesehen ist. Das ist eine außerordentliche Ehre, und sie stellt einen rechtlichen Präzedenzfall dar: ein verlobter Priester darf seine verwitwete Verlobte heiraten, nachdem er Hohepriester geworden ist. Im Bavli wird Marta jedoch vorgeworfen den König bestochen zu haben, um die Nominierung ihres zukünftigen Mannes zum Hohepriester zu sichern.
2. In der Tosefta wird ihr Sohn der Priester durch seine Mutter und seine sportlichen Leistungen im Tempel, die dort sogar bestaunt werden, bestimmt und mit der Mutter in Verbindung gebracht. Im Bavli wird er zwar auch mit ihr in Verbindung gebracht, jedoch verbieten ihm dort die anderen Priester, sich hervorzutun oder das Opferritual anders abzuhalten.
3. In Midrasch Sifre wird sie als eine Witwe beschrieben, für welche die gleichen Gesetze der Witwenschaft gelten und die man nicht aufgrund ihres Reichtums diskriminiert. Der Bavli stellt dies ganz anders dar: Ihm zufolge gelten die allgemeinen Regeln der Witwenschaft, welche das jüdische Recht Witwen garantiert, nicht für sie, da sie zu reich ist.
4. Schließlich beschreibt der Bavli freudig ihre Leiden und anschließenden Tod, als eine Folge der Verwüstungen des Krieges und dem einhergehenden Hunger – ihr Tod wird also als gerechte Bestrafung interpretiert.

Offensichtlich konnte Marta dem Bavli nicht als positives Beispiel einer Frau dienen, die jedermann beweist, dass Frauen Wein trinken. Daher machte der Bavli die Tochter Naqdimon ben Gurions zu seiner Heldin. Ihr wird, genau wie Marta im Yerushalmi, vom Gerichtshof Wein zugeteilt (und nicht Gold bzw. wohlriechende Kräuter wie in der Tosefta). Obwohl ihre Rede an die Weisen beibehalten wird, verwandelt der Bavli ihren Ausspruch in einen Segen, indem er ihre Worte nicht als Fluch definiert. Die Schwiegertochter Naqdimon ben Gurions dankt den Rabbinern für die Zuteilung des Weins durch den Wunsch, dass auch ihren Töchtern das Gleiche widerfahren möge. Natürlich wollten die babylonischen Rabbinen eine ähnliche Wein-Zuteilung für ihre eigenen Töchter. Trotzdem beantworteten sie ihren Ausspruch nicht mit Amen, da die Schwiegertochter Naqdimon ben Gurions eine Leviratswitwe war – ein solches Schicksal lehnten die Rabbinen für ihre eigenen Töchter ab. Da es sich bei

dieser Geschichte um eine durchweg positive handelt, sah man keine Notwendigkeit dafür die Frau zu bestrafen. So wurde in Bezug auf die Weinzuteilung aus der palästinischen Anti-Wein-Tradition eine Pro-Wein-Tradition im Bavli.
Interessanterweise wird von den babylonischen Rabbinen genau an dieser Stelle eine weitere palästinische Anti-Wein-Tradition eingefügt, die in keiner anderen tannaitischen oder palästinischen Quelle auftaucht. Es handelt sich dabei um die Tradition, welche auf den Titel dieses Aufsatzes verweist:

> 6. Es wird gelehrt: Ein Becher ist für eine Frau zuträglich, zwei sind unanständig, (trinkt sie) drei, so fordert sie mündlich auf, wenn vier, so fordert sie einen Esel auf der Straße auf, ohne daran Anstoß zu nehmen (Babylonischer Talmud Ketubbot 65a).

Dieser Text nennt endlich die Gründe für das Weinverbot für Frauen. Die Frau ist einfach nicht in der Lage, mit dem Trinken umzugehen. Eine Tasse ist vielleicht erträglich, aber wenn sie zwei trinkt, dann beginnt sie, sich schlecht zu benehmen; nach drei Tassen bietet sie sich den Männern an. Man beachte die Verbindung von Wein und sexueller Freizügigkeit. Sobald eine Frau mit dem Trinken anfängt, verliert sie die Kontrolle und wird in kürzester Zeit zu einer Prostituierten.[13] Wenn sie diesen Punkt überschritten hat, ist sie nicht mehr in der Lage, zwischen einem Mann und einem Esel zu unterscheiden, solange sie ihr sexuell Befriedigung verschaffen.
Ein babylonischer Rabbi ist jedoch schnell dabei, diese Aussage näher zu erklären:

> 7. Rava sagte: Dies nur, wenn ihr Mann nicht bei ihr ist, wenn aber ihr Mann bei ihr ist, ist nichts dabei.

Mit anderen Worten sagt er: dies alles ist wahr, wenn sie nicht von ihrem Ehemann begleitet wird. Wenn ihr Mann bei ihr ist, dann ist diese Gefahr abgewendet. Es handelt sich hier um ein weiteres Beispiel eines babylonischen Versuchs, den Weingenuss für Frauen zu rechtfertigen.
Warum haben wir auf einmal eine solche Aussage an dieser Stelle? Ich behaupte, dass die gesamte Sugya durcheinander geraten ist und obwohl es keinen schriftlichen Beweis für meinen im Folgenden

13 Für eine vergleichbare Tradition, welche die Folgen von drei Gläsern Wein auf einen Mann aufzeigt, siehe Valler: *Women and Womanhood*, S. 87–88.

vorgetragenen Vorschlag gibt, würde die Sugya durch meine Neuordnung wesentlich mehr Sinn machen:

1. Rabbi Eleazar sagt, man solle eine Frau nicht mit Wein versorgen und zitiert aus dem Prophetenbuch des Hosea (Text Nr. 1).
2. Rabbi Yehuda aus Kefar Nevoraya sagt, der Vers über Hanna lehre dies (Text Nr. 2).
3. Hier gehört die Tradition über eine vier Becher trinkende Frau hinein, da dort beschrieben wird, was mit einer trinkenden Frau geschieht (Text Nr. 6).
4. Der babylonische Amoräer Rava erläutert diese palästinische Aussage – ein Ehemann kann ein solches Verhalten verhindern (Text Nr. 7).
5. Ein anderer Midrasch über Hanna wird vorgestellt, um dies zu beweisen (Text Nr. 8).

Lassen sie uns diesen Midrasch anschauen, bevor wir mit der Neuordnung der Sugya fortfahren:

> 8. Hanna hatte ja ihren Mann bei sich!? Anders verhält es sich bei einem Herbergsgast (Babylonischer Talmud Ketubbot 65a).

Dieser kurze Text bezieht sich mit Sicherheit auf den vorrangegangenen Midrasch über Hanna. Der Redaktor des Bavli fragt: Wir haben gerade festgestellt, dass die Erzählung über Hanna beweist, man solle Frauen keinen Wein geben. Und hier hören wir, es solle kein Problem sein, wenn ihr Ehemann anwesend ist. Warum wurde Hanna dann verboten, in Schilo Wein zu trinken? War ihr Mann nicht mit ihr dort? Der moderne Wissenschaftler bemerkt natürlich sofort, dass jenes Verbot palästinischen Ursprungs ist, während die Erlaubnis babylonisch ist. Dies ist jedoch nicht die Logik, nach welcher der Bavli funktioniert. Für die Editoren ist Harmonisierung das Schlüsselwort. Daher beantworten sie die Frage folgendermaßen: Unser Grundsatz, eine Frau könne in Gegenwart ihres Mannes trinken, gilt nur, wenn sie beide zu Hause sind. Sind sie aber in einer Herberge, auf Reisen, dann darf sie überhaupt keinen Wein trinken. Und in Schilo waren Hanna und ihr Mann auch auf Reisen. Der Bavli schweift an dieser Stelle noch kurz etwas ab und äußert weitere Spekulationen über Hannas Geschichte, die jedoch für unser Thema irrelevant sind und übersprungen werden können.[14] Hier ist es wichtig, zu beachten, wie

14 Woher, dass einem Logiergaste die Beiwohnung verboten ist? Es heißt

gut die Beschreibung der betrunkenen Frau, die zur Prostituierten wird, mit dem ersten Teil der Sugya und seiner palästinischen Sichtweise und den midraschischen Spekulationen zusammenpasst. Nur aufgrund Ravas näherer Bestimmung des absolut negativen, palästinischen Ausblicks begegnen wir der babylonischen Umkehrung der Sugya.

Kehrt man nun zu der neugeordneten Sugya zurück, so beinhalten die nächsten Elemente die babylonische Aussage, die Shmuʿel zugeschrieben und von Abayye interpretiert wird: Einer Frau, die gewohnt ist, Wein zu trinken, wird erlaubt dies zu tun (Text Nr. 3 und Nr. 4).

Achtens: Die Geschichte von der Schwiegertochter Naqdimon ben Gurions wird rezitiert (Text Nr. 5). Die ganze neugeordnete Sugya sieht folgendermaßen aus:

1. Rabbi Eleʿazar sagte: Man setze einer Frau keinen Wein aus. Wenn du aber erwiderst [es heißt ja:] „ich will meinen Buhlen nachgehen, die mir mein Brot und mein Wasser, meine Wolle und mein Flachs, mein Öl und mein Getränk geben" (Hosea 2,7), so sind darunter Dinge zu verstehen, nach denen die Frau gelüstet, das sind Schmucksachen.

2. Rabbi Yehuda aus Kefar Nevoraya, manche sagen, aus Kefar Gabor Ḥayil, trug vor: Woher, daß man einer Frau keine Weine aussetze? Es heißt: „und Hanna stand auf nach ihrem Essen zu Schilo und nach [ihrem] Trinken (shata)" (1 Samuel 1,9); er trank, sie trank nicht.

6. Es wird gelehrt: Ein Becher ist für eine Frau zuträglich, zwei sind unanständig, [trinkt sie] drei, so fordert sie mündlich auf, wenn vier, so fordert sie einen Esel auf der Straße auf, ohne daran Anstoß zu nehmen.

7. Rava sagte: Dies nur, wenn ihr Mann nicht bei ihr ist, wenn aber ihr Mann bei ihr ist, ist nichts dabei.

8. Hanna hatte ja ihren Mann bei sich!? Anders verhält es sich bei einem Herbergsgast.

3. Man wandte ein: Ist sie daran gewöhnt, so gebe man ihr!? Anders ist es, wenn sie daran nicht gewöhnt ist, wie Rabbi Ḥinena bar Kahana nämlich im Namen Shmuʿels sagte: Ist sie daran gewöhnt, so gebe man ihr einen Becher, ist sie daran nicht gewöhnt, so gebe man ihr zwei Becher.

4. Wie ist dies zu verstehen? Abayye erwiderte: Er meint es wie folgt: War sie bei ihrem Manne zwei Becher [zu trinken] gewöhnt, so gebe man ihr in Abwesenheit ihres Mannes einen Becher, war sie bei ihrem Manne mehr als einen Becher [zu trinken] nicht gewöhnt, so gebe man ihr in Abwesenheit ihres Mannes überhaupt nicht.

(1 Samuel 1,19): „sie machten sich morgens früh auf und bückten sich vor dem Herrn und kehrten zurück; und sie kamen heim nach Rama, da erkannte Elkana sein Weib Hanna, und der Herr gedachte ihrer"; dann wohl, vorher aber nicht (Babylonischer Talmud Ketubbot 65a).

5. Wenn du aber willst, erkläre ich: Wenn sie daran gewöhnt ist, so gebe man ihr, zum Würzen von Speisen. So erzählte Rabbi Abbahu im Namen Rabbi Yoḥanans: Für die Schwiegertochter des Naqdimon ben Gurion setzen die Weisen zwei Sea Wein von Freitag zu Freitag zum Würzen der Speisen aus. Da sprach sie zu ihnen: Das mögt ihr euren Töchtern aussetzen! Es wird gelehrt: Sie war eine Leviratwitwe, deshalb sagten sie nicht: Amen.

Die Logik, diese Geschichte von Naqdimon ben Gurions Schwiegertochter hier zu platzieren, erklärt sich folgendermaßen: Zuerst wird erzählt, wie ihr die Rabbinen Wein zuteilten, als sie zu einer Leviratswitwe wurde – ihr Mann ist nämlich nicht länger bei ihr. Zweitens – diese Erzählung ist die erste in einer Serie von vier Geschichten, in denen die Rabbiner den Frauen Wein zusprechen, nachdem deren Ehemänner gestorben sind. Alle anderen Frauen hingegen sind Babylonierinnen.

Die Tochter des Naqdimon ben Gurion, welcher in der ursprünglichen Geschichte der Tosefta Geld für wohlriechende Kräuter zugeteilt wurde, wird zum palästinischen Beweistext für die Regel der Babylonier – dass ihre verwitweten Frauen auch in Abwesenheit ihrer Männer Wein erhalten können. Die erste Geschichte ist zugleich die interessanteste und sieht wie folgt aus[15]:

9. Ḥoma, die Frau Abayyes, kam zu Rava und sprach zu ihm: Setze mir Kost aus. Er setzte sie ihr fest. Setze mir Wein aus. Da sprach er zu ihr: Mir ist es von Naḥmani bekannt, dass er keinen Wein trank. Sie erwiderte: Beim Leben des Meisters, er gab ihn mir zu trinken in Humpen, wie dieser da. Als sie [mit der Hand] zeigte, wurde ihr Arm entblößt, und ein Licht fiel ins Lehrhaus. Da stand Rava auf, ging nach Hause und forderte die Tochter Rav Ḥisdas auf. Da sprach die Tochter Rav Ḥisdas zu ihm: Wer war soeben im Lehrhause? Er erwiderte ihr: Homa, die Frau Abayyes. Da ging sie hinter ihr her und schlug sie mit dem Schlüssel einer Truhe, bis sie sie aus ganz Maḥoza jagte, indem sie zu ihr sprach: Du hast bereits drei getötet und willst noch einen anderen töten? (Babylonischer Talmud Ketubbot 65a).

Eigentlich gehört diese Geschichte (abgesehen davon, dass sie zeigt, dass verwitweten Frauen Wein zugeteilt wird) nicht hierhin. Sie gehört zu einer längeren ‚Seifenoper‘, die in Babylonien berühmt war und von der Schnipsel hier und da im Bavli verstreut sind. Es ist die Geschichte des großen Weisen Abayyes und seiner Ehe mit einer zweifachen Witwe – Ḥoma. Sie war zuvor mit Rehava aus Pumbeditta und im Anschluss daran mit Isaak, Sohn des Weisen Rabba bar bar

15 Siehe diesbezüglich auch Moshe Beer: *The Babylonian Amoraim*. Ramat Gan: Bar Ilan University 1974, S. 323–324 (Hebräisch).

Ḥanna, verheiratet – beide starben. Abayye war gewarnt worden, dass es sich bei Ḥoma um eine Frau handele, welche die Rabbinen als „Killer-Frau" (qaṭlanit) bezeichneten,[16] und dennoch behauptete er, dies könne nur durch einen dritten Todesfall bewiesen werden. Also heiratete er sie und starb darauf (Babylonischer Talmud Yevamot 64b). Unsere Geschichte – ein weiterer Schnipsel dieses Dramas – spielt sich nach dem Tod Abayyes ab. Hier erscheint die Frau bei seinen Amtskollegen am Gerichtshof Ravas und fragt nach dem Wein, den sie im Rahmen ihrer Witwenschaft einfordern will. Die Erzählung beginnt als normales Gerichtsverfahren – die Frau fragt nach Wein. Der Richter, der mit der Regelung vertraut war, dass eine Frau, die an Wein gewöhnt ist, ihn auch bekommen sollte – schließlich hatte Abayye selbst (oben Nr. 4) diese Regelung aufgrund einer unklaren Aussage Shmuels festgelegt – war darüber hinaus auch mit den Gewohnheiten ihres letzten Mannes vertraut. Er sagte ihr, dass er nicht daran denke, ihr Wein zuzuteilen, da ihr verstorbener Ehemann nicht trank.[17]

In ihrer Antwort streitet Ḥoma dies auch nicht ab, aber besteht dennoch auf ihren Wein. Ihr Mann selbst habe sie, obwohl er keinen Wein trank, viel Wein trinken lassen. Um zu zeigen, wie groß die Weinbecher waren, die sie gewohnt war zu trinken, erhob sie ihren Arm. Dabei wurde vielleicht etwas Fleisch von ihr enthüllt, welches Ravas sexuelles Verlangen entfachte. Aus diesem Grund wissen wir leider nicht, wie sein Gerichtsurteil lautete, da er sofort den Raum verließ, um seine Lust in rechtmäßigem Sex mit seiner Frau zu befriedigen.

Bat Rav Ḥisda, die Frau Ravas, ist eine der präsentesten und wichtigsten Frauen des Babylonischen Talmuds. Man hat ihr sogar einen zweibändigen historischen Roman gewidmet, von dem der erste Teil vor kurzem veröffentlicht wurde.[18] Ihre Geschichte im Talmud ist schnell

16 Über solche Frauen in der Bibel und in der rabbinischen Literatur siehe Mordechai A. Friedman: Tamar. A Symbol of Life. The 'Killer Wife' Superstition in the Bible and Jewish Tradition. In: *Association of Jewish Studies Review* 15 (1990), S. 23–61. Siehe auch Tal Ilan: Babatha the Killer-Wife: Literature, Folk Religion and Documentary Papyri. In: Klaus-Peter Adam / Friedrich Avemarie / Nili Wazana (Hrsg.): *Law and Narrative in the Bible and in Neighbouring Ancient Cultures*. Tübingen: Mohr Siebeck 2012, S. 263–278.

17 Mehr zu Abayyes Trinkgewohnheiten in Valler: *Women and Womanhood*, S. 93–94.

18 Maggie Anton: *Rav Hisda's Daughter. Book I: Apprentice: A Novel of Love, the Talmud, and Sorcery*. New York: Plume 2012.

erzählt. Als sie verheiratet werden sollte, wurde sie von ihrem Vater gefragt, welchen von den beiden Bewerbern sie ehelichen möchte – sie antwortete: „Beide!" (Bavli Bava Batra 12b). Diese Aussage des jungen Mädchens wurde tatsächlich verwirklicht. Sie war in der Tat zuerst mit dem Weisen Rami bar Ḥamma verheiratet. Als sie zur Witwe wurde, heiratete sie Rava und wurde sein treuester Begleiter, da er sich auf ihren gesunden Menschenverstand verlassen konnte, wenn es um Gerichtsurteile (Babylonischer Talmud Ketubbot 85a) und häusliche Angelegenheiten ging (Babylonischer Talmud Ḥullin 44b; Ḥagiga 5a). In unserer Geschichte agiert sie als eifersüchtige Frau – sie jagt ihre Rivalin aus der Stadt und bringt sie mit dem Tod ihrer vorangegangenen Ehegatten in Verbindung. Dieser Exkurs in unserer Sugya hat uns beinahe das eigentliche Thema aus den Augen verlieren lassen: Frauen und Wein. Doch der Bavli kommt schnell auf den eigentlichen Gesprächsgegenstand zurück. Die nächsten beiden Geschichten des Zyklus' sind diesbezüglich absolut eindeutig. Beide schlagen vor, man solle den Wein in den Ehevertrag aufnehmen.

> 11. Die Frau Rav Yosefs, des Sohnes Ravas, kam zu Rav Neḥemya, dem Sohne von Rav Yosef, und sprach zu ihm: Setze mir Kost aus. Er setzte sie ihr aus. Setze mir Wein aus. Er setzte ihn ihr aus. Er sprach: Es ist mir von den Einwohnern von Maḥoza bekannt, dass sie Wein trinken.
> 12. Die Frau Rav Yosefs, Sohnes des Rav Menasya aus Dewil, kam zu Rav Yosef und sprach zu ihm: Setze mir Kost aus. Er setzte sie ihr aus. Setze mir Wein aus. Er setzte ihn ihr aus. Setze mir Seidenzeug aus. Da sprach er zu ihr: Wozu Seidenzeug!? Sie erwiderte: Für dich, für deine Kollegen und für deine Gesellschaft (Babylonischer Talmud Ketubbot 65a).

Diese beiden Geschichten erzählen ohne Umschweife, und sie legen eigentlich nahe, dass Rava auf die gleiche Art und Weise bezüglich Ḥoma entschieden hat. Rav Neḥemya, der Sohn Rav Yosefs, entschied sich für die Zuteilung von Wein an eine Frau und bezog sich dabei auf das allgemeine Wissen, dass die Menschen in Maohosa regelmäßig Wein trinken. Rav Yosef selbst entschied sich in einem anderen Fall ebenfalls für die Weinzuteilung an eine Witwe, ohne eine spezielle Begründung. So endet die Babylonische Sugya über Frauen und Wein.

Welche Schlussfolgerungen kann man daraus ziehen? Hier sei zunächst auf das ursprüngliche Argument verwiesen: Die Babylonier übernahmen Traditionen aus Palästina. Sie haben sie geschätzt, respektiert und ihren Regeln Folge geleistet. Doch sie taten dies auf subtile Art und Weise, indem sie die Erzählungen aus Palästina veränderten, um sie den Lebensumständen und dem Verständnis der Babylonier anzupassen. Außerdem haben die Babylonier ihre eigenen Geschichten erzählt, um zu zeigen, wie gewissenhaft und treu sie den Anweisungen aus dem Lande Israel folgten. Auf diese Weise wird überliefert, wie sie sich hinsichtlich des Themas ‚Frauen und Wein' unterschieden. In Palästina war man davon überzeugt, man dürfe Frauen und Wein nicht miteinander in Verbindung bringen; in Babylonien verhielt es sich genau andersherum.

Bevor man gegen dieses Fazit, das auf einer subtilen Lesart der Midraschim und der Verkettung von Erzählungen basiert, vorschnell Einwände erhebt, sei zum Abschluss eine babylonische Geschichte aus dem Talmud angeführt, die die aufgestellte Behauptung stützen kann. Diese Erzählung lautet wie folgt:

> Einst war ʿUlla bei Rav Naḥman eingekehrt, und nachdem er gespeist hatte, sprach er den Tischsegen und gab Rav Naḥman den Becher des Segens. Da sprach Rav Naḥman zu ihm: Möge doch der Meister den Becher des Segens Yalta schicken. Dieser erwiderte: So sprach Rabbi Yoḥanan: Die Leibesfrucht der Frau wird nur durch die Leibesfrucht des Mannes gesegnet, denn es heißt: „er wird deine Leibesfrucht segnen" (Deuteronomium 7,13); es heißt aber nicht ihre Leibesfrucht, sondern deine Leibesfrucht [...] Als Yalta dies unterdessen hörte, stand sie wütend auf, ging in die Weinkammer und zerschlug 400 Fässer Wein (Babylonischer Talmud Berakhot 51b).[19]

In dieser Geschichte kommt ein wandernder, palästinischer Weiser (ʿUlla) nach Babylon und wird von einem der prominentesten Weisen der Umgebung gegrüßt – Rav Naḥman. Er wird von diesem zum Essen eingeladen und erhält die Ehre, den Wein zu segnen. Nachdem dies geschehen ist, legt Rav Naḥman dem Babylonier nahe, den gesegneten Weinbecher einer Frau zu überreichen – Yalta (vielleicht seine Frau[20]) – um daraus zu trinken und dadurch den Segen zu empfangen. Der palästinische Weise jedoch betrachtet dies als einen Verstoß gegen das Brauchtum. In Palästina trinken Frauen nicht von gesegnetem Wein.[21] Um dies zu beweisen, zitiert er den prominenten palästinischen Weisen Rabbi Yoḥanan und einen Bibelvers.

19 Vgl. dazu auch Rachel Adler: Feminist Folktales of Justice. Robert Cover as a Resource for the Renewal of *Halakhah*. In: *Conservative Judaism* 45,3 (1993), S. 121–129; Tal Ilan: *Integrating Women into Second Temple History*. Tübingen: Mohr Siebeck 1999, S. 171–174.

20 Bereits an anderer Stelle habe ich vorgeschlagen, dass ihre Beziehung anders als allgemein angenommen verlaufen sein könnte. Siehe Ilan: *Mine and Yours are Hers*, S. 121–129. Zu Yalta siehe auch Tamara Or: *Massekhet Betsah*. Tübingen: Mohr Siebeck 2010, S. 122–133. Zu dieser Tradition vgl. ebd., S. 127–131.

21 Ebd., S. 131 schreibt zu diesem Text: „Consequently, we have to assume that in

Rabbi Yoḥanan war für die Babylonier eine so herausragende Autorität aus Palästina, dass man ihm buchstäblich jede Tradition nachsagen konnte; ganz egal ob er sich dazu geäußert hatte oder nicht; sogar wenn die ihm nachgesagten Äußerungen seiner Meinung an anderer Stelle widersprachen.[22] Dies sei an dieser Stelle betont, um zu verstehen, welche Bedeutung es hat, dass es Rabbi Yoḥanan war, dem die Babylonier die Übertragung der Erzählung von Naqdimon ben Gurions Schwiegertochter zugewiesen hatten, um die positive babylonische Position gegenüber Frauen und Wein zu rechtfertigen. Hier wird er jedoch zitiert, um eine entgegengesetzte Meinung zu vertreten.

In jedem Fall bemerkt der Bavli Yaltas Reaktion bezüglich dieser palästinischen Beleidigung. Sie geht in den Weinkeller Rav Naḥmans und zerstört seinen gesamten Vorrat. Es wurden bereits viele Interpretationen über die jähzornige Reaktion Yaltas angestellt, da es sich bei ihr um die prominenteste Frau des Babylonischen Talmuds handelt. Hier dürfen wir vielleicht vermuten, dass dieser Akt der Zerstörung sich direkt gegen den unhöflichen Gast richtete. Sie sagt zu ihm, wenn ich keinen Wein trinken darf, dann darfst du es auch nicht.

Es ist jedoch bemerkenswert, dass die widersprüchliche Position in Bezug auf Frauen und Wein in dieser babylonischen Erzählung deutlich aufgezeigt wird – ein palästinischer Weiser beanstandet den Umgang mit Frauen und Wein. Ein babylonischer Weiser sieht darin keine Verletzung des geltenden Rechts. Eine babylonische Frau sieht es sogar als einen Teil ihres altehrwürdigen Rechts an. Diese Geschichte aus dem Traktat Berakhot stützt die oben vorgestellte Interpretation der Sugya in dem Traktat Ketubbot.

Bevor man diese Beobachtungen abschließend beurteilen kann und man vielleicht sogar schon der Meinung seien könnte, man wüsste bereits die richtige Antwort, sei darauf hingewiesen, wie die Babylonier über Frauen und Wein während der Festtage dachten. Wie wir bereits gesehen haben, hatte die Tosefta entschieden: während der Festtage habe man fröhlich zu sein und dass Wein fröhlich mache. Rabbi Yehuda unterschied in der Tosefta zwischen Dingen, die eine Frau, und Dingen, die einen Mann fröhlich machen. Der Yerushalmi interpretierte diese Aussage und kam zu dem Schluss, dass man

the surroundings where Yalta lived there was both a tradition that included women in the cup of the blessing and a tradition from the Land of Israel that did not mention women and could be interpreted as excluding women from this *mitsva*.“

22 Siehe auch Ilan: *Massekhet Ta'anit*, S. 67–68.

Frauen mit neuen Sachen (und Kinder mit Nüssen) glücklich macht, während der Wein für die Männer bestimmt sei. Was fängt der Bavli mit dieser Aussage an? Wir sollten unsere Erörterung an dieser Stelle zweiteilen – wie verhält sich der Bavli zu dieser Baraita, und was sagt er über Frauen, die vier Becher Wein an Pessach trinken (wie jeder erwachsene jüdische Mann)!? Zuerst sei die Baraita vorgestellt. Wie üblich zeigt der Bavli auch hier seine Loyalität gegenüber der palästinischen Tradition. Wenn die palästinischen Weisen entschieden hatten, man mache eine Frau mit neuen Sachen glücklich, dann tat dies der Bavli ebenfalls. Die Regel, die dort überliefert ist, lautet:

> Die Rabbanan lehrten: Ein Mann ist verpflichtet, seine Kinder und Familienangehörigen am Feste zu erfreuen, denn es heißt: „du sollst an deinem Feste fröhlich sein" (Deuteronomium 16,14). Womit erfreue man sie? Mit Wein! Rabbi Yehuda sagt: Männer mit dem, was für sie geeignet ist, und Frauen mit dem, was für sie geeignet ist. – Männer mit dem, was für sie geeignet ist, mit Wein; womit Frauen? Rav Yosef lehrte: In Babylonien mit bunten Gewändern, im Lande Israel mit gebleichten Gewändern aus Leinen (Babylonischer Talmud Pesaḥim 109a).

Die nachfolgende Tabelle zeigt, wie exakt hier der Bavli das formuliert, was wir bis jetzt nur vermuten konnten.

Tosefta Pesaḥim 10,4	**Yerushalmi Pesaḥim 10,1 (37b)**	**Bavli Pesaḥim 109a**
Es ist ein Gebot für den Mann, seinen Kindern und Angehörigen, an einem Fest Freude zu bereiten. Und wie bereitet er ihnen Freude? Mit Wein, wie gesagt wird: „dass der Wein erfreue des Menschen Herz" (Psalm 104,15).	Es wird in einer (Baraita) gelehrt: Ein Mann muß seine Frau und seine Kinder am Fest fröhlich machen. Wie macht er (sie) fröhlich? Mit Wein!	Die Rabbanan lehrten: Ein Mann ist verpflichtet, seine Kinder und Familienangehörigen am Feste zu erfreuen, denn es heißt: „du sollst an deinem Feste fröhlich sein" (Deuteronomium 16,14). Womit erfreue man sie? Mit Wein!
Rabbi Yehuda sagt: (Man gibt) Frauen was zu ihnen passt, und (man gibt) Kindern was zu ihnen passt.	Rabbi Yehuda sagt: (Man gibt) Frauen was zu ihnen passt, und (man gibt) Kinder was zu ihnen passt.	Rabbi Yehuda sagt: Männer mit was zu ihnen passt, und Frauen was zu ihnen passt.
–	–	Männer mit dem, was zu ihnen passt, mit Wein.
–	Frauen, was zu ihnen passt – z. B. Schuhe und Gürtel;	Womit Frauen? Rav Yosef lehrte: In Babylonien mit bunten Gewändern, im Lande Israel mit gebleichten Linnengewändern.

Tosefta Pesaḥim 10,4	Yerushalmi Pesaḥim 10,1 (37b)	Bavli Pesaḥim 109a
–	und Kinder was zu ihnen passt – z. B. Nüsse und Mandeln.	–

In der Tosefta haben wir gelesen, dass Rabbi Yehuda die Aussage, Wein mache glücklich, mit folgenden Worten bestimmte: Frauen sind mit dem glücklich zu machen, was zu ihnen passt und Kinder sind mit dem glücklich zu machen, was zu ihnen passt. Dabei mussten wir annehmen, dass Wein für Frauen und Kinder unpassend sei; wir konnten aber nicht wirklich sicher sein. Als wir die Worte Rabbi Yehudas in der Yerushalmi-Auslegung untersucht haben, konnten wir dem Text entnehmen, dass Kleider und Schuhe für Frauen und Nüsse für Kinder passend sind. Es wurde jedoch nicht gesagt, wer den Wein bekommt. Der Bavli wollte dies dann klarstellen, was wir bereits vermuteten – Männer seien mit Wein glücklich zu machen; Frauen mit Kleidungsstücken. Interessanterweise bemerkt der Bavli hier Unterschiede im Vergleich der Bräuche in Babylonien und im Lande Israel. Im Letztgenannten wurde sauber gebleichtes Leinen als Kleidungsgegenstand bestimmt. Im reicheren Babylonien handelt es sich um gefärbte Kleidungsstücke, die ein breites Farbspektrum aufweisen.

Können wir demnach nicht (aufgrund des Bavli) darauf schließen, dass Frauen an Pessach keinen Wein trinken? Schließlich findet sich im Bavli nur diese überaus negative Beurteilung (wenn auch als palästinische Baraita), bei der die Frau nach vier Bechern Wein (an Pessach oder jedem anderen Tag) unkontrollierbar oder sexuell verwirrt sei. Sie würde sich sogar einem Esel anbieten, der auf dem Marktplatz stünde. Die Antwort ist nein. Der Bavli erlaubt es Frauen, die vier Becher Wein an Pessach zu trinken und stützt sich dabei auf zwei weitere (ansonsten unbekannte) palästinische Autoritäten. Beide werden in der Bavli-Sugya ausdrücklich genannt, und zwar unmittelbar bevor diese palästinische Tradition gewissenhaft zitiert wird. Eine von ihnen lautet:

> Die Rabbanan lehrten: Alle sind zu diesen vier Bechern verpflichtet, Männer, Frauen und Kinder. Rabbi Yehuda sprach: Welchen Genuss haben Kinder vom Weine? Vielmehr verteile man an sie am Vorabend des Pessach-Festes Rostähren und Nüsse, damit sie nicht einschlafen, und (sie nach dem Grunde

> für Pessach mit der Frage ‚ma-nishtana') fragen (Babylonischer Talmud Pesaḥim 108b–109a).

Diese Tradition, ansonsten eine unbekannte Baraita, belegt kategorisch, dass Frauen an Pessach verpflichtet sind, vier Becher Wein zu trinken. Rabbi Yehuda, der gleiche Rabbi Yehuda, der in der palästinischen Tradition zwischen Männern und Frauen unterschieden hat, differenziert hier zwischen Frauen und Kindern. Dennoch findet man nichts Vergleichbares in den tannaitischen oder palästinischen Traditionen. Dieses Urteil ist allerdings, nach der Logik der Mischna, sehr überraschend, denn es verpflichtet die Frauen dazu, ein positives, zeitlich gebundenes Gebot zu befolgen, von dem sie, gemäß der Mischna Qiddushin 1,7, ausgenommen sind. In Verbindung mit der palästinischen Ablehnung, Frauen Wein trinken zu sehen, kann man daher annehmen, dass hier eine Pseudo-Baraita vorliegt, d. h. ein nach dem traditionellen palästinischen Modell formulierter Text, der durch sein angeblich hohes Alter die notwendige Autorität verleiht, um das Gewünschte ausüben zu dürfen.[23] Die palästinische Position wird durch eine andere pseudo-palästinische Tradition gestärkt, die der Bavli nur wenige Zeilen zuvor zitiert:

> Ferner sagte Rabbi Yehoshua' ben Levi: Auch Frauen sind zu den vier Bechern verpflichtet, denn auch sie waren an diesem Wunder beteiligt (Babylonischer Talmud Pesaḥim 108a–b).

Im Bavli finden wir an drei verschiedenen Stellen die Behauptung Rabbi Yehoshua' ben Levis, dass Frauen an etwas teilhaben dürfen, das mit einem jüdischen Fest zu tun hat, weil „auch sie an dem Wunder teilnahmen": sie müssen Chanukka-Kerzen anzünden, weil „auch sie an dem Wunder teilnahmen," sie müssen die Megilla, d. h. das Esterbuch, an Purim hören, weil „auch sie an dem Wunder teilnahmen," und sie müssen vier Becher Wein an Pessach trinken, weil „auch sie an dem Wunder teilnahmen." Alle drei widersprechen dem Urteil, welches in der Mischna formuliert ist, Frauen seien von positiven, zeitgebunden Geboten ausgenommen. Rabbi Yehoshua' ben Levi ist ein sehr prominenter früher palästinischer Weiser, der an der

23 Das Problem der babylonischen Baraitot ist komplex, aber im Allgemeinen bereits erkannt. Siehe Jacob N. Epstein: *Introduction to the Mishnaic Text*, Bd. 1. Jerusalem: Magnes Press 2000, S. 170–177 (Hebräisch), und aktueller Shama Y. Friedman: The Baraitot in the Babylonian Talmud and their Relationship to their Parallels in the Tosefta. In: Ders.: *Studies in Tannaitic Literature. Methodology, Terminology and Content.* Jerusalem: Bialik Institute 2013, S. 149–194 (Hebräisch).

Grenze zwischen tannaitischer und amoräischer Zeit lebte und sogar in den Sprüchen der Väter in der Mischna (Avot 6,2) Erwähnung findet. Außerdem ist er der einzige talmudische Weise, dessen Grab von Archäologen zweimal entdeckt wurde: einmal in Bet She‘arim,[24] in derselben Höhle wie Rabbi Yehuda ha-Nasi, und vor kurzem wieder in Sepphoris.[25] Wie dem auch sein mag, es wird in keiner palästinischen Tradition erwähnt, dass er Frauen erlaubte Chanukka-Kerzen anzuzünden, an der Lesung der Megilla teilzunehmen[26] oder vier Becher Wein an Pessach zu trinken – davon weiß nur der Bavli zu berichten. Egal ob es eine babylonische Erfindung ist oder nicht: die Babylonier stützen ihren Wunsch, den Frauen das Weintrinken an Pessach zu erlauben, auch in diesem Fall wieder auf die palästinische Autorität.

Zusammenfassung

Die palästinischen Rabbinen forderten, Frauen und Wein nicht zusammenzubringen. Ein Bibelvers aus dem Buche Hosea konnte als Beleg dienen, dass Wein zu Prostitution führt. Prostitution kann logischerweise nicht ohne Männer praktiziert werden – sei es als Zuhälter oder Freier. Die negativen Auswirkungen des Weins auf Männer sind ebenfalls in der rabbinischen Literatur diskutiert worden, was aber nicht dazu geführt hat, weintrinkende Männer als sexuell freizügig abzustempeln oder gar den Alkohol für sie zu verbieten. Palästinische Quellen scheinen darauf hinweisen zu wollen, dass Frauen tatsächlich keinen Wein trinken sollen und dürfen, wenn es in der Macht ihrer Männer steht, dies zu verhindern. Die Gründe, warum palästinische, männliche Rabbinen so etwas für Frauen vorsahen, dürften folgende gewesen sein: 1. Sie waren es, die den Text der Gemara im Talmud verfassten, und daher hatten sie seine Aussagen unter ihrer Kontrolle;

24 Nachman Avigad: *Beth She‘arim Catacombs 12–23*, Bd. 3: The Excavacations 1953–1958. Jerusalem: Masada Press 1976, S. 249.

25 Mordechai Aviam / Aharoni Amihai: The Cemeteries of Sepphoris. In: *Kathedra* 141 (2011), S. 6–26, hier S. 21 (Hebräisch). Ein Bild der Inschrift findet sich ebd., S. 17.

26 Für eine aktuelle Darstellung der palästinischen Wurzeln dieser Tradition, in Verbindung mit dem Lesen der Megilla, der Esterrolle, und der Analyse der Nachbearbeitung (wie in Babylonien auf dem Weg zur Tradition wie wir es kennen), siehe Uri Ehrlich: 'They too Participated in the Miracle': On the Development of an Egalitarian Argument in the Halakhic World. In: Nahem Ilan (Hrsg.): *A Good Eye. Dialogue and Polemic in Jewish Culture*. Jubilee Volume in Honor of Tova Ilan. Tel Aviv: Ha-Kibbuts Ha-Me'uḥad 1999, S. 142–159 (Hebräisch).

2. Die Literatur des rabbinischen Judentums ist durch einen ausgeprägten Androzentrismus gekennzeichnet. Dieser Androzentrismus lässt Frauen zu einer Randerscheinung werden; sie können stereotyp behandelt werden, und ihre Eigenart bzw. ihre Besonderheit konnte einfach ignoriert werden.
Die Geschichte nimmt eine unerwartete Wendung, als wir uns der Realität in Babylonien zuwandten. Auch wenn uns oft gesagt worden ist, Palästina sei ein Land des Weinanbaus im Unterschied zu Babylonien, in dem Bier statt Wein das von den Einheimischen bevorzugte Rauschgetränk gewesen sei,[27] so scheint der Babylonische Talmud uns doch etwas anderes zu lehren. Die babylonischen Juden und ihre Frauen waren es gewohnt Wein zu trinken. Daher waren sie ohne Bedenken dazu bereit, die palästinische Prüderie abzulegen und sich in ihrem entspannten Verhältnis zu Frauen und Wein durchzusetzen. Diese Haltung hat das Judentum in dieser Frage bis zum heutigen Tag geprägt.

27 Die Frage, ob Wein oder Bier alternative Getränke in Babylonien waren, wird bei Beer: *The Babylonian Amoraim*, S. 83–105; 159–180; 318–326 erörtert. Beer weist wiederholt darauf hin, dass Wein in Babylonien aufgrund der schwierigen Anbaubedingungen – besonders in den nördlichen Regionen des Landes – sehr teuer war. Bier hingegen wurde aus Datteln hergestellt, welche reichlich vorhanden und billig waren.

„Gießen Sie den Wein in die Kehle der weisen Schüler"

Zur Frage des Alkoholgehaltes von (italienischem) Wein in der rabbinischen Literatur

Giuseppe Veltri

Die bekannten Bezeichnungen für das alkoholische Getränk Wein und das Nahrungsmittel Reis gehören zu einem interessanten und verwandten Kapitel indogermanischer und semitischer Kulturgeschichte und Philologie. Die Bezeichnungen für Wein (Hebräisch yayin) stammen in vielen indogermanischen und semitischen Sprachen in der Tat von der gleichen Wurzel ab. Man kann daher zur Recht darüber spekulieren, warum in Asien und Europa die gleichen Begriffe für diese Art von Rebensaft übernommen wurden. Sicherlich spielten aber auch Handelsbeziehungen eine Rolle, wie sich in Bezug auf den Wein archäologisch und dokumentarisch belegen lässt.

Der erste, der sich meines Wissens mit dem Thema ‚Wein' im Judentum beschäftigt hat, war Moses Stark (1842–1933), Rabbiner von Prag-Weinberge (Praha-Vinohrady), in einem heute häufig vernachlässigten Essay *Der Wein im jüdischen Schrifttum und Cultus* (1902).[1] Er stellte die talmudischen Quellen zusammen und erläuterte sie für das von ihm angesprochene Publikum, auch wenn sich seine Beschäftigung eher als deskriptiv, denn als historisch und archäologisch geprüft bezeichnen lässt. Ihm folgte der Klassiker unter den literarischen „Archäologen", der ungarische Wissenschaftler Samuel Krauss (1866–1948), der in seiner *Talmudischen Archäologie*[2] eine ausführliche Behandlung des Themas in der rabbinischen Literatur vorgelegt hat.

1 Moses Stark: *Der Wein im jüdischen Schrifttum und Cultus.* Wien: Waizner 1902.

2 Samuel Krauss: *Talmudische Archäologie,* Bd. 1–2. Leipzig: Fock 1910–1911, besonders Bd. 1, S. 258–261 (Kap. „Wein als Heilmittel"); Bd. 2, S. 227–242.

Rabbiner Stark war allerdings der erste, der auf die doppelte Natur des Weins in der jüdischen Kultur hingewiesen hat, nämlich auf die mit ihm verbundenen positiven und negativen Konnotationen. Neben seinem tadelnswerten Suchtpotential war Wein vor allem als Erzeuger von Lebensfreude und Feierstimmung sowie als Medikament[3] und Symbol für Israel überhaupt – „Weinberg des Herrn" genannt – bekannt.[4] Das Getränk besitzt eine vielfältige Wirkweise, die zu einer vielseitigen Kultur beigetragen hat, und dies hat – wie es sich sowohl in der griechisch-lateinischen als auch der arabischen Tradition nachweisen lässt – zahlreiche literarische Topoi hervorgebracht (Trinksprüche, Weingedichte, etc.). Neben seiner geläufigen rituellen Verwendung, die am Shabbat wie auch an den Feiertagen wie besonders an Pessach zur Geltung kommt, implizierten die Weinkultur und die mit ihr verbundenen Gepflogenheiten auch kulturgeschichtliche Aspekte, die die Halakha prägten. Hiervon wird im Folgenden die Rede sein.

Die Hauptthese dieses Beitrages lautet, dass vor allem die durch Alkohol erzeugten Nebenwirkungen des Weinkonsums Einfluss auf die Rechtsprechung und hierdurch auch auf die ökonomischen Verhältnisse hatten, in denen Juden lebten. Trunkenheit und die sich daraus ergebende Unsittlichkeit und das Amüsement, die Freude und Sucht erzeugen, sind nicht nur ein Problem der Moral, sondern auch ein Stimulus für die Rechtsbesprechung, wie bereits in der Antike bekannt war. Vor allem wird die Bestimmung des Alkoholgehalts von Wein zu einem juristischen Kriterium für die Festlegung der Straffälligkeit, worauf in diesem Kontext ebenfalls hingewiesen werden soll.

Freude an Wein und Tora und vice versa

Nicht nur als Mittel zur Freude, sondern auch als aggadischer und halakhischer Gegenstand wird der Wein wiederholt in der Bibel und der rabbinischen Literatur erwähnt. Trunkenheit wird in der jüdischen Tradition mit einer großen Anzahl berühmter Gestalten in Verbindung gebracht: Adam, Noah, Lot, Joseph und seine Brüder, die Söhne Arons – Nadab und Abihu –, Nabal, die Kushiten; sogar die zehn verlorenen Stämme[5] wurden wegen Trunkenheit vertrieben.[6] Es

3 Babylonischer Talmud Bava Batra 58b.

4 Babylonischer Talmud Ḥullin 92a.

5 Babylonischer Talmud Shabbat 147b.

6 Siehe dazu den informativen Beitrag von Avraham Steinberg: Drunkenness and

handelte sich in römischer Zeit um eine gefährliche Sucht mit steigender Tendenz, die ihres gleichen suchte!
Die Folgen dieser Sucht sind nicht nur in der Bibel, sondern auch später thematisiert worden. Eine davon ist ohne Zweifel die Unzucht, da Alkohol bekanntlich die (gesellschaftlichen, ‚natürlichen', aber vor allem auch die religiösen) Hemmungen entfesselt. Dass Alkoholkonsum in Zusammenhang mit Eros und (amoralischem, das heißt außerehelichem) Sex gebracht wird, ist nicht nur in den von Philo Alexadrinus getadelten (homosexuellen) Symposien der Römer aus seiner *De Vita Contemplativa*[7] bekannt, sondern wird auch an einer interessanten Episode im Babylonischen Talmud, Traktat Sanhedrin 101a deutlich:[8]

> Unsere Rabbiner lehrten:
> Derjenige, der einen Vers aus dem Hohelied rezitiert und ihn mit einer (säkularen) Melodie vorträgt (ועושה אותו כמין זמר), und derjenige, der einen Vers in einer Kneipe (בבית משתאות) nicht zur (rechten) Zeit (בלא זמנו) rezitiert, bringt Böses in die Welt.
> Denn die Tora gürtet sich in Trauergewändern, und steht vor dem Heiligen, gelobt sei er, und klagt vor ihm: „Herrscher der Welt! Deine Kinder haben mich zu einer Harfe umfunktioniert, die sie frivol spielen.“ Er antwortet: „Meine Tochter, wenn sie essen und trinken, womit sollen sie sich beschäftigen?“ Sie antwortet ihm: „Herrscher der Welt! Wenn Sie lesen können, lass sie sich mit der Tora, den Propheten und den Schriften beschäftigen; wenn sie Mischna-Schüler (בעלי משנה) sind, (sollen sie sich) mit Mishna, Halakhot, und Haggadot beschäftigen; wenn sie Talmud-Schüler (בעלי תלמוד) sind, lass sie sich an Pessach mit den Gesetzen für die Pessach, am Atseret(-Fest, d. h. an Shavuʿot,) mit den Gesetzen für Atseret und am (Sukkot-)Fest mit den Gesetzen für (das Sukkot-)Fest beschäftigen.

Aus einer rein mikrogeschichtlichen Perspektive betrachtet, können wir anhand dieses Abschnittes auf einige Punkte schließen, die den Alkoholgenuss im rabbinischen Judentum (zumindest in Babylonien) betreffen.[9] Der Text überliefert, dass das Hohelied in der Kneipe

Wine in the Bible and Rabbinic Writing. In: Ders. / Fred Rosner (Hrsg.): *Encyclopedia of Jewish Medical Ethics. A Compilation of Jewish Medical Law on all Topics of Medical Interest, from the Most Ancient Sources to the Most Current Deliberations and Decisions, with a Concise Medical and Historical Background, and a Comprehensive Comparative Analysis of Relevant General Ethical Approaches.* Jerusalem: Feldheim 2003, S. 339–340.

7 Vgl. Philo: De vita contemplativa 59–60. In: Leopold Cohn / Siegfried Reiter (Hrsg.): *Philonis Alexandrini Opera Quae Supersunt*, Bd. 6, Berlin: Reimer 1915, S. 60–61.

8 Vgl. auch die kürzere, im Namen von Rabbi ʿAqiva überlieferte Parallelfassung dieser Baraita in Tosefta Sanhedrin 12,10 (Edition Zuckermandel, S. 433).

9 Hier ist nur vom Trinken die Rede; es bleibt offen, ob es sich um Wein oder Bier handelt.

während eines Gelages als frivole Beschäftigung vorgesungen wurde, vielleicht auch, um die weibliche Bedienung zu beindrucken oder anzuziehen. Die rabbinische Schule geht weiterhin – wohl ironisch – davon aus, dass Gott selbst nichts einzuwenden hätte und drittens, dass die Tora die Juden zum Studium der Bibel (Miqra) und der rabbinischen Überlieferung auffordert. Der Text kann somit eindeutig als ein Plädoyer für das Studium gelesen werden.[10] Der Babylonische Talmud kennt Ironie und Sarkasmus, wie zum Beispiel in einem Abschnitt im Traktat Yoma 71a, in dem es im Namen von Rabbi Berekhya heißt:

> Wenn jemand ein Weinopfer auf dem Altar darbringen möchte, dann gieße er den Wein (statt auf den Altar) in die Kehle der Talmide Ḥakhamim (Schüler der Weisen), wie geschrieben steht: „Zu euch, Männer, rufe ich" (Sprüche 8,4).[11]

Ob der sich aus diesem Spruch resultierende Brauch, dem Lehrer Wein am Shabbat zu schenken – wie Stark behauptete[12] – ableiten lässt, kann in diesem Zusammenhang unbeantwortet bleiben. Ich möchte eher dafür plädieren, dass der Redaktor dieses Abschnittes der Gemara ein auf dem biblischen Vers basierendes Wortspiel mit den Wörtern ish (איש) und is(h)a (אישה), einem Terminus der Opfersprache, bemühte, um sich über die Schüler der Weisen lustig zu machen: Die Talmud-Schüler haben den Wein nötiger als den Altar. Nicht zu beanstanden ist hingegen die Behauptung, dass Wein mit dem Tora-Lernen assoziiert wird.

Nebensächlich ist in dem oben zitierten Text sicher auch das bloße Heranziehen des Hoheliedes und des ‚Freudenlebens' in der Kneipe. Aber gerade diese ‚Nebensächlichkeiten' sind in diesem Zusammenhang von Bedeutung, weil sie etwas über das Alltagsleben berichten und das Trinken (von Wein oder Bier?) in einen Zusammenhang mit Sex und Eros bringen.

Um den Text besser verstehen zu können, bedarf es einiger philologischer Erläuterungen: Der Redaktor verwendet den Ausdruck ‚Harfe' (kinnor), der eindeutig auf die erotische und sexuelle Sprache hinweist. Mischna Qinnim 3,6 listet Körperteile von einem

10 Siehe auch Babylonischer Talmud Ketubbot 111a. In diesem Abschnitt ist von der Vernachlässigung des Tora-Studiums aufgrund der Weinlese die Rede.

11 Das Zitat wird von Moses Stark angeführt; siehe Stark: *Der Wein im jüdischen Schrifttum und Cultus*, S. 22.

12 Vgl. ebd., S. 22.

dargebrachten Tier auf und vergleicht sie mit musikalischen Instrumenten: Die Hörner seien Trompeten, die Schenkel Flöten, die Haut eine Pauke; die „Söhne/Nachkommen der Quelle (בני מעיו לכינורות)“ (Kolon und Scham) der kinnor.[13] Der kinnor ist hier zweifellos als Metapher für die weibliche Scham zu verstehen.
Wein beziehungsweise alkoholische Getränke und Geschlechtsverkehr sind hier eindeutig als Ingredienzen jeglicher unsittlichen[14] Feier hervorgehoben und bilden einen Topos, den wir auch an anderer Stelle finden, wie zum Beispiel im Midrash Sifre Bemidbar 12:

> Er sagt zu ihr: Der Wein kann viel bewirken; das Scherzen kann viel bewirken; die Jugend kann viel bewirken. Viele (Frauen) sind dir vorausgegangen und wurden (von der Leidenschaft) fortgerissen. Sei nicht die Veranlassung dazu, dass der große Name, der in Heiligkeit geschrieben ist, durch das Wasser weggewischt werde![15]

Bei der ‚Überprüfung', ob sich der Verdacht auf Untreue durch ein Geständnis beweisen lässt, verweist der Hohepriester auf Umstände, die das ermöglichen: Trunkenheit, Scherze und Jugend. Dieser Topos wird in der mittelalterlichen Literatur des Öfteren wiederholt und bildet sogar einen eigenen Zweig innerhalb der poetisch-moralischen Gattung, die Shire yayin we-ahava (Lieder über Wein und Liebe). Dazu sollte man auch die fragmentarisch überlieferte Weisheitskomposition der so genannten *Weisheitsschrift aus der Kairoer Geniza* 5, 6–13, in der es heißt:

> Die Zucht der Gerechten ist Demut und Weisheit,
> ihren Geist zu demütigen vor dem Herrn.
> Denn viel Begierde mehrt Sünde,
> und viele Vergehen kommen vom Biertrinken.
> Der Betrunkene scheut sich nicht vor dem Herrn,
> und die den Herrn fürchten, verachtet er.
> Der Trunkene lernt keine Erkenntnis,
> und die Zucht annehmen, verwirft er.
> Das Werkzeug des Toren sind Wein und Trunkenheit,
> und unter ihrem Einfluss erweist er sich als stark.
> Wie der Baum der Erkenntnis Ursache für den Tod war,

13 Zu diesem Text siehe auch Giuseppe Veltri: *Mirror of Rabbinic Hermeneutic World: Studies in Religion, Magic, and Language Theories in Ancient Judaism*. Berlin / New York, im Erscheinen, Kap. 15.

14 Siehe auch Babylonischer Talmud Yoma 85a.

15 *Siphre d'be Rab. Fasciculus Primus: Siphre ad Numeros adjecto Siphre Zutta cum variis lectionibus et adnotationibus*, hrsg. v. H. S. Horovitz. Leipzig: Fock 1917, S. 18 (Hebräisch). Siehe auch Mischna Sota 1,4; ferner Babylonischer Talmud Sota 7a; Midrash Bemidbar Rabba 10,1 (34d). Siehe Krauss: *Talmudische Archäologie*, Bd. 2, S. 51.

so sind Wein und Bier Veranlassungen (?) für die Torheit.
Hasser der Weisheit sind Wein und Bier,
und wer durch sie ins Schwanken gerät, hat keinen Bestand.[16]

Diese Schrift wollte man irrtümlich in das erste Jahrhundert datieren, doch ist eine Abfassung Ende des 10. Jahrhunderts wahrscheinlicher. Interessant sind in diesem Zusammenhang auch die Shire yayin (Weingedichte) von Shmuʿel ha-Nagid (993–1056) oder die vielen Belege aus der Kairoer Geniza für Shire yayin we-ahava (Wein- und Liebesgedichte):[17] Sie führen vor Augen, wie weit diese Gattung verbreitet war und wie sehr sich das Publikum von diesen Liedern angezogen fühlte.[18] Die *Weisheitsschrift aus der Kairoer Geniza* könnte eine scharfe Reaktion gegen eine Form der jüdischen Nachahmung der muslimischen höfischen Kultur dargestellt haben.

Diese Traditionen beweisen, dass und wie Trunkenheit zumindest in der babylonischen und der sefardischen Akademie thematisiert wurde. Ob eine ähnliche Diskussion zeitlich früher in den palästinischen Quellen vorausgesetzt werden kann, erscheint zwar denkbar, ist aber noch nicht hinlänglich erforscht.

Da der Wein im Judentum zur Liturgie und zum Kultus gehört, ist ein (nahezu vollkommener) Antialkoholismus – wie etwa unter späteren Muslimen – nicht nachvollziehbar und dementsprechend halakhisch nicht vertretbar. Auch in Bezug auf (die Sitten der) Frauen ist Weinkonsum nicht verboten.[19] Wie verhält sich aber Weinkonsum und Trunkenheit, oder anders gesagt, ab welcher Menge ist der Genuss von Alkohol halakhisch problematisch und wird zu Trunkenheit? Meine Interesse ist sowohl von der Tatsache erregt worden, dass im rabbinischen Schrifttum der Ausdruck ‚Italienischer Wein' vorkommt,

16 Übersetzung und Kommentar in Giuseppe Veltri: *Gegenwart der Tradition. Studien zur jüdischen Literatur und Kulturgeschichte.* Leiden / Boston: Brill 2002, S. 256–258. Der Text wurde erstmals ediert von Abraham Harkavy: Contribution à la littérature gnomique. In: *Revue des Études Juives* 45 (1902), S. 298–305 und Salomon Schechter: Genizah Fragments. In: *Jewish Quarterly Review* 16 (1904), S. 425–452, hier S. 429–442. Neu herausgegeben wurde der hier übersetzte Abschnitt u. a. von Ezra Fleischer: *The Proverbs of Sa'id ben Bābshād.* Jerusalem: Ben Zvi Institute 1990, S. 34, 242–243 (Hebräisch).

17 Siehe Hayim Shirman: *New Hebrew Poems from the Genizah.* Jerusalem: The Israel Academy of Sciences and Humanities 1965, S. 458–459 (Hebräisch). Siehe dazu auch den Beitrag von Andreas Lehnardt in diesem Band.

18 Siehe Hayim Shirman: The Function of the Hebrew Poet in Medieval Spain. In: *Jewish Social Sciences* 16 (1954), S. 250–251.

19 Krauss: *Talmudische Archäologie*, Bd. 2, S. 243, Anm. 733 verweist auf Babylonischer Talmud Ketubbot 65b; Kalla Rabbati 2,2 (Edition Higger S. 191–192).

der eindeutig auf römische Bräuche und Herstellungsmethoden hinweist oder hinweisen kann, als auch, dass dessen Bedeutung in der Forschung umstritten ist. Im folgenden Abschnitt wird daher zu klären sein, dass einerseits die Produktion von Wein und dessen Konsum eine relativ präzise Terminologie aufweisen – sie wurde von Krauss bereits gut erforscht – und andererseits der Ausdruck ‚Italienischer Wein' weniger auf die Herkunft als vielmehr auf die Wirkung des so bezeichneten Weines hindeutet.

Der Italienische Wein: Maßeinheit oder Alkoholgehalt?

Über den yayin italqi entwickelte sich in der rabbinischen Literatur eine lange Diskussion. Bekanntlich ist der Wein außerhalb Palästinas und außerhalb jüdischer Kontrolle für den Genuss und für den Kultus untauglich, weil er zuvor zur Libation im Verlauf götzendienstlicher Praktiken verwendet hätte werden können. Weiterhin beherrschten die Rabbinen – wie jedes Volk im Mittelmeer – die Wein- sowie die Ölkultur, so dass man sich fragen muss, weshalb ein italienischer Wein so wichtig war als das sich die rabbinische Literatur mit ihm befasst hat.

Zeev Safrai, der sich mit der Wirtschaft des Landes Israel in rabbinischer Zeit beschäftigt hat, verweist auf archäologische Funde im Palast des Herodes in Masada.[20] Dort hätten sich neben Äpfeln und Fischen auch Behälter mit Wein aus Italien nachweisen lassen.[21] Dieser Befund ist jedoch keine Überraschung, denn schließlich ist Herodes bekanntlich kein jüdisch observanter Monarch gewesen. Safrai ist gleichwohl der Meinung, dass es sich beim yayin italqi nicht um italienischen Wein gehandelt haben könne. Er verweist auf Saul Lieberman, der gezeigt habe, dass die meisten Belege aus dem Talmud auf

20 Zeev Safrai: *The Economy of Roman Palestine*. London / New York: Routledge 1994, S. 383: „The halachah does forbid the drinking of non-Jewish wine, but finding such 'luxury' imported wine in Herod's palace should not be too surprising. Talmudic literature mentions a number of times 'a quarter measure of Italian wine' and the Babylonian Talmud states that this wine was apparently exceedingly strong (bEruvin 64b)." Siehe auch Louis H. Feldman: *Jew and Gentile in the Ancient World: Attitudes and Interactions from Alexander to Justinian*. Princeton: Princeton University Press 1993, S. 467, Anm. 77.

21 Siehe dazu Hannah M. Cotton / Joseph Geiger, with a Contribution by J. David Thomas: *Masada. II: The Yigael Yadin Excavations, 1963–1965. Final Reports: The Latin and Greek Documents*. Jerusalem: Israel Exploration Society / Hebrew University Jerusalem 1989, S. 148–149. Ausführlicher in Hanna M. Cotton / Joseph Geiger: Wine for Herod. In: *Cathedra* 53 (1989), S. 3–12 (Hebräisch).

eine italienische Maßeinheit[22] verwiesen, ähnlich dem italienischen issar[23], dem *pondium*[24] (der italienischen mane[25] oder anderen italienischen Maßeinheiten. Demnach sei auch Tosefta Ketubbot 5,8 so zu deuten, dass ein Mann verpflichtet ist, seine Frau mit Essen nach italienischem Maß zu versorgen. In der rabbinischen Literatur werden allerdings auch nach Palästina importierte Weine aus Zypern (yayin Kafrisin) erwähnt.[26] Und obwohl Safrai auch bekannt ist, dass die Tosefta von einem Import von Wein als Hebeopfer aus Kilikien, einer Landschaft im Südosten Kleinasiens,[27] weiß, deutet er es als ungewöhnliche Sitte.

Die Diskussion ist längst nicht beendet, auch weil durch neue archäologische Ausgrabungen italienische Weinamphoren nicht nur im Herodes-Palast sondern auch – und das war ein Novum – im jüdischen Viertel in Jerusalem nachgewiesen wurden. Nahman Avigad, der Ausgräber dieser Weinamphoren, hat dazu angemerkt: „It would seem that there have always been more and less observant Jews."[28]

Da der Wissenschaftler nicht Hüter der Halakha ist, sollte man sich fragen, ob die talmudische Diskussion über den italienischen Wein nur auf eine orthopraktische Bestimmung zu reduzieren ist, oder ob sie auf eine gewöhnliche Praxis hindeutet.

Kehren wir zu der Anfang des vorigen Jahrhunderts entstandenen Abhandlung von Samuel Krauss zurück und damit zur Grundlage aller nachfolgenden Ausführungen, auch wenn diese keinen Verweis

22 Saul Lieberman: *Tosefta ki-feshutah. A Comprehensive Commentary to the Tosefta*, part 4: Order Moed. New York: Jewish Theological Seminary 1992, S. 499 (zu Tosefta Pesaḥim 2,16), unter Verweis auf Midrash Wayiqra Rabba 37,3 (Edition Wilna 54a) und Mishna Kelim 17,11.

23 Mischna Qiddushin 1,1; Talmud Yerushalmi Qiddushin 1,1 (58d) und viele andere mehr. Vgl. dazu Benedikt Zuckermann: *Das jüdische Maßsystem und seine Beziehungen zum griechischen und römischen*. Breslau: Grass, Barth & Co. 1887, S. 56.

24 Mischna Kelim 17,12.

25 Mischna Shevi'it 1,2–3.

26 Talmud Yerushalmi Yoma 4,5 (41d); Babylonischer Talmud Keritot 6a.

27 Tosefta Shevi'it 5,2 und Talmud Yerushalmi Ḥalla 4,12 (60b).

28 Nahman Avigad: *Discovering Jerusalem*. Nashville / Camden / New York: Thomas Nelson 1980, S. 88 (mit Abb. 69). Vgl. auch Jodi Magness: *The Archaeology of Qumran and the Dead Sea Scrolls*. Grand Rapids / Cambridge: Eerdmans 2002, S. 76, die darauf hinweist, dass in Qumran selbst keine derartigen Importamphoren gefunden wurden. Zu den Funden römischer Amphoren im Jüdischen Viertel der Altstadt von Jerusalem vgl. auch Gerald Finkielsztejn: Imported Amphoras. In: Hillel Geva (Hrsg.): *Jewish Quarter Excavations in the Old City of Jerusalem. Conducted by Nahman Avigad, 1969–1982*, Bd. 3: Area E and Other Studies. Final Report. Jerusalem: Israel Exploration Society / Hebrew University Jerusalem 2006, S. 168–183, hier S. 174.

auf ihn enthalten. In einer sehr detaillierten Abhandlung im zweiten Band seiner *Talmudischen Archäologie* (1911) hat Krauss die meisten Belege, die den Wein als jüdische Kulturpflanze charakterisieren, gesammelt. Er hat die Thematik bereits ausführlich behandelt und unterscheidet zwischen dem italienischen Wein,[29] den sogar Rabban Gamli'el und seine Begleiter unterwegs an der philistäischen Küste getrunken hätten,[30] und der italienischen Maßeinheit, die man auch für Wein verwendet hätte. Krauss schreibt:

> Ausländische Weine werden in überraschend großer Zahl genannt, daraus folgt aber nicht, daß sie nach Palästina importiert wurden, denn dazu war gewiß kein Anlaß da, sondern nur, daß man diesen Zweig der Landwirtschaft mit großem Interesse verfolgte.[31]

Dieser Satz ist rätselhaft und zeigt zugleich, dass Krauss weder einen Beweis für den Markt ausländischer Weine hatte, noch erklären konnte, warum so viele ausländische Weine in der rabbinischen Literatur erwähnt werden. Die einfache Erklärung ist, dass erstens in einem besetzten Land auch ausländische Weine Eingang gefunden haben dürften, und dass es zweitens schwierig war, ihren Genuss und Konsum völlig zu unterbinden. Ob das mit der Halakha vereinbar war oder nicht, hat dabei wohl keine große Rolle gespielt.

Es ist nicht völlig von der Hand zu weisen, dass in einigen Texten, wie schon vor Lieberman der oben erwähnte ungarische Gelehrte Krauss anmerkte, die italienische Maßeinheit gemeint ist. Im Talmud Yerushalmi, Traktat Shabbat 18,1 (16c), ist eindeutig von „vier Gläsern" die Rede, die umgerechnet ¼ Log[32] der italienischen Maßeinheit beinhalten sollten. Allerdings sollte man sich im Klaren darüber sein, dass das Problem der An- beziehungsweise Abwesenheit von italienischem Wein in Palästina anhand dieser Stelle nicht entschieden werden kann.

Wir lesen in Mishna Sanhedrin 8,2, dass die Schadhaftigkeit eines widerspenstigen Sohnes erst zur Geltung kommt – das heißt er schuldig gesprochen wird –, wenn er „ein Tartemar[33] Fleisch oder

29 Krauss: *Talmudische Archäologie*, Bd. 2, S. 240–241. Siehe auch ebd., S. 383 bezüglich der Maßeinheiten.

30 Tosefta Pesaḥim 1(2),27; Babylonischer Talmud 'Eruvin 64b.

31 Krauss: *Talmudische Archäologie*, Bd. 2, S. 240.

32 Es handelt sich um eine schon in der Bibel erwähnte Maßeinheit, die ca. 0,3–0,5 Liter entspricht (siehe Leviticus 14,10).

33 Ein Gewicht von drei Unzen, von Griechisch *tritemórion*.

einen halben Log italienischen Wein getrunken hat."[34] In der darauf folgenden Diskussion ist nicht länger von italienischem Wein die Rede, sondern von der Frage, ob es ein Log oder ein halbes Log sein muss. Wie viel Alkohol macht einen wirklich schuldig?[35] Die Diskussion um die Maßeinheit ist insofern wichtig, als dass mehr Wein von höherem Alkoholgehalt – wie im Falle des italienischen Weins – strafrechtlich relevant ist. Wäre es nur eine Maßeinheit für liquide Substanzen, würde man sich der These von Lieberman anschließen, nach der *italienischer* Wein als geographisch definierte Maßeinheit nicht zur Debatte steht. Hier geht es aber um die Maßeinheit für den Alkoholgehalt – heute naturwissenschaftlich „Volumenprozent" oder schlicht „Prozent" genannt, nach dem Verhältnis von Ethanol zur Gesamtflüssigkeit –, was aber das Vorhandensein und den Genuss des Weins unbedingt voraussetzt.

Die Erklärung des hohen Alkoholgehalts wird durch Tosefta Pesaḥim 2,16 bestätigt: Der yayin ha-italqi galt als sehr stark – so stark, dass es einer Wegstrecke von einer Stunde bedurft hätte, um den Rausch abklingen zu lassen.[36] Hier ist eindeutig der Alkoholgehalt des so bezeichneten Weines im Blick. Ob der Wein aus Italien kam oder von ‚palästinischen' Römern erzeugt worden war, spielt dabei keine Rolle. Die Maßeinheit ist nur ein Hinweis auf den unterschiedlichen Alkoholgehalt verschiedener Arten von Getränken.

Zusammenfassung

Nachdem der Tempel den Kultus nicht mehr bestimmte, fiel das Weinopfer dennoch nicht ganz weg, wie wir oben angedeutet haben. Der Wein wird zu einem Bestandteil der Liturgie und der Lehre, weshalb man ihn in die Kehle der Talmide Ḥakhamim gießen sollte – eine ironische Metapher des Wechsels von der priesterlichen zur rabbinischen Macht. Der Schriftgelehrte sollte entscheiden, welche Konnotationen mit dem Wein verbunden werden und in welchen Maßen man ihn trinken durfte. Denn es gilt: Bei den Nebenwirkungen

34 Zu den unterschiedlichen Lesarten vgl. Lieberman: *Tosefta ki-feshutah*, part 4: Order Moed, S 499.

35 In der gegenwärtigen juristischen Diskussion und Praxis ist der Nachweis von Alkoholgenuss vor einer Tat in bestimmten Fällen eher strafmildernd.

36 Mit Parallele in Jerusalemer Talmud Yoma 1,9 (40a). Vgl. Babylonischer Talmud Pesaḥim 2,16, wo eine Wegstrecke von Kasiv (= Achziv) bis Sulam Tsur (=Rosh ha-Niqra) genannt wird; nach der Parallele in Babylonischer Talmud 'Eruvin 64d entspricht dies „drei Mil (= ca. einem Kilometer)".

wird kein Arzt mehr erklären, wie hoch sein Alkoholgehalt gewesen ist, sondern wird die Prozente an dem Wein des römischen Nachbarn messen. Das bedeutet: Ein Log des italienischen Weins ist schon zu viel. Der *vinus italicus* wird damit zum Bestandteil jüdischer Rechtsprechung.

Noah zwischen Rausch, Verletzung und Schuld

Die Degradierung des Fluthelden in der rabbinischen Bibelauslegung

Susanne Plietzsch

Die Gestalt des Noah ist, wie alle biblischen Schlüsselfiguren, literarisch äußerst vielschichtig. Sie verweist in verschiedene religiöse und kulturelle Kontexte: den Alten Orient, die Hebräische Bibel, die frühjüdische, die patristische und die rabbinische Bibelauslegung und -diskussion, in denen teilweise verschiedene Aspekte des archaischen Fluthelden und Stammvaters der Menschheit aufgegriffen und unterschiedliche Akzente gesetzt werden. Der folgende Beitrag beschäftigt sich mit der ambivalenten Darstellung des Noah im Pentateuch und in der rabbinischen Bibelauslegung (vor allem in Babylonischer Talmud Sanhedrin 70a–b und in Passagen aus dem Midrasch Genesis Rabba 30–36); dabei soll zum einen der Wein, zum anderen die dunkle und nur andeutungsweise beschriebene ‚Tat des Ham' (Genesis 9,24) neu aufgegriffen werden, die ein wesentlicher Bestandteil der kritischen Sicht der Rabbinen auf Noah ist.[1] Die Lektüre, die hier vorgeschlagen werden soll, ist von modernen Diskursen angeregt und führte zum Teil weit ab vom Thema dieses Bandes; doch im rabbinischen Noah-Narrativ wird die Verbindung beider Motive vorausgesetzt und das Dilemma des Noah immer wieder mit dem Wein verknüpft.

1 Einen hervorragenden Gesamtüberblick zur Rezeption des Noahstoffes und zum Paradigmenwechsel von der frühjüdischen zur rabbinischen Sicht auf Noah gibt Gabrielle Oberhänsli-Widmer: *Biblische Figuren in der rabbinischen Literatur. Gleichnisse und Bilder zu Adam, Noah und Abraham im Midrasch Bereschit Rabba*, Bern: Peter Lang 1998.

1. Die Ambivalenz des Weines

Für die rabbinischen Autoren ist Wein eine Metapher des Guten und Edlen und maßvoller Weingenuss ein Zeichen des guten Lebens sowie des körperlichen und seelischen Wohlbefindens. Nicht zuletzt ist die Hochschätzung des Weines in seiner häuslich-liturgischen Verwendung erkennbar: Wein markiert Shabbat und Festzeremonien; er steht für ihre Unterscheidung vom Alltag und somit fast für eine Präsenz des Göttlichen. Mit feinem Humor spricht Bavli Berakhot 34b[2], von jenem köstlichen Wein, der in der Kommenden Welt auf die Gerechten und Toragelehrten wartet; die Passage ist wie ein Rätsel zum Vers Jesaja 64,3 formuliert:

> „Von Ewigkeit her hat man nicht gehört und nicht erblickt,/ kein Auge sah jemals, Gott, außer dir, was er dem tun wird, der auf ihn wartet" (Jesaja 64,3). Was bedeutet „kein Auge sah jemals"? Rabbi Yoshuaʿ ben Levi sagte: Das ist der seit den sechs Tagen der Schöpfung in seinen Trauben aufbewahrte Wein.[3]

Von der manchmal lustvollen und manchmal problematischen Verknüpfung von Wein und körperlicher Liebe, wie sie die Hebräische Bibel kennt,[4] wird in der rabbinischen Literatur überwiegend der problematische Aspekt weitergeführt. Maßloses und unkultiviertes Weintrinken gilt für die Rabbinen als beispielhafter Ausdruck der Würdelosigkeit. Dabei wird gerade auf die Gestalt des Noah zurückgegriffen und die Verbindung von Schöpfung und Wein kann nun sogar negativ gelesen werden. So wird in einer midraschischen Passage in Bavli Sanhedrin 70a–b die Meinung vorgetragen, dass die verbotene Frucht, die die ersten Menschen aßen, eine Weintraube war:

> „Und es begann Noah, der Mann der Erde, und pflanzte einen Weinberg" (Genesis 9,20). Rav Ḥisda sagte im Namen des Rav Ukba, manche sagen: Es sagte Mar Ukba, es sagte Rabbi Zakkai: Der Heilige, der gesegnet ist, sagte zu Noah: Noah, hättest du nicht vom ersten Menschen lernen können, dem nur der Wein (Unheil) verursachte? – Das entspricht dem, der sagte: Jener Baum, von dem der erste Mensch aß, war ein Weinstock. Wie gelehrt wird: Rabbi Meir sagt: Jener Baum, von dem der erste Mensch aß, war ein Weinstock, denn es gibt nichts, was dem Menschen mehr Wehklagen bringt, als Wein.

Dieses Wehklagen wäre, so der Babylonische Talmud, im Schluss der Noahgeschichte geradezu hörbar; ein galiläischer Wanderprediger

2 Eine Parallele findet sich in Bavli Sanhedrin 99a.

3 Übersetzungen von der Verfasserin.

4 Vgl. John Sietze Bergsma / Scott Walker Hahn: Noah's Nakedness and the Curse on Canaan (Gen 9:20–27). In: *Journal of Biblical Literature* 124,1 (2005), S. 25–40, hier S. 30.

vernimmt es in der Aneinanderreihung der waw *consecutiva* in Genesis 9,20–24, wodurch beim Vortrag des Textes immer wieder ‚*way (wehe)*‘ zu hören ist, wenn ein Verb mit ‚und‘ angeschlossen wird:

> Es lehrte ein vorüberziehender Galiläer (דריש עובר גלילאה): Dreizehn ‚und‘ (ווי״ן), werden vom Wein gesagt (Genesis 9,20–24): „Und es begann (wa-yaḥel)“ Noah, der Mann der Erde, und pflanzte (wa-yitta‘) einen Weinberg. Und er trank (wa-yesht) von dem Wein und wurde betrunken (wa-yishkar) und entblößte sich (wa-yitgal) im Innern seines Zeltes. Und es sah (wa-yar’) Ham, der Vater Kanaans, die Blöße seines Vaters und berichtete (wa-yaged) es seinen beiden Brüdern draußen. Und es nahm(en) (wa-yiqaḥ) Sem und Jafet das Obergewand und sie legten (wa-yasimu) es beide auf ihre Schultern und sie gingen (wa-yelkhu) rückwärts und sie bedeckten (wa-yeḥasu) die Blöße ihres Vaters; ihre Gesichter usw. Und es erwachte (wa-yikets) Noah von seinem Wein und er erkannte (wa-yeda‘), was sein jüngster Sohn ihm angetan hatte“ (Babylonischer Talmud Sanhedrin 70a)

Der Midrasch Tanḥuma geht in der Verurteilung des Weinkonsums noch weiter; er lässt den Satan selbst auftreten und sich am Weinbau Noahs beteiligen. Der Wein wird dadurch zu einem satanischen Getränk, durch dessen Genuss der Mensch in seiner Würde immer tiefer sinkt:

> Als Noah sich anschickte, einen Weinberg zu pflanzen, stand plötzlich der Satan vor ihm.
> ‚Was pflanzt du da?‘ – ‚Einen Weinberg.‘
> ‚Was ist das Besondere daran?‘ – ‚Seine Früchte sind süß, ob frisch oder trocken, und man macht Wein daraus, der die Herzen erfreut, wie geschrieben steht: „Und der Wein erfreut des Menschen Herz“ (Psalm 104,15).‘
> Da sagte der Satan: ‚Lass uns zusammen den Weinberg bewirtschaften!‘
> Und Noah sagte zu ihm: ‚Wohlan!‘
> Was tat der Satan? Er brachte ein Schaf herbei und tötete es unter dem Weinstock. Danach brachte er einen Löwen herbei und tötete ihn, danach brachte er ein Schwein herbei und tötete es, danach brachte er einen Affen herbei und tötete ihn am Fuß des Weinbergs, und er versprengte ihr Blut auf jenem Weinberg, der von ihrem Blut getränkt war.
> Das bedeutet: Bevor ein Mensch Wein trinkt, ist er unschuldig wie ein Lamm, das gar nichts weiß, ein Schaf, das vor seinem Scherer verstummt. Trinkt er mit Maß, ist er ein Held wie ein Löwe, und sagt, dass es wie ihn niemanden in der Welt gäbe. Trinkt er mehr, wird er zu einem Schwein, das sich mit Urin und anderem beschmutzt. Berauscht er sich, wird er zu einem Affen, der in der Öffentlichkeit tanzt und spielt und schändliche Reden führt und nicht weiß, was er tut.
> Dies alles geschah Noah, dem Gerechten. Und wenn sogar Noah, dem Gerechten, dessen Lob, der Heilige, der gesegnet ist, verkündet, um wie viel mehr allen übrigen Menschen! (Tanḥuma Noaḥ 13 [21b])

In der Tat: Noahs Rausch am Schluss der biblischen Noaherzählung ist alles andere als harmlos. Er markiert eine plötzliche Wendung hin zu einer Herabsetzung des Protagonisten und leitet dessen beschämten Abgang ein. Es entsteht ein scharfer Kontrast zu Noahs ursprünglicher Funktion als positivem Fluthelden, als Retter und Stellvertreter der Schöpfung und Steuermann der Arche. Der Einstieg in die problematische Wendung der Erzählung geschieht über den Weinbau und das Weintrinken: „Da begann Noah, der Mann der Erde, einen Weinberg zu pflanzen“ (Genesis 9,20). Der Rausch gehört dann zum Letzten, was von Noah berichtet wird. Daraus erwacht, kommt er nur noch dazu, den angeblich Schuldigen seiner Nachkommen zu verfluchen und die übrigen zu segnen. Obwohl er danach noch dreihundertfünfzig Jahre lebt, wird von diesen nichts mehr berichtet, sondern nur noch der Tod Noahs erwähnt.

Die rabbinische Bibelinterpretation verstärkt diese Abstiegswendung der Noahgeschichte mit drastischen Details: Noah wird in der rabbinischen Literatur nicht nur beschämt, sondern sexuell verletzt oder sogar verstümmelt. Er erfährt Demütigung und Gewalt durch einen seiner Söhne, ohne dass uns die Umstände, die dazu führten, mitgeteilt würden. Dasjenige rabbinische Material, das – vor allem in Midrasch Genesis Rabba – die uneingeschränkt positiven Züge des Noah zeigt und ihn als Gerechten, Ernährer und Versorger, als Gottes Herold, der ein Wunder erlebte und eine neue Welt sah, präsentierte,[5] wird dadurch literarisch in den Hintergrund gedrängt. Wie Gabrielle Oberhänsli-Widmer[6] betont, geschieht dies, um die in der frühjüdischen Literatur außerordentlich hohe Bedeutung Noahs zu relativieren. Der rabbinische Noah verändert somit sein Gepräge: Vom quasi-göttlichen und zeitlosen Repräsentanten der Schöpfung gegenüber Gott wird er zum Repräsentanten der nichtjüdischen Menschheit, der bene Noaḥ (Kinder Noahs).[7]

2. Eine Geschichte mit Auslassungen: ‚jene Tat‘ des Ham

2.1 Auffüllung von Leerstellen: Was hatte Ham getan?

Der biblische Text Genesis 9,20–27 lässt offen bzw. lässt aus, was genau Ham dem Noah angetan hatte, und erwähnt nur, dass Ham

5 Vgl. Midrasch Genesis Rabba 30,1–8 und Parallelen.

6 Vgl. Oberhänsli-Widmer: *Biblische Figuren in der rabbinischen Literatur*, S. 204–221.

7 Vgl. ebd., S. 222, 241.

seinen Vater betrunken und entblößt im Zelt liegen sah; ebenfalls gibt die Passage keine schlüssige Erklärung dafür, weshalb Noah seinen Enkel Kanaan verfluchte, und nicht dessen Vater Ham. Eine Diskussion über die Tat des Ham wie auch über die Verfluchung des Kanaan bringt wiederum Bavli Sanhedrin 70a[8]:

> „Und Noah erwachte von seinem Wein und er erkannte, was sein jüngster Sohn ihm angetan hatte" (Genesis 9,24). Darüber streiten Rav und Shemuʿel: Einer sagt: ‚Er hat ihn kastriert', der andere sagt: ‚Er hat ihn penetriert.' Der, der sagt, ‚er hat ihn kastriert' (argumentiert folgendermaßen): Weil er ihm den vierten [Sohn] verdorben hat, hat er ihn im vierten [Sohn] verflucht. Und der, der sagt, ‚er hat ihn penetriert', lernt das aus ‚und es sah', ‚und es sah' (Genesis 9,22 und 34,2). Hier steht geschrieben: „Und es sah Ham, der Vater Kanaans, die Blöße seines Vaters." Und dort steht geschrieben: „Und es sah sie Sichem, der Sohn Hamors." – Es ist einleuchtend bei dem, der sagt ‚er hat ihn kastriert'; deshalb hat er ihn im vierten [Sohn] verflucht. Aber bei dem, der sagt ‚er hat ihn penetriert', was lehrt er dann vom vierten [Sohn]? Er [Ham] hätte doch (dann) direkt verflucht werden sollen! Das eine und das andere ist geschehen.

Eine verstörende Auslegung: Die klassischen Gegenspieler Rav und Shemuʿel diskutieren den Vers 9,24 und führen jeder für sich erschreckende Überlegungen an, was Ham dem Noah angetan haben könnte. Beide Diskutanten sind sich sicher, dass sich hinter der knappen Aussage von Genesis 9,22, dass Ham die entblößten Genitalien seines Vaters ‚gesehen' habe, mehr verbergen würde.[9] Rav sagte, Ham habe nicht nur Noahs Genitalien gesehen, sondern den schlafenden Noah entmannt. Er schließt das daraus, dass Noah, als er erwachte, nicht Ham, sondern dessen Sohn Kanaan verfluchte. Das Argument wäre dann: Da Ham verursacht hatte, dass Noah keinen vierten Sohn mehr zeugen konnte, verfluchte Noah Hams vierten Sohn Kanaan. Sonst wäre es nicht einsichtig, warum nicht Ham verflucht worden wäre. Shemuʿel hingegen betont in seiner Auslegung den Terminus des Sehens – ‚und er sah'. Er argumentiert mit einem Analogieschluss zur Dina-Episode (Genesis 34), dem rabbinischen *locus classicus* für

8 Der folgende Abschnitt schließt unmittelbar an den vom galiläischen Wanderprediger an.

9 Vgl. Devora Steinmetz: Vineyard, Farm, and Garden: The Drunkenness of Noah in the Context of Primeval History In: *Journal of Biblical Literature* 113,2 (1994), S. 193–207, die davon ausgeht, dass ‚Sehen' im biblischen Text eine von Ham begangene sexuelle Verletzung an seinem Vater bezeichne, die im Detail nicht genau zu bestimmen sei und an der Noah eine Mitschuld tragen würde, da er sich entblößt hatte: „Just as ‘seeing’ nakedness is more than ‘seeing’, ‘uncovering’ is more than ‘uncovering’. To ‘uncover’ nakedness is the other term which the Bible uses to describe sexual immorality" (ebd., S. 199).

sexuelle Gewalt, für Vergewaltigung. Das visuelle würde dann für das physische Eindringen stehen, und Ham habe seinen Vater penetriert. Der Redaktor hält jedoch fest, dass diese zweite Interpretation nicht erklären könne, warum Noah den Kanaan und nicht Ham verflucht habe. Deshalb lautet der Schluss der Gesamtpassage, dass Ham beide Taten begangen hätte.

Damit greift der Babylonische Talmud ein in der Mythologie und den Rabbinen bekanntes Motiv auf: Noah sei von seinem Sohn kastriert worden. Dieses Motiv findet sich bereits in Genesis Rabba 36,7, in verschlüsselter Sprache, aber dennoch eindeutig: Es wird ‚jene Tat' des Ham erwähnt, durch die Noah zeugungsunfähig wurde:

> Da sagte Rabbi Berekhya: Noah war in der Arche sehr bekümmert, dass er keinen kleinen Sohn hatte, der ihn bediente. Er sprach: ‚Wenn ich hinausgehe, werde ich einen kleinen Sohn in die Welt setzen, dass er mich bediene!' (אמר לכשאצא אעמיד בן קטן שישמשני) Als Ham an ihm jene Tat beging, sprach er: ‚Du hast mich daran gehindert, einen kleinen Sohn in die Welt zu setzen, der mich bedient, deshalb soll dieser Mensch (d.i. Kanaan) seinen Brüdern Knecht sein.'[10]

An dieser Stelle erscheint eine – m.E. in der rabbinischen Literatur singuläre – Begründung für die seltsame Verfluchung des Kanaan anstelle seines Vaters: Noah hatte sich in der Abgeschlossenheit der Arche einen kleinen Sohn gewünscht, der ihn ‚bedienen' sollte, und den er nun nicht mehr haben würde. Dies hätte Noah dazu gebracht, Kanaan, den Sohn Hams, dazu zu verurteilen, lebenslang Sklave zu sein.[11] Ein nicht ohne weiteres verständlicher Ausgleich von Ehre und Schande bzw. von verschobener Rache wird hier gezeigt: Weil dem Noah auf Lebenszeit die Ehre eines Sohnes als persönlichen Dieners entging, sollte Kanaan auf Lebenszeit die Schande haben, Sklave der Familie zu sein.

2.2 Wechsel des Bezugsrahmens: Usurpator oder ‚ungehorsamer Sohn'?

Die bibelwissenschaftliche Frage, ob Genesis 9,24 etwas andeutet, auslässt oder verschweigt, und wenn ja, was, ist bereits ausführlich

10 Übersetzung auf der Basis der Ausgabe Julius Theodor / Chanoch Albeck (Hrsg.): *Bereschit Rabba mit kritischem Apparat und Kommentar.* Berlin 1912–1936. Erweiterter Nachdruck. Jerusalem: Wahrmann Books 1965, Bd. 1, S. 341.

11 In abgewandelter und abgeschwächter Form erscheint dieses Motiv in Tanhuma (Edition Buber) Noah 21 (25a): Noah hätte in der Arche den Wunsch nach Sklaven für seine Söhne gehabt und hätte sich vorgenommen, dass diejenigen Nachkommen, die er nach der Flut zeugen würde, Sklaven seiner Söhne sein sollten.

und kontrovers diskutiert worden.[12] Von einigen Autoren wird die Ansicht vertreten, dass Ham tatsächlich nur indiskret hinsah, wo er seinen Blick hätte abwenden sollen, dass also der Text nicht mehr meine als er sage.[13] Viele gehen allerdings davon aus, dass bereits im biblischen Text Unausgesprochenes angedeutet wird. Neben der Ansicht, dass es sich dabei um eine sexuelle Handlung Hams mit seinem Vater handeln würde, wird auch vermutet, dass die Tat Hams eine Inzesthandlung mit seiner Mutter gewesen sei.[14] Das wäre ein gängiges mythologisches Motiv: die Machtdemonstration gegenüber dem Herrscher durch die ‚Aneignung' seiner Ehefrau. Raphael Patai vertritt die These, dass hier das mythologische Motiv der Kastration des Patriarchen im Hintergrund stünde, welches bereits aus dem biblischen Text herausredigiert worden wäre.[15] In allen diesen

12 Zu den einzelnen Positionen: Bergsma / Hahn: Noah's Nakedness, S. 30–37; Marc Vervenne: What Shall We Do with the Drunken Sailor? A Critical Re-Examination of Gen 9.20–27. In: *Journal for the Study of the Old Testament* 68 (1995), S. 33–55, hier S. 34–41. Vervenne plädiert insgesamt für eine nüchterne Sicht des Textes Genesis 9,20–27 und warnt davor, allzu viel in ihn hineinzuinterpretieren. Er sieht den Abschnitt in die Perikope Genesis 5,1–9,29 eingebettet und versteht seine literarisch-theologische Absicht so, dass eine Abgrenzung vom sexuellen Fehlverhalten der Umwelt Israels markiert werden soll. Die Deutung über den politisch-kultischen Legitimitätsdiskurs, d. h. die Vorherrschaft der Nachkommen Sems über die übrigen Söhne Noahs, will Vervenne nur mit dem Thema der Abgrenzung aus moralischen Gründen verknüpft gelten lassen (ebd., S. 55).

13 So klassischerweise Claus Westermann: *Genesis 1–11. Biblischer Kommentar I/1.* Neukirchen: Neukirchener Verlag 1974, S. 653. Vgl. Jürgen Ebach: Noah. *Die Geschichte eines Überlebenden. Biblische Gestalten 3.* Leipzig: EVA 2001, S. 141, und siehe auch Benno Jacob: *Das erste Buch der Tora. Genesis.* Berlin: Schocken 1934, S. 262–265. Jacob differenziert zwischen der Aussage des Textes und der klassischen jüdischen Auslegung (ebd., S. 263), obwohl diese bei ihm durchaus berücksichtigt wird, wenn er zu Genesis 9,24–25 kommentiert (ebd., S. 264): „Ham hat sich hierbei als Vater Kenaans gezeigt. Seine Tat war ein rechtes ‚Bubenstück' von der Art seines Sohnes Kenaan, dessen Zuchtlosigkeit uns nebenbei zu verstehen gegeben wird."

14 So Frederick W. Bassett: Noah's Nakedness and the Curse of Canaan, a Case of Incest? In: *Vetus Testamentum* 21,2 (1971), S. 232–237, der die These vertritt, dass der ausgelassene Teil der biblischen Erzählung die inzestuöse Beziehung zwischen Ham und seiner Mutter beschreibe, aus der Kanaan entstanden sei. Kritisch dazu Vervenne: What Shall We Do with the Drunken Sailor?, S. 34.

15 Siehe Raphael Patai: Zum Wesen der hebräischen Mythologie. In: *Paideuma* 11 (1965), S. 58–67, hier S. 64; Robert von Ranke-Graves / Raphael Patai: *Hebräische Mythologie. Über die Schöpfungsgeschichte und andere Mythen aus dem Alten Testament.* Reinbek: Rowohlt 1986, S. 151–154. In beiden Werken erwähnt Patai die babylonischen und griechischen Kastrationsmythen, wie z. B. den von Uranos, Kronos und Zeus. Patai ist der Ansicht, dass im ursprünglichen Mythos Kanaan, und nicht Ham, der Täter gewesen sei; er begründet dies mit Midraschim, die in diese Richtung gehen, vor allem Pirke de-Rabbi Eli'ezer 23 (55a): dort wird erwähnt, dass Kanaan den

Fällen hätte Ham die Rolle eines Usurpators erhalten. Auf der Ebene eines regionalen kultisch-politischen Legitimitätsdiskurses schließlich reflektiert die Darstellung Hams (und in diesem Zusammenhang auch Kanaans) als gescheiterte Usurpatoren den Bezug auf das Land, in dem die Nachkommen des Sem die Vorherrschaft über die übrigen Söhne Noahs haben sollen.[16]

Meiner Ansicht nach gibt die rabbinische Literatur – zumindest Bavli Sanhedrin 70a–b – die Möglichkeit, die Noah-Ham-Episode in einem anderen Bezugsrahmen zu sehen; die betreffende Passage steht im Abschnitt vom ‚missratenen und widerspenstigen Sohn' (Mischna Sanhedrin 8; vgl. Deuteromium 21,18–21). Diese Zuordnung lässt weniger an einen politisch-dynastischen denn an einen ‚innerfamiliären' Rahmen denken; es geht zwar auch dort um das Recht des Vaters, den Sohn gegebenenfalls zu töten, doch erscheint dieses ‚Recht' (abgesehen davon, dass es in Mischna Sanhedrin 8,1–4 ad absurdum geführt wird) nun innerhalb eines Konflikts zwischen Individuen angesiedelt. Noah ist dadurch weniger der beschämte Herrscher als der beschämte Vater. In diesem Rahmen sehe ich die Steigerung der Gewalt in der Beschreibung der Tat des Ham im Babylonischen Talmud: dem Motiv der Kastration wird das der Penetration hinzugefügt. Obwohl Bavli Sanhedrin 70a, wie auch schon die biblische Erzählung, nicht auf mögliche oder tatsächliche Beweggründe von Hams Handeln eingeht, provoziert die Individualisierung der Erzählung als Vater-Sohn-Konflikt die Frage nach persönlichen Motiven.

2.3 Zwischen den Zeilen der Mythologie: Reflexionen von Gewalterfahrungen, Beschuldigung des Opfers

Immer wieder war und ist es faszinierend, den Stoff der Noaherzählung psychologisch zu deuten. Einige Autorinnen und Autoren haben sich z. B. in den letzten Jahren damit auseinandergesetzt, dass Noah

Noah mit einer Schnur kastriert hätte. Albert I. Baumgarten widerspricht Patai dezidiert, nicht zuletzt auch methodisch: Es sei nicht überzeugend, dass rabbinische Midraschim Zugang zu ursprünglichen Versionen des biblischen Textes verschaffen würden. Siehe Albert I. Baumgarten: Myth and Midrash: Genesis 9:20–29. In: Jacob Neusner (Hrsg.): *Judaism, Christianity and other Graeco-Roman Cults*, Bd. 3: Judaism before 70. Leiden: Brill 1975, S. 55–71.

16 In diesem Zusammenhang sind auch die Querverweise von der Noah- in die Loterzählung zu sehen.

in Genesis 9 als Überlebender einer Katastrophe dargestellt wird.[17] Doch auch in den Lektüren jenseits der klassischen Exegese – in den textwissenschaftlichen Zugängen sowieso – findet sich fast durchgängig der Aspekt einer Verurteilung des Ham. Der Autor bzw. die Autorin fühlt sich genötigt, eine ‚Schuld' des Ham zu statuieren und die Leserinnen und Leser (gegen deren vermeintliches Gefühl) damit zu versöhnen, dass der eigentlich unverständliche Fluch über Kanaan legitim gewesen sei. So heißt es in Claus Westermanns Kommentar zu Genesis 9,24:

> Warum der Vater so reagiert, wird in den Kommentaren kaum reflektiert. Vom modernen Denken her würde man zumindest sagen, dass diese Reaktion unangemessen ist. Sie kann natürlich auch nicht als Augenblicksreaktion beurteilt werden. Es geht vielmehr um eine in der alten Welt sehr ernst genommene Grenze menschlichen Zusammenlebens: Das kontinuierliche Leben einer Menschengruppe hing davon ab, dass der Traditionsstrom ungestört von einer Generation zur anderen weiterging. Das war nur möglich, wenn die Älteren von den Jüngeren, die Gehenden von den Kommenden respektiert wurden. Hier war – was wir in unseren Verhältnissen nicht mehr verstehen können – das Respektieren der Älteren ein Gebot der Selbsterhaltung der Gruppe. Das ist der Grund dafür, daß Noah den Sohn, der ihn schändete, verfluchte. Noah handelt nicht als Individuum in einem individuellen Vater-Sohn-Verhältnis, sondern als Repräsentant der Gruppe, der um der Kontinuität des Lebens der Gruppe willen so handeln muß.[18]

Wenig später erscheint zu Vers 27 dann doch eine individuelle Deutung:

> Wo das Kind die eigenen Eltern ‚bloßstellt' (in diesem weiteren Sinn ist die Tat des Ham gemeint), ist das heile Verhältnis zwischen Eltern und Kindern bedroht. Der Vater muß den Sohn verfluchen, der ihn entehrt hat, und so verursacht das Schänden des Vaters ein Dasein in Schande, der Schande des Knechtseins unter den Brüdern.[19]

Nur wenige wagen sich so weit vor, nicht sofort Ham zu beschuldigen, sondern in der Gestalt des Noah Mitteilungen über einen Inzesttäter

17 Vgl. z. B. Steven Luger: Flood: Salt, and Sacrifice: Post Traumatic Stress Disorders in Genesis. In: *Jewish Bible Quarterly* 38 (2010), S. 124–126 und Elie Wiesel: *Noah oder die Verwandlung der Angst. Biblische Porträts.* Freiburg: Herder 2000, S. 9–32.

18 Westermann: *Genesis 1–11*, S. 654–655.

19 Ebd., S. 661. Für den Nachweis der Legitimität des Handelns von Noah wird in der Regel das ugaritische Aqhat-Epos herangezogen (Manfred Dietrich / Oswald Loretz [Hrsg.]: Weisheitstexte, Mythen und Epen. In: Otto Kaiser (Hrsg.): *Texte aus der Umwelt des Alten Testaments III/6.* Gütersloh: Gütersloher Verlagshaus 1997, S. 1204–1305), welches besagt, dass ein Sohn seinen betrunkenen Vater zu stützen habe (ebd., S. 1262), vgl. Westermann: *Genesis 1–11*, S. 653; Ebach: *Die Geschichte eines Überlebenden*, S. 140.

zu sehen. Diese Perspektivänderung findet sich bei Ilona N. Rashkow, die aus einer psychoanalytisch-literarischen Perspektive die Noahgeschichte „as involving either Noah's *fantasizing* about a homosexual activity or, possibly, even actually *initiating* such a liaison with his son Ham" liest.[20] Sie kommt zu dem Schluss:

> If Freudian theory [...] can be applied correctly to this narrative, when Noah 'awoke from his wine' he apparently realized that either an actual incestuous, homosexual encounter with his son Ham, had occurred, or that he recognized his repressed desire for such a relationship. Presumably, as a result, Noah understandably felt guilty (for having violated the societal norms that prohibit homosexuality) and shame. Hence, Noah's need for revenge in order to maintain his dignity and self-esteem. In other words, Noah 'shamed the shamer'. Using what reads anachronistically like classical Freudian defense mechanisms, Noah attempted to alleviate his own anxiety by using methods that would deny, falsify or otherwise distort his heretofore repressed fantasy. [...] That is, instead of saying, 'I wanted Ham', Noah said, 'Ham wanted me'.[21]

Rashkow, selbst wenn sie immer noch aus der Perspektive des ‚Täters' spricht, sieht jedenfalls Noah als Verursacher. Dies ändert sich erst, wenn man die Frage nach Hams Motiven stellt. Als Voraussetzung für die von ihm ausgeübten Gewalttaten kommt ja nur eine starke und berechtigte Wut aufgrund einer selbst erlittenen Verletzung und Demütigung in Frage; dies drängt sich geradezu als hermeneutischer Schlüssel auf, um diese Episode der Noahgeschichte ‚gegen den Strich' zu lesen. Die biblische Noaherzählung und die bereits zitierten rabbinischen Passagen können dann als indirekte Hinweise darauf gelesen werden, dass dem Ham etwas geschehen sein musste, bevor er seinem Vater Gewalt antat. Um hier weiterzukommen, erscheint es aufschlussreich, mythologische und andere vormoderne Erzählstoffe als verschlüsselte Mitteilungen von Erfahrungen aus der frühen Kindheit anzusehen, eine Auffassung, die z. B. von Alice Miller vorgetragen wurde:

> Ich meine, daß es die Vergangenheit jedes einzelnen Menschen ist, nämlich seine frühe Kindheit, in der das Wissen von der Welt, wie sie tatsächlich ist, aufgenommen wird. Das Kind erfährt in seiner frühen Kindheit das Böse in unverschleierter Form und speichert diese Erkenntnis in seinem Unbewussten. Diese

20 Ilona N. Rashkow: Daddy-Dearest and the ‚Invisible Spirit of Wine'. In: Athalya Brenner (Hrsg.): *Genesis: A Feminist Commentary to the Bible* (Second Series). Sheffield: Sheffield Academic Press 1998, S. 82–107, S. 82 (Hervorhebung im Original). Ansatzweise spricht auch Steinmetz: Vineyard, Farm, and Garden, von einer ‚Verantwortung' Noahs für das Geschehen mit Ham.

21 Ebd., S. 95–96.

> frühkindlichen Erlebnisse bilden die Quelle der Phantasietätigkeit des Erwachsenen, bei dem sie aber einer Zensur unterworfen sind. Sie schlagen sich nieder in Märchen, Sagen und Mythen, in denen die ganze Wahrheit über die menschliche Grausamkeit, wie nur ein Kind sie erfährt, ihren Ausdruck findet.[22]

Ein solcher verschlüsselter Hinweis findet sich meines Erachtens in Genesis Rabba 36,7: Während die rabbinische Auslegung betont, dass in der Arche der sexuelle Verkehr verboten war, erwähnt Genesis Rabba 36,7 Noahs Wunsch nach einem kleinen Sohn, der ihn hätte ‚bedienen' können. Die entsprechende hebräische Wurzel (שמש) kann durchaus eine sexuelle Bedeutung annehmen.[23] Will der Midrasch damit die Deutung offenlassen, dass sich Noah einen kleinen Sohn zu seiner sexuellen Befriedigung wünschte?[24] Nimmt man ernst, dass der Babylonische Talmud das Motiv einer Vergewaltigung des Noah durch Ham, des Vaters durch den Sohn, einführt, liegt die Frage auf der Hand, ob hier nicht Gleiches mit Gleichem vergolten wird. Dann wäre allerdings auch neu nach der Dualität von Ham und Kanaan, nach der Funktion dieser ‚Doppelbesetzung' zu fragen. Überraschende literarische Kohärenz gewinnt Genesis 9,20–27, wenn man die Passage mit Sanhedrin 70 und Genesis Rabba 36,7 im Hintergrund liest: Es könnte Kanaan gewesen sein, der das Opfer Noahs war; er konnte sich seinem Vater Ham mitteilen und wird von diesem gerächt. Ham, ‚der Vater Kanaans' (Genesis 9,19–22), ‚sieht' im Nachhinein, wie schändlich sich sein eigener Vater verhalten hat, übt Rache und sorgt dafür, dass Noah nie wieder sexuell aktiv sein kann. Mit dieser veränderten Sicht auf die Szenerie soll nicht behauptet werden, dass die biblische Noah-Ham-Episode wie eine Chiffre in eine bewusst maskierte ‚eigentliche' Geschichte zu ‚übersetzen' wäre; eher, dass ähnlich wie in einem Traum die Figuren verschwimmen oder in einzelne Aspekte aufgeteilt werden. ‚Kanaan' und ‚Ham' könnten auf eine Person referieren, was literarisch die Möglichkeit gibt, die Erfahrungen des Kindes aus der Perspektive des Erwachse-

22 Alice Miller: *Du sollst nicht merken. Variationen über das Paradiesthema.* Frankfurt am Main: Suhrkamp 1993, S. 295. Dass sich Miller hier auf Auffassungen Freuds zur Mythologie bezog und inwieweit sie diese weiterentwickelte, wäre einen eigenen Beitrag wert. Es ist sinnvoll, hier mit Miller zu arbeiten, weil ihre Arbeiten die Möglichkeit geben, das Phänomen der Beschuldigung Hams zu reflektieren.

23 Vgl. Jacob Levy: *Wörterbuch über die Talmudim und Midraschim, nebst Beiträgen von Heinrich Lebrecht Fleischer*, Bd. 4. Berlin / Wien: Harz 1924, S. 581–582, hier S. 582.

24 In der Diskussion nach dem Vortrag auf dem Symposium in Mainz wurde diese Interpretation nicht ausgeschlossen.

nen aufzugreifen; ‚Kanaan' könnte das missbrauchte Kind sein, das ‚Ham' einmal war. Die Noah-Ham-Episode wäre damit neben einer kultisch-politischen Legitimationserzählung auch ein Text, der unter der Oberfläche die Realität von sexueller Gewalt von Eltern an ihren Kindern mitteilt.

Miller hebt hervor, dass in der Mythologie (sie spricht speziell vom Märchen) brisante Mitteilungen schlussendlich meist wieder zurückgenommen werden, dass „die Verleugnung den Einblick in die Wahrheit ungeschehen macht", wenn nämlich „am Schluß das Gute über das Böse siegt, die Gerechtigkeit waltet, der Sündige bestraft und der Gute belohnt wird […]".[25] So scheint es auch in der biblischen Noah-Ham-Erzählung und ihrer rabbinischen Interpretation zu sein: An der Textoberfläche (im biblischen Text wie in der rabbinischen Auslegung) erscheint Ham gegenüber seinem Vater als der Schuldige. Ham gerät in Konflikt mit seinen Brüdern, die Noahs vermeintliche Integrität um jeden Preis schützen und das Geschehene ‚zudecken'. Ham wird in der Folge ignoriert und in den Versen 9,25–27 weder zum Fluch noch zum Segen erwähnt. Besonders aber wird er dadurch bestraft, dass sein Sohn verflucht wird. Durch den Angriff auf den sakrosankten Familienvater hat Ham, so das Ergebnis der Lektüre, nicht nur nichts erreicht, sondern vor allem ‚seinem Sohn' zusätzlich und irreversibel geschadet.

Zu dem Bemühen der rabbinischen Autoren, Ham als Schuldigen darzustellen, passt auch, dass ihm in Genesis Rabba 36,7 die Abweichung von sexuellen Normen vorgeworfen wird – entgegen dem göttlichen Verbot war er in der Arche sexuell aktiv, wofür er mit dunkler Hautfarbe ‚bestraft' wird. Er wird zum Stammvater der Dunkelhäutigen, denen damit eine ungezügelte Sexualität nachgesagt wird:

> Ham wie auch der Hund hatten in der Arche sexuellen Verkehr (שמשו). Deshalb kam Ham schwarz heraus, und der Hund stellt sich bei seiner Paarung zur Schau. (Genesis Rabba 36,7)[26]

Insgesamt wird Ham innerhalb der rabbinischen Auslegung eingehender und schwerer als im biblischen Text beschuldigt. Die

25 Miller: *Du sollst nicht merken*, S. 295.

26 Vgl. Jerusalemer Talmud Ta'anit 1,6 (64d) und Babylonischer Talmud Sanhedrin 108b, wo zu Ham und dem Hund noch der Rabe hinzugefügt wird. Tanhuma Noah 13 (die Fortsetzung der oben zitierten Passage) drückt sich noch wesentlich abwertender aus. Zum Motiv des Ham als Stammvater der Afrikaner siehe: David H. Aaron: Early Rabbinic Exegesis on Noah's Son Ham and the So-Called 'Hamitic Myth'. In: *Journal of the American Academy of Religion* 63,4 (1995), S. 721–759.

entsprechenden Auslegungen lassen ihn als mutwilligen und gewaltsamen Angreifer auf die väterliche Autorität dastehen. Dass allerdings diese Begründungen ausschließlich der Rettung der väterlichen Überlegenheit dienen, wird ebenso deutlich und lässt die Möglichkeit der Identifikation mit Ham, dem ‚missratenen und ungehorsamen Sohn', offen.

3. Die (vergangene) Perfektion des Noah

Es geht der rabbinischen Auslegung darum, eine hierarchische Abstufung zwischen Noah und den Erzvätern und Erzmüttern herauszustellen. Die qualitative Differenz zwischen dem Noahbund und dem Sinaibund soll verdeutlicht werden. Die Rabbinen müssen deshalb die Größe des Noah begrenzen, die in der frühjüdischen Literatur unhinterfragt geblieben war.[27] Unter anderem geschieht dies durch ein weiteres midraschisches Motiv, das von einer Verletzung des Noah noch vor der Ham-Episode spricht: Bei seinem Heraustreten aus der Arche sei Noah von einem Löwen angefallen worden und infolge dieser Verletzung konnte er seine Funktion als Priester der geretteten Schöpfung nicht mehr ausüben bzw. war in seinem Sexualleben eingeschränkt:

> „Dies sind die Geschlechterfolgen des Noah; Noah [war ein gerechter, untadeliger Mann]". Das ist es, was geschrieben steht (Sprüche Salomos 11,30): „Die Frucht des Gerechten ist der Baum des Lebens und der Weise erwirbt Seelen." Was sind die Früchte des Gerechten? Leben, Gebotserfüllungen und gute Taten. „Und der Weise erwirbt Seelen" (Sprüche Salomos 11,30b) – der zwölf Monate lang in der Arche ernährte und versorgte. Und nach all diesem Lob (Sprüche Salmomos 11,31a): „So wird dem Gerechten auf Erden vergolten." Er will gerade (aus der Arche) herausgehen, und es wird ihm vergolten? Das ist verwunderlich! Wie Rabbi Huna im Namen des Rabbi Lieser sagte: Als Noah aus der Arche herauskam, griff ihn ein Löwe an und verletzte ihn, so dass er nicht mehr tauglich zum Opfern war, und es opferte sein Sohn Sem an seiner Stelle. Ein Schluss vom Leichteren auf das Schwerere (Sprüche Salomos 11,31b): „Und erst recht dem Übeltäter und Sünder" – das ist die Generation der Flut. (Genesis Rabba 30,6)

In diesem Abschnitt muss nicht unbedingt an eine genitale Verletzung gedacht werden, jedoch an eine Verstümmelung, die Noah zum Priester- und Opferdienst untauglich machte, weshalb sein Sohn Sem diese Funktion übernahm. Durch die Einsetzung des Sem wird die für den Verlauf des biblischen Narrativs relevante Genealogie direkt

27 Siehe Oberhänsli-Widmer: *Biblische Figuren in der rabbinischen Literatur*, S. 222–241.

auf die Erzväter hin gelenkt. Noahs Gerechtigkeit wird zwar betont, ‚eigentlich' hätte er als Priester der gesamten geretteten Schöpfung wirken sollen; dieser Zwischenfall beim Heraustreten aus der Arche markiert aber das Ende seiner idealen Wirkungszeit.
Im sexuellen Bereich erscheint dasselbe Motiv in Genesis Rabba 36,4, wenn die ungewöhnliche masoretische Schreibweise von ‚in seinem Zelt' (בתוך אהלה) in Genesis 9,21 ausgelegt wird, was auch als ‚in ihrem Zelt' gelesen werden kann. Da, wie hier vorausgesetzt wird, der Löwe den Noah an der Harnröhre verletzt hatte, war Noah zum sexuellen Verkehr nicht mehr in der Lage, was als Beschämung dargestellt wird:

> „[Und er trank von dem Wein und wurde betrunken und entblößte sich] in seinem Zelt." (Genesis 9,21)
> […] „In seinem Zelt" – geschrieben steht da ‚in ihrem Zelt' [nach dem Konsonantentext], im Zelt seiner Frau. Rabbi Huna sagte im Namen des Rabbi Elieser, Sohn des Rabbi Yose ha-Gelili: Noah – als er aus der Arche kam, fiel ihn ein Löwe an und verletzte ihn, und als er ‚sein Bett bedienen' wollte (ובא לשמש מיטתו), verteilte er seinen Samen und machte sich verächtlich. (Genesis Rabba 36,4)

Die Feststellung, dass Noah nicht mehr für das Priestertum geeignet war, wird in Genesis Rabba 36,3 auch generell mit seinem Weinanbau in Verbindung gebracht, und mit dem Verb ויחל/*wa-yaḥel (und er begann)* am Beginn von Genesis 9,20 verknüpft:

> „Und es begann Noah, der Mann [der Erde, und pflanzte einen Weinberg]" (Genesis 9,20). Er entweihte sich und wurde profan (נתחלל ונעשה חולין)! Inwiefern? „Und er pflanzte einen Weinberg." Hätte er nicht etwas anderes Nützliches pflanzen können? Einen Feigenbaum oder Olivenbaum?[28] Aber: „Und er pflanzte einen Weinberg." Und woher hatte er (einen solchen)? Rabbi Abba bar Kahana sagte: Er brachte Weinranken zum Pflanzen mit sich, Feigensprösslinge und Olivenzweige. Das ist es, was geschrieben steht (Genesis 6,21): „Und sammle sie bei dir." Niemand sammelt etwas, außer er braucht es.

Die Auslegung beruht auf dem ähnlichen Klang von wa-yaḥel und nitḥallel (נתחלל/*er entweihte sich*), doch ermöglicht zudem die Syntax des Verses die folgende experimentelle Lesart: ‚Und Noah entweihte sich, indem er – ausgerechnet – einen *Weinberg* pflanzte.'[29] Deshalb

28 Vgl. Philo von Alexandrien: *Quaestiones in Genesim*, 2,67; Ralph Marcus: *Philo Supplement I: Questions and Answers on Genesis. Translated from the Ancient Armenian Version of the Original Greek.* London / Cambridge: Harvard University Press 1953, S. 158–159.

29 Nach Mirkin ist diese Deutung darin begründet, dass der Vers streng genommen übersetzt werden müsste: Und es begann Noah, der Mann der Erde; und er pflanzte

stellt der Midrasch die Frage: Hätte er nicht etwas anderes pflanzen können – Oliven oder Feigen? Dass Noahs Pflanzgut zu den edlen Weinreben aus dem Garten Eden gehörte,[30] Noah also die direkte Verbindung zur Zeit vor der Flut repräsentiert, spielt angesichts der Profanisierung Noahs nur mehr eine untergeordnete Rolle. Er hat hier die Profanierung selbst zu verantworten, wie auch die Übermittlung der Weinreben an die Menschheit nach der Flut.

4. Ungebrochen oder nicht: der frühjüdische, der patristische und der rabbinische Noah

Die Rabbinen der amoräischen Zeit zeigen uns einen anderen Noah als die frühjüdischen Autoren, deren Positionen hier nur knapp skizziert werden können: Die frühjüdische Auslegung[31] wie z. B. das äthiopische Henochbuch oder das Jubiläenbuch sehen Noah ungebrochen positiv und können ihn in eine Reihe mit Henoch und den Erzvätern, Mose und weiteren biblischen Helden stellen.[32] Im Jubiläenbuch ist Noah ein Priester und Bewahrer einer Ur-Tora, die vor allem die astronomische Harmonie des Kosmos und seine Zeitstruktur betrifft. Er ist Bindeglied zwischen einer prähistorischen Zeit, die noch das Faszinosum der Schöpfung berührt, und der realen Weltgeschichte, die die Rezipierenden betrifft. Die Episode seiner Beschämung wird im Jubiläenbuch sehr kurz gehalten und so interpretiert, dass Noah dabei so schuldlos wie möglich wegkommt. Auch Philo, der eine Glorifizierung des Noah nur mit Einschränkungen gelten lassen kann,[33]

einen Weinberg, und nicht: „Und Noah, der Mann der Erde, begann damit, einen Weinberg zu pflanzen". „Und er begann / wa-yahel" verweist somit nicht auf die Tätigkeit des Pflanzens, sondern das Verb „pflanzen" ist syntaktisch nur mit dem „Weinberg" verbunden, vgl. Moshe Arie Mirkin: Bereshit Rabba. In: Ders. (Hrsg.): *Midrash Rabba. Meforash perush mada'i ḥadash be-tseruf „Ayin ha-derash" – Mar'e meqomot le-khol ma'amare ha-Midrash.* Tel Aviv: Yavne 1992, Bd. 2, S. 66. Für dieselbe Sichtweise steht die masoretische Teilung der Halbverse nach *Noah, der Mann der Erde.* Ganz anders interpretiert Jacob: *Das erste Buch der Tora*, S. 260, der das Pflanzen eines Weinstocks als Zeichen der Würde und Souveränität des Noah versteht.

30 Vgl. Pirke de-Rabbi Eli'ezer 23 (54b).

31 Vgl. dazu Jack P. Lewis: *A Study of the Interpretation of Noah and the Flood in Jewish and Christian Literature.* Leiden: Brill 1968, S. 10–100; Nadav Sharon / Moshe Tishel: Distinctive Traditions about Noah and the Flood in Second Temple Jewish Literature. In: Michael E. Stone / Aryeh Amihai / Vered Hillel (Hrsg.): *Noah and his Book(s).* Atlanta: Society of Biblical Literature 2010, S. 143–165.

32 Oberhänsli-Widmer: *Biblische Figuren in der rabbinischen Literatur*, S. 204–206.

33 Vgl. Louis H. Feldman: Questions about the Great Flood, as Viewed by Philo, Pseudo-Philo, Josephus, and the Rabbis. In: *Zeitschrift für die Alttestamentliche Wissenschaft*

geht in diese Richtung, indem er z. B. die Entblößung Noahs ‚*in seinem Zelt*' zu Noahs Gunsten auslegt; er hätte sich nicht auf offener Straße entblößt und so immerhin noch seine Tugend bewiesen.[34] Die patristische Sicht auf Noah scheint die frühjüdische Linie der ungebrochenen Perfektion aufzunehmen, vor allem, indem nun Noah als Typus Christi erscheint;[35] im Unterschied zur rabbinischen Auffassung wird Noah von einigen Kirchenvätern das Attribut der Keuschheit beigefügt, die er in den ersten fünfhundert Jahren seines Lebens geübt habe.[36] Dennoch gibt es keine Noaherzählung, die die beschämende Schlusswendung nicht kennen würde. Zur mythologischen Ausstattung des biblischen Fluthelden Noah gehört, im Unterschied zum babylonischen Fluthelden, dass er nicht vergöttlicht,[37] sondern gedemütigt wird – weil er, bereits in der Hebräischen Bibel, von den Erzvätern und Mose unterschieden werden muss.

Wie bereits erwähnt, vertrat Raphael Patai die Ansicht, dass die biblische Noahgeschichte nur in bereinigter Form niedergeschrieben worden wäre und die Kastration des Noah durch Ham bewusst ausgelassen hätte (bzw. durch die beschämende Entblößung ersetzt hätte). Auch wenn die Bibelwissenschaft dieser These kaum zugestimmt hat, hat sie etwas für sich: Was die Herausarbeitung und Betonung einer kritischen Sicht des Noah betrifft, könnte dann ein Bogen von Genesis 9,20–29 zur rabbinischen Auslegung geschlagen werden, indem beide Traditionsstränge eine Beschämung des Noah für unabdingbar

115 (2003), S. 401–422, hier S. 417, passim. Eine ansatzweise kritische Sicht des Philo auf Noah zeigt sich in *De Abrahamo* 36–37 (Lepold Cohn / Paul Wendland [Hrsg.]: *Philonis Alexandrini quae supersunt.* Bd. 4. Berlin: Reimer 1902, S. 44–48); siehe dazu Sharon / Tishel: Distinctive Traditions About Noah, S. 156; Oberhänsli-Widmer: *Biblische Figuren in der rabbinischen Literatur*, S. 220–221.

34 Philo: *Quaestionem in Genesim* 2,69; siehe dazu Feldman: Questions about the Great Flood, S. 417. Zu berücksichtigen ist auch die Beobachtung von Vervenne: What Shall We Do with the Drunken Sailor?, S. 46, dass die Septuaginta in Genesis 9,2–23 ערוה (‚Scham-, Intimbereich'), nicht, wie sonst geläufig, mit ἀσχημοσύνη, sondern mit γύμνωσις (‚Nacktheit'), einem weniger sexuell konnotierten Terminus, übersetzt.

35 Vgl. Lewis: *A Study of the Interpretation of Noah*, S. 158–161; Anna Tzvetkova-Glaser: *Pentateuchauslegung bei Origenes und den Rabbinen*. Frankfurt am Main: Lang 2010, S. 126–151.

36 Vgl. Naomi Koltun-Fromm: Aphrahat and the Rabbis on Noah's Righteousness in Light of the Jewish-Christian Polemic. In: Judith Frishman / Lucas van Rompay (Hrsg.): *The Book of Genesis in Jewish and Oriental Christian Interpretation: A Collection of Essays.* Leuven: Peeters Publishers 1997, S. 57–71, 68–70; Tzvetkova-Glaser: *Pentateuchauslegung bei Origenes*, S. 135.

37 Siehe von Ranke-Graves / Patai: *Hebräische Mythologie*, S. 143–145.

halten. Die Rabbinen werfen direkt (was den Wein und den Rausch betrifft) und indirekt (was das Inzestgeschehen betrifft) die Frage auf, ob Noah nicht selbst zumindest teilweise Schuld an seiner Herabsetzung trüge. Die Einbeziehung des biblisch-rabbinischen Topos des ‚ungehorsamen Sohns' und das (Tabu-)Thema der sexuellen Gewalt zwischen Eltern und Kindern jedenfalls sprechen letztendlich zu Noahs Ungunsten. Eine andere Tendenz wäre in der frühjüdischen und der patristischen Interpretation zu bemerken, die – bei aller Verpflichtung auf die biblische Vorgabe – diese Aspekte nicht über das erforderliche Maß hinaus behandeln, und somit Zugänge zu Traditionen zeigen, die Noah noch höher einschätzten. Die frühjüdische wie die patristische Auslegung relativiert die Beschämung des Noah innerhalb von Genesis 9,20–27, die rabbinische verstärkt sie noch.

Es wäre zu fragen oder zu vermuten – was jedoch über den Rahmen dieses Beitrags hinausgeht –, dass im Zeitalter des Zweiten Tempels und gerade im Zusammenhang mit dem Tempel die Repräsentation der gesamten Menschheit in einer Weise Teil des jüdischen Diskurses war, wie es für die rabbinische Zeit nicht mehr gelten sollte. Gerade in der Spätantike und im frühen Mittelalter standen die Unterscheidung von jüdischer und nichtjüdischer Menschheit und die Grenzziehung zwischen beiden viel stärker im Vordergrund. Die kritische Noahinterpretation der amoräischen Rabbinen wäre dann im Kontext des zeitbedingten Bedürfnisses nach Unterscheidung zwischen Juden und Nichtjuden zu sehen; zugleich steht sie aber auch für die rabbinische Abgrenzung von theologisch-literarischen Konzepten des Judentums des Zweiten Tempels. Nicht zuletzt bietet dieser neue Kontext der Unterscheidungen und Abgrenzungen, der nunmehr legitimen Bewertungen, die Möglichkeit, verschlüsselte und unspezifisch gemachte Mitteilungen über sexuelle Gewalt in die Noahthematik einzufügen.

„Zehn plus Zehn plus Fünfzig gleich Siebzig“
Geheimnisse durch Wein entdecken in der rabbinischen Literatur

Farina Marx

Der bekannte Spruch „geht Wein hinein, kommt ein Geheimnis heraus“ (נכנס יין יצא סוד)[1] wird in der rabbinischen Literatur an mehreren Orten überliefert. Neben der bekanntesten Stelle im Babylonischen Talmud (Bavli), im Traktat Sanhedrin 38a, ist diese Redewendung in einigen Midrashim belegt. Außer diesen klassischen Belegen ist dieser Satz ein noch im modernen Hebräisch (Ivrit) viel zitiertes Sprichwort.[2] Gelegentlich wird die Wendung als das hebräische Äquivalent des bekannten lateinischen Spruches „in vino veritas“ verstanden.[3]

Wie dieser Spruch in rabbinischen Texten verwendet wird, soll im Folgenden an einigen Beispielen aus dem Bavli untersucht und dabei auch auf widersprüchliche Auslegungen in der Midrasch-Literatur eingegangen werden. Aufgrund des zur Verfügung stehenden Rahmens für diesen Beitrag werden hier nur die aussagekräftigsten Beispiele herausgegriffen und analysiert. Ausgangspunkt der Analyse bilden zwei Belege aus dem Bavli.[4] Diesen Stellen werden zwei Abschnitte aus der Midrasch-Literatur gegenübergestellt.[5]

1 Gelegentlich auch übersetzt mit „Rein kommt der Wein, raus kommt ein Geheimnis“.

2 Vgl. z. B. Moshe Levanon: *Leqsiqon 'ivri le-nivim u-le-matbe'ot-leshon*. Jerusalem: Sh. Zaq [ca. 2009], S. 262.

3 Vgl. etwa Leopold Löw: *Die Flora der Juden*. Wien / Leipzig: Löwit 1924–1934, Bd. 1, 1926, S. 153.

4 Babylonischer Talmud Sanhedrin 38a und Babylonischer Talmud 'Eruvin 65a.

5 Bemidbar Rabba Naso Parasha 11,1 (41b), Tanhuma (Edition Buber) shemini 7 (13b).

Die folgenden Ausführungen zeigen, wie das Sprichwort einerseits dazu verwendet werden konnte, den Weinkonsum im kultischen Rahmen zu beschränken, andererseits dafür herangezogen wurde, um den Genuss von Wein zu gestatten, ja ihn sogar zu mehren.

1. Babylonischer Talmud

Der hier untersuchte Spruch ist im Babylonischen Talmud an zwei unabhängig voneinander überlieferten Stellen belegt. Im Traktat Sanhedrin 38a und im Traktat ʿEruvin 65a wird der Satz als Argument angeführt, um den Weingenuss zu rechtfertigen und ihm eine besondere Funktion in Konflikten zuzuerkennen.

Der Abschnitt im Traktat Sanhedrin, in dem es um die Prüfung der Zuverlässigkeit von Zeugen vor dem Gerichtshof geht, beginnt mit folgender in Aramäisch überlieferten Erzählung über das Treffen von Rabbinen der vierten und fünften Generation der Tannaiten, d. h. der ersten Mischna-Lehrer nach der Tempel-Zerstörung im Jahre 70 n. d. Z.:

> Yehuda und Ḥizqiya, die Söhne von Rav Ḥiyya, saßen bei einer Mahlzeit vor Rabbi, und sie hatten weder etwas zu sagen noch wussten sie etwas.
> Sagte er zu ihnen: Bringt den Kindern Wein, damit sie etwas erzählen können.
> Als sie angetrunken waren, begannen sie (zu sprechen) und meinten: Der Sohn Davids wird nicht eher kommen, bis zwei Familien in Israel untergegangen sein werden, und zwar folgende: der Exilarch (Rosh Gola) in Babylonien und der Fürst (Nasi) im Lande Israel, denn es heißt: „Und er wird ein Heiligtum sein und ein Stein des Anstoßes und ein Felsblock des Strauchelns den beiden Häusern Israels" (Jesaja 8,14).
> Daraufhin sprach er zu ihnen: Meine Kinder, ihr stecht Dornen in meine Augen!
> Darauf antwortete ihm Rav Ḥiyya: Mein Meister, nimm ihnen dies nicht übel! (Die Gematria des hebräischen Wortes für) Wein (yayin) beträgt siebzig, und (die Gematria des hebräischen Wortes) Geheimnis (sod) beträgt siebzig: geht der Wein hinein, so kommt das Geheimnis heraus (נכנס יין יצא סוד) (Babylonischer Talmud Sanhedrin 38a).

Vor allem der letzte Abschnitt, die Erklärung des Rav Ḥiyya, ist hier von Interesse. Rav Ḥiyya galt als *der* Repräsentant der Exilarchenfamilie in Babylonien und beanspruchte für sich davidische Abstammung. Als Rav Ḥiyya und seine Söhne sich einmal bei Rabbi Yehuda ha-Nasi, dem Patriarchen in Palästina, zu Gast aufhielten, wagten es die erwachsenen Kinder nicht, vor dem Gastgeber zu sprechen. Hintergrund dafür war, dass Nasi und Rosh Gola in einem ungeklärten hierarischen Verhältnis zueinander standen. Denn auch der Nasi konnte für sich davidische Abstammung beanspruchen, und so trafen hier zwei Anführer des Volkes zusammen, deren Verhältnis erst geklärt werden musste.[6] Vor diesem historisch nicht näher rekonstruierbaren Hintergrund berichtet der Erzähler von einer auf einer Gematria fußenden Erklärung Rav Ḥiyyas, der die weitsichtige Bemerkung der beiden Söhne zu entschärfen sucht. Die Lösung des scheinbaren Konfliktes zwischen Rosh Gola (Rav Ḥiyya) und Nasi (Rabbi Yehuda) wird in die messianische Zukunft verlegt. Dieses eschatologische Geheimnis, dessen Erkenntnis letztlich auf einer realistischen Einsicht in die Verhältnisse beruhte, kann den beiden Söhnen mittels Wein entlockt werden.

Bekanntlich konstituieren die hebräischen Buchstaben nicht nur das Alphabet, sondern jeder Buchstabe besitzt gleichzeitig einen ihm zugewiesenen Zahlenwert. Die als Gematria bezeichnete hermeneutische Technik dient der Interpretation von Textpassagen mit Hilfe der Zahlwerte der Buchstaben. So werden die Zahlenwerte der Buchstabenkombinationen einzelner Worte genutzt, um diese zu vergleichen und in einen Zusammenhang zu setzen.[7] Haben verschiedene Worte den gleichen Zahlenwert, so kann dies nach rabbinischer Ansicht, die vermutlich auf älterer jüdischer Tradition beruht, kein Zufall sein, sondern deutet auf einen tieferen Sinn hin, den es auszulegen gilt.

Berechnet man nun den Zahlwert des hebräischen Wortes יין (Wein), so ergibt sich der Wert siebzig (70 = 50 ן + 10 י + 10 י). Derselbe Wert ergibt sich für das hebräische Wort סוד (Geheimnis) (6 ו + 60 ס + 4 ד = 70).[8] Folglich können die Rabbinen beide

6 Vgl. dazu Martin Jacobs: *Die Institution des jüdischen Patriarchen. Eine quellen- und traditionskritische Studie zur Geschichte der Juden in der Spätantike*. Tübingen: Mohr Siebeck 1995, S. 223–224.

7 Vgl. Wilhelm Bacher: *Die exegetische Terminologie der jüdischen Traditionsliteratur*, Bd. 1. Leipzig: Hinrichs'sche Buchhandlung 1899, S. 127–128; Günter Stemberger: *Einleitung in Talmud und Midrasch*. München: C. H. Beck 2011, S. 40–41. Es handelt sich um die 32. Regel der hermeneutischen Regeln (Middot), die traditionell Rabbi Yishma'el zugeschrieben werden.

8 An dieser Stelle sei nicht außer Acht gelassen, dass das hebräische Wort „sod" auch andere Bedeutungen haben kann. So kann es auch als „vertrauliche Besprechung" oder beispielsweise „Grund" übersetzt werden. Vgl. Jacob Levy: *Wörterbuch über die Talmudim und Midraschim nebst Beiträgen von Heinrich Lebrecht Fleischer*. 2. erw. Aufl. Berlin / Wien: Harz 1924, Bd. 3, S. 486–487. Hier und im Folgenden wird zunächst die Übersetzung „Geheimnis" verwendet, da dies für die Textbeispiele und den jeweiligen Kontext am eindeutigsten ist und so ein guter Vergleich hergestellt werden

Wörter als gleichwertig ansehen und zu der Auffassung gelangen: Wein und Geheimnis sind aufeinander zu beziehen, d.h. der Wein in einem Menschen kann die Preisgabe eines Geheimnisses, hier die Schau einer verborgenen Zukunft, bewirken. Wein wird gleichsam zur Frucht der Erkenntnis, wie es bereits im älteren Midrasch vorausgesetzt wird.[9] Oder anders ausgedrückt: Ein Geheimnis kann mit Hilfe des Weins erkannt werden.

Die besondere Verbindung zwischen den Wörtern Wein und Geheimnis aufgrund ihres gemeinsamen Zahlenwertes wird in der rabbinischen Literatur noch weiter ausgedeutet. An einer anderen Stelle im Talmud wird sie herangezogen, um zu erläutern, dass der Wein nicht nur verborgene Geheimnisse entlocken kann, sondern auch, dass Wein den Menschen negativ beeinflussen kann.

Derselbe Spruch findet sich im Babylonischen Talmud, Traktat ʿEruvin 65a, in einem Abschnitt, in dem zunächst die besänftigende Eigenschaft des Weins hervorgehoben wird:

> Rabbi Ḥanina sagte: Jeder, der sich von seinem Wein verlocken lässt, hat etwas von der Einsicht seines Schöpfers, wie es heißt: „Und als der Herr den lieblichen Duft roch" usw. (Genesis 8,21).

Die Eigenschaft des Weines, Menschen zu besänftigen, wird mit dem Verhalten Gottes verglichen, welches dieser nach der Sintflut zeigte. Gott entschied, nachdem er den lieblichen Duft des versöhnenden Brandopfers gerochen hatte, die Menschen nie mehr vernichten zu wollen.[10] Lässt der Mensch sich demnach durch den Genuss von Wein besänftigen, gelangt er zur gleichen Sanftmut, die Gott aufgrund des Brandopfers erkennen ließ. Somit kann der Mensch durch den Weingenuss Teilhabe an einer Eigenschaft Gottes erlangen.

Bezieht man in diese Interpretation die Bedeutung des Zahlwertes des hebräischen Wortes für Wein mit ein, wird eine weitere Verbindung erkennbar: Gott hat die Erde in sechs Tagen geschaffen und am siebten geruht. Zwar hat יין den Zahlenwert siebzig, doch ist in diese Zahl die Zahl sieben eingeschlossen, und sie kann wie fast keine andere mit Gott und seinen Taten assoziiert werden. Demnach kann

kann, der gleichzeitig keine zu starke Einschränkung bietet. Zudem ergibt die Übersetzung „Geheimnis" auch in kabbalistischem Zusammenhang und im Kontext der hier untersuchten Gematria Sinn.

9 Vgl. etwa Midrash Wayiqra Rabba 12,4 (Edition Margulies S.259–260; Edition Mirkin Bd.7, S.134). Dort wird der Weinstock mit dem Baum der Erkenntnis aus der Schöpfungsgeschichte in Verbindung gebracht.

10 Vgl. Genesis 8,20–22.

der Wein nicht nur mit dem Geheimnis über den gleichen Zahlenwert verbunden werden, sondern die Zahl siebzig erklärt auch, warum der Mensch Geheimnisse preisgibt: Wein steht mit seinem impliziten Bezug zur Zahl Sieben in einem direkten Verhältnis zum Handeln Gottes und kann hierdurch die Eröffnung eines Geheimnisses bewirken. Der Abschnitt im Traktat ʿEruvin 65a fährt dann fort:

> Rav Ḥiyya sagte: Jeder, der bei seinem Wein besonnen bleibt (המתיישב ביינו), besitzt die Erkenntnis der siebzig Ältesten. (Das Wort) Wein hat (nach seinen) Buchstaben den Wert siebzig, und (das Wort) Geheimnis hat (nach seinen) Buchstaben den Wert siebzig: wenn Wein hineingeht, kommt Geheimnis heraus.

Der Abschnitt in ʿEruvin 65a nimmt den bekannten Spruch auf und fügt ihm einen weiteren Aspekt hinzu. Nicht nur יין und סוד können über ihren gemeinsamen Zahlenwert in der bekannten Aussage gipfeln, auch eine weitere Verbindung kann über die Zahl siebzig erschlossen werden: Wer sich vom Wein nicht bis zur Besinnungslosigkeit berauschen lässt, sondern trotz des Weingenusses seine Gedanken beisammen hält, der besitzt die Eigenschaft der Ältesten und kann durch den Genuss des Weines die Geheimnisse entschlüsseln. Mit den Siebzig Ältesten wird hier auf die etwa aus der Traditionskette in den Sprüchen der Väter (Mischna Avot 1,1) bekannten Ältesten verwiesen. Sie haben die am Sinai dem Mose offenbarte Lehre von Josua erhalten und können hier daher als Beispiel für zuverlässig überlieferte Weisheit angeführt werden.

Die Gleichung „Wein entbirgt ein Geheimnis" wird in diesem Abschnitt also näher bestimmt: Nur dem Weintrinker, der sich *nicht* in einen Rausch trinkt, kann der Wein ein Geheimnis entlocken. Nur wer seines Verstandes mächtig bleibt, kann das Geheimnis, welches im Wein liegt bzw. das Geheimnis, das der Wein offen legt, erkennen. Die Zahlen Sieben bzw. Siebzig dienen in dieser Auslegung also als verbindendes Element. Wein und Geheimnis haben den Zahlenwert siebzig, das Verhalten Gottes kann über die Zahl sieben integriert werden. Der Verweis auf die siebzig Ältesten beschränkt jedoch den Weinkonsum und legt ihn auf ein vernünftiges Maß fest.

Der Gedanke an eine vernünftige Beschränkung des Weinkonsums wird auch im Fortgang dieses Abschnitts aus dem Traktat ʿEruvin 65a thematisiert. Der Wein ist nach einer Rabbi Ḥanin von Sepphoris, einem Amoräer der vierten Generation, zugeschriebenen Meinung von Gott eigentlich zur Tröstung der Trauernden und zur Abfindung der Übeltäter gegeben, was aus dem Vers Sprüche 31,6 belegt werden kann. Nach einem weiteren, Rabbi Ḥanin bar Pappa, einem Amoräer der dritten Generation, zugeschriebenen Diktum sollte der Wein in einem Hause jedoch wie Wasser fließen, erst dann sei ein Haus mit göttlichem Segen versehen, wie aus dem Vers Exodus 23,25, in dem Wasser und Brot als Zeichen des Segens genannt werden, durch einen Analogieschluss (Heqesh) abgeleitet werden kann.

Während in Sanhedrin 38a also der Rausch der Jungen zur Voraussetzung für die Eröffnung des Geheimnisses ist, sie gewissermaßen zum Sprechen bringt, schränkt ʿEruvin 65a den Weingenuss als hermeneutisches Mittel ein und mahnt zu einem besonnenen Umgang mit Wein.

Es kann also festgehalten werden, dass der Spruch „Geht der Wein hinein, kommt das Geheimnis heraus“ im Babylonischen Talmud positiv gedeutet wird. Zwar wird der unbesonnene Rausch in ʿEruvin 65a abgelehnt, jedoch bleibt der Wein ein wichtiges und probates Mittel, das dem Menschen hilft und ihn sogar zur Erkenntnis führen kann.

2. Midrasch-Literatur

Dass der Spruch „wenn Wein hineingeht, kommt ein Geheimnis heraus“ auch ganz anders ausgelegt werden konnte, wird an zwei Abschnitten aus nach-talmudischen Midraschim deutlich. Ein Beispiel für die Verwendung dieses Sprichworts findet sich im Midrasch Bemidbar Rabba und eine weitere im Midrasch Tanḥuma (Buber).

Zunächst zu Bemidbar Rabba, Naso Parascha 11,1 (41b), wo in einer längeren, anonym überlieferten Auslegung des Verses Numeri 6,23: „So sollt ihr Israel segnen“ usw., auch der hier untersuchte Spruch zitiert wird. In diesem Zusammenhang findet sich ein kürzerer exegetischer Abschnitt, in dem das rabbinische Verständnis eines Verses aus dem Buch der Sprüche erläutert wird:

> „Und bei den Rechtschaffenen ist sein Geheimnis“ (ואת ישרים סודו) (Sprüche 3,32), das bezieht sich auf den, der seine Taten achtet und sich vom Wein zurückhält, damit seine Pfade rechtschaffen werden, wie es heißt: „die rechtschaffen wandeln auf ihren Pfaden“ (Sprüche 9,15). Was bedeutet: „sein Geheimnis“ (סודו)? Der Heilige gepriesen sei er will ihn lehren, wie er sich retten könne, wie es heißt: „Den Weg der Weisheit lehre ich dich“ (Sprüche 4,11). (Die Gematria des Wortes) Weines beträgt 70, ebenso wie (die Gematria des Wortes) Geheimnis (70) beträgt. Wenn der Mensch sich vom Wein zurückhält, so erhöht er seine Zahl (d.h. seinen Wert) auf 70, das heißt: Er ist würdig des Geheimnisses der

> Weisheit, welches auch 70 beträgt. Geht Wein hinein, kommt ein Geheimnis heraus; geht Wein heraus, geht ein Geheimnis hinein. Das ist (der Sinn der Worte): „Und bei den Rechtschaffenen ist sein Geheimnis“ (Sprüche 3,32).

An dieser Stelle wird der Spruch also – anders als in Sanhedrin 38a und ʿEruvin 65a – herangezogen, um den Weingenuss einzuschränken. Während in Sanhedrin 38a dem Wein noch die Funktion zugedacht wird, durch seinen Gebrauch ein Geheimnis zu entbergen, verhält es sich an dieser Stelle genau andersherum. Der Zahlenwert von יין und סוד wird hier wie folgt gedeutet: Der Mensch kann durch Enthaltsamkeit von Wein das Geheimnis der Weisheit erkennen und in sich wahren. Gibt er sich aber dem Weinkonsum hin, verliert er durch das Aufnehmen des Weins in den Körper das Geheimnis der Weisheit. Äußeres Zeichen dafür ist das „die rechtschaffen wandeln auf ihren Pfaden“ (Sprüche 9,15), das einerseits als ethisches Prinzip gedeutet werden kann, d. h. gerade Handeln wird an dieser Stelle als ‚richtiges‘ Handeln verstanden. Es kann in diesem Kontext aber auch wörtlich verstanden werden: Wer auf Grund des Weingenusses – durch den Einfluss des Alkohols auf den Körper – physisch nicht mehr in der Lage ist, wird kein Geheimnis mehr entdecken können. Zudem wird hier vorausgesetzt, dass, wenn Gott derjenige ist, der Weisheit lehrt, man nicht mehr des Weines bedarf, um seine Geheimnisse zu entdecken. Erst wenn der Mensch sich des Weines enthält, kann er als den siebzig Ältesten ebenbürtig gelten und wird würdig, dass Gott ihn selbst in seine Geheimnisse einführt. Weiter kann festgehalten werden, dass in dieser Auslegung die Art des Geheimnisses weiter beschränkt wird. Es geht nicht um das Offenbaren einer Zukunftsschau wie in dem Abschnitt aus dem Traktat Sanhedrin, sondern um die Erkenntnis der Tradition, die die siebzig Ältesten besaßen und deren Geheimnis nur durch Abstinenz bewahrt werden kann.

In Midrasch Tanḥuma (Edition Buber) shemini 7 (13b) findet sich eine ähnlich scharfe Ablehnung des Weingenusses. Der dem Auslegungsmidrasch zugrundeliegende Vers Levitikus 10,9 verbietet Aaron und seinen Nachkommen, d. h. den Priestern, den Genuss von Wein und Berauschendem während des Gottesdienstes. Dieses eigentlich nur auf Priester bezogene Verbot wird hier ausgeweitet und mit einer zusätzlichen Begründung versehen, indem die bekannte gematrische Auslegung des Spruches angewendet wird. Dort heißt es:

> „Sei nicht mit den Weinsäufern und Fleischfressern“ usw. (Sprüche 23,20) […] Rav Yehuda ha-Levi bar Shallum sagte: Seine Bezeichnung ist auf Hebräisch

> yayin, aber in aramäischer Sprache heißt er ḥamar, dies ist in der Gematria 248 entsprechend der Glieder eines Menschen. Wenn der Wein in jedes Glied des Menschen eindringt, werden der Körper und der Sinn verwirrt. Und dringt der Wein ein, geht der Verstand hinaus. Und so lehrte Rav Ele'azar ha-Kappar: Geht der Wein hinein, der 70 beträgt, geht das Geheimnis hinaus, das 70 beträgt. Und so wurde dem Hohepriester geboten, dass er keinen Wein trinke in der Stunde des Dienstes, damit sein Verstand nicht verwirrt werde, denn er bewahrt die Tora und bewahrt die Erkenntnis, wie geschrieben steht: „Denn die Lippen des Priesters sollen die Erkenntnis wahren" (Maleachi 2,7). Daher gebot der Heilige gepriesen sei er dem Aaron: „Wein und Starkgetränk sollt ihr nicht trinken" usw. (Levitikus 10,9). Und meint nicht, als ob ich es nur in Bezug auf die Vergangenheit geboten hätte, für den Anfang (des Priestertums) hatte ich es geboten, für die Zeit, als der Tempel stand und ihr in ihm Dienst versehen habt, wie geschrieben steht: „wenn ihr hineingeht in die Stiftshütte" usw. (Levitikus 10,9). Daher sollt ihr euch (während kultischer Handlungen) für immer des Weines enthalten, wie es heißt: „eine ewige Satzung bei euren Geschlechtern" (Levitikus 10,9). Daher hütet euch vor dem Wein, denn der Wein ist ein Zeichen des Fluches.

Basierend auf dem biblischen Verbot des Weingenusses vor oder während kultischer Handlungen wird in diesem Abschnitt der bekannte, auf einer Gematrie beruhende Spruch mit entgegengesetzter Absicht ausgelegt. Er soll auf die negativen Auswirkungen des Weingenusses hinweisen, auf die Gefahren, die dem Körper schaden. Dafür wird nicht allein auf die Entsprechung Wein gleich Geheimnis verwiesen, die beide den Zahlenwert siebzig haben, sondern es wird auch der gematrisch berechnete Wert des aramäischen Wortes für Wein, ḥamar, herangezogen. Er beträgt 248 (248 = 200 ר + 40 מ + 8 ח), was nach rabbinischer Tradition der Anzahl der Glieder des Menschen entspricht.[11] Wein kann also nicht nur den Verstand verwirren, sondern er kann den gesamten Körper beeinträchtigen.

Weingenuss wird in diesem Abschnitt, wie einleitend durch den Verweis auf Sprüche 23,20 belegt, mit Fleischfresserei (זלל בשר) in Verbindung gebracht. Übermäßiger Weingenuss und Verzehr von großen Mengen Fleisch werden gleichermaßen für das Kultpersonal abgelehnt. Weinkonsum wird hier jedoch als gefährlicher erachtet, weil er den gesamten Körper in Mitleidenschaft zieht. Die Gematrie von סוד mit ihrem Wert siebzig steht der Gematrie von חמר mit ihrem Wert 248 gegenüber. Dass die Zahl 248 größer ist als die Zahl 70 kann vielleicht so gedeutet werden, dass der Wein – auch wenn er Geheimnisse

11 Vgl. Julius Preuss: *Biblisch-talmudische Medizin. Beiträge zur Geschichte der Heilkunde und der Kultur überhaupt.* Berlin: Gregg 1911 (Nachdruck Wiesbaden: Fourier 1992), S. 66–74.

offenbart – keinen Raum für diese lässt, weil er gleichzeitig alle 248 Glieder durchdringt und vom ganzen Körper Besitz ergreift.[12]

Der untersuchte Abschnitt aus Midrasch Tanḥuma (Buber) bekräftigt mit diesem Gedanken das biblische Verbot, nach dem Priester vor und während des Dienstes im Tempel keinen Wein trinken dürfen. Für den Adressaten des Midrasch Tanḥuma dürfte hinter dieser Auslegung ein Schluss vom Schweren auf das Leichte stehen:[13] Denn wenn schon Priester während des Dienstes keinen Wein trinken dürfen, um wie viel mehr dürfen dies nicht gewöhnliche Menschen. Die Sinneinheit schließt daher mit einem ausdrücklichen Verbot: Während des Gottesdienstes ist auf Wein zu verzichten, denn der Wein ist ein Zeichen des Fluches.[14]

Für die Auslegungen innerhalb der Midrasch-Literatur kann festgehalten werden, dass Weinkonsum in bestimmten Zusammenhängen eingeschränkt werden sollte. Es wurde jedoch kein absolutes Weinverbot ausgesprochen, sondern lediglich darauf hingewiesen, dass Wein aus dem kultischen Bereich auszuschließen ist. Auch hierfür konnte auf das bekannte Sprichwort verwiesen, werden, dass auf einer Gematria der beiden hebräischen Wörter für Wein und Geheimnis basierte. Interessanterweise wird im Babylonischen Talmud wie im späteren Midrasch Bemidbar Rabba in diesem Zusammenhang auf die durch die Tradition vermittelte, nicht genauer beschriebene Autorität der 70 Ältesten der biblischen Zeit verwiesen und dabei mit der mittels Wein erlangten Weisheit verglichen. Dass der Wein dem Menschen Geheimnisse entlocken kann, wird hier negativ gedeutet; der Mensch verliert die Kontrolle, so dass er Geheimnisse verrät.

3. Zusammenfassung

Das Sprichwort „Geht Wein hinein, kommt Geheimnis heraus“ wurde in Verlauf seiner Rezeption unterschiedlich interpretiert. Es konnte positiv als Hinweis auf die besondere Wirksamkeit des Weines verstanden werden; negativ wurde es als Hinweis auf die Gefahren des enthemmenden Einflusses des Alkohols im Wein interpretiert.

12 Siehe dazu auch Yalqut Shimʿoni Shemini § 528 (155a); ferner Midrash Aggada, Shemini 10,9 (Edition Buber, S. 24).

13 Zur hermeneutischen Methode des Schlusses *a minori ad maius*, vom Leichten auf das Schwere (קל וחומר), vgl. Stemberger: *Einleitung in Talmud und Midrasch*, S. 35–36.

14 Vgl. auch Babylonischer Talmud Berakhot 31b; Midrasch Shemuel 2,11 (Edition Lifshitz, S. 11).

Positiv gewertet wurde, dass der Wein den Menschen „be-geistern“ und zu Einsichten führen kann, die ihm ohne Wein nicht zugänglich wären. Warnend wurde betont, dass Wein die Funktionen des Körpers einschränken kann und die meisten Menschen nicht in der Lage sind, Wein nur in für sie geeigneten Maßen zu konsumieren. Wird der Weinkonsum von den Rabbinen eingeschränkt, so allerdings allein mit Blick auf kultische Handlungen. Wer Wein getrunken hat, soll nicht beten (vgl. Babylonischer Talmud ʿEruvin 64a). Das bedeutet, dass das Geheimnis an diesen Stellen immer mit der Weisheit des Menschen, mit seinem Verstand, gleichgesetzt wird. So verhält es sich auch bei der positiven Einstellung zum Weinkonsum. Allerdings wird hier zusätzlich die Bedeutung des Wortes ‚Geheimnis‘ weiter gefasst, und es werden auch andere alltägliche Geheimnisse einbezogen. Dabei wird noch ein weiterer Aspekt betont: Die 70 Ältesten können sowohl für das Ablehnen als auch für den Zuspruch des Weintrinkens angeführt werden. In beiden Fällen wird dies mit Hilfe der Gematrie begründet. Insgesamt kann also festgehalten werden, dass der Spruch „Geht der Wein hinein, kommt das Geheimnis heraus“ in unterschiedlichen Zusammenhängen verschieden zitiert und interpretiert wurde. Er konnte als Hinweis auf die besondere Wirkweise des Weins, die Geheimnisse entlockt, und als Warnung vor Weinkonsum in falschem Kontext, im kultischen Rahmen, verwendet werden. Ein generelles Weinverbot wurde aus ihm nicht abgeleitet.

Mittelalter und Frühe Neuzeit

Wein in der jüdischen Magie des Mittelalters

Bill Rebiger

1. Einführung

Wein wird bekanntlich in einer Reihe von jüdischen Ritualen verwendet: der Shabbat wird mit einem Becher Kiddush-Wein begonnen und zur Havdala ebenfalls mit einem Becher Wein beendet, zur Beschneidung wird ein Becher, zur Hochzeit werden zwei Becher und zu Pessach sogar vier Becher Wein getrunken. Zu Purim schließlich soll man soviel Wein trinken, bis die Namen der Kontrahenten Mordechai und Haman nicht mehr unterschieden werden können. Bereits in der Bibel ist Wein ein fester Bestandteil von Trankopfern[1] und Segnungen[2]. Aber auch zu festlichen Gelagen, soweit sie in der Bibel erwähnt werden, gehört Wein offenbar selbstverständlich dazu.[3]

Wein findet aber im Judentum nicht nur in den halakhisch sanktionierten Ritualen Verwendung, sondern auch in der Magie. In den letzten drei Jahrzehnten sind zahlreiche magische Texte vor allem aus dem orientalischen Judentum der Spätantike und des Mittelalters ediert worden, auf die im Folgenden rekurriert werden soll. Es handelt sich um Editionen von spätantiken Metallamuletten, babylonischen Zauberschalen und magischen Fragmenten aus der Kairoer Geniza sowie von den magischen Makroformen *Havdala de-Rabbi 'Aqiva*, *Ḥarba de-Moshe*, *Sefer ha-Malbush*, *Sefer ha-Razim* und *Sefer Shimmush Tehillim*.[4]

1 Vgl. Exodus 29,40; Leviticus 23,13; Numeri 15,5 und öfter.

2 Vgl. Genesis 14,18; 27,25.

3 Vgl. z. B. Deuteronomium 14,26; 1 Chronik 12,41; Ester 1,7.10; Jesaja 5,12; Daniel 5,1–4.

4 Gershom Scholem: *Havdala De-Rabbi 'Aqiva*: A Source for the Tradition of Jewish Magic During the Geonic Period. In: *Tarbiz* 50 (1980 / 81), S. 243–281 (Hebräisch) (Nachdruck in Gershom Scholem: *Devils, Demons and Souls*, hrsg. v. Esther Liebes.

Einige wenige Texte der jüdischen Magie, in denen Wein erwähnt wird, nehmen explizit Bezug auf einige der oben genannten halakhisch sanktionierten Rituale. So ist in der *Havdala de-Rabbi 'Aqiva*, einer magischen Makroform aus gaonäischer Zeit, die sich auf das wöchentliche Havdala-Ritual bezieht, erwartungsgemäß die Anweisung belegt, einen Becher zu reinigen, um ihn dann mit Wein aus einem vollen Krug zu füllen.[5] Gemeint ist hier zweifellos der mit Kiddush-Wein gefüllte Havdala-Becher, über den im Anschluss Bibelverse, Berakhot, Engelnamen bzw. *nomina barbara* sowie Beschwörungen gesprochen werden sollen. Einer der genannten Zwecke, denen dieses magische Ritual dienen soll, ist die sogenannte „Öffnung des Herzens", d.h. die Fähigkeit, Erlerntes nicht zu vergessen, sondern für immer zu behalten.[6]

Die Verbindung zwischen der Havdala und diesem speziellen Zweck ist auch in einem ganz anderen Kontext zu finden. So heißt es in einem Fragment aus der Kairoer Geniza, das eine Sammlung verschiedenster magischer Handlungsanweisungen bezeugt, die handbuchartig nach Zwecken geordnet sind: „Öffnung des Herzens. Sprich über einen Havdala-Becher dreimal und trinke ihn aus." Es folgen magische Namen und eine Beschwörung derselben.[7]

Jerusalem: Ben-Zvi Institute 2004, S.145–182 (Hebräisch)); Joseph Naveh / Shaul Shaked: *Amulets and Magic Bowls. Aramaic Incantations of Late Antiquity*. Jerusalem / Leiden: Magnes Press 1985; dies.: *Magic Spells and Formulae. Aramaic Incantations of Late Antiquity*. Jerusalem: Magnes Press 1993; Lawrence H. Schiffman / Michael D. Swartz: *Hebrew and Aramaic Incantation Texts from the Cairo Geniza. Selected Texts from Taylor-Schechter Box K1*. Sheffield: JSOT Press 1992; Peter Schäfer / Shaul Shaked: *Magische Texte aus der Kairoer Geniza* (hier abgekürzt als *MTKG I–III*). Tübingen: Mohr Siebeck 1994–1999; Yuval Harari: *The Sword of Moses – A New Edition and Study*. Jerusalem: Academon 1997 (Hebräisch); Judah B. Segal: *Catalogue of the Aramaic and Mandaic Incantation Bowls in the British Museum*. London: British Museum Press 2000; Dan Levene: *A Corpus of Magic Bowls. Incantation Texts in Jewish Aramaic from Late Antiquity*. London: Routledge 2003; Irina Wandrey: *„Das Buch des Gewandes" und „Das Buch des Aufrechten". Dokumente eines magischen spätantiken Rituals*. Tübingen: Mohr Siebeck 2004; Christa Müller-Kessler: *Die Zauberschalentexte in der Hilprecht-Sammlung, Jena, und weitere Nippur-Texte anderer Sammlungen*. Wiesbaden: Harrassowitz 2005; Bill Rebiger / Peter Schäfer: *Sefer ha-Razim I und II – Das Buch der Geheimnisse I und II*. Tübingen: Mohr Siebeck 2009; Bill Rebiger: *Sefer Shimmush Tehillim. Buch vom magischen Gebrauch der Psalmen*. Tübingen: Mohr Siebeck 2010.

5 Siehe *Havdala de-Rabbi 'Aqiva*, S.250, 1 / 9–10. (Edition Scholem).

6 Dazu siehe unten Abschnitt 8.2.

7 CUL T.-S.K 1.117, fol.1a / 1. In: Naveh / Shaked: *Magic Spells and Formulae*, S.176 („Geniza 16, page 5").

Außer Havdala-Wein wird auch Pessach-Wein mit magischer Wirksamkeit in Beziehung gesetzt. Auf Rabbi Eli'ezer ha-Gadol (ca. 990–1060) geht ein Brauch zurück, der in den Kreisen der Ḥaside Ashkenaz beispielsweise von El'azar von Worms bezeugt wird. Danach wird am Seder-Abend 16 Mal ein Finger in einen Becher mit Wein getunkt und der anhaftende Tropfen anschließend abgeschüttelt, während die verschiedenen Plagen verlesen werden. Dadurch soll das sechzehnseitige Schwert des Allmächtigen herbeigerufen oder beschworen werden, mit dem die Mächte der Pest und weitere maziqin (Schadegeister) bekämpft werden können. Das Wort dever (Pest) ist im Buch Jeremia, so die Erklärung, 16 Mal belegt. Eine andere Erklärung aus diesen Kreisen besagt, dass dieses Schwert ein bedeutendes Leben gewähren kann, wobei die Zahl 16 einerseits auf die 16 vorgesehenen wöchentlichen 'Aliyyot, die Aufstiege zur Tora, und andererseits auf die acht Verweise auf „Leben" in den besonderen Einfügungen in der Festtag-'Amida bezogen werden, die jeweils zweimal in jedem Gebet, und zwar durch die Gemeinde und den Vorbeter, gebetet werden.[8] Deutlich wird an diesem Brauch die Vorstellung von der apotropäischen Wirkung von geweihtem Wein, hier von Pessach-Wein, gegenüber Schadenzauber und bösen Mächten. Diese Vorstellung liegt sicherlich auch den verschiedenen Bräuchen zugrunde, im Verlauf des Havdala- oder Hochzeitrituals den Wein zu verschütten.[9]

2. Wein in den Texten der babylonischen Zauberschalen

Neben den palästinischen Metallamuletten gehören die babylonischen Zauberschalen zu den wichtigsten Textzeugen für die jüdische Magie der Spätantike bis in die Zeit der islamischen Eroberungen.[10] Die Zauberschalen wurden vor allem als apotropäische Schutz- und Abwehrzauber gegen Schadenzauber und Schadegeister verwendet. Unter den bislang edierten Zauberschalen ist eine Schale singulär, die

8 Ephraim Kanarfogel: *"Peering through the Lattices": Mystical, Magical, and Pietistic Dimensions in the Tosafist Period.* Detroit: Wayne State University Press 2000, S. 137–140; Israel Yuval: *Zwei Völker in deinem Leib. Gegenseitige Wahrnehmung von Juden und Christen.* Göttingen: Vandenhoeck & Ruprecht 2007, S. 111.

9 Vgl. Joshua Trachtenberg: *Jewish Magic and Superstition. A Study in Folk Religion.* New York: Behrman's Jewish Book House 1939 (Nachdruck New York: Atheneum 1970), S. 166–168, 173.

10 Siehe die Literaturangaben in Anm. 4.

bei der Weinherstellung Qualität garantieren soll, indem Schadenzauber abgewehrt wird:

> Dieses Amulett[11] ist gewidmet der Gärung, Zuckerung und Bewahrung des Weines (חמרא) von Burz-Bahram, Sohn von Dutay, aus dem Dorf Qarbil, das bei der Stadt Diza liegt. Mit dem Namen von YH YH YH YH, Ot („Zeichen") Ot Ot, Heilig, Heilig, Heilig. Möge sein großer Name gepriesen sein für immer und ewig. WQSYH SSḤ. Dass er auszeichne (?) und veranlasse, dass ausgezeichnet werde (?) der Wein von Burz-Bahram, Sohn von Dutay. [Möge er scheiden] von Burz-Bahram, Sohn von Dutay, den schmutzigen Zauber. [...] Möge der Wein von Burz-Bahram, Sohn von Dutay, süß sein. Möge er weder verschüttet (?), verbrannt noch (im Wert?) heruntergesetzt werden. [...][12]

Die exakte Herkunft dieser Schale aus einer Privatsammlung ist nicht bekannt, so dass leider keine Angaben über den genauen Fundort bzw. Grabungskontext gemacht werden können. Es scheint aber plausibel, dass auch diese Schale analog zu anderen Schalen, die bei archäologischen Grabungen *in situ* gefunden wurden, direkt am zweckbezogenen Ort vergraben war. Da die drei Arbeitsschritte Gärung, Zuckerung und Bewahrung im Text der Zauberschale explizit genannt werden, wäre eine Weinkelterei als Ort, an dem die Schale vergraben war, gut vorstellbar. Weinanbau ist von Juden dieser Zeit nicht nur in Palästina nachweisbar, sondern eben auch in Babylonien.[13] Die in der Schale bezeugte Ortsangabe, die als solche ungewöhnlich ist, wurde von den Herausgebern nicht näher lokalisiert. Die Süße des Weins wird als gewünschte Qualität betont, die durch feindlichen Schadenzauber gefährdet ist. Letztlich dient daher auch diese Zauberschale einem apotropäischen Zweck.

3. Wein in der Umwelt der Kairoer Geniza

Die Fragmente der Kairoer Geniza stammen aus einem islamisch geprägten Kontext, was gerade in der Frage nach der Bedeutung von Wein eine gewisse Rolle spielt. Allerdings betont Thomas Bauer in seinem Buch *Die Kultur der Ambiguität*, dass der religionsgesetzliche Diskurs nicht das gesamte Leben der Muslime bestimmte, sondern

11 קמיעה. Öfter belegte Selbstbezeichnung in Zauberschalen; vgl. z. B. Naveh / Shaked: *Amulets and Magic Bowls*, S. 158 („Bowl 5", Zeile 1); dies.: *Magic Spells and Formulae*, S. 130 („Bowl 22", Zeile 1); ebd., S. 139 („Bowl 26", Zeile 11).

12 Naveh / Shaked: *Magic Spells and Formulae*, S. 133–136 („Bowl 24"). Die Herausgeber verweisen auf einige Analogien im syrischen *Book of Protection*; ebd., S. 134.

13 Vgl. Babylonischer Talmud ʿEruvin 60a nach Samuel Krauss: *Talmudische Archäologie*. Leipzig: Fock 1910–1912 (Nachdruck Hildesheim: Olms 1966), Bd. 2, S. 229, Anm. 601.

gleichzeitig auch andere, geradezu widersprechende Diskurse zuließ. Die von ihm herausgestellte Ambiguität zeigt sich beispielsweise, wenn islamische Rechtsgelehrte ganz selbstverständlich und unwidersprochen Loblieder auf den Weingenuss verfassten.[14] Zumindest für das Fatimidische Ägypten (10.–11. Jahrhundert) bestätigt auch Shelomo Goitein eine gewisse Laxheit der Muslime gegenüber Wein und anderen alkoholischen Getränken.[15] Für Juden wie Christen war dagegen Wein religiös für bestimmte Rituale geboten, was auch in einer islamischen Umweltkultur zumeist kein Problem darstellte, solange dabei die kulturellen Schranken nicht überschritten wurden. Wein war für sie kein Luxusartikel, sondern ein tägliches Nahrungsmittel, zumindest für die Mittel- und Oberschicht.[16] Neben einheimischem Weinanbau ist auch der Import von griechischen und italienischen Weinen nach Ägypten in den Geniza-Fragmenten gut bezeugt.[17] So schreiben besorgte Väter an ihre „verlorenen Söhne", dass sie doch nicht den ganzen Wohlstand der Familie für die sündhaft teuren Überseeweine verprassen sollen.[18]

4. Wein in Divinationen

Die wirtschaftliche Bedeutung von Wein in diesem historischen Kontext zeigt sich auch in divinatorischen Texten. So werden in einem ausführlichen Prognostikon im astro-magischen Traktat *Sefer ha-Shem*[19], dessen aramäische Version wohl auf das 7. Jahrhundert zurückgeht und in der Kairoer Geniza sowohl auf Aramäisch als auch in jüdisch-arabischer Übersetzung bezeugt ist, auch einige Vorhersagen zu Quantität, Qualität und Preisentwicklung von Wein gemacht. Darin heißt es zum Beispiel:

14 Thomas Bauer: *Die Kultur der Ambiguität: eine andere Geschichte des Islams.* Frankfurt am Main: Verlag der Weltreligionen 2011, S. 244–249. Vgl. dagegen Shelomo D. Goitein: *A Mediterranean Society: The Jewish Communities of the Arab World as Portrayed in the Documents of the Cairo Geniza.* Berkeley: University of California Press 1967–1993, Bd. 4, S. 253: „The reader of Arabic literature should not be misled by those endless stories that show caliphs and generals wasting half their lives in drinking bouts, or by Arabic (and other Muslim) poetry saturated with wine songs ad nauseam."

15 Goitein: *A Mediterranean Society*, Bd. 1, S. 122–123, vgl. auch ebd., Bd. 4, S. 18, 254.

16 Ebd., Bd. 4, S. 255.

17 Ebd. S. 224. – Siehe dazu auch den Beitrag von Abraham David in diesem Band.

18 Ebd. S. 259–260.

19 Vgl. zum „Traktat des Sem" Reimund Leicht: *Astrologumena Judaica. Untersuchungen zur Geschichte der astrologischen Literatur der Juden.* Tübingen: Mohr Siebeck 2006, S. 45–55.

> „Wein (חמרה) wird billig werden“, „Öl und Wein (חמרא) werden teuer sein“, „Wein (חמרה) ist wenig und gut“, „Wein (חמרה) wird teuer sein.“ Oder auch: „Der [Wein] wird stinken.“[20]

Darüber hinaus wird Wein in divinatorischen Handlungsanweisungen auch als *materia magica* verwendet. So heißt es in einem lückenhaften Geniza-Fragment:

> Und wenn du (einen Zauberspruch) über eine Salbe von Wasser und Wein (חמר) flüstern willst, dann werden die Kinder das Diebesgut sehen, das dir gestohlen wurde, und sie werden (die Dinge?) von dir sehen […].[21]

Hier geht es um die Aufdeckung eines Diebstahls mit divinatorischen Mitteln. Eine Mischung von Wasser und Wein wird durch Besprechung magisch aufgeladen[22] und danach können Kinder, die in für Divinationen typischer Weise aufgrund ihrer Unschuld als Medium fungieren, auf der schillernden Oberfläche der Flüssigkeiten sehen, wo sich das Diebesgut befindet. Es handelt sich hier demnach um eine Art der Hydromantie, d. h. um Wahrsagekunst aus Wasser.

5. Bedeutung von Wein bei ritueller Reinheit und asketisch-diätetischer Vorbereitung

Bevor überhaupt eine magische Handlung vollzogen werden kann, ist die rituelle Reinheit des Handelnden und seine asketisch-diätetische Vorbereitung notwendig.[23] Auf diese Weise wird die magische Handlung deutlich von profanen Handlungen unterschieden. Viele der entsprechenden Vorschriften für rituelle Handlungen entstammen dabei dem biblischen Kult sowie rabbinischer Synagogal- und Gebetspraxis. Sehr häufig wird in diesem Kontext ausdrücklich die Enthaltung von Wein gefordert. So heißt es bereits in der Bibel, dass den Priestern vor dem Betreten des Zeltheiligtums das Trinken von Wein und Rauschgetränk verboten ist.[24] Ebenso wird in der Bibel einer bislang unfruchtbaren Frau empfohlen, vorbereitend unter anderem auf

20 CUL T.-S. K 1.149, fol. 2b / 3.7.16.23.27 (Nr. 80, *MTKG III*, S. 266).

21 CUL T.-S. K 1.80, fol. 1a / 10–12. In: Naveh / Shaked: *Magic Spells and Formulae*, S. 172: („Geniza 15, page 1“).

22 Zu dieser Praktik siehe unten Abschnitt 6.

23 Vgl. Michael D. Swartz: *Scholastic Magic. Ritual and Revelation in Early Jewish Mysticism*. Princeton: Princeton University Press 1996, S. 158–165; Rebecca M. Lesses: *Ritual Practices to Gain Power. Angels, Incantations, and Revelation in Early Jewish Mysticism*. Harrisburg: Trinity Press International 1998, S. 119–155.

24 Siehe Leviticus 10,9; Ezra 44,21; vgl. auch die strengeren Vorschriften für die Nasiräer in Numeri 6,3–4.

Wein und Rauschgetränk zu verzichten, damit sie schwanger werden kann.[25] So ist es nicht verwunderlich, dass auch in den magischen Reinheitsvorschriften häufig der Verzicht auf Wein explizit geboten wird. Beispielsweise heißt es in einem Geniza-Fragment aus dem 11. Jahrhundert, in dem biblische und liturgische Verse verwendet werden, im Anschluss an eine Sequenz von *nomina barbara*:

> Reinige dich von jeglicher Verschmutzung und iss kein Fleisch und trinke keinen Wein (חמר). Faste drei Tage.[26]

In gleicher Weise finden sich zum Beispiel auch im *Sefer ha-Razim* I (Buch der Geheimnisse), dessen Redaktion ins 7.–8. Jahrhundert zu datieren ist, entsprechende Formulierungen:

> Iss keinerlei Grünzeug und nichts, was Blut lässt, und trinke keinen Wein (יין).[27] Halte dich drei Tage (lang) rein von Frau, Wein (יין) und jeglichem Fleisch.[28]

Oder:

> Er soll sich von Wein (יין), Fleisch, einem Toten, einer menstruierenden Frau sowie von jeder unreinen Sache fernhalten.[29]

6. Verwendung von Wein in magischen Praktiken

Die Verwendung von Wein als *materia magica* ist in unterschiedlichen Anweisungen für Praktiken belegt,[30] zu denen vor allem die einfache Einnahme durch Trinken, das Besprechen und anschließende Trinken, das Besprechen und anschließende Einreiben bzw. Waschen sowie Schreiben, Auslöschen der Schrift und Trinken gehören. Diese Praktiken werden häufig in magischen Texten beschrieben, wobei sie auch mit anderen Flüssigkeiten wie vor allem Wasser und Öl, ausgeübt werden können, d. h., sie sind nicht prinzipiell auf den Gebrauch von Wein beschränkt. Wesentlich für die genannten Praktiken ist das

25 Siehe Richter 13,4.7.14: Empfehlung an die Frau von Manoach, die später Simson zur Welt bringt.

26 CUL T.-S. NS 92.20, fol. 1a / 15–16 (Nr. 76, *MTKG III*, S. 192).

27 *Sefer ha-Razim* I §110 (Edition Rebiger / Schäfer).

28 Ebd. §129.

29 Ebd. §176. Vgl. auch *Sefer ha-Razim* II §372 (Edition Rebiger / Schäfer): „In jenen sieben Tagen soll er nichts Unreines essen und [nichts, das blutet], keinen Wein (יין) trinken, sich vor Beischlaf mit einer Frau hüten und sich jeden Tag vor Sonnenaufgang waschen."

30 Zur Aktualisierung von magischen Handlungsanweisungen vgl. Bill Rebiger: Unterweisung, Überlieferung und Aktualisierung von magischem Wissen im Judentum: Ansätze zu einer Textpragmatik. In: *Frankfurter Judaistische Beiträge* 36 (2010), S. 31–55, bes. S. 47–54.

Prinzip der Kontaktmagie, dem die Vorstellung zugrunde liegt, dass durch direkten Kontakt magische Wirksamkeit übertragen werden kann.[31] Zugleich handelt es sich aber auch um eine Form der Materialisierung magischer Wirksamkeit, wenn nicht allein der Wirkmacht mündlicher sprachlicher Äußerungen vertraut wird, sondern der Verschriftlichung und Übertragung derselben durch diverse *materiae magicae*.[32] In den meisten der hier untersuchten Fälle wird der Wein nicht einfach nur getrunken, sondern zuvor magisch aufgeladen.[33] Dies geschieht entweder durch Besprechen des Weins mit für magisch wirksam gehaltenen Bibelversen,[34] Namen bzw. Formeln oder aber durch das Auslöschen einer Verschriftlichung der genannten sprachlichen Äußerungen durch den Wein. Schließlich muss der magisch aufgeladene Wein mit dem Körper des Klienten in Berührung kommen, entweder durch Einreiben bzw. Waschen oder Trinken.

6.1 Trinken

Zunächst ist die einfache Einnahme von Wein durch Trinken zu nennen. Diese Praktik verzichtet auf das magische Aufladen des Weins durch Besprechen oder Auslöschen von Schrift. Die Wirksamkeit des Weins resultiert demnach auf seiner Substanz, d.h. auf seiner Qualität als Pharmakon, weshalb das einfache Trinken vor allem bei medizinisch-magischen Zwecken angegeben wird. Häufig wird der Wein verdünnt oder aber mit anderen für wirksam gehaltenen Flüssigkeiten gemischt, wie zum Beispiel in dem folgenden Geniza-Fragment:

> Noch (ein Rezept) [für] eine Frau, deren Kind in ihrem Leib gestorben ist: Nimm Milch von einer Hündin, mische (sie) mit Honig und Wein (יין). [Sie trinke es], und sofort wird sie (den Fötus) verlieren.[35]

Die Hündin hat offenbar gerade Welpen geworfen, die sie stillt. Das Stillen verweist einerseits auf die Mutter-Kind-Beziehung und

31 Vgl. James Frazer: *The Golden Bough. A Study in Magic and Religion*. Gekürzte. Auflage. London: Macmillan 1993, S. 37–45; Marcel Mauss: *A General Theory of Magic*. London / Boston: Routledge and Kegan Paul 1972, S. 66–67.

32 Vgl. Trachtenberg: *Jewish Magic and Superstition*, S. 122: „to assist the supernatural with material reinforcements“.

33 Diese metaphorische Formulierung ist dem Bild des Akkumulators, einer Batterie, die nach einer Entladung wieder elektrisch aufgeladen werden kann, entnommen; vgl. Trachtenberg: *Jewish Magic and Superstition*, S. 123: „magically charged.“

34 Vgl. Dorothea Salzer: *Die Magie der Anspielung. Form und Funktion der biblischen Anspielungen in den magischen Texten der Kairoer Geniza*. Tübingen: Mohr Siebeck 2010.

35 CUL T.-S. NS 322.10, fol. 2a / 9–10. (Nr. 7, *MTKG I*, S. 87).

andererseits auf die Einnahme der wirkmächtigen Flüssigkeit durch Trinken. Es scheint, dass hier die Milch die wesentliche *materia magica* ist und nicht der Wein. Darauf deutet auch der folgende Beleg von Ali ibn Sahl Rabban al-Tabari (ca. 838–ca. 870) aus seiner medizinischen Enzyklopädie *Firdaus al-Ḥikma* (Paradies der Weisheit): „Die Milch der Hündin [...] Wenn man davon trinkt, treibt sie das tote Kind heraus."[36] Im Babylonischen Talmud wird auf einen anderen Zusammenhang zwischen Hunden und Fehlgeburten verwiesen, wenn es heißt: „ein Hund bellt die (schwangere Frau) an und sie verliert ihr Kind".[37] Die Verknüpfung von „Hund" und „Geburt" lässt sich wohl auf die griechische Sprache und ägyptische Motive zurückführen.[38] So bedeutet das griechische Wort κύων sowohl „Hund" als auch „gebärend". Der ägyptische Totengott Anubis wird zumeist in der Gestalt eines liegenden Hundes oder eines Menschen mit einem Hundekopf dargestellt. Amulett- und Beschwörungstexte aus dem hellenistischen Ägypten wie z. B. die *Papyri Graecae Magicae* oder magische Gemmen vergleichen todbringende Krankheiten der Gebärmutter mit einem Hundebiss und bilden daher mitunter auch eine Anubismumie ab.

6.2 Besprechen und Trinken

Wein wird mit magischer Wirksamkeit gleichsam aufgeladen, indem für wirkmächtig gehaltene Bibelverse, Berakhot, Gottes- bzw. Engelnamen oder *nomina barbara* sowie Beschwörungsformeln über den Wein gesprochen werden.[39] Das Besprechen als performativer Sprechakt hat Beschwörungscharakter, was in den Anweisungen oft auch terminologisch verdeutlicht wird, wenn es beispielsweise explizit heißt: „Flüstere!" oder „Beschwöre!". Dieser Charakter wird häufig

36 Ali ibn Rabban al-Tabari: *Firdaus al-Ḥikma* [Paradise of Wisdom], hrsg. v. Muhammad Zubair as-Siddiqi. Berlin: Sonne 1928, S. 426 / 15; vgl. den Kommentar in *MTKG I*, S. 104.

37 Babylonischer Talmud Bava Qamma 83a; vgl. auch Babylonischer Talmud Shabbat 63b. Möglicherweise liegt auch ein Zusammenhang zwischen Hund und Fehlgeburt in *Sefer Shimmush Tehillim* §63 (Edition Rebiger) zu Psalm 58 vor, der gegen einen bösen Hund verwendet wird, denn in Psalm 58,9 heißt es: „wie eine Fehlgeburt einer Frau, die die Sonne nicht erblickt".

38 Vgl. Giuseppe Veltri: Zur Überlieferung medizinisch-magischer Traditionen: Das μήτρα-Motiv in den *Papyri Magicae* und der Kairoer Geniza. In: *Henoch* 18 (1996) S. 157–175, hier S. 174.

39 Vgl. Trachtenberg: *Jewish Magic and Superstition*, S. 123.

durch Wiederholung der Handlung bekräftigt.[40] Der auf diese Weise magisch aufgeladene Wein wird anschließend vom Klienten getrunken.[41] Eine typische Handlungsanweisung findet sich zum Beispiel im *Sefer Shimmush Tehillim* (Buch vom magischen Gebrauch der Psalmen), dessen älteste Rezension in die gaonäische Zeit zu datieren ist, zu Psalm 19, der für die „Öffnung des Herzens" verwendet werden soll. Die entsprechende Handlungsanweisung lautet:

> Reinige dich, nimm einen Becher Wein (יין) mit Honig, sprich über den (Becher) siebenmal (den Psalm) mit seinem Namen, und gib ihm zu trinken.[42]

6.3 Besprechen und Einreiben bzw. Waschen

Eine Variante der im Abschnitt 6.2 vorgestellten Praktik ist die äußere Anwendung der besprochenen Substanz durch Einreiben bzw. Waschen.[43] So ist zum Beispiel im *Sefer ha-Razim* I folgende Handlungsanweisung belegt:

> Wenn (du) Zuneigung (finden willst), [nimm] den verbliebenen Kuchen und [zerkrümele] ihn in alten Wein (יין ישן) in einem Becher aus Glas. Sprich die Namen der Engel vor dem Mond oder den Planeten und [sprich] folgendes: [es folgt eine Beschwörung]. Wasche dein Gesicht [sieben] Tage (lang) im Morgengrauen (mit einem Teil) des Weines und (einem Teil) des [eingebrockten] Kuchens.[44]

6.4 Schreiben, Auslöschen der Schrift und Trinken

Eine weitere Möglichkeit, für magisch wirkmächtige Verse, Namen und Formeln zu übertragen, ist das Schreiben derselben auf spezielles Schreibmaterial, wie zum Beispiel Pergament und Papier oder auch Pflanzenblätter und Tierknochen. Im Anschluss wird die Schrift mittels einer Flüssigkeit ausgelöscht. Dadurch wird die Flüssigkeit – analog zum Besprechen – magisch aufgeladen. Schließlich wird diese Flüssigkeit durch den Klienten getrunken, wobei die magische Wirkmacht auf ihn übergehen soll.[45] Diese Handlungssequenz ist eine bereits in der Hebräischen Bibel belegte Praktik. So wird im 'Inyan-Soṭa-Ritual, das der Überführung einer des Ehebruchs verdächtigten

40 Vgl. ebd., S. 117–120.

41 Siehe z. B. CUL T.-S. NS 322.10, fol. 1a / 11–12. (Nr. 7, *MTKG I*, S. 85): חמר; CUL T.-S. K 1.28, fol. 3a / 11–14 (Nr. 10, *MTKG I*, S. 138): יין.

42 *Sefer Shimmush Tehillim* §23 (Edition Rebiger) zu Psalm 19; vgl. CUL T.-S. K 1.28, fol. 3a / 10–14 (Nr. 10, *MTKG I*, S. 138: Edition, S. 144: Übersetzung).

43 Vgl. Trachtenberg: *Jewish Magic and Superstition*, S. 123.

44 *Sefer ha-Razim* I §§95–97 (Edition Rebiger / Schäfer).

45 Vgl. Trachtenberg: *Jewish Magic and Superstition*, S. 123.

Frau gilt, mit dem so genannten Bitterwasser der zuvor niedergeschriebene Verfluchungstext ausgelöscht und die Frau muss dann dieses Bitterwasser trinken:

> Und der Priester soll diese Verfluchungen in ein Buch schreiben und sie in das Wasser der Bitterkeit hinein abwischen; und er soll die Frau das Fluch bringende Wasser der Bitterkeit trinken lassen, damit das Fluch bringende Wasser zur Bitterkeit in sie komme. (Numeri 5,23–24.)[46]

In magischen Texten mit ganz anderen Zweckangaben wird diese Praktik mit verschiedenen Flüssigkeiten ausgeübt, vor allem mit Wasser und Öl, aber auch mit Wein wie beispielsweise in einem Geniza-Fragment, in dem die Handlungsanweisung für „Öffnung des Herzens" folgendermaßen lautet:

> Schreibe auf sieben Blätter einer Myrte und wasche es fort mit Wein (חמר). Dann lasse es ihn trinken und gib es zu trinken. [Es folgen *nomina barbara*][47]

7. Lexikalische Belege für das Wortfeld „Wein"

Samuel Krauss zählt im Talmud bis zu 30 Bezeichnungen für verschiedene Weinarten.[48] In der Kairoer Geniza sind zwar zahlreiche Texte zu Produktion, Handel und Genuss von Wein belegt, aber die terminologische Vielfalt aus dem Talmud ist offensichtlich verlorengegangen.[49] So werden auch in den bislang edierten magischen Texten fast ausschließlich die hebräischen, bereits biblisch belegten Lexeme für „Wein" יין und auch חֶמֶר ([noch gärender] Wein)[50] bzw. das aramäische Äquivalent חֲמַר bzw. חַמְרָא verwendet. Mit „Wein" ist in der Regel Rotwein gemeint.[51] Die rote Farbe des Weins hat sicherlich auch eine

46 Vgl. auch Tosefta Soṭa 2,2; Babylonischer Talmud Soṭa 18a. Zur späteren magischen Adaption dieses Rituals siehe JTSL ENA 3635, fol. 17a–d (Nr. 1, *MTKG I*, S. 17–28); CUL T.-S. K 1.56, fol. 1b / 3–23 (Nr. 2, *MTKG I*, S. 32); vgl. Giuseppe Veltri: *'Inyan Soṭa*: Halakhische Voraussetzungen für einen magischen Akt nach einer theoretischen Abhandlung aus der Kairoer Geniza. In: *Frankfurter Judaistische Beiträge* 20 (1993), S. 23–48.

47 CUL T.-S. K 1.19, fol. 2b / 7–9. In: Naveh / Shaked: *Magic Spells and Formulae*, S. 160 („Geniza 11, page 4"). Vgl. auch CUL T.-S. K 1.91, fol. 2a / 1–2. In: Ebd., S. 175 („Geniza 16, page 3").

48 Krauss: *Talmudische Archäologie*, Bd. 2, S. 239–242.

49 Vgl. Goitein: *A Mediterranean Society*, Bd. 4, S. 259.

50 Z. B. Deuteronomium 32,14; Sirach 31,30; Jesaja 27,2; vgl. Ludwig Koehler / Walter Baumgartner: *Hebräisches und Aramäisches Lexikon zum Alten Testament*. Leiden / Boston: Brill 2004, Bd. 1, S. 317.

51 Vgl. Julius Preuss: *Biblisch-talmudische Medizin. Beiträge zur Geschichte der Heilkunde und der Kultur überhaupt*. Berlin: Gregg 1911 (Nachdruck Wiesbaden: Fourier 1992), S. 674.

symbolische Bedeutungsdimension. Eher selten wird שֵׁכָר (Rauschgetränk) erwähnt, bei dem es sich entweder um unverdünnten Wein oder aber um Bier handelt. Das biblische Lexem תירוש (süßer Wein, Most, [Trauben]saft, Frischmost)[52] findet sich in den bislang edierten magischen Geniza-Fragmenten ebenso wenig wie חומץ (Essig)[53]. Zu den wenigen Belegen für eine terminologische Differenzierung gehören יין ישן oder יין עתיק (alter Wein) und יין לבן (Weißwein).

7.1 Alter Wein

Alter Wein[54] gehört zusammen mit Myrrhe, Kurkuma und Weihrauch nach rabbinischer Diskussion zu den Bestandteilen des Räucherwerks im Tempel.[55] Zu den ritualtheoretisch interessantesten Belegen zur Verwendung von altem Wein in der jüdischen Magie gehören die folgenden aus zwei verschiedenen Werken, die beide den Titel *Sefer ha-Razim* tragen:

> Wenn du die Meinung [des Königs oder des Obersten] des Heeres oder eines Reichen oder eines Herrschers oder des Richters der Stadt [oder aller] Einwohner der Provinz oder das Herz einer großen oder reichen Frau oder das Herz einer Frau in (all) ihrer Schönheit beeinflussen willst, nimm ein [Löwen]junges, schlachte es mit einem kupfernen Messer und fang sein Blut auf, zerreiße sein Herz und gib sein Blut hinein. Schreibe die Namen dieser Engel mit dem Blut [auf] die Haut, die zwischen seinem Gesicht ist, und lösche es mit altem Wein (יין ישן) aus, der drei Jahre alt ist, und mische (ihn) mit dem Blut.[56]

Bei diesem Text handelt es sich um den ersten Abschnitt einer mehrteiligen Handlungsanweisung, in dem eine magisch-rituelle Schlachtung[57] zur Gewinnung von Blut als Tinte mit der bereits im Abschnitt

52 Koehler / Baumgartner: *Hebräisches und Aramäisches Lexikon zum Alten Testament*, Bd. 2, S. 1591–1592.

53 Siehe aber die Belege für den medizinisch-magischen Gebrauch von Essig in bislang unedierten Geniza-Fragmenten in Efraim Lev / Zohar Amar: *Practical Materia Medica of the Medieval Eastern Mediterranean According to the Cairo Genizah*. Leiden / Boston: Brill 2008, S. 177–179.

54 Vgl. Trachtenberg: *Jewish Magic and Superstition*, S. 122–123, 131. Goitein wundert sich, dass ihm kein Beleg für „alter Wein" unter den Geniza-Fragmenten bekannt ist; siehe ders.: *A Mediterranean Society*, Bd. 4, S. 259.

55 Vgl. Babylonischer Talmud Keritot 6a; Jerusalemer Talmud Yoma 4,5 / 1–2 (41d).

56 *Sefer ha-Razim* I §65 (Edition Rebiger / Schäfer).

57 Zur Beziehung von Opfer und Magie im Judentum vgl. Michael D. Swartz: Sacrificial Themes in Jewish Magic. In: Paul Mirecki / Marvin Meyer (Hrsg.): *Magic and Ritual in the Ancient World*. Leiden / Boston: Brill 2002, S. 303–315; ders.: Understanding Ritual in Jewish Magic. Perspectives from the Genizah and Related Sources. In: Shaul Shaked (Hrsg.): *Officina Magica. Essays on the Practice of Magic in Antiquity*. Leiden / Boston: Brill 2005, S. 233–253, bes. S. 237–241.

6.4 behandelten Praktik des Schreibens und Auslöschens verknüpft wird. Der drei Jahre alte Wein unterstreicht den Charakter einer bewussten magischen Adaption kultischer Opferrituale. In ähnlicher Weise geht es in dem zweiten Text um die Zubereitung eines magisch-rituellen Brandopfers. Im Vergleich zu allen ansonsten hier zusammengetragenen magischen Rezepten und Anweisungen sticht die überaus raffinierte und detailreiche Aufzählung von Ingredienzen hervor:

> Er soll zwei weiße Turteltauben bringen und sie mit einem kupfernen Schlachtmesser schlachten, das zwei Schneiden hat. [...] (Dann) soll er ihre Eingeweide herausnehmen und sie mit Wasser waschen. Und er soll drei Schekel Myrrhe, drei Schekel Kurkuma, Weißblüte, einige weiße Pfefferkörner, 72 an der Zahl, alten Wein (יין ישן), etwas reinen Weihrauch und etwas Honig bringen und sie zusammenmischen. (Dann) soll er die Eingeweide der Turteltauben nehmen und sie (damit) füllen, sie in Stücke zerlegen und diese vor Sonnenaufgang auf Feuerkohlen stellen.[58]

In einer magischen Handlungsanweisung in hebräischer Sprache aus einem fragmentarischen Rezeptbuch, das aus der Kairoer Geniza stammt und ins 11. Jahrhundert datiert werden kann, heißt es:

> Kapitel für verborgenes Geld, und kein Mensch [weiß], wo es verborgen ist. Nimm einen [weißen] Hahn, und füttere ihn mit altem Wein (יין ישן) sieben Tage lang. Dann schreibe (die Namen) auf ein Plättchen, und hänge es an seinen rechten Flügel. Und an der Stelle, an die der (Hahn) geht und scharrt, dort ist das (Geld) verborgen.[59]

Im Anschluss werden dann die zu schreibenden Namen von Engeln und dreimal das Tetragramm in der üblichen Kurzform YH genannt. Hier soll demnach ein Hahn im Verlauf einer Woche betrunken gemacht werden, um derartig präpariert einen verborgenen Schatz zu finden. Das Tier wird offenbar zum ferngesteuerten Medium, indem sein natürlicher Futterinstinkt durch den Wein ausgeschaltet wird. Bei genauerer Betrachtung dieses Textes fällt auf, dass dem betrunkenen Hahn allein nicht getraut wird. Das entscheidende Moment magischer Wirksamkeit liegt offensichtlich in dem Plättchen, das mit magischen Namen beschriftet ist und an den Flügel des Hahns gehängt wird. Eine sehr ähnliche magische Handlungsanweisung ist in einem weiteren Geniza-Fragment belegt, allerdings in entscheidenden Punkten abweichend:

58 *Sefer ha-Razim* II §373 (Edition Rebiger / Schäfer).

59 JTSL ENA 1177.20, fol. 20a / 2–10 (Nr. 59, *MTKG III*, S. 56–57: Edition und Übersetzung).

> [Wenn] du etwas [Verborgenes] finden willst, schreib es auf ein Goldplättchen, und binde es [an das] Bein einer weißen Taube. Wo sie scharrt, [da] ist es verborgen.[60]

Auch hier folgen im Anschluss magische Namen und zusätzlich magische Zeichen. Bei dieser Handlungsanweisung wird auf die Verwendung von Wein und somit auf das Betrunkenmachen des Tieres verzichtet. Die hier verwendete weiße Taube hat sicherlich auch eine symbolische Bedeutung. Dieses Geniza-Fragment wird zwar ebenfalls in das 11. Jahrhundert datiert, scheint aber m. E. auf ältere Traditionen zurückzugehen als die erste Anweisung mit dem betrunken gemachten Hahn. Darauf deuten neben sprachlichen Merkmalen, wie den zahlreichen griechischen Lehnwörtern und der Verwendung der aramäischen Sprache anstelle des wiederbelebten Hebräisch, vor allem inhaltliche, wie die konsistente Binnenlogik und das kostbare Goldplättchen.

7.2 Weißwein

Weißwein ist in den hier herangezogenen Quellentexten, soweit ich sehe, nur in der sefardischen Rezension des *Sefer Shimmush Tehillim* belegt, die erst ab dem 15. Jahrhundert bezeugt wird. Hier wird aus dem längsten Psalm des Psalters, dem Psalm 119, der als Akrostichon je acht Verse mit den einzelnen Buchstaben des hebräischen Alefbets beginnen lässt, die Stanze zum Buchstaben *Zayyin*, also die Verse Psalm 119,49–56, folgendermaßen verwendet:

> Gegen eine Krankheit der Zähne und Augen. Nimm Weißwein (יין לבן) und etwas Olivenöl. Du sollst darüber diesen Psalm(abschnitt) sprechen.[61]

Es kann vermutet werden, dass hier die Farbe des Weißweins mit der Farbe der Zähne und der Klarheit der Augen korrespondieren soll.

7.3 Koscherer Wein

In keinem der bislang edierten Texte wird explizit koscherer Wein als *materia magica* genannt. Es stellt sich die Frage, ob koscherer Wein so selbstverständlich ist, dass die Kashrut nicht eigens betont werden muss, oder aber, ob diese im magischen Kontext indifferent behandelt wurde.

60 CUL T.-S. K 1.162, fol. 1a / 34–37 (Nr. 61, *MTKG III*, S. 68: Edition, S. 72–73: Übersetzung).

61 *Sefer Shimmush Tehillim* §135 (Edition Rebiger) zu Psalm 119,49–56.

Ansonsten wird lediglich zwischen verdünntem und unverdünntem Wein unterschieden, wie in dem folgenden Beispiel aus der magischen Makroform *Ḥarba de-Moshe* (Schwert des Mose):

> Wenn du sofort alles lernen möchtest, was du (auch) hören mögest, schreibe auf ein Ei, das am selben Tag gelegt wurde, (die Namen des Schwertes) von 'GPTNSHY'L [bis] QNYNSHW'L und lösche (die Schrift) mit unverdünntem (= rohem) Wein (חמרא חייא) am Morgen und trinke (ihn), aber koste nichts (anderes) drei Stunden lang.[62]

Generell wird Wein verdünnt getrunken, wobei als Mischungsverhältnis zwei Teile Wasser, ein Teil Wein empfohlen wird.[63]

8. Wein als *materia magica* für verschiedene Zwecke

8.1 Medizinisch-magische Texte

Die meisten Belege für Wein als *materia magica* finden sich in magischen Heilungen, den so genannten *refu'ot.* Die Grenze zwischen medizinischen und magischen Praktiken bzw. Texten ist bekanntlich besonders für vormoderne Kulturen, wie hier dem rabbinischen und dem mittelalterlichen Judentum, fließend.[64] Bereits im Babylonischen Talmud gibt es einige Belege für die Verwendung von Wein als Medizin. So heißt es im Babylonischen Talmud Traktat Bava Batra 58b: „Wein ist die größte Medizin" und im Babylonischen Talmud Traktat Berakhot 51a: „Besonders alter Wein ist gut für die inneren Organe. Gewöhnlicher Wein dagegen kann schaden." Im Babylonischen Talmud Traktat 'Avoda Zara 40b findet sich die Geschichte von einem Rabbi, der von einer schweren Darmerkrankung geheilt wird, indem er 70 Jahre alten Apfelwein trinkt.

Für ein ähnliches Krankheitsbild wird auch im Neuen Testament von Paulus die Heilung mithilfe von Wein empfohlen:

> Trinke nicht länger (nur) Wasser, sondern gebrauche ein wenig Wein um deines Magens und deines häufigen Unwohlseins willen.[65]

62 *Ḥarba de-Moshe* Nr. 128 (Edition Harari).

63 Vgl. Preuss: *Biblisch-talmudische Medizin*, S. 674.

64 Vgl. Giuseppe Veltri: *Magie und Halakha. Ansätze zu einem empirischen Wissenschaftsbegriff im spätantiken und frühmittelalterlichen Judentum.* Tübingen: Mohr Siebeck 1997, S. 221–282; Gideon Bohak: *Ancient Jewish Magic. A History*. Cambridge: Cambridge University Press 2008, S. 314–318, 364–365, 406–422; Preuss: *Biblisch-talmudische Medizin.*

65 1 Timotheus 5,23; vgl. Preuss: *Biblisch-talmudische Medizin*, S. 676.

Einerseits wird hier einer radikalen Alkoholabstinenz widersprochen. Andererseits liegt hier offenbar die Betonung auf der geringen Quantität des Weins, was impliziert, dass zu viel Wein eher schadet.[66] Bereits ein Tropfen Wein, allerdings von konsekriertem Wein, soll heilende Wirkung besitzen, wie es zum Beispiel beim Kirchenvater Kyrill von Jerusalem (313–386) in seiner 23. Katechese heißt:

> Wenn ein Tropfen (vom Abendmahlswein) auf deinen Lippen verbleibt, dann bestreiche deine Augen und deine Stirn damit.[67]

In ähnlicher Weise wird auch im Talmud bei Augenkrankheiten empfohlen, Umschläge aus Brot in Wein getränkt zu verwenden.[68] Die Verwendung von Kiddush-Wein zur Heilung von Augenleiden, indem mit ihm die Augen bestrichen werden, ist auch im ashkenazischen Judentum belegt, wobei einer Empfehlung von Natronai Gaon gefolgt wurde.[69]

In seinem halakhischen Hauptwerk *Or Zarua'* erzählt Rabbi Isaak ben Moses von Wien (ca. 1180 – ca. 1250) folgende Begebenheit, die er selbst in Regensburg erlebte:

> Ein Götzendiener[70] erkrankte und schickte an einem Feiertag nach einem Juden, dass er ihm (etwas) von seinem Wein schicken soll, da er wusste, wenn (der Jude) nicht (den Wein) zu ihm schicken würde, dann müsste er sterben. Da der Götzendiener mächtig in der Stadt war, erlaubte ich (diesem Juden), ihm (den Wein) zu schicken, um der friedlichen Beziehungen willen, obwohl es (eine andere halakhische Autorität) gab, die nicht mit mir einverstanden war und (dies) verboten hat.[71]

In dieser Geschichte sind wenigstens drei Aspekte hervorzuheben: Erstens glaubt (zumindest) ein Christ in dieser Geschichte, dass der Wein von Juden die Fähigkeit besitzt, tödliche Krankheiten zu überwinden. Hier ist sicherlich der Wein gemeint, der für wöchentliche Rituale wie zum Beispiel Kiddush oder Havdala verwendet wird. Dieser wird hier offensichtlich für wirksamer gehalten als christlicher

66 Man denkt unweigerlich an das Diktum von Paracelsus, dass die Dosis darüber entscheidet, ob etwas ein Heilmittel oder ein Gift ist. Vgl. auch Sirach 31,27–30.

67 Zitiert nach Trachtenberg: *Jewish Magic and Superstition*, S. 195.

68 Siehe Babylonischer Talmud Shabbat 108b; Jerusalemer Talmud Shabbat 14,4 / 5 (14d); vgl. Preuss: *Biblisch-talmudische Medizin*, S. 321.

69 Siehe Trachtenberg: *Jewish Magic and Superstition*, S. 195.

70 Wörtlich: „ein Diener der Sterne und Tierkreiszeichen"; hier polemisch: „ein Christ".

71 Isaak ben Moses von Wien: *Or Zarua'*. Shitomir: Ḥananya Lipa Shapira 1862, Bd. 2, fol. 12a (§53); vgl. Trachtenberg: *Jewish Magic and Superstition*, S. 3.

Abendmahlswein. Es sei an dieser Stelle angemerkt, dass umgekehrt geweihter Wein von Nichtjuden, zum Beispiel Abendmahlswein der Christen, als יין נסך (Opfer- oder Libationswein) bezeichnet wird und Juden ausdrücklich halakhisch streng verboten ist.[72] Zweitens scheinen die involvierten Juden dieser Geschichte die implizierte Wirksamkeit ihres Weins zur Heilung überhaupt nicht zu bezweifeln, sondern generell diese Annahme zu teilen. Drittens schließlich liegt ein halakhisches Problem lediglich darin, den Wein an einem Ruhetag zu transportieren. Dieses Verbot wird von Rabbi Isaak aufgehoben, um den Frieden zwischen Christen und Juden dieser Stadt nicht zu gefährden. Dieses Argument wird aber offenbar nicht von allen halakhischen Autoritäten geteilt. Leider wird in dieser Geschichte nicht beschrieben, auf welche Weise oder mithilfe welcher Praktik der Wein Heilung verschaffen soll.

Auch aus der Umwelt der Kairoer Geniza ist die medizinische Verwendung von Wein gut belegt. So empfahl beispielsweise Moses Maimonides (1135/38–1204), der nicht nur Rabbi und Philosoph, sondern auch Arzt war, einem ayyubidischen Herrscher, Wein zu trinken, damit dieser seine Melancholie überwinde. Und etwas süffisant fügte er hinzu, dass der Muslim schon selber die Entscheidung treffen muss, ob er lieber das Weinverbot des Korans oder den medizinischen Ratschlag befolgen will.[73]

In den Fragmenten aus der Kairoer Geniza[74] und in den mittelalterlichen Sammelhandschriften finden sich zahlreiche Belege für die medizinisch-magische Verwendung von Wein, von denen einige im Folgenden beispielhaft genannt werden sollen. So heißt es im *Sefer Shimmush Tehillim*:

> Für den Magen. Er soll (den Psalmabschnitt) siebenmal über Wein (יין) sprechen, und (ihn) trinken.[75]

Um Magenbeschwerden geht es auch in einem Rezept aus einer Sammlung der Gattung „Hausapotheke“, die aus einem Kodex aus der Kairoer Geniza stammt und in das 10.–11. Jahrhundert datiert werden kann:

72 Siehe Mishna ʻAvoda Zara 4,8 und Babylonischer Talmud ʻAvoda Zara 55a.

73 Siehe Goitein: *A Mediterranean Society*, Bd. 4, S. 258.

74 Vgl. den entsprechenden Abschnitt zu Wein(erzeugnissen) von Lev / Amar: *Practical Materia Medica of the Medieval Eastern Mediterranean*, S. 176–180.

75 *Sefer Shimmush Tehillim* §136 (Edition Rebiger) zu Psalm 119,57–64.

> Alant. Man zerteile ihn und geben ihn in einen Topf mit Traubenmost/jungem Wein (?) (יין עסים)[76], der mit Honig gekocht wurde, und lasse ihn viele Tage so stehen. Man esse davon jeden Tag. Er erwärmt, und macht hungrig zu essen.[77]

Alant ist einer asternartige Pflanze, ein Korbblütler, hier mit dem arabischen Wort ראסן – *rāsan* bezeichnet.[78] Die appetitanregende Wirkung von Alantwein, der aus der Alantwurzel und Most zubereitet wird, ist auch in anderen Quellen belegt.[79]

In *Ḥarba de-Moshe* sind einige *refu'ot* zu finden, in denen Wein verwendet wird, zum Beispiel:

> Gegen *shukhta*[80] and *ashḥata*[81]. Sprich über Wein (חמרא) (die Namen des Schwertes) von RTBN bis SSṬN, und er soll (ihn) trinken.[82]
>
> Gegen Harndrang. Sprich über einen Becher Wein (חמרא) (die Namen des Schwertes) von YKṢRS bis TPSMT, und er soll (ihn) trinken.[83]
>
> Für eine (erkrankte) Milz. Sprich [über] einen großen Becher Wein (חמרא) (die Namen des Schwertes) von 'TNWHY bis MYBN'S, und er soll (ihn) trinken. Und mache dies für ihn drei Tage lang.[84]
>
> Für eine Frau, die eine Fehlgeburt hat. Sprich über einen Becher Wein (חמרא) oder über Rauschgetränk (שכר) oder Wasser (die Namen des Schwertes) von TWSY bis ŠQBS, und sie soll (es) trinken sieben Tage lang. Und sogar wenn sie Blut sieht, sprich (die Namen) über einen Becher Wein (יין), und sie soll (ihn) trinken und ihr Fötus wird leben.[85]
>
> Gegen Gift. (Nimm) gemahlenen *palgagi*-Kreuzkümmel [und] schreibe (damit?) auf ein Ei (die Namen?) und lege (das Ei) in Wein (חמרא) und sprich darüber (die Namen des Schwertes) von KRY'K bis HYPRW und lass ihn (den Wein) trinken.[86]

Trunkenheit wird bereits in der Hebräischen Bibel thematisiert, zuerst bei Noah, über den es heißt: „Und er trank von dem Wein und

76 Marcus Jastrow: *A Dictionary of the Targumim, the Talmud Babli and Yerushalmi, and the Midrashic Literature.* London: Luzac / New York: Putnam's Sons 1903 (Nachdruck Jerusalem o. J.), S. 1098, s. v. עסים „must, young wine".

77 CUL T.-S. K 1.146, fol. 1a / 16–17 (Nr. 9, *MTKG I*, S. 122: Edition, S. 124: Übersetzung, S. 128: Kommentar).

78 Vgl. Immanuel Löw: *Die Flora der Juden.* Wien / Leipzig: Sandor Javorka 1924–1934 (Nachdruck Hildesheim: Olms 1967), Bd. 1, S. 421–424.

79 Siehe ebd. mit Quellenangaben.

80 Wahrscheinlich eine Art Hautkrankheit oder Eiter.

81 Die Bedeutung dieses Lexems ist unklar.

82 *Ḥarba de-Moshe* Nr. 30 (Edition Harari).

83 Ebd., Nr. 32.

84 Ebd., Nr. 41.

85 Ebd., Nr. 43.

86 Ebd., Nr. 96.

wurde betrunken und lag entblößt im Innern seines Zeltes" (Genesis 9,21). Die offensichtlichen Folgen der Trunksucht werden hier gleich mitgenannt. Während Beschwipstheit generell nicht verpönt und zu Purim geradezu geboten ist, gilt Volltrunkenheit, besonders in Gesellschaft, als verwerflich.[87] Im Babylonischen Talmud werden die beiden hebräischen Wörter für „Trunkenheit" (שתוי und שכור) differenziert: שתוי bedeutet, dass jemand wenig getrunken hat und „vor einem König sprechen kann"; שכור bedeutet dagegen, dass jemand so betrunken ist, dass „er nicht vor einem König sprechen kann".[88]
Im *Sefer Shimmush Tehillim* lautet die Anweisung für die Verwendung von Psalm 37:

> Wenn jemand häufig / gewöhnlich Wein (חמרה) (trinkt), nimm einen Becher Wasser und Salz, und sprich (den Psalm) darüber, und lass ihn ein wenig trinken. Tue (es) auf sein Haupt und auf sein Gesicht.[89]

Das Thema von Psalm 37 sind eigentlich die Übeltäter und die Gerechten. Von Trunkenheit oder auch nur Wein ist überhaupt keine Rede. Vielleicht sind aber einige Verse in diesem Psalm dafür verantwortlich, dass dieser Psalm gegen Trunkenheit Verwendung findet. So lautet Psalm 37,23–24:

> Vom HERRN her werden eines Mannes Schritte gefestigt, und seinen Weg hat er gern; fällt er, so wird er doch nicht hingestreckt, denn der HERR stützt seine Hand.

Und einige Verse später in Psalm 37,30–31 heißt es:

> Der Mund des Gerechten spricht Weisheit aus, und seine Zunge redet Recht; die Weisung seines Gottes ist in seinem Herzen, seine Schritte werden nicht wanken.

Im Babylonischen Talmud Traktat Shabbat 66b findet sich eine Anweisung für betrunkene Rabbinen, die in diesem Zustand nach Hause gehen wollten. Hier wird u. a. auch Salz verwendet, denn es wird empfohlen, Handfläche und Kniebeuge der Betrunkenen mit Öl und Salz einzureiben und zugleich die Erklärung für die Wirksamkeit zu sprechen:

> Denn so wie dieses Öl klar wird, so möge der Wein von N. N., Sohn von N. N., klar werden.[90]

87 Vgl. Goitein: *A Mediterranean Society*, Bd. 5, S. 38–39.

88 Siehe Babylonischer Talmud 'Eruvin 64a.

89 CUL T.-S. Ar. 36.122*, fol. 2b / 9–13 (Nr. 78, *MTKG III*, S. 205); vgl. die Parallelen in CUL T.-S. NS 291.57*, fol. 2a / 6–9 (Nr. 79, *MTKG III*, S. 249), *Sefer Shimmush Tehillim* §41 (Edition Rebiger: beide Rezensionen).

90 Vgl. Ludwig Blau: *Das altjüdische Zauberwesen.* Budapest: Selbstverlag 1898

8.2 Öffnung des Herzens

In der jüdischen Tradition sind Rituale bzw. Ritualtexte unter der Bezeichnung פתיחת הלב (Öffnung des Herzens) bekannt. Gemeint ist damit, das Gedächtnis zu stärken und gegen das Vergessen von Erlerntem, besonders von Tora, gewappnet zu sein.[91] Bereits im Babylonischen Talmud wird dafür, neben dem Verzehr von anderen Lebensmitteln, regelmäßiger Genuss von Wein und Gewürzen empfohlen.[92] Da der Shabbat vor allem dem Tora-Studium gewidmet werden soll, ist das Havdala-Ritual, das den Shabbat beendet und den Alltag wieder beginnen lässt, der geeignete Zeitpunkt, um etwas gegen das Vergessen des zuvor Erlernten zu unternehmen. So werden Wein und Gewürze in diesem Ritual verwendet und die Beschwörung des Potaḥ ist fester Bestandteil der Liturgie.[93] Dieser Beschwörungstext findet sich ebenso in der magischen *Havdala de-Rabbi 'Aqiva*,[94] in der, wie schon oben erwähnt, auch Wein verwendet wird. Neben dieser Makroform gibt es eine Reihe von weiteren magischen Textzeugen mit *segullot* zu „Öffnung des Herzens", von denen einige auch Wein als *materia magica* nennen.[95]

In einer leider nur fragmentarisch erhaltenen Anweisung aus einem eher späten sefardischen Geniza-Fragment ist nicht mehr die wöchentliche Havdala der rechte Zeitpunkt, sondern der Anfang des Monats. Hier wird auch der verwendete Wein spezifiziert:

(Nachdruck Graz: Akademische Druck- und Verlags-Anstalt 1974), S. 72; Gérard Weindling: Alcohol and Drunkenness in the Bible and in the Talmud. In: *Koroth* 9 (1985), S. 230–241.

91 Vgl. Trachtenberg: *Jewish Magic and Superstition*, S. 190–192; Swartz: *Scholastic Magic*, S. 43–47; Yuval Harari: Opening the Heart: Magical Practices for Knowledge, Understanding and Good Memory in Judaism of Late Antiquity and Early Middle Ages. In: Zeev Gries / Howard Kreisel / Boaz Huss (Hrsg.): *Shefa Tal. Studies in Jewish Thought and Culture*. Beer Sheva: Ben Gurion University Press 2004, S. 303–347 (Hebräisch); Gerrit Bos: Jewish Traditions on Strengthening Memory and Leone Modena's Evaluation. In: *Jewish Studies Quarterly* 2 (1995), S. 39–58.

92 Siehe Babylonischer Talmud Horayot 13b: außer Wein werden auch Weizen(brot), Eier, Olivenöl und Wasser, das beim Teigkneten übrigbleibt, empfohlen.

93 Vgl. Ivan G. Marcus: *Rituals of Childhood. Jewish Acculturation in Medieval Europe*. New Haven / London: Yale University Press 1996, S. 57–58.

94 *Havdala de-Rabbi 'Aqiva*, S. 278–280, 13 / 1–19 (Edition Scholem).

95 Vgl. z. B. CUL T.-S. K 1.19, fol. 2b / 7–18. In: Naveh / Shaked: *Magic Spells and Formulae*, S. 160 („Geniza 11, page 4"); CUL T.-S. K 1.117, fol. 1a / 1–7. In: Ebd., S. 176 („Geniza 16, page 5").

> [Zur Öffnung] des Herzens: Schreibe auf einen Fingernagel, und [lecke] es mit deiner Zunge ab am Monatsbeginn, und trinke [...] alten Wein (יין עתיק).[96]

Auch im *Sefer Shimmush Tehillim*, in dem verschiedene Psalmen für „Öffnung des Herzens“ verwendet werden, spielt der Zeitpunkt der Havdala generell keine Rolle. Nur im magischen Gebrauch von Psalm 19 wird auch Wein für diesen Zweck verwendet.[97] In den übrigen Belegen aus diesem magischen Handbuch wie auch in weiteren magischen Textzeugen mit *segullot* zu „Öffnung des Herzens“ wird dagegen kein Wein verwendet, sondern andere Lebensmittel wie zum Beispiel Ei, Honig, Kuchen, Apfel und Etrog.[98]

8.3 Beziehungszauber

Die stimulierende Wirkung von Alkohol allgemein und Wein im Besonderen für menschliche Kontakte und Beziehungen wie Sympathie, Zuneigung, Liebe, Lust und Sexualität sind bereits in der Bibel und der rabbinischen Literatur belegt.[99] Einige wenige Texte aus der jüdischen Magie bestätigen diesen Zusammenhang, wobei der Wein nicht immer getrunken werden muss. So wird im folgenden Text aus *Ḥarba de-Moshe* die Herstellung eines Amuletts beschrieben, bei der dieses in Wein getunkt werden muss:

> Wenn du vor einen König oder Edle treten willst, sprich über Löwenhaut, während sie in schwarzer Myrrhe und reinen Wein (חמר נקי) getunkt ist, (die Namen des Schwertes) von GRWMY bis ŠHRYWMY und trage (die Löwenhaut) auf dir.[100]

Die Verwendung von Löwenhaut könnte symbolisch auf den König in der Zweckangabe verweisen. Ähnlich sind wohl auch die relativ

96 Westminster College Misc. 117, fol. 1a / 8–9. (Nr. 72, *MTKG III*, S. 169: Edition, S. 170: Übersetzung).

97 Vgl. die *shimmushe tehillim* zu Psalm 19 in CUL T.-S. K 1.28, fol. 3a / 10–14 (Nr. 10, MTKG I, S. 138); *Sefer Shimmush Tehillim* §23 (Edition Rebiger: beide Rezensionen) zu Psalm 19.

98 *Sefer Shimmush Tehillim* zu Psalm 119,97–104 in CUL T.-S. NS 322.59*, fol. 2a / 18–20 (Nr. 82, *MTKG III*, S. 340), Parallele in *Sefer Razi'el ha-Mal'akh*, Amsterdam: Avraham Mendes Cotinho 1701, fol. 42a; *Sefer Shimmush Tehillim* §93 (Edition Rebiger: sefardische Rezension) zu Psalm 85; §130 (textus receptus) zu Psalm 119,9–16; §133 (sefardische Rezension) zu Psalm 119,33–40; CUL T.-S. K 1.132, fol. 1a / 1–8 und 1b / 1–8. In: Naveh / Shaked: *Magic Spells and Formulae*, S. 181–182 („Geniza 17, pages 1–2“); CUL T.-S. Misc. 11.12, fol. 1a / 1–8 (Nr. 63, *MTKG III*, S. 108).

99 Zur sexuell stimulierenden Wirkung von Wein vgl. Preuss: *Biblisch-talmudische Medizin*, S. 677–678.

100 *Ḥarba de-Moshe* Nr. 98 (Edition Harari).

kostbaren *materiae magicae* schwarze Myrrhe und reiner, d.h. unverdünnter Wein zu begründen.
Ein weiteres Beispiel stammt aus der sefardischen Rezension des *Sefer Shimmush Tehillim*, wo Psalm 138 für einen Liebeszauber verwendet wird:

> Für Liebe. Er soll (die) Haut eines Schafes nehmen, und er soll (das) Blut einer Taube nehmen. Dann soll er diesen Psalm mit seinem Namen (mit dem Taubenblut auf die Schafshaut) schreiben und (den Psalm mit seinem Namen) in Wein (יין) auslöschen. Er soll demjenigen (von dem Wein) zu trinken geben, von dem er möchte, dass er ihn liebt.[101]

Sexualität und Liebesleben sind bei Impotenz des Mannes gestört. Entsprechende Rezepte dagegen könnten ebenso in den medizinisch-magischen Verwendungsbereich (siehe oben Abschnitt 8.1) eingeordnet werden. In einigen dieser Texte wird auch Wein als *materia magica* genannt. So heißt es in einem magischen Rezeptbuch, dass man, um jemanden von Impotenz zu lösen, bestimmte magische Zeichen und Buchstaben auf das Blatt eines Granatapfels schreiben soll, die Schrift mit Wein auslöschen und danach denselben trinken soll.[102] In einer weiteren Sammlung magischer Rezepte aus der Kairoer Geniza ist ein Lösezauber gegen Impotenz belegt, in dem man die Namen von sechs zuvor genannten Engeln über Wein und Sesamöl flüstern und diese Mischung im Anschluss trinken soll.[103] Die Verwendung von Öl und Wein wird auch in einem weiteren Geniza-Fragment mit mehreren Lösezaubern gegen Impotenz empfohlen.[104]

9. Zusammenfassung

Neben einer singulären babylonischen Zauberschale, die bei der Weinherstellung verwendet wurde, sind es vor allem die Fragmente aus der Kairoer Geniza und einige Makroformen, die mithilfe europäischer Sammelhandschriften ediert wurden, in denen Wein im Kontext jüdischer Magie belegt ist. Die wirtschaftliche Bedeutung von Wein wird im magischen Kontext vor allem in divinatorischen Texten deutlich, wenn Vorhersagen über seine Quantität, Qualität

101 *Sefer Shimmush Tehillim* §171 (Edition Rebiger) zu Psalm 138.

102 CUL T.-S.K 1.91, fol. 2a / 1–7. In: Naveh / Shaked: *Magic Spells and Formulae*, S. 175 („Geniza 16, page 3").

103 CUL T.-S.K 1.162, fol. 1c / 33–49 (Nr. 61, *MTKG III*, S. 70). Zu diesem Lösezauber vgl. Reimund Leicht: Gnostic Myth in Jewish Garb: Niriyah (Norea), Noah's Bride. In: *Journal of Jewish Studies* 51 (2000), S. 133–140.

104 JTSL ENA 2672, fol. 20b / 10 (Nr. 58, *MTKG III*, S. 48).

und die Preisentwicklung getroffen werden. Ansonsten dominiert in den herangezogenen Quellentexten der jüdischen Magie die Verwendung von Wein als *materia magica*. Die verschiedenen Praktiken, in denen Wein verwendet wird, sind auch aus Handlungsanweisungen bekannt, die andere Flüssigkeiten heranziehen. Zwei Bedeutungen von Wein sind für seine magische Verwendung entscheidend: Zum einen die dem Wein inhärente, substanzielle Qualität als Pharmakon und zum anderen seine Verwendung als Medium für die materielle Übertragung magischer Wirksamkeit.

Die lexikalische Vielfalt von „Wein" in der rabbinischen Literatur ist im Rahmen der untersuchten magischen Texte weitgehend verloren gegangen. Lediglich „alter Wein" wird neben unspezifiziertem „Wein" relativ häufig genannt. In vielen magischen Handlungsanweisungen bildet Wein nicht die einzige verwendete *materia magica*, sondern wird mit anderen Ingredienzen wie zum Beispiel Blut, Wasser, Öl, Milch, Honig oder Kuchenbrocken gemischt. Die Verwendung von Blut als *materia magica* ist sicherlich im jüdischen Kontext besonders problematisch, da sie generell gegen halakhische Prinzipien verstößt.[105] Tierisches Blut wird in den genannten Beispielen ausschließlich als Tinte verwendet, die sich aber durch das Auslöschen der Schrift mittels Wein mit diesem vermischt. Gerade das Trinken des solcherart mit Blut vermischten Weins ist eine für die Magie typische Inversion der Präskriptive normativen Handelns im Judentum.

Am häufigsten wird Wein in den herangezogenen Texten der jüdischen Magie für *refu'ot*, d.h. Heilungszauber, verwendet. Die medizinische Wirkung von Wein für bestimmte Krankheiten ist sicherlich auch naturwissenschaftlich zu begründen. Die aseptische Wirkung von Alkohol spielt darüber hinaus ebenso eine Rolle. Die heilende Wirkung des Weins aufgrund seiner Substanz ist bereits im Altertum durch empirische Beobachtung bekannt. Vormoderne Erklärungen machen unter anderem Schadenzauber, Dämonen und Schadegeister für Krankheiten verantwortlich. Dass Wein bei Krankheiten helfen soll, hängt daher auch mit der Vorstellung von seiner apotropäischen Wirkung zusammen. Relativ häufig sind auch Belege für die Verwendung von Wein in Anweisungen für „Öffnung des Herzens". Deutlich seltener dagegen ist die Verwendung von Wein für Beziehungszauber. Im Rahmen der untersuchten Quellentexte findet Wein,

105 Vgl. den Kommentar zu §65 in Rebiger / Schäfer: *Sefer ha-Razim*, Bd. 2, S. 216.

soweit ich sehe, in Schadenzauber und magischen Verfluchungen keine Verwendung. Mit anderen Worten: In der jüdischen Magie wird Wein als *materia magica* ausschließlich für allgemein positiv bewertete Zwecke verwendet. Hier schließt sich der Kreis zu der halakhisch sanktionierten Verwendung von Wein im Judentum.

Zwischen Ekstase und Gottesfurcht
Wein in der Kabbala und im Chassidismus

Elke Morlok

> Bei Wein und Verlorenheit, bei beider Neige:
>
> ich ritt durch den Schnee, hörst du,
> ich ritt Gott in die Ferne – die Nähe, er sang,
> es war
> unser letzter Ritt über
> die Menschen-Hürden.
>
> Sie duckten sich, wenn
> sie uns über sich hörten, sie
> schrieben, sie logen unser Gewieher
> um in eine
> ihrer bebilderten Sprachen.[1]
>
> (Paul Celan)

Wein spielt in der jüdischen Tradition eine zentrale Rolle. Nicht nur in den biblischen Erzählungen,[2] in der rabbinischen Literatur[3] und

1 Paul Celan: Die Niemandsrose. In: Ders.: *Gesammelte Werke in fünf Bänden*, Bd. 1, hrsg. v. Beda Allemann / Stefan Reichert / Rolf Bücher. Frankfurt am Main: Suhrkamp 1983, S. 213. Vgl. Jean Bollack: Chanson à boire. Über das Gedicht „Bei Wein und Verlorenheit" von Paul Celan. Übersetzt von Beatrice Schulze. In: *Celan-Jahrbuch* 3 (1989), S. 23–35, hier S. 25.

2 Carey Ellen Walsh: *The Fruit of the Vine. Viticulture in Ancient Israel.* Winona Lake: Eisenbrauns 2000; Lothar Becker: *Rebe, Rausch und Religion. Eine Kulturgeschichtliche Studie zum Wein in der Bibel.* Münster: Lit 1999; David J. Jordan: *An Offering of Wine. An Introductory Exploration of the Role of Wine in the Hebrew Bible and Ancient Judaism through the Examination of the Semantics of some Keywords.* Saarbrücken: Dr. Müller 2008.

3 Hayim Soloveitchik: *Wine in Ashkenaz in the Middle Ages. Yeyn Nesekh – A Study in the History of the Halakha.* Jerusalem: Makhon Salman Shazar 2008 (Hebräisch). Eine kurze Übersicht zu Weingenuss im Judentum bietet auch Mark Keller: The Great Jewish Drink Mystery. In: Mac Marshall (Hrsg.): *Beliefs, Behaviors, & Alcoholic Beverages. A Cross- Cultural Survey.* Ann Arbor: University of Michigan Press 1979, S. 404–414. Für eine anthropologische Deutung des Trinkens siehe Mary Douglas (Hrsg.): *Constructive Drinking. Perspectives on Drink from Anthropology.* Cambridge / New York: Cambridge University Press 1987.

in den magischen Texten der Antike[4] wird immer wieder auf Wein Bezug genommen, sondern auch für die meisten Riten ist der Genuss von Wein unerlässlich. So gehört der Wein zum Seder-Abend zu Beginn des Pessach-Festes, und an Purim wird man aufgefordert, so viel Wein zu trinken, bis man den gesegneten Mordechai nicht mehr vom verfluchten Haman unterscheiden kann. Der wöchentliche Weingenuss am Shabbat sowie die medizinische Verwendung von Wein, wie sie etwa von Maimonides empfohlen wurde,[5] lassen erwarten, dass Wein auch in der kabbalistischen Literatur und im Chassidismus zu den häufig wiederkehrenden Themen oder Metaphern gehören sollte. Nicht zuletzt die Bedeutung des *bon mots* נכנס יין יצא סוד im Babylonischen Talmud Sanhedrin 38a und ʿEruvin 65a[6], welches auf dem identischen Zahlenwert 70 von sod (Geheimnis) und yayin (Wein) beruht,[7] legen die Vermutung nahe, dass Wein als Symbol[8] für Geheimnisinterpretation oder Ekstase eine wichtige Rolle bei Kabbalisten und Chassiden spielt.[9] Doch ist dies auf den ersten Blick nicht der Fall.

4 Vgl. den Beitrag von Bill Rebiger in diesem Band.

5 Suessman Muntner: *Moses Maimonides. Treatise on Asthma*. Philadelphia: Lippincott 1963, S. 32–33; Fred Rosner: *Medical Encyclopedia of Moses Maimonides*. Northvale: Jason Aronson 1998, S. 76, 168; ders.: *The Medical Aphorisms of Moses Maimonides*. Haifa: Maimonides Research Institute 1989, S. 146, 313–314.

6 Siehe den Beitrag von Farina Marx in diesem Band. Es sollte in diesem Zusammenhang auch die Stelle in Bemidbar Rabba 10,8 („Geht der Wein hinein, kommt das Geheimnis heraus. Wo Wein ist, kann es keine Weisheit geben") berücksichtigt werden, wo sich Wein und Geheimnis gegenseitig ausschließen und eine eindeutig asketische Tendenz zu erkennen ist, die eindringlich vor zu starkem Weingenuss warnt, da der Mensch dadurch sein Wissen und seine Intelligenz verlieren kann. Diese Warnung vor der Umkehrung der beglückenden Wirkung von Wein als Gnade (Ḥesed) in ihr Gegenteil, sprich Gericht (Din), wird später bei Yosef Karo verstärkt aufgenommen. Zur Verwendung dieses Sprichworts in der kabbalistischen Literatur des Mittelalters siehe Elliot R. Wolfson: *Venturing Beyond. Law and Morality in Kabbalistic Mysticism*. Oxford: Oxford University Press 2006, S. 119–120.

7 Beide Worte haben den Zahlenwert 70.

8 Neomi Silman: *Wine as a Symbol in Jewish Culture*. Tel Aviv: Ha-Kibbuts ha-Me'uḥad 2014 (Hebräisch).

9 Zu Menachem Azariah von Fanos ambivalentem Verhältnis zu Wein siehe Vadim Putzu: Il leviantano si digerisce con in vino: Appunti simbolico-enologici su Menahem Azaryah da Fano. In: *Materia giudaica* 15 / 16 (2010 / 11), S. 365–375. Herzlichen Dank an Vadim Putzu für die Zusendung dieses Aufsatzes und seiner Beiträge auf der 44. und 45. AJS Konferenz in Chicago (2012) und Boston (2013). Mein Dank auch für Abschnitte seiner unveröffentlichten Dissertation zum Thema *Bottled Poetry / Quencher of Hope. Wine as a Symbol and as an Instrument in Late Medieval and Early Modern Jewish Thought*. Hebrew Union College, Jewish Institute of Religion 2013.

Im Folgenden werden exemplarisch einzelne Abschnitte aus der mittelalterlichen Kabbala des 13. Jahrhunderts, respektive aus dem Zohar und bei Abraham Abulafia (ca. 1240–1291), Moshe Cordovero (1522–1570) aus Safed im 16. Jahrhundert und schließlich aus den Schriften der Frühphase des Chassidismus, vor allem bei seinem Gründer, Israel ben Eliʿezer, genannt Baʿal Shem Tov (gest. 1760), näher beleuchtet. Dabei soll nicht nur die Bedeutung des Weines innerhalb des kabbalistischen und chassidischen Denkens erläutert werden, sondern implizit auch die Frage geklärt werden, warum Wein in diesem Zweig der jüdischen Tradition keine zentrale Stellung einzunehmen scheint – eine Frage, die letzten Endes eng mit der Bedeutung von Askese[10] und halakhischer Orientierung bzw. Identität der jeweiligen Gruppierungen zusammenhängt.

Wein im Zohar und in Abraham Abulafias Lügenmahl

Bereits im kabbalistischen Midrasch *Sefer ha-Bahir*[11], dem Buch des Leuchtens, werden mit Bezug auf Jesaja 55,1[12] Wein und dessen Farbe Rot mit Gericht / Furcht (Paḥad) und Milch bzw. deren Farbe

10 Eine Mahnung zum moderaten Weingenuss findet sich nicht nur in der rabbinischen Literatur, sondern auch bei Philo von Alexandrien (ca. 20–50 n.d.Z.) in *De Ebreitate* 2,8 und 214–219. Mit zunehmender asketischer Neigung (*De Specialibus Legibus* 1,148 und 2,193) als jüdischem Identitätsmerkmal und seiner Darstellung der Lehre der Therapeutae mit einem römischen Verständnis von Askese (ähnlich der Haltung Senecas) wird Wein nicht mehr als wichtiger Bestandteil eines Symposiums, sondern als Droge mit „tierischem Verhalten" als Konsequenz angesehen (*De Vita Contemplativa* 40 und 74). Siehe Maren Niehoff: The Symposium of Philo's Therapeutae. Displaying Jewish Identity in an Increasingly Roman World. In: *Greek, Roman, and Byzantine Studies* 50 (2010), S. 95–116; James R. Royse: The Works of Philo. In: Adam Kamesar (Hrsg.): *The Cambridge Companion to Philo*, Cambridge: Cambridge University Press 2009, S. 32–64. Zum möglichen Einfluss Philos bzw. der Therapeuten auf die Kontemplationstechniken in der jüdischen Mystik siehe Moshe Idel: Hitbodedut. On Solitude in Jewish Mysticism. In: Aleida Assmann / Jan Assmann (Hrsg.): *Einsamkeit.* München: Fink 2000, S. 189–212, hier S. 193. Zu Wein und Askese siehe auch Bemidbar Rabba 11,1 (41b); vgl. Wolfson: *Venturing Beyond*, S. 292.

11 Daniel Abrams (Hrsg.): *The Book Bahir. An Edition Based on the Earliest Manuscripts.* Los Angeles: Cherub Press 1994, S. 179 (§§ 136–137). Zum Ursprung dieses Traktats siehe Ronit Meroz: The Middle Eastern Origins of Kabbalah. In: *The Journal for the Study of Sephardic and Mizrahi Jewry* 1 (2007), S. 39–56; kritisch dazu Saverio Campanini (Hrsg.): *The Book Bahir. Flavius Mithridates' Latin Translation, the Hebrew Text, and an English Version.* Turin: Nino Aragno 2005, S. 16; Gershom Scholem: *Das Buch Bahir.* Darmstadt: WBG 1989, S. 100; Karl Erich Grözinger: *Jüdisches Denken*, Bd. 2: Von der mittelalterlichen Kabbala zum Hasidismus. Frankfurt am Main: Campus 2005, S. 268.

12 „Wohlan, alle, die ihr durstig seid, kommet her zum Wasser! Und die ihr nicht Geld habt, kommet her, kaufet und esset; kommt her und kauft ohne Geld und umsonst beides, Wein und Milch!" (Luther-Übersetzung).

Weiß mit Gnade (Ḥesed) assoziiert. Der Wein werde laut dem anonymen Verfasser des *Sefer ha-Bahir* zuerst erwähnt, da er näher bei den Menschen sei. An dieser Stelle werden die drei Erzväter Abraham, Isaak und Jakob den göttlichen Eigenschaften der Gnade (Ḥesed), Furcht (Paḥad)[13] und Wahrheit (Emet) zugeordnet, so dass Isaak mit der Furcht oder dem Wein in Verbindung gebracht wird. Jakob repräsentiert in dieser Triade die Wahrheit, welche zugleich dem Frieden (Shalom) bzw. dem ausgleichenden Element zwischen Furcht und Gnade entspricht.

Die Assoziation von Wein, seiner roten Farbe, mit der linken Seite des strengen Gerichts (Din) und der Strenge (Gevura) sowie der Einsicht (Bina) wird in der Blüte der mittelalterlichen Kabbala, im Zohar,[14] dem Buch des Glanzes, wieder aufgenommen und weiter ausgeschmückt.[15]

Die berauschende Wirkung von Wein, der gleich den Worten der Tora[16] eine Person verändern bzw. in Ekstase versetzen kann, wird in Zohar 1,124b angesprochen:[17]

13 Der Ausdruck ‚Furcht Isaaks' ist zweimal in der Hebräischen Bibel belegt: Genesis 31,42 und 53. Nach *Sekhel Tov* zu Exodus 15,16 (Edition Buber, S. 198) erinnert der Ausdruck an die Furcht Jakobs, als er von seinem Vater Abraham auf den Altar gebunden wurde. Vgl. Daniel C. Matt (Hrsg.): *The Zohar. Pritzker Edition*, Bd. 3. Stanford: Stanford University Press 2006, S. 91, Anm. 44.

14 Zu diesem Hauptwerk der theosophisch-theurgischen Kabbala aus dem Ende des 13. Jahrhunderts in Spanien siehe Gershom Scholem: *Die Geheimnisse der Schöpfung. Ein Kapitel aus dem kabbalistischen Buche Sohar.* Frankfurt am Main: Insel 1971; Gerold Necker: *Sohar. Schriften aus dem Buch des Glanzes.* Frankfurt am Main: Verlag der Weltreligionen 2012; Daniel C. Matt: *Zohar. The Book of Enlightenment.* Mahwah, N.J.: Paulist Press 1983; ders. (Hrsg.): *The Zohar. Pritzker Edition*, Bd. 1–7. Stanford: Stanford University Press 2004–2012, mit hilfreichen Anmerkungen zur englischen Übersetzung. Zur Frage nach dem Autor und der literarischen Entwicklung dieser kabbalistischen Bibliothek siehe Yehuda Liebes: *Studies in the Zohar.* Albany: State University of New York Press 1993; Boaz Huss: *Like the Radiance of the Sky. Chapters in the Reception History of the Zohar and the Construction of its Symbolic Value.* Jerusalem: Ben Zvi Institute / Mossad Bialik 2008 (Hebräisch); Daniel Abrams: The Invention of the Zohar as a Book. In: *Kabbalah. Journal for the Study of Jewish Mystical Texts* 19 (2009), S. 7–142.

15 Zu den zehn Sefirot, den Eigenschaften oder Hypostasen Gottes als Essenz des Göttlichen oder Instrumente des göttlichen Handelns in der kabbalistischen Literatur des Mittelalters, siehe Moshe Idel: The Sefirot above the Sefirot. In: *Tarbiz* 51 (1982), S. 239–280 (Hebräisch).

16 Vgl. Shir ha-Shirim Rabba 1,2 (6a), wo der Zusammenhang zwischen der Tora und dem Wein darin gesehen wird, dass beide eine Person verändern können: „Wein hinterlässt ein Zeichen bei dem Trinkenden, so wie die Worte der Tora."

17 Alle Übersetzungen stammen, wenn nicht anders angezeigt, von der Autorin.

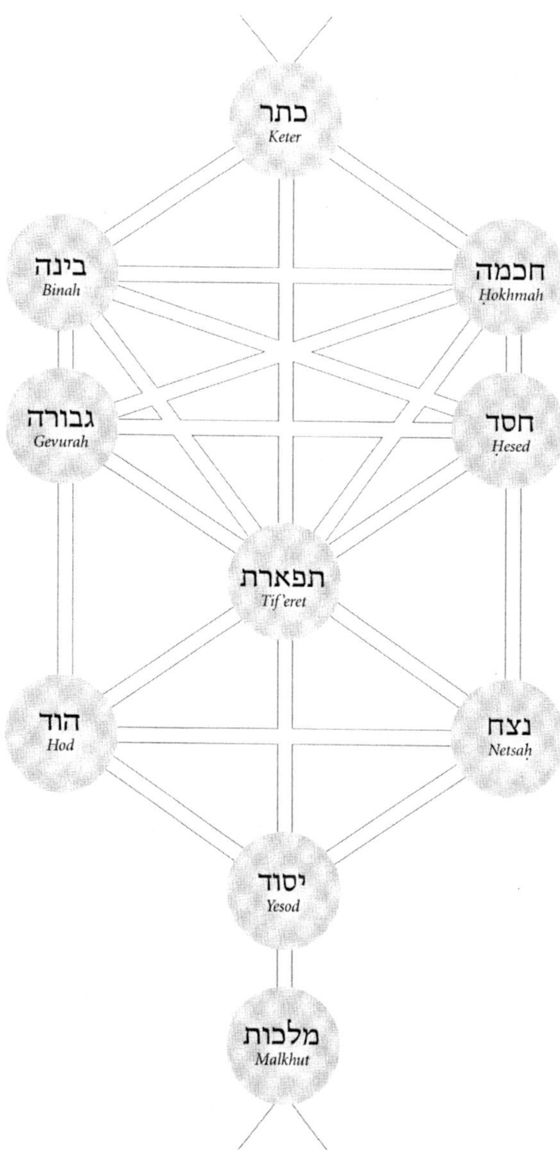

Abb. 1: Sefirot-Baum.

> „Er küsse mich mit dem Kusse seines Mundes; denn deine Liebe ist lieblicher als Wein" (Hohelied 1,2). Warum wird hier Wein benötigt, wenn doch geschrieben steht: „Aber auch diese sind vom Wein toll geworden" (Jesaja 28,7), und ähnlich: „Du und deine Söhne, ihr sollt weder Wein noch starke Getränke (Bier) trinken" (Levitikus 10,9)? Also warum wird hier Wein erwähnt? Rabbi Ḥiyya sprach: „Als der Wein der Tora"[18]. Rabbi Ḥizqiya sprach: Wie geschrieben steht: „dass der Wein erfreue des Menschen Herz" (Psalm 104,15). Daher heißt es: „deine Liebe ist lieblicher", also die Freude des Herzens, „als Wein", der einen am meisten beglückt.

Auf die Frage, warum im Hohelied in einem solchen spirituellen Kontext Wein erwähnt wird, antwortet Rabbi Ḥiyya, dass die Ekstase der göttlichen Liebe selbst die Freude des Aufnehmens bzw. des Trinkens der Tora übersteige.[19] Rabbi Ḥizqiya verweist daraufhin auf die positiven Auswirkungen des Weines, doch die göttliche Liebe versetze den Menschen in einen noch freudigeren – ekstatischen – Zustand.
Der Vergleich des göttlichen Segens mit Wein, der von der oberen Sefira Bina (Einsicht) ausfließt, wo die Weintrauben seit den Tagen der Schöpfung aufbewahrt werden, und der nun bis in die unterste Sefira Malkhut/Shekhina gelangt, wird an mehreren Stellen im Zohar thematisiert. Der Wein symbolisiert dabei die Kommende Welt bzw. deren Freuden. Da jedoch die linke Seite, der dieser Influxus entspringt, die Seite des Gerichts (Din) und der Strenge (Gevura) darstellt, muss die rechte Seite der sefirotischen Welt durch Gnade und Erbarmen das Gleichgewicht innerhalb des göttlichen Bereichs wieder herstellen – ein Balanceakt, der oftmals in erotischer Metaphorik mit höchst dramatischen Sequenzen zum Ausdruck kommt.[20]

18 Zu Wein und Milch als Symbol für die Tora und das Studium derselben im Zusammenhang von Jesaja 55,1 („Kommt her und kauft ohne Geld und umsonst Wein und Milch!") als „kostenloses Vergnügen" siehe auch Zohar 2,128b und Babylonischer Talmud Taʿanit 7a, Devarim Rabba 7,3 (113d); Yalqut Shimʿoni Jesaja 55 § 480 (402b); Zohar 1,240a. Wein und Milch können im Zohar auch die schriftliche und die mündliche Tora repräsentieren, wobei Gnade (Milch) besonders die schriftliche und Gericht (Wein) die mündliche beeinflusst, siehe Zohar 1,240b, Matt: *Pritzker Edition*, Bd. 3, S. 463.

19 Vgl. Babylonischer Talmud ʿAvoda Zara 35a; Shir ha-Shirim Rabba 1,4 (533a); Bemidbar Rabba 14,4 (58b). Siehe Matt: *Pritzker Edition*, Bd. 6, S. 168.

20 Unter den zahlreichen Arbeiten zur kabbalistischen Sexualmetaphorik seien hier nur Elliot R. Wolfson: *Language, Eros, Being. Kabbalistic Hermeneutics and Poetic Imagination*. New York: Fordham University Press 2005; ders.: *Circle in the Square. Studies in the Use of Gender in Kabbalistic Symbolism*. Albany: State University of New York Press 1995; Moshe Idel: *Kabbala und Eros*. Frankfurt am Main: Verlag der Weltreligionen 2009; ders.: Eros: Paths of Unity and Polarity in Kabbalah. In: *Eranos-Jahrbuch* 70 (2012), S. 296–322; Charles Mopsik: *Sex of the Soul. The Vicissitude of Sexual Difference in Kabbalah*. Los Angeles: Cherub Press 2005 genannt.

Daher verwundert es nicht, wenn in diesem Zusammenhang erneut Hohelied 1,2b in Zohar 2,147a aufgenommen und innerhalb des sefirotischen Systems als „Wein der Freude der leidenschaftlichen Liebe“ erläutert wird:

> „Denn deine Liebe ist lieblicher als Wein“ (Hohelied 1,2) – dies bezieht sich auf die Sonne, die den Mond mit dem Glanz jener himmlischen Lichter erhellt, der Licht von all jenen aufnimmt und den Mond erleuchtet. Die Lichter, die daran teilhaben, von wo scheinen sie? Der Vers sagt im Folgenden: mi-yayin (wörtlich) von Wein – von diesem aufbewahrten Wein, von diesem Wein kommt die größte Freude her. Was ist das? Der Wein, der Freude und Leben an alle weitergibt: Der lebendige Gott, Wein, der allen Leben und Freude spendet. Des Weiteren, mi-yayin, von Wein – von diesem Namen YHWH genannt. Dies ist der Wein der Freude der leidenschaftlichen Liebe, von dem her alles erleuchtet wird und sich erfreut.

Hier wird die zweite Vershälfte aus Hohelied 1,2 auf die sechste Sefira Tif'eret (Pracht) angewandt, die Sonne, die die unterste Sefira, die Shekhina, den Mond, mit dem Glanz der sefirotischen Lichter leuchten lässt. Dieser liebende Glanz strömt aus Bina (Einsicht) aus, der als Barriquewein, also als lange eingelagerter Wein, in die unteren Sefirot ausströmt und alle erfreut und am Leben erhält. Das „mi-yayin“ aus Hohelied 1,2 (dort komparativ mit „lieblicher *als* Wein“ zu übersetzten) wird hier im Kontext von Bavli Berakhot 34b[21] wörtlich als „von / aus Wein“ gelesen,[22] der aus den tiefsten Geheimnissen der Tora entspringt, alles erleuchtet und dessen Genuss normalerweise den Gerechten in der Kommenden Welt vorbehalten ist. Doch kann der Mystiker die Früchte und Freuden dieses Barriqueweins aus Bina[23] schon in dieser Welt genießen, da in der zweiten exegetischen Ausführung zu Hohelied 1,2 „von Wein“ auf den numerischen Wert von Wein (70) angespielt wird, der als Ergebnis von Permutationen des Tetragrammatons gewonnen werden kann und den initiierten

21 Laut diesem Text wird der Gerechte in der Kommenden Welt Wein genießen, der seit den sechs Tagen der Schöpfung in seinen Trauben aufbewahrt wird. Siehe Babylonischer Talmud Sanhedrin 99a, und zu dem möglichen Einfluss auf die Formulierung in Matthäus 26,29 vgl. Wolfson: *Venturing Beyond,* S. 71, Anm. 224. Im Zohar symbolisiert dieser Wein die tiefsten Geheimnisse der Tora und der Emanation, die von Bina ausströmt und als die „Kommende Welt“ bezeichnet wird. Vgl. Matt: *Pritzker Edition*, Bd. 5, S. 335.

22 Siehe Rabbi Ezra von Gerona: Perush le-Shir ha-Shirim. In: Ḥayyim Chavel (Hrsg.): *Kitvei Ramban*, Bd. 2. Jerusalem: Mossad ha-Rav Kook 1964, S. 485; Zohar 1,170ab; Zohar Ḥadash 64c, 68c–d.

23 Zu Bina als Barriquewein bei Moshe Cordovero siehe Putzu: *Bottled Poetry*, S. 15–17. Siehe auch Matt: *Pritzker Edition*, Bd. 3, S. 304, 372, 451.

Kabbalisten in den ekstatischen Genuss dieses Geheimnisses bringt. Ḥayyim Vital, der Hauptvertreter der lurianischen Kabbala,[24] vermutet, dass sich Rabbi Yose hier auf zwei Buchstabenpermutationen beruft: yud, hey, waw, hey und yud, hey, waw, hey, die insgesamt sieben yud-Buchstaben enthalten, was dem Zahlenwert 70 entspricht.[25]
Auf das höchste Geheimnis der Tora als das Geheimnis des Weines kommt auch die folgende Passage aus Zohar 2,169b zu sprechen:

> Es gibt sechs Segensprüche, durch die die Braut gesegnet wird. Doch du sagst, es gibt sieben! Gut, der siebte ist derjenige, der alles erhält. Die meisten Segenssprüche werden über Wein gesprochen, welcher den Aspekt (daqa) darstellt, der alle erfreut – über dem Wein, der stets in seinen Trauben aufbewahrt wird. Daher ist der erste dieser sieben Segenssprüche das Geheimnis des Weines (raza de-yayin). Wein bringt Frucht hervor, sowohl von oben als auch von unten. Der Weinstock erhält alles und bringt seine Frucht für die Welt hervor. Das Erwecken der Freude kommt von der linken (Seite) her, wie geschrieben steht: „Seine Linke liegt unter meinem Haupt" (Hohelied 2,6), und danach „und seine Rechte umarmt mich". Und der Baum des Lebens bringt Frucht und Grün / Kraft hervor durch dieses Erwecken. Dies ist die erste Segnung der Braut.

Die Zahl sieben[26] bezieht sich hier auf die Sefira Bina (Einsicht) selbst, aus der die Shekhina den Segensfluss erhält. Die unterste Sefira erhält sieben Segnungen aus Bina (Einsicht) über Tif'eret (Pracht). Eigentlich zählt man aufsteigend zwischen Bina und Shekhina (ohne Shekhina) nur sechs Sefirot, doch wird hier Bina als die siebte mit dazugerechnet, die alle unter ihr liegenden Sefirot mit Segen versorgt und am Leben erhält. An dieser Stelle wird wieder Bezug genommen auf Bavli Berakhot 34b und den Wein, der seit den Schöpfungstagen in den Trauben aufbewahrt wird.[27] Bina als Quelle der berauschenden

24 Siehe Joseph Avivi: The Lurianic Writings of Ḥayyim Vital. In: *Moriah* 10 (1981), S. 77–91 (Hebräisch); Gerold Necker: *Einführung in die lurianische Kabbala.* Frankfurt am Main: Verlag der Weltreligionen 2008, S. 30–76; Lawrence Fine: *Physician of the Soul, Healer of the Cosmos. Isaac Luria and His Kabbalistic Fellowship.* Stanford: Stanford University Press 2003.

25 Ḥayyim Vital: *Haggahot Maharḥ"u* [Anmerkungen des Rav Ḥayyim Vital]. In: Reuven Margaliot (Hrsg.): *Sefer ha-Zohar*, Bd. 2. Jerusalem: Mossad ha-Rav Kook 1964, fol. 147a (S. 293).

26 Man zählt hier in aufsteigender Reihenfolge innerhalb des Sefirotenbaums von Malkhut (eins) bis Bina (sieben), inklusive Bina aber ohne Malkhut.

27 Siehe dazu auch Zohar 1,135b; 192a; 238b; 2, 147a; 3, 4a, 12b, 39b–40a, 93b, 100a; Zohar Ḥadash 28a–b, 64c. Vgl. Matt: *Pritzker Edition*, Bd. 5, S. 485 sowie zu Zohar 3,4a ebd., Bd. 7 (2012), S. 4–5. Im Zusammenhang von Hohelied 5,1 („[...] ich habe meine Wabe samt meinem Honig gegessen; ich habe meinen Wein samt meiner Milch getrunken. Esst, meine Freunde, und trinkt und werdet trunken von Liebe!") wird hier Essen und Trinken auf die innersefirotischen Vorgänge bezogen. Ḥokhma

Freude übermittelt bereits jetzt im mystischen Erleben die Freuden der Kommenden Welt an die irdische. Der Wein als Emanationsfluss aus Bina zu Shekhina wird durch den Weinstock symbolisiert, der die göttliche Leidenschaft durch Gevura (Strenge) in der linken Seite erweckt. Sodann umfasst Ḥesed (Gnade) als rechter Arm die Shekhina, und Yesod (Fundament) bzw. Tif'eret (Pracht) vereinigt sich als männlicher Part mit der untersten Stufe des Sefirotensystems, dem weiblichen Teil, also der Shekhina, sodass der Segensfluss von oben nach unten einsetzen kann.

Diese Vereinigung von Yesod,[28] dem Zeichen der Beschneidung und des Phallus im Sefirotensystem, mit der Shekhina wird in der Fortsetzung des obigen Abschnitts zum zweiten Segensspruch der Braut deutlich:

> Der zweite (Segensspruch): „der alles[29] (zu seiner Ehre[30]) geschaffen hat"[31] – das ist das Geheimnis des heiligen Bundes, die Freude der Vereinigung, das alle Segenssprüche in sich aufnimmt, um Frucht in diesem Weinstock hervorzubringen. Zuerst steigt diese Frucht von oben hinab durch alle Glieder und fließt ein in den heiligen Bund, um an diesen Weinstock übertragen zu werden. Dies geschieht von der rechten Seite, da man Frucht nur auf der rechten Seite findet, die linke Seite erweckt und die rechte bringt hervor.

und Bina werden mit dem Wein der Emanation gefüllt, was durch Essen „ausgeglichen" werden muss, um nicht in einen schädlichen, sprich von den bösen Mächten regierten, Rausch zu verfallen. Doch das untere Paar, Tif'eret und Shekhina, ist auf das Einströmen aus der oberen Region, aus Bina, angewiesen, so dass das Trinken aus dem Vers sich auf diesen unteren Bereich bezieht und das Essen als Ausgleich auf den oberen. Das obere, essende Paar wird dabei als re'im (Freunde, Verbündete) bezeichnet, die stets vereint sind, wohingegen das untere Paar als Liebende (dodim) deklariert wird, welche auch getrennt sein können, sich also nacheinander sehnen, bzw. nur am Shabbat, an Festtagen, im Gebet und durch die Stimulation der Knesset Israel vereint werden. Bei ihrer Trennung kann der Segensfluss dann nicht vom oberen in den unteren, den irdischen Bereich einströmen. Zur Unterschiedlichkeit der beiden sefirotischen Paare siehe Zohar 2,169b und 3,290b.

28 Siehe Elliot R. Wolfson: Images of God's Feet: Some Observations on the Divine Body in Judaism. In: Howard Eilberg-Schwartz (Hrsg.): *People of the Body: Jews and Judaism from an Embodied Perspective*. Albany: State University of New York Press 1992, S. 164–170; ders: *Language, Eros, Being*, S. 111–141.

29 Das Wort „alles", kol, symbolisiert hier die Sefira Yesod, den Phallus, das Zeichen des Bundes bzw. der Beschneidung, die den Segensfluss durch das Sefirotensystem an die Shekhina, den Weinstock oder die Ehre, weiterleitet. Vgl. Wolfson: *Language, Eros, Being*, S. 174.

30 Dies entspricht im Sefirotensystem der untersten Sefira Malkhut oder Shekhina.

31 Der zweite Segensspruch lautet: „Gesegnet seist Du, YHWH unser Gott, König der Welt, der alles zu Seiner Ehre geschaffen hat."

Im zweiten Segensspruch findet nun die innersefirotische Vereinigung zwischen den beiden Worten des Segensspruches statt, die jeweils eine Sefirah repräsentieren, Yesod (alles) und Malkhut (Ehre). Das Geheimnis des heiligen Bundes zwischen Gott und Israel wird sichtbar im Bund der Beschneidung (Brit Mila), der zugleich als Symbol für mystische Exegese interpretiert werden kann.[32] Der Segensfluss aus Bina erscheint zunächst in Ḥesed (Gnade), also auf der rechten Seite der Gnade, bevor er in Yesod (Fundament) einfließt und dann durch die erotische Vereinigung der beiden unteren Sefirot in die Shekhinah einströmt. Die Unfruchtbarkeit der linken Seite steht hier im Kontext der Impotenz der linken, dämonischen Seite, und ist wie im Midrasch auf die Ambivalenz des Weingenusses zurückzuführen, der laut Zohar 1,239b und der späteren Interpretation dieser Stellen bei Cordovero „in Freude beginnen, aber in Traurigkeit und Sorge (Gericht) enden"[33] kann.

Dieses Motiv des Wechsels von Freude zu Sorge erscheint erneut in Zohar 3,39a, einer der ausführlichsten Stellen dieser Literatur zu Wein und dessen Genuss, wo in den Ausführungen zu dem Verbot des Weingenusses bei Priestern folgende Passage zu finden ist:

> „Du und deine Söhne, ihr sollt weder Wein noch starke Getränke (Bier) trinken, wenn ihr in die Stiftshütte geht, damit ihr nicht sterbt" (Levitikus 10,9).[34] Rabbi Yehuda sagte: Wir können daraus ableiten,[35] dass Nadav und Avihu vom Wein betrunken waren, weil Er, der Heilige gepriesen sei Er, dies den Priestern verboten hatte. Rabbi Ḥiyya begann: „dass der Wein erfreue des Menschen Herz und sein Antlitz schön werde vom Öl und das Brot des Menschen Herz stärke" (Psalm 104,15). Wenn der Priester sich doch erfreuen soll und (sein Gesicht) heller scheint als alle anderen, warum ist ihm dann Wein verboten, wo doch Freude und Glanz in ihm zu finden sind? Dies ist wahr, doch ist der Anfang des Weines Freude, doch sein Ende ist Trauer (Gericht).[36] Doch die Priester sollen

32 Siehe zu diesem Themenkomplex Elliot R. Wolfson: Left Contained in the Right. A Study in Zoharic Hermeneutics. In: *AJS Review* 11 (1986), S. 27–52; ders.: Circumcision, Vision of God and Textual Interpretation: From Midrashic Trope to Kabbalistic Symbol. In: *History of Religions* 27 (1987), S. 189–215; zur Beschneidung im Zohar und Blut / Rot als Farbe des Gerichts siehe David Biale: *Blood and Belief. The Circulation of a Symbol between Jews and Christians.* Berkeley / Los Angeles: University of California Press 2008, S. 88–89.

33 Vgl. *Zohar ʿim Perush Or Yaqar*, Bd. 7. Jerusalem: Mifʿal Or Yaqar 1975. Wa-Yeḥi, S. 245.

34 Siehe Zohar 1,124b oben.

35 Aus der Tatsache, dass dieser Vers direkt auf den Tod Nadavs und Avihus folgt. Vgl. Isaiah Tishby: *The Wisdom of the Zohar. An Anthology of Texts*, Bd. 3. London / Washington: Littman Library of Jewish Civilization 1994, S. 937–939.

36 Siehe dazu auch Zohar 1,240b zu Psalm 104,15, wo Wein zunächst Freude bringt,

> freudig und fröhlich sein, sowohl am Anfang als auch am Ende. Denn Wein kommt von der Seite der Leviten her, von dem Ort, wo der Wein bleibt, denn die Tora und der Wein der Tora kommen aus der Seite von Gevura, doch die priesterliche Seite ist klares, sprudelndes Wasser.[37] [...]
> Rabbi Abba sprach: Wein, Öl und Wasser, Honig und Milch entspringen derselben Seite[38]. Wasser und Öl werden auf der rechten Seite von den Priestern in Besitz genommen,[39] Öl mehr als alles andere,[40] da es Freude sowohl am Anfang als auch am Ende übermittelt, wie geschrieben steht: „Es ist wie das feine Salböl auf dem Haupte Aarons, das herabfließt in seinen Bart, das herabfließt zum Saum seines Gewandes" (Psalm 133,2). Wein auf der linken Seite ist im Besitz der Leviten, sodass sie ihre Stimmen erheben und singen und nicht still sind, denn Wein ist niemals still,[41] wohingegen Öl stets lautlos ist. Worin liegt der

doch seine berauschende Wirkung entspricht letzten Endes dem harten Gericht von Din auf der linken Seite. An dieser Stelle ist die höchste Quelle des Weines, des Gerichtes, im Sefirotensystem die Weisheit (Ḥokhma), die durch Öl symbolisiert wird (dazu Zohar 3,34a, 39a unten). Die Kräfte des Gerichts fließen in die unterste Sefira ein, welche als Brot (aus Psalm 104,15) die Welt ernährt, doch die Erleuchtung durch den Mond (Tif'eret) benötigt (siehe oben). Das menschliche Handeln, ein Leben gemäß der Halakha, kann theurgisch die innergöttliche Vereinigung der beiden unteren Sefirot herbeiführen und somit den Fortbestand sowohl der menschlichen als auch der göttlichen Existenz sichern. Vgl. Matt: *Pritzker Edition*, Bd. 3, S. 463–464.

37 Die Leviten repräsentieren die linke Seite der Gevura (Strenge), die durch Wein symbolisiert wird. Der Hohepriester jedoch steht für die rechte Seite der Gnade (Ḥesed), dessen Einfluss mit Wasser dargestellt wird. Daher ist Wein für Priester ungeeignet. Zu den freudigen Auswirkungen des Weingenusses zu Beginn und der gegenteiligen Wirkung am Ende siehe auch Zohar 2,240a. Vgl. Matt: *Pritzker Edition*, Bd. 7, S. 235.

38 Sprich: alle fließen aus der linken Seite der Bina.

39 Die Priester benötigen Wasser für die Waschungen und Öl für die Salbungen. Sie nehmen diese aus der rechten Seite, denn sie gehören nicht zu den Emanationen der linken Seite der Bina, sondern zur rechten Seite der Gnade (Ḥesed) und Weisheit (Ḥokhma). Vgl. ebd. Im Tempelkult, im Opfer (qorban, aus der Wurzel קר"ב, nahe bringen), werden beide Seiten einander nahe gebracht und versöhnt. Vgl. Arthur Green: *A Guide to the Zohar*. Stanford: Stanford University Press 2004, S. 139–140; zur lurianischen Konzeption der Tora-Meditation während des Trinkens, so dass Wasser und Wein als Trankopfer dienen, siehe Lawrence Fine: *Safed Spirituality. Rules of Mystical Piety, the Beginning of Wisdom*. Mahwah, N.J.: Paulist Press 1984, S. 37, 171. In der ekstatischen Kabbala können auch linguistische Techniken wie Buchstabenkombinationen oder Gematria als Zeichen der Kontrolle des menschlichen Intellekts anstelle des Opfers treten und die göttliche Energie in den irdischen Bereich herabziehen. Siehe Elke Morlok: *Rabbi Joseph Gikatilla's Hermeneutics*. Tübingen: Mohr Siebeck 2011, S. 103–104, 176, 249.

40 Da Öl die Freude besser bewahrt als Wasser, eventuell weil es kontinuierlicher und langsamer fließt. Siehe oben Anm. 36. Zur Zuordnung des Öls und des Taus aus Psalm 133,2–3 auf die rechte Seite der Gottheit und des Weines auf die linke siehe auch Zohar 1,88a; vgl. Matt: *Pritzker Edition*. Bd. 1, S. 62.

41 Die linke Seite der Strenge wird den Leviten zugeordnet, deren Aufgaben das Singen beinhaltet. Vgl. Babylonischer Talmud Berakhot 35a. Wein hat als Folge Klang, Schall, da er diese sonore Wirkung auf seine Konsumenten hat und auch er

Unterscheid zwischen beiden? Öl, das stets still und lautlos ist, kommt von der Seite des Denkens her, das immer lautlos ist und ungehört bleibt, und daher kommt es von der rechten Seite.[42] Wein jedoch, der dazu veranlasst, die Stimme zu erheben und der niemals still ist, kommt von der Seite der Mutter,[43] und die Leviten nehmen auf der linken Seite in Besitz[44] und sie stehen im Gleichgewicht (souverän),[45] ihre Stimmen sich im Gesang erheben zu lassen und im Gericht zu stehen, da geschrieben steht: „Und die Priester, die Leviten, sollen herzutreten, denn der Herr, dein Gott, hat sie erwählt, dass sie ihm dienen und in seinem Namen segnen, und nach ihrem Urteil sollen alle Sachen und alle Schäden gerichtet werden" (Deuteronomium 21,5). Daher darf ein Priester, wenn er das Heiligtum betritt, um den Ritus[46] durchzuführen, keinen Wein trinken, denn seine Taten sind geheimnisvoll still (im Verborgenen),[47] und er konzentriert sich in Stille auf das Objekt seiner Hinwendung, wodurch er die Vereinigung und den Segensfluss herab auf alle Welten verursacht. Und alles geschieht in der Stille, da alle seine Taten Teil eines Geheimnisses sind. Wein jedoch ist ein Offenbarer von Geheimnissen, und seine gesamte Wirkung verursacht Lärm.

Wein bewirkt Lärm, gefährdet die Durchführung des Tempelrituals und verursacht als Auswirkung der linken Seite des Gerichts die Offenbarung von göttlichen Geheimnissen für eine Öffentlichkeit, die dieses Wissen nicht empfangen darf. Als Ausströmung der linken Seite, welche die innergöttliche Harmonie aus der Balance

selbst nicht lautlos von einem in das andere Gefäß gegossen werden kann wie Öl. Vgl. Matt: *Pritzker Edition*, Bd. 7, S. 235.

42 Die rechte Seite der Weisheit (Ḥokhma), dem Denken Gottes (Maḥshava), hat als eine seiner Charakteristika Ruhe und Lautlosigkeit, vgl. Tishby: *Wisdom of the Zohar*, Bd. 3, S. 938.

43 Binah wird auch als obere Mutter, Quelle der Gevura, parallel zur Shekhina als untere Mutter, bezeichnet; siehe Matt: *Pritzker Edition*, Bd. 5, S. 47 und vor allem Bd. 7, S. 236.

44 Zum Ursprung des „Weins der Lust" aus der dämonischen Seite, aus der Adam im Paradies trank und die alle Goyyim am Leben erhält, siehe auch den Schüler Abulafias, der wie Joseph Gikatilla (1248–ca. 1325) später von der ekstatischen zur theosophisch-theurgischen Kabbala wechselte, Moshe de Leon (ca. 1250–1305): *Mishkan ha-'Edut*. Hs Berlin, Staatsbibliothek Qr. Quat. 833, fols. 12a–b; vgl. Wolfson: *Venutring Beyond*, S. 77, Anm. 243.

45 Tishby: *Wisdom of the Zohar*, Bd. 3, S. 938 übersetzt hier: „haben als Aufgabe". Doch wird m. E. auch implizit auf das Bestreben der Leviten bzw. Priester nach dem Erreichen des Equilibriums innerhalb des Sefirot-Systems angespielt.

46 Gemeint ist der Ritus am Yom Kippur, an dem der Hohepriester das Allerheiligste betritt. Stille Kontemplation ist gefordert, um die Sefirot zu vereinigen und den Segensfluss in den irdischen Bereich herabzuziehen. Vgl. Matt: *Pritzker Edition*, Bd. 7, S. 236.

47 Der Vollzug des Ritus im Allerheiligsten bleibt vor den Augen der Öffentlichkeit verborgen und ist Teil eines größeren Geheimnisses, nämlich der Vereinigung der jeweiligen Sefirot.

bringt und die Vereinigung zwischen Yesod (Fundament) und Shekhina verhindert,[48] darf Wein – vor allem ohne die korrekte mystische Konzentration und Intention – nicht konsumiert werden und die asketischen Tendenzen aus dem Midrasch werden somit wieder aufgenommen. Die kurze Dauer der durch Wein verursachten Freude unterbindet ein Ausströmen der göttlichen, ewig dauernden Freude, die durch die Vereinigung der beiden unteren Sefirot in den menschlichen Bereich gelangen sollte. Stattdessen wird durch Wein und Gesang[49] die linke, dämonische Seite und ihr Einfluss auf den menschlichen Bereich bestärkt.

Eine Assoziation zwischen Wein und Dämonen findet sich ebenfalls in den Schriften des Begründers der ekstatischen bzw. linguistischen oder prophetischen Kabbala, Abraham Abulafia (1240 bis ca. 1291).[50] Auch wenn in dieser Strömung der mittelalterlichen Kabbala das Sefirotensystem bzw. die linke und rechte Seite des göttlichen Organismus keine grundlegende Rolle spielen, sondern sprachliche Operationen und Manipulationen am hebräischen Bibeltext als Vorbereitung der *unio mystica* zwischen göttlichem und menschlichen Intellekt im Fokus stehen, so ordnet doch auch Abulafia mitunter den Wein der dämonischen Seite zu. Allerdings aus einem anderen Grund – wie gleich zu sehen sein wird.

In einer satirischen Darstellung der Eucharistie-Feier mit Brot und Wein, welche typologisch auf die Träume Josephs zum Schicksal des Bäckers und des Schankmeisters im Gefängnis bezogen werden,[51]

48 Zur Verbindung zwischen den vier Bechern Wein an Pessach, den vier Stufen der Erlösung und der innergöttlichen Vereinigung, an der der Mystiker durch das Trinken der vier Becher teilnimmt siehe Zohar 3,95b; Tishby: *Wisdom of the Zohar*, Bd. 3, S. 1314–1316; vgl. Joel Hecker: *Mystical Bodies, Mystical Meals. Eating and Embodiment in Medieval Kabbalah*. Detroit: Wayne State University Press 2005, S. 47–48, 136.

49 Moshe Cordovero deutet in *Zohar 'im Perush Or Yaqar*, Bd. 12. Jerusalem: Mif'al Or Yaqar 1983, Shemini, S. 163, an, dass eventuell dieser durch den Wein verursachte Lärm auch das Aussprechen des göttlichen Namens andeuten könnte, der auf keinen Fall ausgesprochen werden darf. Oder aber die Priester sprechen Teile des Rituals laut aus, die normalerweise still rezitiert werden sollten.

50 Zu Abulafia siehe vor allem die Untersuchungen von Moshe Idel, z. B. ders.: *Abraham Abulafia und die mystische Erfahrung*. Frankfurt am Main: Jüdischer Verlag im Suhrkamp Verlag 1994; Elliot R. Wolfson: Abraham ben Samuel Abulafia and the Prophetic Kabbalah. In: Frederick E. Greenspahn (Hrsg.): *Jewish Mysticism and Kabbalah. New Insights and Scholarship*. New York / London: New York University Press 2011, S. 68–90; Harvey J. Hames: *Like Angels on Jacob's Ladder. Abraham Abulafia, the Franciscans, and Joachimism*. Albany: State University of New York Press 2007.

51 Zu Wein und Schlaf bzw. Träumen in der kabbalistischen Literatur, besonders bei Isaak von Akko (Ende 13. / Beginn 14. Jh.), siehe Eitan P. Fishbane: *As Light*

wird das Brot als *corpus daemones*, als „Körper der Dämonen (gufe ha-shedim), das Gegenteil von *Dominus*, dessen Substanz spirituell und göttlich ist“[52] definiert.[53] Jesus sei nicht der *corpus domini*, sondern der Corpus des Dämons, der satanischen Macht, die Abulafia an vielen Stellen mit der Vorstellungskraft / Imagination identifiziert, die den Menschen täuschen kann.[54] Das Brot, das bei der Eucharistie als *sacrificio* dargeboten wird, sei in Wirklichkeit ein *sheqer officio*, ein Lügenmahl. Die Vergöttlichung Jesu als ihr *Sacramentum* sei daher eine falsche Lüge (*sheqer mendo*) der Christen, was Abulafia durch das Wortspiel *secreto* (shqryto) in *Christo* (qryshto), eine Ableitung von Lüge (sheqer) und lateinisch *Tu* (du) – Du bist Lüge - deutlich zu machen sucht. Damit will er die Täuschung der Trinitätslehre anhand einer Gematria offenbaren, wie er weiter schreibt:

> Daher sagen sie zu ihm „Du bist eine Lüge“ (sheqer atta), weil das Wort „drei“ (shlosha = 635) denselben Zahlenwert hat wie Lüge und Täuschung (sheqer we-khazav = 635). Wer auch immer glauben mag, dass Gott sich in zwei, drei oder mehr Personen aufteilen lässt, ist ein Götzenanbeter und Häretiker.[55]

Auf ähnliche Weise wird nun der Wein, bzw. die Weinranken (ha-sarigim, ohne Yud am Ende punktiert = 558), in der Eucharistie-Feier anhand von gematrischen Operationen mit den „Prinzen des Gehirns“ (sare moaḥ = 558) oder den Prinzen des Jubeljahres (sare yovel = 558) bzw. dem „Prinz der Magie“ (sar magiaḥ = 558), dem zaubernden Magier, einer polemischen Bezeichnung für Jesus oder

before Dawn. The Inner World of a Medieval Kabbalist. Stanford: Stanford University Press 2009, S. 105–107. Interessant ist eine Passage aus *Otsar Ḥayyim*, fol. 40b auf S. 108, wo Isaak im Traum singt, was eventuell auf den vorherigen Weingenuss zurückzuführen ist und im Zusammenhang mit dem oben erwähnten Abschnitt aus Zohar 3,39a – diesmal jedoch im positiven Sinne – stehen könnte.

52 Abraham Abulafia: *Mafteaḥ ha-Shemot* [Schlüssel der Namen], hrsg. v. Amnon Gross. Jerusalem: Barznai 2001, S. 131–134.

53 Zur Interpretation dieses Abschnitts aus Abulafias *Mafteaḥ ha-Shemot* siehe Wolfson: Abraham ben Samuel Abulafia, S. 73–75; ders: *Venturing Beyond*, S. 63, Anm. 195; ders.: Textual Flesh, Incarnation, and the Imaginal Body: Abraham Abulafia's Polemic with Christianity. In: David Engel / Lawrence H. Schiffman / Elliot R. Wolfson (Hrsg.): *Studies in Medieval Jewish Intellectual and Social History. Festschrift in Honor of Robert Chazan.* Leiden / Boston: Brill 2012, S. 210–211.

54 Vgl. Moshe Idel: *Language, Torah, and Hermeneutics in Abraham Abulafia.* Albany: State University of New York Press 1989, S. 21, 56–57; ders.: *Studies in Ecstatic Kabbalah.* Albany: State University of New York Press 1988, S. 34, 38; Elliot R. Wolfson: Kenotic Overflow and Temporal Transcendence: Angelic Embodiment and the Alterity of Time in Abraham Abulafia. In: *Kabbalah. Journal for the Study of Jewish Mystical Texts* 18 (2008), S. 133–190, hier S. 147.

55 Abulafia: *Mafteaḥ*, S. 132–133; vgl. Hames: *Like Angels*, S. 81–82.

die Christen im allgemeinen, in Beziehung gesetzt.[56] Der Wein bzw. die drei Trauben und die drei Weinranken (shloshet ha-sarigim),[57] von denen Joseph träumt und die der Schankmeister in den Becher des Pharao presst, werden auch an dieser Stelle wie im Midrasch, mit dem Wein bzw. den Trauben, die seit den sechs Tagen der Schöpfung aufbewahrt werden, identifiziert.[58] Durch numerische Gleichsetzungen versucht Abulafia hier zu beweisen, dass das wahre Geheimnis des Glaubens, das auf hebräischen Zahlenwerten und nicht auf der Trinitätslehre[59] bzw. der Eucharistie-Feier beruht, nur innerhalb seiner

56 Abulafia: *Mafteaḥ*, S. 134. Zur Assoziation Christus – Magus bzw. Magie siehe Wolfson: *Venturing Beyond*, S. 44, Anm. 112, S. 140–141.

57 Abulafia: *Mafteaḥ*, S. 133.

58 Im Zohar 1,238a–b kann auch die Knesset Israel bzw. die Shekhina im Zusammenhang von Psalm 128,3 („Dein Weib wird sein wie ein fruchtbarer Weinstock") und Genesis 49,11a („Er wird seinen Esel an einen Weinstock binden und seiner Eselin Füllen an die edle Rebe") als Weinstock oder edler Wein bezeichnet werden, durch die Kraft dessen der Messias als Reiter auf dem Eselfüllen (Sacharia 9,9), der sein Reittier an den Weinstock, sprich Israel bindet, die Fremdvölker unterwerfen und das Gericht (Din / Gevura) über sie bringen wird. Er bezieht dabei seine Macht aus dem „Blut der Trauben" (Zohar 1,238a) aus Genesis 49,11b („Er wird sein Kleid in Wein waschen und seinen Mantel im Blut der Trauben"). Vgl. Matt: *Pritzker Edition*, Bd. 3, S. 447–449, 451, 461–463. Der messianische Aspekt von Blut und Wein ist hier schon im Zohar angelegt, was im Kontext der Eucharistie zu Spannungen mit der christlichen Interpretation führen konnte und bei Abulafia dann explizit thematisiert wird. Jedoch könnten hier auch innerjüdische Diskussion zum Genuss von und Handel mit stam yenam (Wein von Nicht-Juden) aufgenommen worden sein. Es wurde später, z. B. von Rabbi Moses Isserles (1520–1572) und anderen, argumentiert, dass der Handel mit nicht-jüdischem Wein erlaubt sei (Nicht-Juden wurden nicht mehr als Götzendiener deklariert), so dürfe es auch nicht verboten sein, ihn zu trinken. Demgegenüber stand das Argument der Furcht vor der gesellschaftlichen Intimität, die aus der Lockerung der Vorschriften gegen das Trinken des nichtjüdischen Weins erwachsen konnte. Laut Rabbi Yehuda Löw ben Bezalel aus Prag (1520–1609), dem Maharal, der in der Generation nach Isserles wirkt und der ein ähnliches Argument wie die Kabbalisten verwendet, sei koscherer Wein das Symbol für das metaphysische Wesen des Judentums. Jemand, der stam yenam trank, galt als einer, der sich aus der Gemeinschaft Israels entfernt hatte; es kam also zu einer Verschiebung der Grundlage des Verbots des nicht-jüdischen Weins aus der physischen, halakhischen Ebene hin zur metaphysischen, symbolischen Bedeutung. Vgl. dazu Jacob Katz: *Tradition und Krise. Der Weg der jüdischen Gesellschaft in die Moderne*. München: C. H. Beck 2002, S. 37–39.

59 Laut Abulafia wird die Triade von Weisheit (Ḥokhma), Einsicht (Bina) und Wissen (Da'at) in den drei Klassen der Leviten (Lewi), Priester (Kohen) und die Israeliten (Yehudi) abgebildet, deren drei Anfangsbuchstaben das Wort Gefäß (keli) und deren Endbuchstaben das Wort Wein (yayin) bilden. Das jüdische Volk wird durch seine Lehre zum Gefäß des Weines, zum auserwählten Volk unter den Nationen, das den intellektuellen Segensfluss aus dem Logos (ha-shefa' ha-sikhli ha-devari) erhält; siehe *Otsar Eden Ganuz*. Hs Oxford Bodleiana 1580, fols. 95–95b; Amnon Gross (Hrsg.): *Otsar Eden Ganuz*. Jerusalem: Barznai 2000, S. 199–200; vgl. Wolfson: *Venturing Beyond*, S. 72–73.

eigenen kabbalistischen Lehre und in seinem eigenen Anspruch als Messias zu finden ist.[60] Eine Änderung des Bewusstseinszustandes, ein ekstatischer Zustand, kann laut Abulafia nicht auf die berauschende Wirkung von Wein oder die Transsubstantiationslehre zurückzuführen sein, sondern kann nur durch die Weisheit der Buchstabenkombination (Ḥokhmat ha-Tseruf) erreicht werden. Aus diesem Grund ist der Messias nicht eine historische Figur oder eine künftige eschatologische Gestalt, sondern eine metaphorische Bezeichnung des Intellekt oder, genauer gesagt, der Vereinigung des menschlichen mit dem göttlichen Intellekt, die mit Hilfe der praktischen Anwendung dieser „Weisheit" herbeigeführt werden kann. In diesem Sinne bezeichnet sich Abulafia selbst als Messias, der den wahren Gottesnamen offenbart und ein ekstatisch-mystisches Erlebnis lehrt, also eine individuelle spirituelle Erfahrung und keine geopolitische oder gemeinschaftliche Erscheinung.[61] Er selbst ist das „Siegel innerhalb des Siegels"[62], das in halakhischem Zusammenhang[63] von Wein auftaucht, der versiegelt werden soll, damit er nicht in Kontakt mit Nicht-Juden kommt und dadurch verunreinigt wird. Er selbst, der Messias, wird wie Wein versiegelt, da nur er weiß, wie die Tora als eine Kette göttlicher Namen gelesen wird und man dadurch vollkommenes Wissen erhält. Auch wenn Abulafia diese Lehre auf der Basis seines aristotelischen Verständnisses der maimonidischen Schriften entwickelt,[64] so lässt sich dennoch ein christlicher Einfluss feststellen. Abulafia verwendet häufig christliche Motive und Symbole in seinen eigenen Schriften. So spricht er z. B. am Ende seines Briefes *We-zot li-Yehuda* (Und dies ist an Yehuda)[65] sogar von der „Kabbala

60 Idel: *Studies in Ecstatic Kabbalah*, S. 52–53; ders.: *Messianic Mystics*. New Haven / London: Yale University Press 1998, S. 58–100, 295–307.

61 Vgl. Wolfson: Abraham ben Samuel Abulafia, S. 74–75. Zur Identifikation des Zahlenwerts von yayin (70) mit den 70 nicht-jüdischen Völkern siehe Sifre zu Deuteronomium § 343 (Edition Finkelstein S. 395). Zu dieser Tradition und die Exklusivität der Gabe der Tora an Israel siehe auch Joseph von Hamadan: *Sefer Tashaq*. In: Jeremy Zwelling (Hrsg.): *Joseph of Hamadan's Sefer Tashak. Critical Text Edition with Introduction*. PhD Thesis Brandeis University 1975, S. 99–100; vgl. Wolfson: *Venturing Beyond*, S. 80, Anm. 253.

62 Abraham Abulafia: *Otsar Eden Ganuz*, hrsg. v. Amnon Gross. Jerusalem: Barznai 2000, S. 373; Harvey J. Hames: A Seal Within a Seal: The Imprint of Sufism in Abraham Abulafia's Teachings. In: *Medieval Encounters* 12,2 (2006), S. 153–172, hier S. 166.

63 Babylonischer Talmud ʿAvoda Zara 29b.

64 Vgl. Moshe Idel: Maimonides' *Guide of the Perplexed* and the Kabbalah. In: *Jewish History* 18 (2004), S. 197–226.

65 Adolph Jellinek: *Auswahl kabbalistischer Mystik*, Teil 1. Leipzig: Colditz 1853, S. 28 (hebräischer Teil).

der anderen Völker", welche im völligen Gegensatz zu seiner eigenen kabbalistischen Doktrin steht, die ausschließlich an Juden übermittelt werden kann, genauer gesagt an beschnittene männliche Juden, die das Zeichen des Bundes[66] an sich tragen und daher für eine ekstatisch-prophetische Erfahrung empfänglich sind. Der „Missbrauch" des Weines durch die Christen bei der Eucharistie und ihr Anspruch, darin das Geheimnis des Glaubens zu erfahren, wird von Abulafia eher mit dem Becher mit dem Wein des göttlichen Zorns verglichen, aus dem nach Jeremia 25,15–29 alle Völker trinken müssen.[67]
In beiden Hauptströmungen der kabbalistischen Literatur des Mittelalters, sowohl der theosophisch-theurgisch als auch der prophetischen Kabbala, wird die aus den biblischen und den rabbinischen Schriften bekannte ambivalente Haltung aufgenommen – Wein als Genussmittel mit berauschender, ekstatischer Wirkung, doch zugleich auch die Warnung vor dem Exzess, dem Rausch und der Betäubung, die aus dem Bereich des Bösen stammen und den Menschen dem göttlichen Gericht unterwerfen. Bei Abulafia verstärkt zudem der anti-christliche, polemische Aspekt diese ursprüngliche Tendenz, da seine Polemik die primäre Besetzung des Weins und seiner Symbolik innerhalb der christlichen Theologie und Praxis anzeigt, was zu einer scharfen Diskussion innerhalb jüdischer Kreise und schließlich zur Marginalisierung des Weines und seiner Verwendung als Symbol innerhalb der jüdischen Tradition geführt haben könnte.[68]

66 Vgl. oben Anm. 32.

67 Zur anti-christlichen Polemik eines früheren Schülers Abulafias, Yosef Gikatilla (1248–ca. 1325), siehe Hartley Lachter: Kabbalah, Philosophy, and the Jewish-Christian Debate: Reconsidering the Early Works of Joseph Gikatilla. In: *Journal for Jewish Thought and Philosophy* 16 (2008), S. 1–58; zu Wein besonders ebd., S. 53–54. Bei Gikatilla wird das messianische Geheimnis der Kommenden Welt ebenfalls in Bina aufbewahrt. Es wird dort durch Wein symbolisiert, der in seinen Trauben aufbewahrt wird, und zu dem niemand aus den 70 Nationen hinaufsteigen kann. Dadurch kann dieser nicht zum Götzendienst verwendet werden. Siehe Yosef Gikatilla: *Sod ha-Naḥash u-Mishpato* [Das Geheimnis der Schlange und des Gerichts über sie]; übersetzt und erläutert bei Gershom Scholem: *Von der mystischem Gestalt der Gottheit. Studien zu Grundbegriffen der Kabbala.* Frankfurt am Main: Suhrkamp 1995, S. 74–75; hebräischer Text in Hs Leiden 22 / 6, fols. 154a–158a und Hs Paris BN 841, fols. 273a–279a; siehe ebenfalls zur Erhebung der Bina über die 70 Völker: Yosef Gikatilla: *Sha'are Orah* [Tore des Lichts], hrsg. v. Joseph Ben-Shlomo. Jerusalem: Mossad Bialik 1981, Bd. 2, S. 59. Vgl. Wolfson: *Venturing Beyond*, S. 106–107.

68 Vgl. Biale: *Blood and Belief*, S. 81–122. Zu Wein und Blut im Zusammenhang der Eucharistie bzw. der Beschneidung ebd., S. 72, 83–87.

Safed, Moshe Cordovero und der Wein

Moshe Cordovero (Ramaq)[69] gilt als eine der bedeutendsten Persönlichkeiten innerhalb der kabbalistischen und halakhischen Kreise Safeds, vor allem vor der Ankunft Isaak Lurias (1534–1572) im Jahre 1570.[70] In seiner *summa cabbalistica* in lexikographischer Form, dem *Pardes Rimmonim* (Granatapfel-Garten), und seinem Kommentar zum Zohar, *Or Yaqar* (Das teure Licht), finden sich an vielen Stellen Ausführungen zu Wein.[71] Wein taucht hier vor allem im Kontext der Frage nach dem Ursprung des Bösen sowie im Zusammenhang ritueller Performanz, also der performativen Relevanz des Symbols Wein oder der Tora als Wein symbolisiert auf. Bereits bei Cordoveros Lehrer beim Studium der Halakha, Yosef Karo (1488–1575), dem Autor des berühmten jüdischen Gesetzeskodex *Shulḥan 'Arukh*,[72] wird der Weingenuss mit Nacht und Dämonen, den Mächten des Bösen, assoziiert. Diese asketische Strenge spiegelt auch Cordovero in seinen *Hanhagot* (Verhaltensregeln)[73] wider, wenn er den Weingenuss bei Tage verbietet, auch wenn der Wein verdünnt ist. Nur am Shabbat, an Feiertagen und am Neumond dürfe man Wein trinken (Nr. 4), denn der Wein verleihe Samael Stärke (Nr. 5). Man solle niemals Wein am Sonntag trinken, denn dies ist der Tag der Tempelzerstörung (Nr. 19). Auch solle man an den Tagen zwischen dem 17. Tammuz und dem 9. Av, den drei Wochen der Klage über den Fall Jerusalem und der Zerstörung des Tempels, keinen Wein trinken,

69 Zu diesem Gelehrten siehe Bracha Sack: *The Kabbalah of Rabbi Moshe Cordovero*. Beer Sheva: Ben Gurion University of the Negev Press 1995 (Hebräisch); dies. (Hrsg.): *R. Moshe Cordovero. Ma'ayan 'Ein Ya'acov. The Fourth Fountain of the Book Elimah*. Beer Sheva: Ben Gurion University of the Negev Press 2009 (Hebräisch). Ira Robinson: *Moses Cordovero's Introduction to Kabbalah: An Annotated Translation of his* Or Ne'erav. Hoboken: Ktav 1994. Zum Kontext Cordoveros und den Austausch zwischen Safed und Italien siehe Moshe Idel: Italy in Safed, Safed in Italy. Toward an Interactive History of Sixteenth-Century Kabbalah. In: David R. Ruderman / Giuseppe Veltri (Hrsg.): *Cultural Intermediaries in Early Modern Italy*. Philadelphia: University of Pennsylvania Press 2004, S. 239–269. Zu Cordoveros Konzeption des Bösen siehe Joseph Dan: No Evil Descends from Heaven: Sixteenth-Century Jewish Concepts of Evil. In: Bernard Dov Cooperman (Hrsg.): *Jewish Thought in the Sixteenth Century*. Cambridge: Harvard University Press 1983, S. 89–105.

70 Es kann an dieser Stelle leider nicht auf die Wein-Symbolik innerhalb der lurianischen Kabbala eingegangen werden, da dieser Themenkomplex eine gesonderte Studie erfordert.

71 Siehe dazu Putzu: *Bottled Poetry*.

72 R. J. Zwi Werblowsky: *Joseph Karo. Lawyer and Mystic*. Oxford: Oxford University Press 1962.

73 Siehe Fine: *Safed Spitituality*, S. 34–38.

außer man fastet (Nr. 30). Hier wird Weingenuss als Stärkung der Seite des Bösen thematisiert, wohingegen an anderen Stellen derselbe eine positive Wertung erhält, da er eine aphrodisierende Wirkung auf das Sefirotensystem hat und die Vereinigung der Sefirot stimuliert, so dass der Segensfluss aus Bina ausströmen und in die unteren Sefirot fließen kann.[74] Wenn der Weingenuss an Feiertagen stattfindet und geheiligt wird, wird er zur positiven theurgischen Stimulation, die im irdischen Bereich den Menschen erfreut und im himmlischen Bereich die Sefirot zur Vereinigung „erweckt“[75], so dass er eine wohltuende Wirkung in beiden Bereichen ausübt.[76] Doch sollte der Wein vor der Berührung durch die Goyyim (Nicht-Juden) geschützt werden, da diese Berührung zugleich ein Eindringen der bösen Mächte in den himmlischen Bereich auslösen kann.[77] Diejenigen, die koscheren Wein vor der Berührung durch Nicht-Juden schützen, werden selbst vor dem Bösen bewahrt und erhalten direkten Zutritt zur Kommenden Welt, ohne vorher noch einen Aufenthalt in der Gehenna verbringen zu müssen. Cordovero ermutigt seine Glaubensgenossen zur strengen Einhaltung der halakhischen Vorschriften, nicht nur um die mystische und religiöse Bedeutung derselben zu stärken, sondern auch um eine gewisse Stabilität im mystischen Leben als Teil der traditionellen Religionspraxis zu gewinnen.[78]

Eine ausführliche Darstellung zu Wein im Kontext der göttlichen Sefirot findet sich im 23. Kapitel[79] von *Pardes Rimmonim*, vor allem bei den Lemmata zu Wein (yayin), Becher (kos) und Trauben (ʿanavim). Basierend auf den Vorgaben des Bahir und des Zohar werden die drei Patriarchen mit dem in Bina aufbewahrten Wein identifiziert. Als männlicher und weiblicher Aspekt der Gottheit müssen Gedula (Stärke) und Gevura (Strenge) in Feuer gekleidet als in Bina gelagerter Barriquewein die erotische Spannung innerhalb des Systems

74 *Sefer Gerushin*. Jerusalem: Meqor Ḥayyim 1962, S. 58; *Pardes Rimmonim*, Tor 23 § 11. Jerusalem: Yerid ha-Sefarim 2000, S. 336–337; zum Stichwort yayin und dessen Ursprung in Bina (Einsicht) mit Tendenz entweder zu Din (Gericht) oder Gnade (Ḥesed) siehe ebd., S. 332; vgl. auch *Zohar ʿim Perush Or Yaqar*, Bd. 12. Jerusalem: Mifʿal Or Yaqar 1983, Shemini, S. 166.

75 Vgl. Zohar 2,169b oben.

76 *Zohar ʿim Perush Or Yaqar*, Bd. 4. Jerusalem: Mifʿal Or Yaqar 1967, Noaḥ, S. 77 zu Zohar 1,70a–b.

77 *Zohar ʿim Perush Or Yaqar*, Bd. 12. Jerusalem: Mifʿal Or Yaqar 1983, Shemini, S. 166.

78 Vgl. Idel: *Messianic Mystics*, S. 163–164.

79 Diese Kapitel bildet eine Art kabbalistisches Wörterbuch. In alphabetischer Reihenfolge werden die Beinamen (kinnuyim) der zehn Gottesnamen näher erläutert.

erwecken und den „Wein aus den Trauben“ pressen, der dann als Segensfluss in Malkhut fließt. Dabei bleiben im Gegensatz zur irdischen Weinherstellung die Schalen, die den Schlacken des Bösen entsprechen, nicht an ihrem Ursprungsort Bina, sondern befinden sich in der untersten Sefira, Malkhut. Somit wird der „reine Wein“ vor den Nationen der Welt geschützt, der nur Israel zum Genuss des Geheimnisses der Freude (Bina) führen kann.[80] In Anlehnung an die Passagen aus Zohar 3,4a und 39a[81] kann der heilige Wein nur aus der Stufe der Binah kommen und nur dann erfreut er den Menschen. Auf der Stufe Isaaks (Strenge/Gevura) betäubt er, und auf den Stufen darunter sind die Schlacken und Schalen – die Mächte des heiligen Gerichts und der außersefirotischen dämonischen Seite – vorhanden. Somit steigt Unreinheit aus Reinheit herab und man findet zwei Sorten von Wein im sefirotischen System.[82] Aus berauschender Freude, die ohne betäubende Wirkung erfreut, wird benebelnder und richtender Rausch und Betäubung[83]. Fließt der Wein zu früh aus Bina (Einsicht), ist er also noch nicht fermentiert und die Elemente des Bösen haben sich noch nicht gesetzt,[84] fehlt ihm das ausgleichende Gewicht der Gnade (Ḥesed) und er erhält eine schwarze Farbe, wie im 23. Tor zu den Trauben (ʿanavim), die ebenfalls die Farben Weiß, Rot und Schwarz annehmen können, und in Tor 20 §7[85] zu Gevura (Strenge) zu lesen ist:

> […] in Gevura (Strenge) gibt es drei Farben (gawwanim): eine ist Rot, oder wie Gold, die schöner ist als das Rot, das dort beschrieben wird. Und dieses Gericht (Din) ist schön wie der Wein, der erfreut und nicht berauscht. Doch gibt es auch berauschenden Wein im Geheimnis des strengen Gerichts, und darin

80 Vgl. *Zohar ʿim Perush Or Yaqar*, Bd. 5. Jerusalem: Mifʿal Or Yaqar 1970, Toledot, S. 121.

81 Siehe oben Anm. 36.

82 *Zohar ʿim Perush Or Yaqar*, Bd. 5. Jerusalem: Mifʿal Or Yaqar 1970, Wa-Yetse, S. 127 zu Zohar 1,148a. Zu altem Wein getränkt mit Schlangengift an dieser Stelle siehe Grözinger: *Jüdisches Denken*, Bd. 2, S. 576.

83 *Zohar ʿim Perush Or Yaqar*, Bd. 7. Jerusalem: Mifʿal Or Yaqar 1975. Wa-Yeḥi, S. 245 zu Zohar 1,239b.

84 Siehe dazu auch Zohar 2,144b (Matt: *Pritzker Edition*, Bd. 5, S. 316–317), wo die schwarzen Trauben nur geerntet werden dürfen, wenn sie reif, also durch die belebende Kraft der weißen Trauben versüßt worden sind. Werden sie zu früh gepflückt, ist diese Kraft noch schwach oder gar nicht vorhanden, so dass das strenge Gericht vorherrscht und der Träumende wie im Traum des Bäckermeisters bei Joseph bald stirbt.

85 *Pardes Rimmonim*, S. 238, bzw. Tor 23, S. 366.

> ist Schwarz[86] zu finden. Und darüber wird gesagt „dunkelrotes[87] Leuchten, das glänzt wie Gold“[88]. Dies entspricht den zwei Farben des Gerichts,[89] das schön ist, wenn es sich zur Seite der Ḥesed (Gnade) neigt. „Das Leuchten, das glänzt“ ist im Geheimnis von Ḥesed (Gnade) und Raḥamim (Erbarmen) zu finden und es ist gut. „Und manchmal wird es dunkel“, dies bedeutet das Geheimnis des dunklen Gerichts, in dem es kein schönes Funkeln gibt. Stattdessen wird es erhitzt im Geheimnis des Gerichts. Doch nicht wirklich Schwarz – Gott bewahre – da dies den Schalen entspricht. Eher dass sein Licht nicht stark ist, wie erklärt wurde, wie Gold oder Dunkelrot. Er schwärzt nur etwas im Geheimnis der Nähe des Gerichts zur Schale. „Gott ist das Geheimnis des Erweckens“. Dies bedeutet, dass der Name Elohim[90] im Geheimnis des erfreuenden Weines verweilt, das im Geheimnis des Gerichts liegt, das die Frau zur Vereinigung erweckt [...].

Die drei Farben zeigen hier den Zustand der Strenge (Gevura) an, der Sefira des strengen Gerichts. Schwarz ist den Schalen des Bösen vorbehalten, doch der Rotton weist darauf hin, ob sich die Strenge eher zur Gnade hin neigt oder zum Gericht. Wenn sie sich zur Gnade hinwendet, wird sie auch als Wein beschrieben, der mit Wasser vermischt wurde. Der Wein wird aufgehellt (mit Weiß bzw. Wasser / Gnade vermischt)[91] und verliert den dunklen Rotton, der das strenge Gericht anzeigt. Ein weiterer Farbton des Weines wird in seinem anderen Werk *Or Ne'erav* (Abendlicht / vermengtes bzw. liebliches Licht) hinzugefügt:[92]

> Gevura besitzt drei Farben und diese sind: eine ist die Farbe Schwarz, die von der Seite der Gehenna kommt und die Antlitze der Geschöpfe verdunkelt.[93] Die zweite ist die Farbe Rot, welche das gute Gericht darstellt, das Gott erfreut und

86 Wörtl. Schwärze (*shaḥorut*). Zu schwarzen Trauben als giftige, dämonische Trauben nach Deuteronomium 32,32 siehe Zohar 2,144b (Matt: *Pritzker Edition*, Bd. 5, S. 317, 320); zur „Farbenlehre“ von Gut und Böse im Zohar siehe vor allem Zohar 2,149b (Tishby: *Wisdom of the Zohar*, Bd. 2, S. 488–489). Vgl. Gershom Scholem: Farben und ihre Symbolik in der jüdischen Überlieferung und Mystik. In: Ders.: *Judaica 3*. Frankfurt am Main: Suhrkamp 1973, S. 98–151.

87 Der aramäische Begriff hier lautet sumqa.

88 Zohar Ḥadash 66a zu Shir ha-Shirim. Reuven Margaliot (Hrsg.). Jerusalem: Mossad ha-Rav Kook 2002, S. 131; diese Passage wird vor den Erläuterungen Cordoveros in extenso zitiert.

89 Zur Verdunklung des Antlitzes der Tiefe aus Genesis 1,2 durch das Gericht und die Auswirkung auf die Menschen siehe Zohar 2,149b.

90 Dies ist der Gottesname, der im Sefirotensystem der untersten Sefira, Malkhut bzw. Shekhina, zugeordnet wird.

91 Siehe oben Anm. 12, 36, 39.

92 Vgl. *Or Ne'erav*. Jerusalem: Sifre Qodesh Yahadut ha-Tora 1989, S. 50; vgl. Robinson: *Rabbi Moses Cordovero's Introduction*, S. 133.

93 Wörtl. schwärzt.

> den Menschen, um die Vereinigung zu erwecken. Die dritte ist die Farbe Blau (Tekhelet) – sie bezieht sich auf Din (Gericht), das auf heilige Weise in Malkhut einfließt. Es gibt auch eine vierte Farbe, die Farbe Gold - diese teilen sich Bina (Einsicht) und Gevura (Strenge) im Geheimnis des erfreuenden Weines, der zur Gevura aus Bina einfließt.

Auch wenn hier verschiedene Farben für Gevura (Strenge) zur Disposition stehen, gibt es immer einen dunklen Aspekt in ihr, da sie sich an der Grenze zur Seite des Bösen, der dunklen Mächte befindet. Doch kann mit der Hinwendung zur Gnade (Ḥesed) dieser dunkle Aspekt neutralisiert werden. In ähnlicher Weise wie in der lurianischen Lehre des Zimzum in der Darstellung des Joseph Ibn Tabul[94] das strenge Gericht bzw. das Prinzip des Weiblichen schon im einfachen Licht als „dunkle Flamme" enthalten sein muss, um den Schöpfungsprozess zu initiieren,[95] so kann auch hier ohne eine erotische Spannung zwischen Gut und Böse, Männlich und Weiblich, Gericht und Gnade kein Kelter-Prozess innerhalb des göttlichen Organismus stattfinden bzw. der Emanationsfluss von oben nach unten in Gang kommen. Bei diesem Prozess handelt es sich um einen komplexen zeitweise umgekehrten Keltervorgang, da die Trauben oben in Bina sind, dann gepresst werden, der Wein samt Schalen und Kerne in Malkhut fließt und dann der reine, gelagerte Wein wieder oben in Bina zu finden ist. Die Qualität des Weines, ob erfreuend aus Bina kommend oder mit den Schalen des Bösen vermischt in Malkhut, wird von der rituellen Praxis der Knesset Israel bzw. des einzelnen Israeliten bestimmt. Werden z. B. die Tefillin, die Gebetsriemen, korrekt und mit der angemessenen mystischen Intention angelegt, so fließt der Wein aus Bina, leitet den Erlösungsprozess (Tiqqun) ein und versüßt die Tora.[96] Es handelt sich also um erfreuenden Wein, der zwar die negativen Kräfte als heiligen Kern enthält, doch kann dieser „repariert" und „erhoben" werden, so dass durch die rituelle Praxis des täglichen Gebets sowohl der irdische als auch der himmlische Bereich wieder in ein Gleichgewicht gebracht werden können.

94 Joseph Ibn Tabul: Drush Hefzi Bah. In: Masud ha-Kohen ʿal-Ḥadad (Hrsg.): *Simḥat Kohen*. Jerusalem: Defus Azriel 1921, S. 1c–d.

95 Vgl. Necker: *Einführung in die lurianische Kabbala*, S. 81–83.

96 *Pardes Rimmonim*, Tor 25, § 3. Zu Vermischung der Sefirot und der Seelen vor der Schöpfung wie mit Schalen und Kernen vermischter Wein, der dann gereinigt wird, siehe auch Ibn Gabbai: *ʿAvodat ha-Qodesh*. Jerusalem: Shevilei Orḥot ha-Ḥayyim 1992, S. 46 (Teil 1 § 20); vgl. Wolfson: *Venturing Beyond*, S. 108.

An anderer Stelle[97] werden in Anlehnung an Zohar 1,192a die Trauben und deren Farben in Abhängigkeit zum „Geheimnis des Glaubens" beschrieben: die schwarzen benötigen Erbarmen, um weißer gemacht zu werden und für sie zu beten. Die weißen Trauben sind die erbarmende Vorsehung, die das Gericht aufhellt. In diesem Zusammenhang erscheint die symbolische Äquivalenz von Blut und Wein als Gegensatz zwischen einem unreinen Influxus, der mit der Seite des Bösen in Verbindung steht, und einem heiligen, segensreichen Einströmen im göttlichen Bereich. Es scheint, dass für die kabbalistischen Denker des Mittelalters Blut auch eine positive symbolische und theurgische Bedeutung einnehmen konnte, z. B. im Kontext der Beschneidung[98], aber wenn es als Gegenpol zu Wein gedeutet wird, symbolisiert es den negativen – oft christlichen – Gegensatz zum segensreichen Getränk.[99]

Jedoch besteht gemäß Cordoveros *Hanhagot*[100] die Möglichkeit, jede alltägliche Mahlzeit mit Hilfe der mystischen Kontemplation in ein Speise- bzw. Trankopfer zu verwandeln. Cordovero erwähnt im Gegensatz zu seinem Lehrer Karo in diesem Kontext keine Einschränkung in Bezug auf die Menge des Weines. Die aphrodisierende Wirkung auf das Sefirotensystem spielt für ihn in diesem Zusammenhang keine Rolle. Die Transformation der Deutung des wie bei Cordovero stets ambivalenten Weingenusses als Trankopfer könnte in gewisser Weise als Vorwegnahme der chassidischen Idee von der ʿAvoda be-Gashmiut (wörtl. Anbetung durch / in Körperlichkeit)[101] gedeutet werden. Der Mystiker verwandelt hierdurch materielle und physische Handlungen in kontemplative Momente des Erlösungsprozesses.[102]

97 *Zohar ʿim Perush Or Yaqar*, Bd. 5. Jerusalem: Mifʿal Or Yaqar 1970, Wa-Yetse, S. 91, 93.

98 Siehe oben Anm. 29 und 32.

99 Vgl. Biale: *Blood and Belief*, S. 88–92.

100 Fine: *Safed Spirituality*, S. 37. Siehe oben Anm. 39.

101 Zu diesem Phänomen in der Anfangsphase des Chassidismus siehe Tsippi Kaufman: *In all your Ways know Him: The Concept of God and Avodah be-Gashmiyut in the Early Stages of Hasidism*. Tel Aviv: Bar Ilan University Press 2009 (Hebräisch); Grözinger übersetzt diesen Begriff mit „Gottesdienst in der Dinglichkeit", vgl. ders.: *Jüdische Denken*, Bd. 2, S. 780–782.

102 Auf die Bedeutung von Wein innerhalb der sabbatianischen und frankistischen Bewegung kann an dieser Stelle nicht näher eingegangen werden. Siehe die kurzen Anmerkungen bei Wolfson: *Venturing Beyond*, S. 182; Pawel Maciejko: *The Mixed Multitude: Jacob Frank and the Frankist Movement, 1755–1816*. Philadelphia: University of

Gottesfurcht vertreibt den Rausch – der Besht und Wein

Das Bild, das Martin Buber[103] und andere Forscher von dieser Spätphase der jüdisch-mystischen Bewegung und ihrem Begründer, dem Ba'al Shem Tov,[104] zeichnen, ließe bei diesem Schriftkorpus vermuten, dass Wein eine zentrale Rolle bei ekstatischen Gesängen und Tänzen dieser Strömung einnimmt. Doch finden wir in den folgenden Beispielen aus der frühchassidischen Literatur wie im Midrasch und in der kabbalistischen Literatur eine ähnlich ambivalente Haltung gegenüber dem Wein. Die folgende Aussage aus *Nofet Tsufim* (Honigseim) des Rabbi Pinchas Shapira aus Koretz (1728–1791)[105] kann dies illustrieren:[106]

> Der Koretzer Rabbi sagte: Der Talmud[107] erklärt, dass Weingenuss in Maßen zur Entfaltung des menschlichen Gehirns führt. Wer völlig abstinent lebt, wird selten von Weisheit besessen.[108]

Hier wird erneut die ambivalente Haltung zu Wein deutlich, der nur in Maßen genossen zur Weisheit führen kann, jedoch auch zugleich für solch ein Unterfangen unentbehrlich ist.

Als Erläuterung zu Sprüche 9,5 („[...] kommt, esset von meinem Brot und trinkt von dem Wein, den ich gemischt habe!") und Prediger 12,1

Pennsylvania Press 2011, S. 23, 27, 32, 35, 110–112, 122, 203–205 (Wolf Eibeschütz), 259 (Rheinwein).

103 Martin Buber: *Die Erzählungen der Chassidism.* Zürich: Manesse 1949; ders.: *Die Legende des Baalschem.* München: Manesse 2001; ders.: *Der Weg des Menschen nach der chassidischen Lehre.* Gütersloh: Gütersloher Verlagshaus 2001.

104 Zum Besht als historische bzw. ‚sagenhafte' Gestalt und seiner Lehre siehe Moshe Idel: „In the State of Walachia, Near the Border?" Or: Was the Besht Indeed Born in Okopy? In: *Eurolimes. Journal for the Institute for Euroregional Studies* 5 (2008), S. 14–21; Ada Rapoport-Albert (Hrsg.): *Hasidism Reappraised.* London: Littman Library of Jewish Civilization 1996; dies. / David Assaf (Hrsg.): *Let the Old Make Way for the New. Studies in Social and Cultural History of Eastern European Jewry. Presented to Immanuel Etkes.* Jerusalem: Zalman Shazar Center 2009 (Hebräisch); Joseph Weiss: *Studies in East European Jewish Mysticism and Hasidism.* London: Littman Library of Jewish Civilization 1997; David Assaf / Esther Liebes (Hrsg.): *The Lastest Phase. Essays on Hasidim by Gershom Scholem.* Jerusalem: 'Am Oved / Magnes Press 2008 (Hebräisch); Mendel Piekarz: *The Beginning of Hasidism. Ideological Trends in Derush and Musar Literature.* Jerusalem: Mossad Bialik 1978 (Hebräisch).

105 Zu dieser Figur, einem Vorfahren Abraham Yehoshua Heschels, und ein Freund des Besht, siehe Abraham Yehoshua Heschel: *The Circle of the Baal Shem Tov. Studies in Hasidism.* Chicago: University of Chicago Press 1985, S. 1–43.

106 *Nofet Tsufim.* Peitrikow: Palman 1911, S. 13.

107 Vgl. Babylonischer Talmud 'Eruvin 65a; Yoma 76b und Bava Batra 12b.

108 Für eine englische Übersetzung siehe Lous I. Newman: *Hasidic Anthology. Tales and Teachings of the Hasidim.* New York: Schocken Books 1963, S. 85.

(„Denk an deinen Schöpfer in deiner Jugend und lass dein Herz guter Dinge sein") wird in Israel von Kosnitz' (1733–1814) *Or Yesharim*[109] (Licht der Aufrechten) ausgeführt:

> Der Kosnitzer Maggid[110] sprach: Wir lesen „so sollt ihr auch YHWH den Erstling eures Teiges geben für alle Zeit" (Numeri 15,21), nämlich das erste eurer Jahre „sollt ihr YHWH geben". Warte nicht, bis du zu alt bist, um Gott zu dienen, sondern weihe dich ihm auch im frühen Mannesalter. Der Kobriner fügte hinzu: der Talmud erklärt, dass bis zum Alter von 40 Jahren wir mehr Befriedigung im Essen finden. Doch nach 40 im Trinken (Bavli Shabbat 152a). Sollten dich böse Gedanken locken, deine jungen Jahre dem körperlichen Vergnügen zu widmen, erinnere dich daran, dass der Dienst an Gott wie Nahrung ist, und die Nahrung ist am besten, wenn sie frisch ist. Sollte es dich in reiferen Jahren reizen, dich bei den Mühen des Dienstes an Gott weniger anzustrengen, erinnere dich daran, dass der Dienst an Gott wie Wein ist, und Wein ist am besten, wenn er alt ist.[111]

Anders als im Zohar 2,169b wird hier Wein bzw. Trinken als eine höhere Stufe des Gottesdienstes angesehen als Essen. Der Wein entspricht ähnlich dem Barriquewein in Bina dem Alter bzw. der Reife und der gereiften Gotteserkenntnis. An dieser Stelle wird dem Wein keine negative Eigenschaft zugesprochen, und er symbolisiert in positiver Weise den Gottesdienst im Mannesalter. Die dämonischen Kräfte treten hier ausnahmsweise außerhalb der Weinsymbolik auf und stellen den Gegenpol zu einem angemessenen Gottesdienst dar, der sowohl in der Jugend als auch im Alter mit größter Anstrengung und Intention durchgeführt werden sollte.

Doch wenden wir uns nun dem Begründer des Chassidismus, dem Besht, zu. In den *Shivḥe ha-Besht* (Legenden über den Besht)[112] findet sich folgende Erzählung vom Meister selbst:

109 Israel von Kosnitz: *Or Yesharim*, hrsg. v. Moshe Ḥayyim Kleinman. Warschau: Zeilingeld 1924, S. 192.

110 Israel von Kosnitz war der Begründer der Kosnitzer Dynastie, einer der drei großen Patriarchen des polnischen Chassidismus und Schüler des berühmten Rabbi Elimelekh Lipman von Lisensk. Siehe Abraham Rubinstein: Art. Kozienice, Israel ben Shabbetai Hapstein. In: *Encyclopaedia Judaica*, hrsg. v. Cecil Roth. Jerusalem / New York: Keter Publishing House 1972, Bd. 10, Sp. 1234–1235.

111 Newman: *Hasidic Anthology*, S. 154. Weitere Passagen zum Alkoholgenuss finden sich in dieser Sammlung auf S. 20, 84–85, 89, 92, 118, 361 und 518.

112 Vgl. Karl Erich Grözinger (Hrsg.): *Die Geschichten vom Ba'al Shem Tov. Schivche ha-Bescht*, Teil 2: Jiddisch mit deutscher Übersetzung. Wiesbaden: Harrassowitz 1997, S. 130–131. Grundlage der folgenden Übersetzung ist Abraham Rubinstein (Hrsg.): *Shivhei ha-Besht*. Jerusalem: Reuven Mass 1991, S. 206.

> Der Besht befand sich eines Tages in der Walachei,[113] wo es einen Wein gab, der so stark ist, dass er aus den Trauben tropft und dass man, auch wenn man nur zwei oder drei kleine Tropfen davon in einem Glas mischt, ihn nicht trinken kann wegen seiner Stärke. Der Herr des Hauses bot dem Besht ein kleines Glas von diesem Wein an. Als er ihn kostete, sagte der Besht: „Dein Wein ist köstlich, doch warum ist dein Glas so klein?“ Der Hausbesitzer antwortete: „Weil es gefährlich ist, ein großes Glas davon zu trinken.“ Der Besht erwiderte: „Ich habe davor keine Angst!“ Sie reichten ihm ein großes Glas, und er trank es ganz. Doch sein Gesicht erglühte purpurrot,[114] und seine Haare standen ihm zu Berge[115] wie Feuer, so dass alle Anwesenden ihn erschreckt anstarrten. Doch der Besht fuhr sich mit der Hand über sein Gesicht, und augenblicklich wurde er wieder normal. Alle wunderten sich sehr. Er entgegnete ihnen, dass bekannt sei, dass Wein stark sei, doch die Furcht vertreibt ihn.[116] Und wenn man die Größe / Erhabenheit des Gesegneten betrachte, würde Furcht und Zittern über den Betrachter kommen aufgrund Seiner Größe, gesegnet sei Er, und dies vertreibe die Auswirkungen des Weines.[117]

Der Besht erholt sich in dieser Erzählung sehr rasch von den Folgen des Rausches. Zwei Aspekte führen zu dieser plötzlichen Veränderung: die Handbewegung und die Bewusstwerdung der Größe und Allmacht Gottes. Dabei entspricht die körperliche Aktion, die Handbewegung, der spirituellen, der Erkenntnis der Allmacht. Die

113 Vgl. dazu Idel: „In the State of Walachia“.

114 Hier handelt es sich um ein Leitmotiv der gesamten Erzählungen, die Veränderung des Antlitzes des Besht. Vgl. Dan Ben-Amos / Jerome R. Mintz (Hrsg.): *In Praise of the Baal Shem Tov*. New York: Schocken Books 1984, S. 28, 30, 45–46, 136. Siehe dazu auch die Beschreibung eines ähnlichen Feuererlebnisses von Shabbatai Zwi, das sowohl Sabbatai als auch den Besht in die Nähe Moses, des höchsten Propheten, rückt. Siehe Gershom Scholem: *Sabbatai Zwi. Der mystische Messias*. Frankfurt am Main: Jüdischer Verlag 1992, S. 138. Wie in den oben angeführten Zoharstellen wird auch bei Sabbatai Zwi die Bedeutung der Beschneidung als Zeichen des Bundes im Zusammenhang eines ekstatischen Erlebnisses hervorgehoben.

115 Dieselbe physische Reaktion wird auch bei sexueller Erregung aufgrund der äußeren Schönheit einer Person beim Besht hervorgerufen, die er ebenfalls mit derselben Handbewegung normalisiert, indem er zugleich das wahre Wesen dieser Person erkennt. Vgl. Ben-Amos / Mintz: *In the Praise*, S. 220; Rubinstein (Hrsg.): *Shivḥei ha-Besht*, S. 279.

116 Zitat aus Babylonischer Talmud Bava Batra 10a mit Begriffen in umgekehrter Reihenfolge.

117 Siehe zu dieser Passage im Zusammenhang der charismatischen Wirkung des Besht und einer pseudo-hypnotischen Interaktion mit seinen Anhängern, Moshe Idel: „The Besht passed his Hand over his Face“. On the Besht's Influence on his Followers: Some Remarks“. In: Philip Wexler / Jonathan Garb (Hrsg.): *After Spirituality. Studies in Mystical Traditions*. New York: Peter Lang 2012, S. 81–82; ders.: *Ben: Sonship and Jewish Mysticism*. London / New York: Continuum 2008, S. 531–534; ders.: *Hasidism. Between Ecstasy and Magic*. Albany: Sunny Press 1995, S. 207 und Philipp Wexler: *Mystical Interactions, Sociology, Jewish Mysticism and Education*. Los Angeles: Cherub Press 2007, S. 27–33, 68, 170.

augenblickliche Bewusstseinsänderung des Meisters basiert dabei auf einer Aussage, die vor dem Weingenuss gemacht wurde: Er fürchte nichts. Diese Furchtlosigkeit taucht an mehreren Stellen seiner Hagiographie auf,[118] doch wird diese Aussage durch den Verweis auf die Gottesfurcht am Ende der Erzählung relativiert. Die Handbewegung symbolisiert hier die plötzliche Bewusstseinsänderung des Besht, die ekstatische Wirkung des Weines wird durch die Gottesfurcht ausgeglichen – ähnlich den oben angeführten Passagen aus dem Zohar, nach denen die strenge Seite des Gerichts durch die Gnade ausgeglichen werden muss und sich die Farbe des sefirotischen Weines ändert. Anders als bei Abulafia wird hier Ekstase nicht durch Zahlenkombination, sondern zunächst durch irdischen Weingenuss hervorgerufen. Die anfängliche, materielle Freude des Weines muss dann aber neutralisiert werden, damit die Ekstase nicht im exzessiven Rausch endet. Der Besht verfügt durch seine spirituelle Größe über die Fähigkeit, auch den stärksten Wein bzw. dessen berauschende Wirkung zu beherrschen und in eine positive Gotteserfahrung zu verwandeln.

Die Liebe des Begründers des Chassidismus zum Wein erscheint nochmals in einer anderen Anekdote:[119]

> […] Er kam zur heiligen Gemeinde von Schargorod am Vorabend des Shabbat und wurde aufgrund des Fiebers sehr schwach. Dennoch ging er zur Synagoge und betete vor dem Toraschrein. Sein Gebet war wie eine auflodernde Flamme. Nach dem Gebet war er so schwach, dass sie ihn unter seinen Schultern stützen mussten und ihn zur Gaststätte brachten. Er hieß sie an, ihm sehr guten Wein zu bringen. Nach einem Glas davon erholte er sich augenblicklich und sprach im Scherz: „Dieser Wein ist so köstlich, dass es sich lohnen würde, noch einmal krank zu werden für eine Stunde, um ein zweites Glas zu bekommen."

Im Gegensatz zur vorherigen Erzählung ist hier Wein im positiven Sinne Heilmittel gegen das Fieber des Besht. Doch sollte diese Spontanheilung nicht allein auf den Weingenuss, sondern vor allem auf die ekstatische Gebetspraxis in der Synagoge zurückgeführt werden. Sie zeigt an, dass die spirituelle Gesundheit des Meisters im Gegensatz zu seiner physischen nicht gefährdet ist. Nur unter dieser Bedingung kann der Wein seine wohltuende Wirkung entfalten und das

118 Siehe Ben-Amos / Mintz: *In the Praise*, S. 11; Dov Noy stellt einen möglichen Einfluss der Hutzulen auf diese Aussage fest. Dov Noy: The Besht in the Carpathian Mountains. In: *Maḥanayyim* 46 (1969), S. 66–73 (Hebräisch).

119 Ben-Amos / Mintz: *In the Praise*, S. 124; Grözinger: *Die Geschichten vom Ba'al Shem Tov*, S. 86.

Fieber, das zuvor als Strafe auf den Besht gekommen war, vertreiben. Im Sinne der 'Avoda be-Gashmiut wendet sich der Besht den irdischen Dingen zu, um darin die göttliche Gegenwart zu entdecken und anhand dieser seinen Geist zu erheben, dem Göttlichen anzuhaften und den wahren Gottesdienst durchzuführen.

Die Priorität der spirituellen gegenüber der physischen Freude, für die der Wein nur als Symbol dient, wird auch bei dem Nachfolger des Besht, Dov Bär von Mezritsch, dem berühmten Maggid von Mezritsch (1704–1772),[120] in seinem Werk *Maggid Devaraw le-Ya'aqov* (Der seine Dinge Jakob sagt)[121] deutlich. Während jedoch der Besht sich den irdischen Dingen bewusst zuwendet, um diese mit seiner mystischen Intention zu heiligen, lehrt der Maggid die Überwindung oder das ‚Ablegen von diesen materiellen Dingen' (Hitpashtut ha-Gashmiut), um zur Gotteserkenntnis zu gelangen, wie das folgende Beispiel zeigt:[122]

> Ein Gleichnis von einem Königssohn, der bei einem der Knechte, einem Rohling, der wildes Benehmen und Saufen mochte, gefangen war. Der Königssohn wollte seine Gedanken stets an seinen Vater binden, damit er beim König in Erinnerung bliebe. Was tat der Sohn? Er verband sich stets mit dem Vergnügen, dem sein Vater in der Weise des Königs hingegeben war, und so war sein Denken stets mit dem seines Vaters verbunden.
>
> Der rohe Knecht aber wollte sich betrinken gehen und dem Wein frönen, aber er fürchtete, dass der Gefangene fliehen könnte. So nahm er ihn zum Trinken mit. Und beide gaben sich dem Trinken hin und waren vergnügt, doch hatten sie nicht dieselbe Intention. Der Königssohn nämlich, obwohl er freudig mit in die Schenke ging, hatte sein Trachten nicht auf die materielle Seite des Trinkens ausgerichtet, denn dadurch wurde sein Denken nicht mit dem Denken seines Vaters verbunden, denn es war nicht die Art des Königs, dem Wein zu frönen. Darum war die Absicht des Sohnes, dadurch nur vergnüglich zu werden und sich zu freuen, damit sich sein Denken an das seines Vaters band, und er bei seinem Vater in Erinnerung bliebe. Die Freude des Knechtes beim Besuch der Schenke aber galt allein dem materiellen Wein.
>
> Und dies ist die Auslegung:
>
> Der Mensch soll stets an der geistigen Freude haften, auch wenn ihm Vergnüglichkeiten dieser Welt, wie Shabbat und Feiertage, widerfahren. Dann sei sein Vergnügen stets ein geistiges Vergnügen an der Sache, denn sie ist die Lebensessenz der Sache, und nicht am Materiellen. Denn dadurch, dass er am geistigen

120 Siehe Moshe Rosman: *Founder of Hasidism*. Berkeley / Los Angeles: University of California Press 1996, S. 125, 138, 184, 186, 188, 190, 206; Grözinger: *Jüdisches Denken*, Bd. 2, S. 810–852.

121 Rivka Schatz-Uffenheimer (Hrsg.): *Maggid Devaraw le-Ya'aqov le-Maggid Dov Ber mi-Mesritsh*. Jerusalem: Magnes Press 1976, S. 128.

122 Die Übersetzung folgt der von Grözinger: *Jüdisches Denken*, Bd. 2, S. 834.

> Vergnügen haftet, ist er bei Gott, gesegnet sei Er, in Erinnerung, denn auch Er, gesegnet sei Er, haftet an einem geistigen Vergnügen, das wir nicht erfassen können.

Meines Erachtens lässt sich an dieser Passage die enge Verbindung zwischen den zoharischen Thesen, den Interpretationen Cordoveros und den chassidischen Anschauungen zu Wein erweisen.[123] Auch die asketischen Bedenken in Bezug auf Wein erscheinen hier wieder.[124] Die performative Relevanz des Weines als Symbol der Freude in der rituellen Praxis und der Verweis auf die obere Quelle, aus der diese Freude in den materiellen Bereich einströmt, welcher laut dem Maggid aber spirituell überwunden werden muss, spiegeln sich in dieser Erzählung wider. Das meditative Anhaften an der göttlichen Welt lässt ein alltägliche Handeln, ein Besuch in der Schenke, zum Gottesdienst werden. Wein nimmt in diesem Zusammenhang eine doppelte Funktion ein: im Sinne des Zohar symbolisiert er die anfängliche, ekstatische Wirkung im materiellen Bereich, die aber nur dann nicht in Sorge bzw. Gericht endet, wenn das Denken (vgl. Zohar 3,39a) am oberen, göttlichen Bereich anhaftet. Wenn der Wein nicht aus den unteren Regionen des Sefirotensystems stammt und mit den Schalen des Bösen vermischt ist, sondern aus der oberen Sefira Bina (Einsicht) strömt und durch Ḥesed (Gnade) zum Ausgleich kommt, hat er eine positive Wirkung auf den Menschen und sein spirituelles Dasein. Das geistige Vergnügen Gottes, das am Ende des Textes angesprochen wird, verweist meiner Meinung nach auf die innergöttlichen Vereinigungen, die durch den korrekten, aphrodisierenden Kelterprozess von unten nach oben, ähnlich wie in Cordoveros *Or Ne'erav*, initiiert und mit deutlich erotischen Metaphern konnotiert werden.

Wie in den früheren Epochen bleibt die Haltung zu Wein und dessen Genuss auch im Chassidismus ambivalent. Nur durch kontemplative Gottesfurcht und -dienst kann die ekstatisch-materielle Wirkung des Weingenusses im Chassidismus richtig ‚kanalisiert' werden und zu wahrer Gotteserkenntnis führen. Dabei werden die innersefirotischen Dramen auf den irdischen Bereich projiziert und der Chassid

123 Zu dieser These der Kohärenz zwischen der Frühphase des Chassidismus und Cordovero siehe Idel: *Hasidism*, S. 43.

124 Zur Askese im mittelalterlichen Judentum siehe David Biale: *Eros and the Jews. From Biblical Israel to Contemporary America.* New York: Basic Books / HarperCollins 1992, S. 86–148.

kann durch sein Handeln im irdischen und sein Anhaften im göttlichen Bereich die Harmonie zwischen oben und unten bzw. rechter und linker Seite im göttlichen System wieder herstellen. Durch die charismatisch-magische Verbindung zwischen Lehrer und Schüler wird dabei der göttliche Segensfluss in den materiellen Bereich geleitet und führt zur Erlösung der Welt (Tiqqun ha-ʿOlam).

Es sollte im Vorausgegangenen exemplarisch angedeutet werden, dass ganz im Sinne des anfangs erwähnten Gedichtes von Paul Celan[125] „Bei Wein und Verlorenheit, bei beider Neige" in der kabbalistischen Literatur und im Chassidismus Wein und dessen Genuss in bebilderte Sprachen bzw. Symbolik überführt wird, wobei entweder die komplexe Struktur des innergöttlichen Organismus, der Sefirot, die Zahlenwerte des hebräischen Alphabets, die performative Funktion des Weines im Ritual oder die magisch-charismatische Interaktion zwischen Meister und Schülern als Grundlage der mystischen Interpretation dient. Die Ambivalenz der Gottesnähe und -ferne, der Gnade und des Gerichts, der göttlichen und der dämonischen Seite findet ihren metaphorischen Ausdruck im Wein, in seinen Farben, seinen Zahlenwerten und seiner Anwendung im alltäglichen und rituellen Gebrauch. Interessanterweise erwähnt auch Celan den Gesang, ähnlich wie in Zohar 3,39a, der zum einen Ausdruck der Freude, aber zum anderen auch die Offenbarung eines Geheimnisses andeuten kann, das nicht aufgedeckt werden darf. Die „Verlorenheit" des Mystikers zwischen beiden Polen, seine Suche nach dem ewig erfreuenden Wein aus der Erkenntnis Gottes, zwischen Gericht und Gnade, dient als Ausgangspunkt der mystischen Exegese, deren Gebrauch von Wein und Weinsymbolik hier nur knapp erläutert werden konnte und deren faszinierende Bildersprache noch weiterer Untersuchungen bedarf.

125 Zu Celan und seinem Zyklus *Die Niemandsrose* im Kontext der Kabbala siehe Moshe Idel: Paul Celans *Psalm. Eine Offenbarung des Nichts*. In: Ders.: *Alte Welten. Neue Bilder. Jüdische Mystik und die Gedankenwelt des 20. Jahrhunderts*. Frankfurt am Main: Jüdischer Verlag im Suhrkamp Verlag 2012, S. 308–317.

„Im Kelche ein Wunder“
Zur profanen jüdischen Wein-Dichtung im Mittelalter

Andreas Lehnardt

Die profane jüdische Weindichtung im Mittelalter wurde bereits seit den Anfängen der Wissenschaft des Judentums im 19. Jahrhundert beachtet und kontrovers diskutiert.[1] Für manche Forscher stellte die Erschließung dieser nicht-gottesdienstlich verwendeten Lieder von Wein und Leidenschaft (Shire yayin we-ḥesheq) eine Herausforderung traditioneller jüdischer Auffassungen dar. Die Dichtungen erschienen als etwas Neues und ließen sich mit den rituell verwendeten Poesien formal wie inhaltlich nicht vergleichen.[2] Andere wiederum verbanden mit der Erschließung dieser Kompositionen apologetische Anliegen: Die profanen Weindichtungen sollten die jüdische Poesie der Dichtkunst anderer monotheistischer Religionen, insbesondere mit der christlicher Autoren gleichstellen. Juden konnten durch den Verweis auf diese Profandichtungen gewissenmaßen als Teil der allgemeinen Menschheit erwiesen werden.[3] Dieses Interesse spielte in der

1 Siehe etwa Moritz Steinschneider: Jüdische Litteratur und Jüdisch-Deutsch. Mit besonderer Berücksichtigung auf Avé-Lallemant. In: *Serapaeum. Zeitschrift für Bibliothekswissenschaft, Handschriftenkunde und ältere Litteratur* 25 (1864), S. 33–46, 49–62, 65–79, 81–95, 81–95, 97–101, hier S. 52 (Nr. 398), S. 61 (Nr. 407); Nehemias Brüll: Beiträge zur jüdischen Sagen- und Spruchkunde im Mittelalter. In: *Jahrbücher für Geschichte und Litteratur* 9 (1889), S. 1–71, hier S. 1–4; Leopold Löw: *Die Flora der Juden*. Wien / Leipzig: Löwit 1924–1934, Bd. 1, S. 170–173; Bd. 4, S. 113–115. Zur Forschungsgeschichte insgesamt vgl. Ismar Elbogen: Zur hebräischen Poesie des Mittelalters. In: *Monatsschrift für Geschichte und Wissenschaft des Judentums* 82 (1938), S. 306–323, hier S. 307–310.

2 Siehe dazu etwa Dan Pagis: *Change and Tradition in Secular Poetry: Spain and Italy*. Jerusalem: Keter 1976, S. 1 (Hebräisch).

3 Siehe dazu Raymond Scheindlin: *Wine, Women, and Death. Medieval Hebrew Poems on*

Forschung zwar bald keine Rolle mehr, in gewandelter Form scheint es jedoch dort wieder auf, wenn diese Dichtungen als Indiz einer idealisierten Geschichtsepoche im maurischen Spanien bzw. in Sefarad gelesen werden. Weinlieder können dann etwa als prononcierter Ausdruck eines ‚Goldenen Zeitalters' friedlicher Koexistenz im islamischen Spanien (10.–12. Jahrhundert) gedeutet werden, welche es so freilich wohl nie gegeben hat und das tendenziell eher dem aufgeklärten Denken europäischer Forscher entspricht als historisch verifizierbaren Fakten.[4]

Jenseits dieser Interessen an jüdischer Profandichtung und mittelalterlichen jüdischen Weinliedern scheint ein Blick auf diese Literatur im Kontext des vorliegenden Bandes lohnend. Zunächst ist ja festzustellen, dass die Anzahl der bekannten Dichtungen, in denen Wein und sein Konsum thematisiert wird, durch die fortschreitende Erschließung der Funde aus der Kairoer Genisa seit dem Ende des 19. Jahrhunderts ständig erweitert worden ist. Viele der in dieser ‚Abstellkammer' für gebrauchte Schriften in der Ben Ezra-Synagoge in Fustāt (Altkairo) entdeckten poetischen Kompositionen sind unbekannt geblieben, und erst nach der mühseligen, im Grunde bis heute andauernden Erschließung vieler tausender Handschriftenfragmente ergibt sich ein umfassenderes Bild der Entwicklung dieser poetischen Gattung.[5]

Im Jahre 1943 erschien eine erste hebräische Anthologie mit mittelalterlichen Weinliedern, herausgegeben von Abraham Meir Habermann (1901–1981), in der bereits einige der neu aufgefundenen Handschriftenfragmente berücksichtigt waren.[6] Chaim Schirmann

the Good Life. New York: Jewish Publication Society 1986, S. IX.

4 Zur Revision des Bildes vom ‚Goldenden Zeitalter' des spanischen Judentums siehe etwa Menahem Ben-Sasson: Al-Andalus. The So-Called ‚Golden Age' of Spanish Jewry. In: Christoph Cluse (Hrsg.): *The Jews of Europe in the Middle Ages (Tenth to Fifteenth Centuries)*. Turnhout: Brepols 2004, S. 123–135; Sarah Stroumsa: Al-Andalus und Sefarad. Von Bibliotheken und Gelehrten im muslimischen Spanien. In: Lukas Clemes / Christoph Cluse / Alfred Haverkamp / Sigrid Schmitt (Hrsg.): *Arye Maimon Institut für Geschichte der Juden. Studien und Texte*. Trier: Kliomedia 2010, S. 11–30, hier S. 12.

5 Einige Texte mit Weindichtungen aus der Genisa sind von Hayyim (Jefim) Shirman: *New Hebrew Poems from the Genizah. Edited with Introductions, Variant Readings and Explanatory Notes*. Jerusalem: The Israel Academy of Sciences and Humanities 1965, S. 458–465 (Hebräisch) veröffentlicht worden. Siehe die deutschen Übersetzungen einiger Proben daraus von Johann Maier: Trinklied (*Kôsôt jajin ᵃrebîm*). In: *Judaica* 23,1 (1967), S. 28–29; ders.: Trinklied (*ʿAl reʿaj wᵉ al raʿjātî*). In: *Judaica* 24,1 (1968), S. 57–59; ders.: Ein Wermutstropfen im Becher. In: *Judaica* 24,4 (1968), S. 167–172.

6 Vgl. Avraham M. Habermann (Hrsg.): *Innve ḥen – Me'a shire yayin le-meshorere Sefarad*

(1904–1981) veröffentlichte 1954 eine weitere Zusammenstellung mit Gedichten verschiedener jüdischer Autoren aus Sefarad und der Provence, in die er auch Weinlieder aufnahm.[7] Diese hebräischen Anthologien wurden durch Sammlungen mit kommentierten Übersetzungen ergänzt, ohne dass ihre Herausgeber auf Vollständigkeit abzielen konnten.[8]

Bis heute ist daher kein umfassender Überblick über diesen Teil der jüdischen Dichtkunst veröffentlicht, zumal bis in jüngste Zeit unbekannte hebräische Weinlieder in Handschriftenfragmenten identifiziert und veröffentlicht werden.[9] Sogar eine genaue Definition der Gattung ‚Weinlied' im Vergleich zu den verwandten Gattungen wie ‚Freundschafts'- und ‚Liebeslied' etwa auch im Vergleich mit arabischen Dichtungen bleibt daher problematisch.[10] Auch die teilweise fließenden Übergänge zwischen poetischen Bearbeitungen rituell verwendeter Gebete und profanen Dichtungen sind mittlerweise erkannt.[11] Doch ab wann solche Lieder komponiert und aufgezeichnet wurden und wie ihr Verhältnis zu kontemporären nicht-jüdischen Dichtungen ist, lässt sich bislang nicht abschließend bestimmen.

Auch der Einfluss der islamischen Dichtkunst und den in ihr überlieferten Weinliedern ist erkannt worden.[12] Obwohl es gegen solche

we-aratsot ha-mizraḥ. Tel Aviv: Maḥberot le-Sifrut 1943. Siehe auch ders.: *'Iyyunim be-shira u-va-fiyyut shel yeme ha-benayim*. Jerusalem: Rubin Mass 1972, S. 41–46.

7 Vgl. Hayim Schirmann: *Ha-shira ha-'ivrit be-Sefarad u-wa-Provence*. Jerusalem / Tel Aviv: Bialik Institute 1960, hier Bd. 1,1, S. 67–68, 157–168.

8 Vgl. neben Scheindlin: *Wine, Women, and Death*, S. 34–75 auch Ted Carmi: *The Penguin Book of the Hebrew Verse*. London: Penguin Books 1981, S. 280, 296–297, 323–324; Georg Bossong: *Das Wunder von al-Andalus. Die schönsten Gedichte aus dem Maurischen Spanien*. München: Beck 2005, S. 176–178, 181–182, 186–188, 214–215, 226–229.

9 Vgl. etwa das Freundschaftslied des wenig bekannten Dichters Shemarya ha-Kohen in einem Genisa-Fragment (Cambridge University Library, T.-S. 8 H 23 / 6), welches von Menahem Zulay: *From the Lips of Poets and Precentors*, hrsg. v. Shulamit Elizur. Jerusalem: Ben-Zvi Institute 2004, S. 206 (mit Anm. S. 254), veröffentlicht worden ist.

10 Für die arabische und hebräische Liebeslyrik vgl. Shari L. Lowin: *Arabic and Hebrew Love Poems in Al-Andalus*. London / New York: Routledge 2014.

11 Siehe etwa das undatierte Genisa-Fragment (Ms Oxford Bodleian Library Heb. f 36 2738 / 5) mit einer poetischen Bearbeitung des Tischsegens (Birkat ha-mazon) in Naphtali Wieder: *The Formation of Jewish Liturgy in the East and the West*. Jerusalem: Ben Zvi Institute 1998, Bd. 1, S. 239–240 (Hebräisch). Siehe auch Arnold Wieder: Ben Sira and the Praise of Wine. In: *Jewish Quarterly Review* 61 (1970), S. 155–166.

12 Zu arabischen Weinliedern bzw. Liedern, in denen Wein besungen wird, vgl. etwa Ewald Wagner: *Grundzüge der arabischen Dichtung*. Darmstadt: WBG 1988, Bd. 2, S. 34–36; Philip F. Kennedy: *The Wine Song in Classical Arabic Poetry*. Oxford:

Dichtungen im Islam wie im Judentum immer wieder schwere religiöse Bedenken gegeben hat, wurden solche profanen Lieder tradiert und weit über den Raum ihrer Entstehung verbreitet.[13] Die zahlreichen neuaufgefundenen Zeugnisse für Weinlieder und andere nichtgottesdienstliche Lieder aus der Kairoer Genisa haben die Forschungslage dabei grundlegend verändert. In der Genisa kamen nicht nur poetische Weisheitstexte zum Vorschein, die im Grunde biblisch-weisheitliche Weindichtungen weiterführten, sondern auch eigenständige Kompositionen, deren historische Einordnung zunächst Schwierigkeiten bereitete.[14]

Die Erforschung profaner Dichtungen im Judentum stand dabei von Anfang vor einem ambivalenten Phänomen: Ausgerechnet die angesehensten Poeten der klassischen jüdischen Dichtkunst brachten in ihren Weinliedern eine Haltung zum Ausdruck, die mit der offiziellen Religion nicht in Einklang zu bringen schien. Es verwundert vor diesem Hintergrund nicht, dass die Literatur zu diesem Gebiet mittlerweile rasch angewachsen ist, und es bedürfte daher eigentlich einer gründlicheren Aufarbeitung der Forschungsgeschichte, um die in hier nur angedeuteten Probleme differenzierter zu würdigen.[15] Auch wenn dies an dieser Stelle nicht geleistet werden kann, seien im Folgenden dennoch einige grundlegende Entwicklungen skizziert und Beispieltexte vorgestellt, die einige relevante Fragen beleuchten. Gerade die profanen Weindichtungen sind im Hinblick auf die kulturelle Adaption des Weins von besonderer Aussagekraft und dürfen in einem Band über Judentum und Wein nicht fehlen.

Weinlieder vor dem 10. Jahrhundert

Die wissenschaftliche Erschließung der profanen jüdischen Dichtung des Mittelalters konzentrierte sich zunächst auf die Sammlungen

Clarendon Press 1997; Douglas C. Young: Wine and Genre: Khamriyya in the Andalusi Maqama. In: Michelle M. Hamilton / Sarah J. Pornoy / David A. Wachs (Hrsg.): *Wine, Women, and Song: Hebrew and Arabic Literature of Iberia*. Newark Delaware: Juan de la Cuesta 2004, S. 87–100; Bossong: *Das Wunder von al-Andalus*, S. 85, 96, 156–157.

13 Vgl. dazu Abraham Meir Habermann: Shirat ha-ḥol shel Yehude Ashkenaz we-Ṣarfat. In: Ders.: *Talmud Me'ir. Collected Articles*, hrsg. v. Avigdor Shinan. Jerusalem: Merkaz Zalman Shazar 2010, S. 126–127.

14 Vgl. etwa Ezra Fleischer: *The Proverbs of Sa'id ben Bābshād*. Jerusalem: Ben Zvi Institute 1990, S. 242–243 (Hebräisch). Siehe dazu den Beitrag von Giuseppe Veltri in diesem Band.

15 Für die ältere Forschung vgl. vor allem Elhanan Adler / Gisela Davidson / Amira Kehath / Pinhas Ziv (Hrsg.): *J. Schirmann's Bibliography of Studies in Hebrew Mediaeval Poetry 1948–1978*. Beer Sheva: Ben-Gurion University 1989, S. 394–395 (Hebräisch).

klassischer Autoren, von denen die meisten auch religiöse Dichtungen verfasst hatten, allen voran Shmuʿel ha-Nagid, Shlomo ibn Gavri'ol, Moshe ibn Ezra, Yehuda Halewi, Yitsḥaq ibn Khalfon und Abraham ibn Ezra.[16] Das Aufkommen profaner Dichtungen wurde in der Folge mit dem kulturellen Umfeld im islamisch dominierten Spanien, vor allem in Andalusien (Al-Andalus), erklärt. Das sefardische Judentum habe eine weniger strenge halakhische Haltung in der Frage der Verwendung und des Genusses von nichtjüdischem Wein entwickelt. Daher sei der Umgang mit Wein unter spanischen Juden weniger streng gewesen als etwa im aschkenasischen Judentum.[17]

Doch nicht erst die Funde aus der Kairoer Genisa haben diese Sicht der Entwicklung in Frage gestellt. Als erstes Zeugnis profaner jüdischer Weindichtung gilt ein ‚Lied über die Trinkweisen am Abend' von Dunash ibn Labrat, einem Gelehrten aus Fez, der noch bei dem Philosophen Saʿadya Gaon (882–942) in Bagdad studiert hatte, der also aus dem Orient auf die iberische Halbinsel migriert war und seine Dichtkunst wohl bereits mit sich gebracht hatte.[18] Ein anderes, ebenfalls schon Ende des 9. Jahrhunderts verfasstes Weingedicht stammt von dem italienischen Dichter Amittai bi-Rabbi Shefatya aus Oria und ist in mehreren Genisa-Fragmenten erhalten geblieben.[19] Dieses Gedicht schildert wie die biblische Jotam-Fabel (Richter 9) einen Rangstreit zwischen einem Weinstock und den Bäumen (*Wikkuaḥ ha-gefen we-ha-etsim*). Rangstreitlieder wie dieses haben nicht

16 Vgl. Scheindlin: *Wine, Women, and Death*, S. 19–74. Siehe auch Habermann (Hrsg.): *Innve ḥen*, der weitere spanische und provenzalische Autoren von Weinliedern aufführt: Moshe ha-Kohen ibn Gikatilla, Yosef ibn Zabara, Yehuda Alḥarizi, Anatoli bar Yosef, Shem Tov Falaquera, Todros Abulafia, Yosef bar Tanḥum Yerushalmi und Avraham Bardashi sowie einige Anonymi (auf der Basis von Genisa-Fragmenten).

17 Siehe dazu etwa Hirsch J. Zimmels: *Ashkenazim and Sepharadim. Their Relations, Differences, and Problems as Reflected in the Rabbinical Responsa.* London: Oxford University Press 1958, S. 210–211.

18 Vgl. Schirmann: *Ha-shira ha-'ivrit be-Sefarad u-va-Provence*, S. 34–35; und die Übersetzungen von Johann Maier: Aus der hebräischen Poesie: Dunasch ben Labrat (ca. 920–970). Wᵉ'ômer 'al tišan, šᵉteh jajin jāšān. In: *Judaica* 27,1 (1971), S. 33–39; Carmi: *Penguin Book of the Hebrew Verse*, S. 280; Scheindlin: *Wine, Women, and Death*, S. 40–45; Bossong: *Das Wunder von al-Andalus*, S. 176–177. Zur Interpretation siehe auch Meret Gutmann-Grün: *Zion als Frau- Das Frauenbild Zions in der Poesie von al-Andalus auf dem Hintergrund des klassischen Piyyut.* Bern u. a.: Peter Lang 2008, S. 200–202.

19 Siehe Benjamin Klar (Hrsg.): *Megillat Ahimaaz. The Chronicle of Ahimaaz, with a Collection of Poems from the Byzantine Southern Italy and Additions and Annotated.* Jerusalem: Spitzer 1974, S. 104–105 (Hebräisch); Yonah David: *The Poems of Amittay. Critical Edition with Introduction and Commentary.* Jerusalem: Omanuyot ha-Defus 1975, S. 125–127 (Hebräisch) (basierend auf drei Genisa-Fragmenten: Ms Cambridge University Library, T.-S. H8.44; T.-S. H10 / 67; 1080 2 / 3).

nur biblische Vorbilder, sondern auch in erzählenden Texten der klassischen rabbinischen Literatur.[20] Gedichte aus späterer Zeit handeln etwa von Wettstreiten zwischen den Festtagen oder vom Kampf zwischen Arm und Reich.[21] In dem Gedicht Amittais ist jedoch eindeutig das biblische Vorbild aus dem Richterbuch aufgenommen und eigenständig erweitert worden. Der Verfassername ist nach einem Alefbet-Akrostichon am Ende der vierten und zu Beginn der fünften Strophe jeweils zu Beginn der Zeile festgehalten („*A*mittai *'E*ved *E*l *Ḥ*azaq"):[22]

Wettstreit zwischen dem Weinstock und den Bäumen

„Und es sprach zu ihnen der Weinstock" (Richter 9,13):
Mein Wein erfreut die Menschen[23], / vermischt mit der Opfer Libationen[24],
Strauchelnde auf dem Wege zur Heilung, / die Lippen der Trinkenden feuchtend (vgl. Hohelied 7,10).
Er kräftigt ja auch die Schwachen[25], / und von ihm notierte ich, Agur[26]:
„Gebt Rauschtrank dem Herumirrenden und Wein dem, der erbitterten Gemütes ist"(Sprüche 31,6)

Und es antworteten ihr die Bäume:
Dies ist es, was ihn so stark macht: / Frei entlässt er Unterdrückte
(vgl. Jesaja 58,6).
der Edlen Scham entblößt er, / die Rechtschaffenden macht er streitend
(vgl. Sprüche 23,29).
Wie der Skorpion mit seinem Stachel sticht[27], / dir gelten doch die Sprüche:
„Ein Spötter ist der Wein, ein Lärmer ist das Rauschgetränk" (Sprüche 20,1)

20 Siehe Talmud Yerushalmi Horayot 3,9 (48c); Yalqut Shim'oni Jesaja 54, fol. 402a (§ 480).

21 Siehe dazu Moritz Steinschneider: *Rangstreit-Literatur. Ein Beitrag zur vergleichenden Literatur- und Kulturgeschichte*. Wien: Hölder 1908, S. 70–73.

22 Die Übersetzung basiert auf den Fragmenten Cambridge University Library, T.-S. H8.44; T.-S. H10 / 67.

23 Vgl. Richter 9,13.

24 Eine Anspielung auf Levitikus 23,13.

25 Vgl. Babylonischer Talmud Bava Batra 58b mit dem Kommentar Rashis s. v. be-resh kol ha-yayin.

26 Nach Sprüche 30,1 ein Name für König Salomo, der Verfasser des folgenden Zitates.

27 Möglicherweise wird hier auf das Sternbild Skorpion Bezug genommen, von dem es in Midrasch Bemidbar Rabba 10,8 (38b) heißt: „Zur Stunde, da die Plejaden (Kema) sichtbar sind, ist das Sternbild Skorpion nicht sichtbar, [...] so kann der Wein mit einem Skorpion verglichen werden: Denn so wie der Skorpion mit seinem Stachelende (das Sternbild Kema) sticht, so sticht am Ende auch der Wein." Siehe David: *The Poems of Amittay*, S. 126.

„Und es sprach zu ihnen der Weinstock“ (Richter 9,13):
Wer von all diesen ist nicht wie Wasser?
[...][28]
Das Mahl macht er zum Teig für die Zähne, / ohne ihn wird es für Nichts erachtet.
Den Darmkranken tut er wohl,[29] / mit Weingetränk darf er sich bestreichen.[30]
„Gebt Rauschtrank dem Herumirrenden und Wein dem, der erbitterten Gemütes ist“(Sprüche 31,6).

Und es antworteten ihm die Bäume:
Seine Übel sind in Vielem bekannt,[31] /sein Most die Gefährten entzweit.
Sein Rausch kleidet in Lumpen[32] / z(u Beginn) [...] mit den Pflanzungen,[33]
Den Vater lässt er über die Söhne fluchen, / worüber Kanaan in Wut entbrannt (vgl. Genesis 9,20–25):
„Ein Spötter ist der Wein, ein Lärmer ist das Rauschgetränk“ (Sprüche 20,1).

„Und es sprach zu ihnen der Weinstock“ (Richter 9,13):[34]
Meine Unschuld lässt es an nichts fehlen, / zumal ich nicht darüber sprechen will,
was zu dieser Trunkenheit führte. / Durch ihn wurde eine böse Eigenschaft vermacht:
ein Geschlecht lehrte er Rausch. / Aber richtig ist es, gemäß der Tora zu handeln:
Zu trinken oder ein Lied zu singen.[35]

Und es antworteten ihm die Bäume:
Gewiss, es wird alles so sein wie deine Rede, / dass du zum Segen in deiner Welt.
Es kommt ja übermäßige Aufmunterung von dir, / ein Gabe von Erstlingsfrüchten durch deine Trauben.[36]
Heilige[37] preisen deine Stärke: / ‚der die Frucht der Rebe erschafft‘[38] über deinen Namen.
Gepriesen seist du, und gepriesen sei dein verständiger Sinn![39]

28 Hier ist in dem der Edition zugrundeliegenden Genisa-Fragment etwas ausgefallen.

29 Siehe dazu Babylonischer Talmud Berakhot 51a, wo auf die wohltuende Wirkung des Aspargus-Weins, insbesondere bei Darmbeschwerden verwiesen wird.

30 Siehe Babylonischer Talmud Shabbat 109a, wo das bestreichen einer Wunde mit Wein am Shabbat für zulässig erklärt wird.

31 Vgl. Sprüche 23,29.

32 Vgl. Sprüche 23,21.

33 Siehe Wayiqra Rabba 25,3 (Edition Margulies S. 573), wo es heißt, dass Gott sich von Beginn der Schöpfung an vor allem mit Pflanzungen befasste.

34 Klar (Hrsg.): *Megillat Ahimaaz*, S. 170, bemerkt zu dem folgenden Abschnitt, die Sprache des Dichters werde von hier an holperig.

35 Vgl. Babylonischer Talmud Berakhot 35a.

36 Vgl. Mischna Bikkurim 3,1.

37 D.h., die Israeliten. Vgl. Levitikus 19,2.

38 Siehe Babylonischer Talmud Berakhot 51a.

39 Siehe 1 Samuel 25,23. Wobei טעם hier auch Geschmack bedeuten kann.

Profane jüdische Weinlieder wie dieses Wettstreitgedicht waren also wohl schon vor der Blütezeit der Dichtung im maurischen Spanien bekannt. Von diesen nicht-gottesdienstlichen Poesien blieben im Unterschied zu den stilistisch ausgereiften, zum Teil eng an arabischen Vorbildern orientierten Dichtungen der klassischen Autoren in Spanien nur wenige Beispiele erhalten.[40] In späteren mittelalterlichen Sammlungen sind gelegentlich Reste volkstümlicher Lieder zu finden, deren Abfassung in das frühe Mittelalter zurückreichen[41], wobei einige dieser Kompositionen sogar auf Kontakte mit christlich-byzantinischen Autoren in frühislamischer Zeit zurückgehen.[42]

Weinlieder aus Al-Andalus und Italien

Die Gestaltung der Weinlieder der klassischen Epoche war vielfältig. Oft lassen sich formale Anleihen in der zeitgenössischen arabischen Dichtkunst beobachten, und ebenso häufig finden sich Überschneidungen mit Motiven anderer poetischer Gattungen wie dem Freudschafts- und dem Liebeslied.[43] Die meisten dieser Lieder waren relativ kurz gefasst und wurden daher in größeren Sammlungen verwandter Texte zusammengestellt.[44] Anlass und Rahmen für ihre Abfassung scheinen Familienfeste oder private Feiern mit Freunden gewesen zu sein.[45] Gelegentlich finden sich Preisgedichte, die für einen Freund verfasst wurden.[46]

40 Vgl. hierzu Dan Pagis: *Poetry Aptly Explained. Studies and Essays on Medieval Hebrew Poetry*, hrsg. v. Ezra Fleischer. Jerusalem: Magnes 1993, S. 20 (Hebräisch), der hierfür auf Purim-Lieder verweist, die Israel Davidson: *Parody in Jewish Literature.* New York: Columbia University Press 1907, S. 37–38 anführt.

41 Siehe etwa die von Habermann (Hrsg.): *Innve ḥen*, S. 38–39, nach Genisa-Fragment T.-S. 15 / 108 edierten Lieder.

42 Siehe hierzu etwa die Hinweise bei Arie Schippers: *Spanish Hebrew Poetry and the Arabic Tradition: Arabic Themes in Hebrew Andalusian Poetry.* Leiden: Brill 1974, S. 105–106.

43 Vgl. die umfassende Zusammenstellung und den Vergleich der häufigsten Weinmotive in der arabischen und hebräischen Profandichtung von Schippers: *Spanish Hebrew Poetry*, S. 107–135.

44 Zur Überlieferung solcher Sammlungen vgl. Joseph Yahalom / Isaac Benabu: Towards a History of the Transmission of Secular Hebrew Poetry from Spain. In: *Tarbiẓ* 54 (1985), S. 245–262 (Hebräisch).

45 Zu den Themen und formalen Charakteristika siehe Pagis: *Change and Tradition in Secular Poetry*, S. 163–165; Shulamit Elizur: *Hebrew Poetry in Spain in the Middle Ages.* Tel Aviv: Open University 2004, Bd. 2, S. 11–68 (Hebräisch).

46 Vgl. etwa das Gedicht *Erets ke-yalda hayeta yoneket* (Trank die Erde wie ein Kindlein) von Yehuda ha-Lewi, verfasst zum Preise eines Freundes, in *Dîwân des Abû-l-Hasan Jehuda ha-Levi*, hrsg. v. Heinrich Brody. Berlin: Itzkowski 1894, S. 82–85, hier S. 83.

Viele in diese Gedichte aufgenommene Motive lassen sich mit einem höfischen Umfeld in Verbindung bringen. Die in relativ wohlhabenden Kreisen verfassten Texte schildern idyllische Situationen wie z. B. einen blühenden Frühlingsgarten[47] oder üppige Wasserversorgungen. Die in den Liedern geschilderten Gelage fanden am Abend statt, und so werden etwa auch Sonnenuntergang und herannahende Nacht besungen.[48] Ebenso werden der letzte Becher vor dem Morgengrauen und der Morgen erwähnt.[49] Damit verbunden wird gelegentlich das Motiv der (enttäuschten) Liebe, über die beim Weingenuss gesprochen wurde. Bemerkenswert sind die in solchen Liedern erzeugten Bilder wie etwa das von einem nach Wein verlangenden Becher oder auch der zum Dichter sprechende Wein.[50] Thematisiert wird in den Liedern auch der berauschende Einfluss des Weines, der auch Trost mit sich bringen kann.[51] Die geschilderten Trinker werden jedoch meist als zufriedene Menschen geschildert, die sich unter Verwandten und Freunden aufhalten und deren Sorgen während des Weingenusses in den Hintergrund treten.

Shmuʿel ha-Nagid (993–ca. 1056), Wesir am Hofe muslimischer Herrscher in Granada, der auch mit militärischen Aufgaben betraut war, gilt als einer der bedeutendsten jüdischen Dichter des mittelalterlichen Spaniens. Die von ihm überlieferten Weinlieder zeichnen sich nicht nur durch eine bildreiche Sprache, sondern auch durch ethische

Für eine freie Übertragung vgl. Jehuda Halevi: *Ein Diwan. Übertragen und mit einem Lebensbild von Emil Bernhard.* Berlin: Reiss [1921], Bd. 1: Nichtgottesdienstliche Poesie, S. 81–83.

47 Vgl. Moshe Ibn Ezra: *Shire ha-ḥol*, hrsg. v. Haim Brody. Berlin: Schocken 1935, Bd. 1, S. 7, 36; Carmi: *Penguin Book of the Hebrew Verse*, S. 323; Scheindlin: *Wine, Women, and Death*, S. 34–35, 64–65. Zu Moshe Ibn Ezra vgl. auch den Motivindex von Dan Pagis in Moshe Ibn Ezra: *Shire ha-ḥol*, hrsg. v. Haim Brody. Jerusalem: Schocken 1977, Bd. 3, S. 312–314; Joachim Yeshaya: Over de ontluikende lente en toastende rabbijnen: Aardse geneugten in de middleeuwse Hebreeuwse poëzie van Spanje. In: *Alef Beet* 17,1 (2007), S. 29–42.

48 Vgl. *Diwan Shmuel ha-Nagid. Ben Tehilim*, hrsg. v. Dov Yarden. Jerusalem: Hebrew Union College Press 1966, S. 294; Carmi: *Penguin Book of the Hebrew Verse*, S. 298; Scheindlin: *Wine, Women, and Death*, S. 68–69.

49 Vgl. Moshe Ibn Ezra: *Shire ha-ḥol*, Bd. 1, S. 52; *Diwan Shmuel ha-Nagid*, S. 38; siehe auch Scheindlin: *Wine, Women, and Death*, S. 60–61; Bossong: *Das Wunder von al-Andalus*, S. 187–188.

50 Vgl. Pagis: *Change and Tradition in Secular Poetry*, S. 165.

51 Siehe etwa auch das Lied *Naḥleni ʿal gefanim* (Begrabt mich auf Weinranken) von Shlomo ibn Gavri'ol: *Secular Poems*, hrsg. v. Haim Brody / Jefim Schirmann. Jerusalem: Schocken 1974, S. 180 (Hebräisch); Bossong: *Das Wunder von al-Andalus*, S. 201 (mit Anm. S. 313).

Mahnungen aus. Die Lage des Volkes im Exil lässt im Grunde keine allzu ausgelassene Freude oder gar einen Rausch zu.[52] Angedeutet wird von ihm auch, dass es im Verlauf des Weinbanquets zu einem Streit mit einem Freud gekommen war. In Form eines Gedichtes versuchte er sich daher, bei diesem zu entschuldigen.

Ein ebenfalls von Shmuʿel ha-Nagid verfasstes Weingedicht thematisiert die paradoxe Wirkung des Weines. Wein entlockt einerseits Geheimnisse, was an ein bekanntes talmudisches Sprichwort erinnert,[53] andererseits entzündet er ein Feuer, das Gefahren in sich birgt. Dieses bemerkenswerte Gedicht ist nach einem Fragment in der Cambridge University Library (T.-S. NS 193/71) zuerst von Ángel Sáenz-Badillos und erneut von Yosef Tovi veröffentlicht worden.[54] Shulamit Elizur hat das gleiche Lied in einem anderen Genisa-Fragment in der Sammlung Firkovitch II, 192/4 in Sankt Petersburg identifiziert und seinen Verfasser eindeutig nachgewiesen:[55]

Im Kelche ein Wunder, und ein Geheimnis /
in ihm wie das Zeichen und das Wunder.
Trinkt von diesem Weine ein Armer, wird er /
erhöht wie ein König über sein Land;
das Feuer der Trauer von meinem Herzen genommen, / und fort mein großer Schmerz;
erwärmt vom Feuer in Kelchen, von /
einem ‚Liebling'[56], der das Getränk gereicht.

יש[57] בְּכוֹס פֶּלֶא וְסוֹד נִמְצָא /
בָּהּ כְּמוֹ הָאוֹת וְהַמּוֹפֵת:
יֵשְׁתְּ יֵינָהּ מַךְ וְיֵעָשֶׂה /
רָם כְּמוֹ מֶלֶךְ עֲלֵי נָפֶת:
אֵשׁ יְגוֹן לִבִּי מְעוֹפֶפֶת /
וַהֲמוֹן מֵעַי מְנוֹפֶפֶת:
לִבְּבַתְנִי אֵשׁ בְּכוֹסוֹת עַל /
יַד צְבִי מַשְׁקֶה מְרַחֶפֶת:

52 Vgl. Rabbi Shmuel ha-Nagid: *Ben Mishle*, hrsg. v. Sh. Abramson. Tel Aviv: Mossad ha-Rav Kook 1948, S. 188. Siehe dazu Pagis: *Poetry Aptly Explained*, S. 20. Zu weiteren Weindichtungen Shmuel ha-Nagids vgl. Johann Maier: Zwei Weinlieder des Samuel han-Nagid. In: *Judaica* 27,1 (1971), S. 33–44; ders.: Samuel han-Nagid. *Jedidi Kol Senoteka*. In: *Judaica* 27,1 (1971), S. 65–71; ders.: Samuel han-Nagid. *Qah Missebijjah Deme ʿenab* übersetzt und erklärt. In: *Judaica* 27,1 (1971), S. 129–131; ders., Samuel ha-Nagid (gest. 1053). *Qumah le-shahar*. In: *Judaica* 32,1 (1976), S. 1.

53 Vgl. etwa Babylonischer Talmud Sanhedrin 38a („Geht der Wein hinein, kommt das Geheimnis heraus"). – Siehe dazu in diesem Band den Beitrag von Farina Marx.

54 Vgl. Ángel Sáenz-Badillos: Notas sobre poemas y poetas hispanohebreos. In: *Nueva Revista de Filología Hispánica* 30,1 (1981), S. 207–218, hier S. 209; Nehemya Allony / Yosef Tobi (Hrsg.): *Shirim Genuzim. New Poems of the Cairo Geniza*. Jerusalem: Iddit and Nehemya Allony Fund 2001, S. 147–149 (Hebräisch).

55 Shulamit Elizur: New Poems of R. Samuel Ha-Nagid. In: *Tarbiz* 59 (1990), S. 95–109, hier S. 105 (Hebräisch). Die Vokalisierung folgt dieser Edition; doch siehe auch Sáenz-Badillos: Notas sobre poemas, S. 209.

56 Zur Bedeutung von צבי, wörtlich Bock, im Sinne von Mundschenk, arabisch sāqi, vgl. Lowin: *Arabic and Hebrew Love Poems*, S. 184–185; Yonah David: *Lexicon of Epithets in Hebrew Liturgical Poetry*. Jerusalem: Rubin Mass 2001, S. 242. Siehe auch Bavli Bava Qamma 92b.

57 So mit dem Genisa-Fragment T.-S. NS 193 / 71. Elizur: New Poems, S. 105 liest: שור, „Siehe!".

Abb. 1
Birkat ha-yayin.

Neben solchen Weinliedern, die einen höfischen Abfassungskontext erahnen lassen, finden sich Dichtungen, die eher die Weinschenke als Ort ihrer Entstehung voraussetzen. Sie wurden nicht im Kreise von Edlen und Freunden am Hofe verfasst, sondern für ein zufälliges Publikum, das beim Trinken weder Maß noch Zeit kannte. Solche Lieder reflektieren gelegentlich auch das Trinken in schlechter Lage, in Einsamkeit oder aus Verzweiflung, etwa im Winter bei großer Kälte.[58] Ausschweifende Weingelage werden angedeutet, wobei gelegentlich das Thema der enttäuschten Liebe aufgegriffen wird.

Alle diese Dichtungen lassen einen selbstverständlichen, nicht-rituellen Umgang mit Wein erkennen, wobei jedoch oft auch die Gefahren des übermäßigen Weingenusses berücksichtigt scheinen. Bemerkenswert ist, dass sich in diesen Kompositionen keine Hinweise auf den vor dem Weinverzehr stets zu sprechenden Segen (bore pri ha-gafen) finden.[59]

Entweder, so kann man vermuten, wurden die religionsgesetzlichen Bestimmungen bei den genannten Anlässen vernachlässigt, oder die Dichter setzten die unbedingt vorgeschriebenen rituellen Handlungen vor dem Weingenuss als selbstverständlich voraus, zumal die Gelage wohl mit Mahlzeiten verbunden gewesen sein dürften, die die

58 Siehe dazu Moshe Ibn Ezra: *Shire ha-ḥol*, Bd. 1, S. 52; Bossong: *Das Wunder von al-Andalus*, S. 214.

59 Siehe Mischna Berakhot 6,2.

Rezitation eines Tischsegens (birkat ha-mazon) erforderten. Parodisierende Segenssprüche, wie etwa auf der Basis des Havdala-Gebetes des sefardischen Ritus am Shabbat- oder Feiertagausgang, finden sich erst ab dem 13. Jahrhundert.[60]

Dass die mittelalterliche Dichtkunst nicht immer mit den religiösen Idealen, wie sie von traditionellen Rabbinen vertreten wurden, übereinstimmte, lässt sich an den von Immanuel von Rom (um 1261–1335) verfassten Weinliedern aus seiner Maqamen-Sammlung, den *Maḥberot*, nachvollziehen. Stilistisch an sefardischen Vorbildern orientiert[61] wurden diese „Hefte" von Yosef Karo (1488–1575), dem Verfasser des einflussreichen halakhischen Rechtskodex *Shulḥan 'Arukh*, ausdrücklich verboten.[62] Dieses Verbot bezog sich zwar nur auf ihre Lesung an einem Shabbat.[63] Dennoch belegt diese Einschränkung nicht nur die relative große Verbreitung solcher profaner Dichtungen, sondern auch ihre halakhische Fragwürdigkeit.

Solche Verbote und Mahnungen scheinen im Übrigen nur wenig Erfolg gehabt zu haben. Die andalusischen Vorbilder fanden zahlreiche Nachahmer, und ab dem 12. Jahrhundert finden sich Weindichtungen auch bei karäischen Autoren, d.h. unter Vertretern einer das rabbinische Judentum ablehnenden Bewegung.[64] Ältere Vorbilder wurden von vielen Autoren aufgenommen und an veränderte kulturelle Kontexte angepasst. Insbesondere in Südfrankreich und Italien erfreuten sich Weingedichte daher lange großer Beliebtheit.[65]

60 Vgl. dazu Davidson: *Parody in Jewish Literature*, S. 37, Anm. 34; ders.: *Thesaurus of Medieval Hebrew Poetry*. New York: Jewish Theological Seminary 1924, Bd. 2, S. 221 heh # 741.

61 Vgl. Immanu'el ben Shlomo mi-Roma: *Sefer ha-Maḥberet*: Brescia: Soncino 1491, V 25 (nicht paginiert).

62 Yosef Karo: *Shulḥan 'Arukh*, Bd. 1: Orakh Ḥayim. Warschau: Grossmann 1875, S. 16 (§ 307). Siehe dazu Moses Stark: *Der Wein im jüdischen Schrifttum und Cultus*. Wien: Waizner 1902, S. 31.

63 Vgl. die Anmerkung von Moshe Isserles (1525–1572) zum *Shulḥan 'Arukh*, siehe ebd., S. 16, nach der das Lesen solcher Lieder am Shabbat vor allem „in fremder Sprache" (be-la'az), d.h. etwa in Jiddisch, vermieden werden sollte, um den Ruhetag nicht zu entweihen.

64 Zu den bemerkenswerten Nachfolgern andalusischer Weindichtung in karäischen Kreisen in Ägypten Mitte des 12. Jahrhunderts vgl. Leon J. Weinberger: *Jewish Poet in Muslim Egypt. Moses Dar'ī's Hebrew Collection. Critical Edition with Introduction and Commentary*. Leiden / Boston: Brill 2000, S. 32–36, und siehe dazu Joachim J. M. S. Yeshaya: *Medieval Hebrew Poetry in Muslim Egypt. The Secular Poetry of the Kararite Poet Moses ben Abraham Dar'ī*. Leiden / Boston: Brill 2011, S. 93–97.

65 Vgl. etwa das Lied *Bishtot yeni beli mayim* (Als ich Wein ohne Wasser trank) in Dan Pagis: A Collection of Hebrew Poems from Provence. In: Shraga Abramson / Aaron

Dies belegen etwa einige bislang nur aus Handschriften bekannte Gedichte aus Italien[66] und vor allem der Diwan von Leon de Modena (1571–1648), die Gedichtsammlung eines der ersten ‚modernen‘ Rabbiner seiner Epoche.[67] Schließlich hat sogar ein kabbalistisch inspirierter Autor wie Yisra'el Nagara aus Gaza (1555–1625) Weinmotive aufgenommen, um sie im Sinne seiner mystischen Hermeneutik weiterzubearbeiten.[68]

Weindichtungen aus Aschkenas

Die Entwicklung der hebräischen Weindichtungen im westlichen Europa (Aschkenas) verlief vor dem Hintergrund der unterschiedlichen politischen, wirtschaftlichen und sozialen Verhältnisse anders. Im Vergleich zum sefardischen Judentum finden sich relativ wenige Belege für die Gattung, und wenn, dann meist anonym überliefert. Profane Dichtungen waren in Aschkenas anscheinend wenig verbreitet, oder sie wurden nicht so sorgfältig tradiert wie die Poesien sefardischer Dichter. Darüber hinaus dürfte eine Rolle gespielt haben, dass sich die verwendeten Sprachen wandelten. Spätestens ab dem 13. Jahrhundert wurde in Aschkenas nicht mehr nur in der ‚heiligen Sprache‘ (loshen ha-qodesh) gedichtet, sondern auch in Juden-Deutsch bzw. in Jiddisch.[69] Für das 13. und späte 14. Jahrhundert sind auch französisch-hebräische Hochzeitslieder belegt, was die sprachliche Offenheit in der Profandichtung unterstreicht.[70]

Purim-Dichtungen aus dieser Zeit lassen auch parodistische Züge erkennen. Eine Dichtung von Menaḥem ben Aaron (13. Jahrhundert), die in einer Handschrift des einflussreichen Ritualwerks *Maḥẓor*

Mirsky (Hrsg.): *Hayyim (Jefim) Schirmann Jubilee Volume.* Jerusalem: Schocken 1970, S. 257–284, hier S. 271–272.

66 Vgl. das Weinlied von Shmu'el ben Moshe Anav aus Bologna (17. Jahrhundert) für das Purim-Fest in der Handschrift Jewish Theological Seminary, New York, H 441.

67 Vgl. Simon Bernstein (Hrsg.): *The Divan of Leo Modena. Collection of his Hebrew Poetical Works.* Philadelphia: Jewish Publication Society 1932, S. XIX, 107. Siehe hierzu Elbogen: Zur hebräischen Poesie des Mittelalters, S. 311–312.

68 Siehe dazu Johann Maier: Jisrael Nagara, Kinder der Zeit (*jaldê zman*). In: *Judaica* 24,2 (1968), S. 65–69.

69 Vgl. Jean Baumgarten: *Old Yiddish Literature.* Oxford: Oxford University Press 2005, S. 72–81.

70 Siehe dazu Kirsten Fudeman: *Vernecular Voices. Language and Identity in Medieval French Jewish Communities.* Philadelphia / Oxford: University of Pennsylvania Press 2010, S. 124–150.

Vitry von Simḥa aus Vitry[71] überliefert ist, imitiert ein Gebet für den ersten Abend des Pessach-Festes und kleidet die für Purim typische Rauschthematik in das Gewand eines religiösen Textes.[72] Die abschließenden Zeilen von „Lel shikorim hu ze ha-layla" beziehen sich auf das im Talmud erwähnte Gebot, an Purim so viel zu trinken bis zwischen ‚verflucht sei Haman' und ‚gepriesen sei Mordechai' nicht mehr unterschieden werden kann.[73] Späteren Kopisten scheint die allzu drastische Sprache nicht mehr gefallen zu haben, so dass sie kürzten:[74]

In dieser Nacht, mögen alle Geschöpfe trunken werden,	בלילה זה ישכרו כל יצורים
um das Gesetz zu bewahren, welches für Purim erlassen:	להזכיר חוק אשר נקבע בפורים
Verflucht sei der Mann, der seine Hand dagegen erhebt,	ארור האיש אשר ידו ירים
um Wasser zu trinken, das verfluchte,	לשתות המים המאררים
[…]	[…]
Wein, gezogen, um das Gemüt der Menschen zu erfreuen,	יין אשר הוקם לשמח פני אישים
gekommen, um das Antlitz von Mann und Frau zu erhellen.	יבא ויגל פני אנשים ונשים.
Verflucht sei jeder, der (einfache) Linsen zu essen gedenkt	ארור האיש אשר יאכל עדשים
in diesen Purim-Nächten und an diesen Feiertagen und in diesen Neumonden!	בלילי פורים ובמועדים ובחדשים.
Verflucht sei jeder, der zermahlene Bohnen zu essen gedenkt –	ארור האיש אשר יאכל פולין כתושים –
„Aus dem Munde des Königs" (Ester 7,8), des Hegemon (= Fürsten) und der Anführer:	מפי המלך והגמון והראשים.
Ganz Israel möge in diesem Falle bewaffnet über ihn herfallen,	כל בית ישראל יעלו עליו חמושים
um ihn aus der Gemeinschaft der Heiligen (= Israel) zu verbannen.	לגרשו מתוך קהל קדושים.

Das auch in diesem Lied aufgenommene Motiv der Konkurrenz zwischen „dem verfluchten" Wasser und Wein wird in einem berühmten

71 Siehe Simon Hurwitz (Hrsg.): *Machsor Vitry nach der Handschrift im British Museum (Cod. Add. No. 27200 u. 27201)*. Nürnberg: Bulka 1923, S. 583–584.

72 Vgl. dazu Davidson: *Parody in Jewish Literature*, S. 4–5; ders., *Thesaurus of Medieval Hebrew Poetry*, Bd. 3, S. 32, lamed # 721.

73 Siehe Babylonischer Talmud Megilla 7b.

74 Die Übersetzung basiert auf Habermann: Shirat ha-ḥol, S. 126. Vgl. den gekürzten Text in Hurwitz (Hrsg.): *Machsor Vitry nach der Handschrift im British Museum*, S. 584.

hebräisch-jiddischen Weingedicht aus demselben Zeitraum noch breiter aufgenommen. Dieses von Salman ha-Sofer im 13. Jahrhundert verfasste Gedicht ahmt ältere Vorbilder wie das oben übersetzte Gedicht Amittais nach, wurde jedoch im Unterschied dazu wohl bereits zweisprachig verfasst.[75]. Überliefert ist es in einer von Naftali ben Yehuda Oldendorf kompilierten Sammelhandschrift aus dem 16. Jahrhundert (Universitätsbibliothek Frankfurt Ms. hebr. oct. 17).[76] Eine ähnliche Fassung stammt von Elia ben Moshe Loanz (um 1564–1634), einem berühmten Wundermann (Baʿal Shem) aus Worms.[77] Ähnliche Gedichte finden sich später wieder nur in hebräischer Sprache verfasst, wobei diese von lateinischen oder Fassungen in romanischen Sprachen abhängig scheinen.[78] In dem Frankfurter Manuskript sind der hebräische Text in Quadrat- und der jiddische in kleinerer Kursivschrift aufgezeichnet. Der Name des Verfassers, Salman Sofer, ist in beiden Fassungen akrostisch im ersten Buchstaben zu Beginn jeder Strophe festgehalten:[79]

75 Zu den zweisprachigen Überlieferungen in diesem Zeitraum vgl. Abraham Meir Habermann: Reshimat shel shire wikkuaḥ le-maʿalut be-ʿivrit. In: David Frankel (Hrsg.): *Sefer ha-Yovel li-khvod Alexander Marx*. New York: Jewish Theological Seminary 1943, S. 59–62 (Hebräisch); Chava Turniansky: Shir ha-wikkuaḥ ha-yehudi we-gilgulaw be-Ashkenaz. In: *Ha-Sifrut* 32 (1982), S. 2–12.

76 Vgl. Ernst Róth / Leo Prijs: *Verzeichnis der Orientalischen Handschriften in Deutschland* – VOHD, Hebräische Handschriften, Teil 1a: Die Handschriften der Stadt- und Universitätsbibliothek Frankfurt am Main. Wiesbaden: Steiner 1982, S. 22–23.

77 Abgedruckt in ʿAqiva ben Yaʿaqov Frankfurt: *Zemires we-tishbokhes*. Basel: Konrad Waldkirch 1599 (nicht paginiert) einer Sammlung von Liedern des Lehrers von Elia Loanz. Zum Verhältnis der Fassungen vgl. Amy Simon: *Wikkuaḥ ha-yayin we-ha-mayim le-Rabbi Eliyahu Loanz: Shir wikkuaḥ du-leshoni*. Unveröffentlichte M. A.-These, Hebrew University Jerusalem 2006.

78 Siehe dazu etwa Stark: *Der Wein im jüdischen Schrifttum und Cultus*, S. 31, der auf ein Schmachlied über das Wasser von dem Prager Rabbiner Yuda Yeiteles aus dem Jahre 1789 hinweist. Weitere Beispiele bei Brüll: Beiträge zur jüdischen Sagen- und Spruchkunde im Mittelalter, S. 5–6; Habermann: Shirat ha-ḥol, 133–136.

79 Vgl. die Übertragungen von Brüll: Beiträge zur jüdischen Sagen- und Spruchkunde im Mittelalter, S. 3–4 und mit Unterschieden Leopold Löwenstein: Jüdische und jüdisch-deutsche Lieder. In: *Jubelschrift zum siebzigsten Geburtstag des Israel Hildesheimer*. Gewidmet von Freunden und Schülern. Berlin: Engel 1890, S. 126–144, hier S. 136–138; Habermann: Shirat ha-ḥol, S. 136–137; Jerold C. Frakes (Hrsg.): *Early Yiddish Texts 1100–1750 with Introduction and Commentary*. Oxford: Oxford University Press 2004, S. 166–167. Die Übertragung folgt der jiddischen Version, gibt jedoch nicht alle orthographischen Details wider. Unterschiede zur hebräischen Fassung, vor allem die fehlenden Bibelzitate, sind in den Anmerkungen verzeichnet. Für einen Vergleich mit Loanz siehe Simon: *Wikkuaḥ ha-yayin*, S. 88–89.

Wettkampf zwischen Wein und Wasser

*S*ohn[80] des Wein(s) bin ich geheißen,
a(l)so sprach sich der Wein:
Man trinkt mich mit Fleißen, derzu bin ich gar fein.
Ich kann machen Schimpfen und Schmerzen;
ich kann vertreiben große Schmerzen.
Ich erfreu den Menschen ihr Herzen.

*L*ass ab von deinen Reden
sprach das Wasser stark,
gedenk an deine große Sünd, bei
Noah in der Arch,[81]
ich sag dir das wehrlichen:
Du kannst dich kinnen mir nit gleichen.
Ich bin gewesen dem Armen wie dem Reichen.[82]

*M*an lobt mich zu allen Zeiten,
sprach der Wein mit Neidung (= Eifersucht),
zu der Froien Broiten[83],
und zu den Kinder Beschneidung,
ich bin über dich ein Degen (= Held),
du kannst dich vor mir nit geregen[84],
an mir hebt man an zu segen (= segnen).

*N*u, was machstu dich bereuen, schrei(t) das Wasser bitter,
von mir bistu bekommen,
ich bin doch dein Vater![85]
Von meinem Regen bistu worden geschnitten,
Dein Red hastu wohl vermieten (= vermieden),
ehr mich vor den ehrbaren Leuten.

*S*prach der Wein zu derselben Stund:
Dein Red sein ungerecht,
Du hast uns ein Mann versund,[86]

80 So mit Löwenstein: Jüdische und jüdisch-deutsche Lieder, S. 136; Frakes: *Early Yiddish Texts*, S. 166. Brüll: Beiträge zur jüdischen Sagen- und Spruchkunde im Mittelalter, S. 2: „Samen".

81 Im hebräischen Text folgt hier der Vers „und er entblößte sich in seinem Zelte" (Genesis 9,21).

82 Im hebräischen Text: „werde ich geschätzt wie Propheten und Hagiographen." Die Transkription folgt Löwenthal: Jüdische und jüdisch-deutsche Lieder, S. 137–138. Siehe auch Habermann: Shirat ha-ḥol, S. 136, Anm. 56.

83 Statt „Freuden Brauten" liest Löwenthal, ebd., S. 137, „Frauen Brauten (Vermählung)". Der hebräische Text hat „und bei der Hochzeitsfreude der Bräute".

84 Brüll: Beiträge zur jüdischen Sagen- und Spruchkunde im Mittelalter, S. 2: „Gegen mir kannst dich nicht gleichen".

85 Im hebräischen Text: „Ehre Deinen Vater!" (Exodus 20,12).

86 Hebräische Fassung: „Dein Ruhm jedoch beruht doch auf den Wassern von Meriva" (vgl. Exodus 17,7).

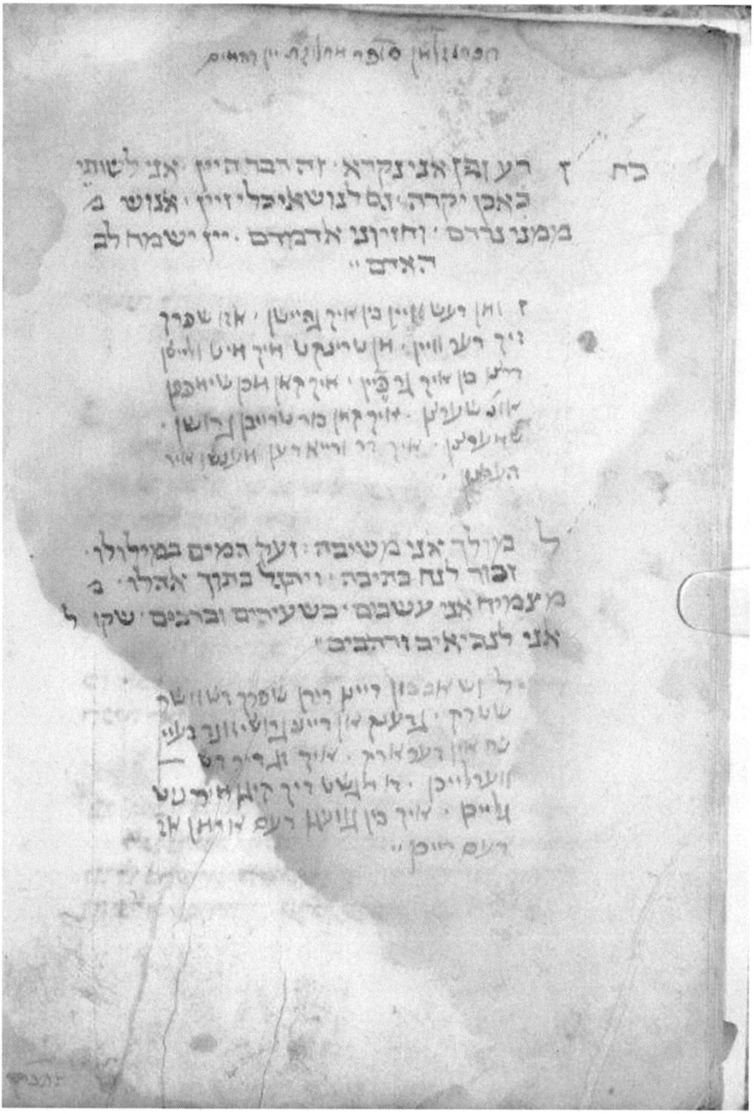

Abb. 2: Ms. hebr. oct. 17 fol. 12v.

Moshe, Gottes Knecht,
er speist uns des Himmels Brot,
von deinen Wegen musst er küssen[87] den Tod,
das klagen wir früh und spot (= spät).[88]

*W*ie tustu dein Red ohn (= nicht) behalten,
und tu zu dein Mund,
mein Wasser worden gespalten,
in des Meeres Grunt (= Grund),
zu beiden Seiten aufgestiegen,
trockenen Fußes sie durch mich gingen,
Israel, Volk des Heiligen.

*P*reis sollstu mir lossen (= lassen),
sprach sich der Wein asu geil,[89]
auf dos Mizbeaḥ (= Altar) werd ich gegossen,
alle Tag zwei Vierteil,[90]
Man kauft mich teuer um das Geld,
man schließt mich in die guten Gezelt,
so gießt man dich nieder auf das Feld.[91]

*R*ühm dich nit gegen mir,
schrei(t) das Wasser laut!
Dein Schand will ich sagen schier,
von den Tochtern Lot[92],
er trank den Wein in seinen Kragen,
wer hat gehört nieme (= nimmer mehr) singen und sagen,
Zwo Tochter von ihrem Vater worden tragen (= schwanger).[93]

Resümee

Die nichtgottesdienstlichen Weindichtungen ermöglichen bemerkenswerte Einblicke in den profanen Umgang mit Wein im Judentum. Sie reflektieren seine Wertschätzung, aber auch die steten sprachlichen Bezüge zur religiös geprägten Tradition. Wein wird dabei nicht überhöht oder gar als Symbol gedeutet wie in der späteren Kabbala. Er

87 Brüll: Beiträge zur jüdischen Sagen- und Spruchkunde im Mittelalter, S. 2: „leiden".

88 Im hebräischen Text: „Deinetwegen wurde uns der ‚treue Hirte' (= Mose) genommen. Für ihn (aber) war das Manna gefallen, für das Volk, das er nicht im Stich gelassen" (vgl. Jeremia 51,5).

89 Anders Brüll: Beiträge zur jüdischen Sagen- und Spruchkunde im Mittelalter, S. 3.

90 Vgl. Numeri 28,7.9.

91 Die hebräische Fassung liest kürzer: „Ich bin es wert, teuer kauft man mich mit Geld: ‚Lass es gut sein! Fahre nicht fort!'" (Deuteronomium 3,26).

92 Hebräische Fassung: „Gedenke aber, was dem Manne Lot geschah, die Scham seinen Töchtern sich entbarg" (vgl. Genesis 9,23).

93 Vgl. Genesis 19,31–36.

bleibt vielmehr das, was er auch nach halakhischen Vorgaben ist: ein vergorener Traubensaft, der aufgrund seines alkoholischen Gehaltes Freude bereiten, aber auch Kummer mit sich bringen kann.[94] Biblische Bezüge werden in den Liedern zwar aufgenommen bzw. im Hintergrund vorausgesetzt, doch entwickeln die Dichter eigene Betrachtungsweisen, die ohne Vorbilder in der älteren hebräischen Literatur sind. Die klassischen Autoren aus dem andalusischen Spanien griffen dabei auf Stil und Versmaß ihrer Umwelt zurück, übernahmen aber offenbar auch ältere Vorläufer aus Babylonien und Palästina. Ihre eigenständige Ausdrucksweise blieb somit sprachlichen Mustern verbunden, die sich bereits in poetischen Erweiterungen klassischer liturgischer Texte fanden. Doch nehmen sie auf diese weder parodistisch Bezug, noch haben sie sich direkt aus solchen rituell verwendeten Texten wie etwa Purim-Dichtungen weiterentwickelt.

Profan sind diese hebräischen Dichtungen insoweit, als sie nicht für einen rituellen Rahmen verfasst sind. Sie sind jedoch nicht säkular. Wein, so ist wohl bei allen sefardischen Autoren vorauszusetzen, wird als göttliche Gabe verstanden. Seine Wirkung wurde geschätzt, sein Geschmack war ein Thema, doch sein Konsum und seine Nutznießung wurden deswegen nicht eingeschränkt. Keines der Lieder bezieht sich auf die halakhische Problematik des Umgangs mit Weins, etwa das der gemeinsame Weingenuss mit Nichtjuden zu meiden sei. Dieser unbefangene Genuss von Wein ist bemerkenswert und hängt vielleicht mit einer nachlässigeren halakhischen Praxis zusammen, die in einigen Quellen belegt ist.

So berichtet etwa Avraham bi-Rabbi Natan ha-Yarḥi aus dem provenzalischen Lunel (zweite Hälfte 12. Jahrhundert) in seinem *Sefer ha-Manhig*,[95] dass er in einigen Städten Spaniens Juden nicht nur dabei beobachtet habe, wie sie Wein von „Ismaeliten“ (Muslimen) verwendet hätten, sondern dass sie diesen Wein sogar gemeinsam mit Nichtjuden zu trinken pflegten, was nach rabbinischer Überlieferung und den Dezisoren des Mittelalters eigentlich unzulässig war.[96] Auch andere Texte in der mittelalterlichen halakhischen Literatur aus Sefarad lassen erkennen, dass in Bezug auf Wein die traditionellen

94 Siehe Jerusalemer Talmud Maʿaser Sheni 4,9 (55c).

95 Siehe *Sefer ha-Manhig le-Rabbi Avraham bi-Rabbi Natan ha-Yarḥi*, hrsg. v. Yitsḥaq Rafa’el. Jerusalem: Mossad ha-Rav Kook 1978, Bd. 2, S. 660.

96 Siehe *Shulḥan ʿArukh* Yore Deʿa § 129,11.

Bestimmungen im Umgang mit Muslimen nicht immer befolgt wurden.[97] Viele dieser jüdischen Weinlieder spiegeln auch einen gewissen Wandel in der Halakha wider, und er machte den Genuss von Wein gemeinsam mit Muslimen, die selber wiederum eine gewisse Laxheit im Umgang mit Wein kannten, erst möglich.[98] Wein, so wird in diesen Liedern immer wieder deutlich, kann auch deswegen zunächst nach seinem Geschmack und seinem Alkoholanteil beurteilt werden, d. h., nach dem, was Shmuʿel ha-Nagid in dem oben angeführten Gedicht als das ‚Wunder im Kelch' bezeichnete. Die halakhische Problematik tritt in ihnen genauso in den Hintergrund wie die Frage des richtigen Umgangs im Kontakt mit Nichtjuden.

Anders wird das Thema Wein in der frühen italienischen Profandichthung und in Dichtungen aus Aschkenas aufgenommen. Zwar sind im Grunde zu wenige Vergleichstexte aus diesem Kulturraum erhalten, um ein allgemeines Urteil zu fällen. Doch die wenigen erhaltenen Gedichte lassen erkennen, dass in ihnen der Umgang mit Wein zurückhaltener und traditioneller dargestellt wird. Sätze, in denen der Genuss hervorgehoben würde, oder in der dem seine berauschende, geheimnisvolle Wirkung gelobt wird, lassen sich kaum finden. Wichtiger sind Hinweise auf seine Funktion im Kultus, und auch die Gefahren eines übermäßigen Konsums werden deutlicher hervorgehoben. Die sefardischen Dichter der klassischen spanischen Epoche lassen dagegen einen individuelleren, unbeschwerteren Umgang mit Wein erkennen. Er lässt sich am besten durch ein islamisches Umfeld erklären, in dem Juden einen anderen gesellschaftlichen Status innehatten als in Aschkenas.

97 Vgl. Zimmels: *Ashkenazim and Sepharadim*, S. 214.

98 Siehe dazu auch den Beitrag von Bill Rebiger in diesem Band.

Das *Sefer Habakbuk Hanavi*

Eine Purim-Parodie aus dem 13. Jahrhundert

Mirjam Beddig

Das Wort ‚Parodie' kommt aus dem Griechischen und bedeutet Neben- oder Gegengesang. Eine Parodie übernimmt die Struktur und die stilistischen Merkmale des Originaltextes und füllt sie mit anderem Sinn. Die Parodie gehört dementsprechend zur Gattung der intertextuellen Literatur.[1] Heute werden häufig bekannte Romane und Filme parodiert. Doch wie sieht es aus, wenn man einen *religiösen* Text nimmt und ihn, genau wie es häufig mit weltlichen Werken geschieht, parodiert? Dieser Frage soll im vorliegenden Artikel nachgegangen werden.

Nach dem Prinzip der Parodie verfuhr Levi ben Gershon, ein französischer Mathematiker, Philosoph, Astronom und Bibelkommentator im 13. Jahrhundert mit dem Tanach, der jüdischen Bibel.[2] Er verfasste sein Werk, das *Sefer Habakbuk Hanavi*,[3] um das jüdische Publikum an Purim[4] zu unterhalten. Somit haben wir es beim *Sefer*

1 Vgl. Theodor Verweyen / Gunther Witting: *Die Parodie in der neueren deutschen Literatur: Eine systematische Einführung*. Darmstadt: WBG 1979, S. 208.

2 Vgl. Israel Davidson: *Parody in Jewish Literature*. New York: Columbia University Press 1907, S. 133, der Levi ben Gershon (1288–1344) als Verfasser nennt, andere Forscher schreiben das Buch hingegen Kalonymos ben Kalonymos zu. Siehe dazu auch Jefim Schirmann: *The History of Hebrew Poetry in Christian Spain and Southern France*, hrsg. v. Ezra Fleischer. Jerusalem: Ben-Zvi Insitute 1997, S. 528 (Hebräisch).

3 Das *Sefer Habakbuk Hanavi* ist der erste einer aus drei Teilen bestehendem Purimparodie, genannt *Massechet Purim*. Für die verschiedenen Editionen dieses Purim-Traktates vgl. Abraham Meir Haberman: The Editions and Prints of Massekhet Purim. In: *Areshet* 5 (1972), S. 136–144 (Hebräisch); Yeshayahu Vinograd: *Thesaurus of the Hebrew Book*, Bd. 1. Jerusalem: Institute for Computerized Bibliography 1995, S. 89 (Hebräisch).

4 Purim ist der jüdische Feiertag, an dem die Esterrolle vorgelesen wird und man der Errettung der Juden im Perserreich durch Ester und Mordechai vor Haman gedenkt.

Habakbuk Hanavi mit einem Werk zu tun, das zur Unterhaltungsliteratur gehört.

Der vorliegende Artikel soll dem Leser eine kurze Einführung in die Handlung und den Stil des im biblischen Stil geschriebenen *Sefer Habakbuk Hanavi* geben. Des Weiteren soll analysiert werden, welche Arten von Humor der Autor des Werkes verwendet und an welchen Büchern der Bibel er sich besonders stark orientiert. An dieser Stelle sei bereits bemerkt, dass die Autorin des vorliegenden Artikels bei der Analyse der Parodie zu dem Schluss kommt, dass sie unter allen Büchern des Tanach inhaltlich und strukturell dem Buch Ester am ähnlichsten ist.

Da der Inhalt des *Sefer Habakbuk Hanavi* einem größeren Publikum nicht bekannt sein dürfte, soll an dieser Stelle die Handlung der Parodie zusammengefasst und interpretiert werden: Die Protagonisten des Werkes heißen Carmi, Beri und Habakbuk. Alle Namen sind sprechende Namen. So bedeutet beispielsweise Carmi Weinberg, was gut zu seinem Charakter passt, denn Carmi ist ein dem Alkohol zugeneigter König. Habakbuk ist ein Prophet, dessen Name auf den biblischen Propheten Habakuk zurückgeht. Habakbuk bedeutet übersetzt „die Flasche" und deutet damit ironisch darauf hin, dass er sowohl zu Alkoholgenuss neigt als auch kein besonders kompetenter Prophet ist. Denn als „Flasche" oder auch „hohl wie eine Flasche" werden umgangssprachlich dumme Menschen bezeichnet. Beri ist Carmis Rivale. Sein Name wird von dem hebräischen Wort באר (Brunnen) abgeleitet, und er charakterisiert die Alkoholabstinenz des dritten Protagonisten.

Das *Sefer Habakbuk Hanavi* beginnt mit dem Einleitungssatz „Es begab sich in den Tagen Carmi ben Serachs aus Bozra, des Königs von Israel", der Ester 1,1 parodiert. Darauf folgt eine Beschreibung des Königreiches des Königs Carmi; es wird ausgesagt, dass es zu der Zeit Brauch war, viel Wein zu trinken, was einen Hinweis auf das Thema „Purim" darstellt.

Der Leser erfährt ferner, dass der König Carmi einen Nebenbuhler hat, Beri, der das Volk und die Macht an sich reißen will. Somit besteht die Gefahr, dass die gute Zeit des Königreiches Carmis, in dem „Wein

Man soll an diesem Tag so viel Wein trinken, dass man nicht mehr zwischen den Aussagen „verflucht sei Haman!" und „gesegnet sei Mordechai!" unterscheiden kann. Vgl. Moritz Steinschneider: Purim und Parodie. In: *Monatsschrift für Geschichte und Wissenschaft des Judentums* 46 (1901 / 1902), S. 176–182, hier S. 180.

aus Opferschalen getrunken“ und „Traubenkuchen gegessen“ wird, aufgrund einer heimtückischen Eroberung des Königthrones durch Beri alsbald beendet sein könnte. Dies versucht der Prophet Habakbuk zu verhindern.
Er droht in Anlehnung an 1 Samuel 12,25 Beri und dem Teil des Volkes, der sich ihm inzwischen angeschlossen hat, damit, dass sie sofort vernichtet werden, wenn sie nicht ein Glas Wein trinken. Da sie nicht auf die prophetische Anweisung, Wein zu trinken, hören, verarmen sie und ihre Anzahl nimmt ab.
Carmi ermutigt seine Anhängerschaft, doch einige von ihnen beschweren sich, dass ihnen nicht genug Reichtum zufällt „Was ist unser Anteil an Carmi? Und niemand bekommt Erbe in Bozra. Zu deinen Zelten, Israel“, ein parodiertes Bibelzitat von 1 Könige 12,16. Daraufhin wird das Herz des gesamten Volkes zu Wasser (in Anspielung auf Josua 7,5), sie schließen sich also Beri an.
Das Volk freut sich über seinen neuen König Beri, doch die Tatsache, dass dieser in seinem Amt schweigt, deutet bereits daraufhin, dass er kein idealer König ist. Der Prophet Habakbuk versucht, das Verhalten des Volkes zu maßregeln, indem er den Menschen vorwirft, sie würden sich nicht besser verhalten als ihre Vorfahren in Ägypten, die mit Gottes Taten in der Wüste nicht zufrieden waren, obwohl er sie aus der Gefangenschaft befreite und sie aus dem Schilfmeer rettete. Schließlich gesteht Habakbuk dem Volk aber zu, Beri als König zu behalten, jedoch nur unter der Voraussetzung, dass sie Wein trinken, andernfalls würden sie und ihr König vernichtet werden. Doch ein Großteil des Volkes möchte dies nicht, sie „blieben halsstarrig“ (Jeremia 17,23).
So kommt es zu der Situation, dass ein Krieg zwischen den Anhängern Carmis und Beris ausbricht. Beri hat zwar viele Unterstützer, doch Carmis Anhängerschaft übertrifft seine bald. Nun hält der Prophet Habakbuk eine flammende Rede, der zufolge Carmis neuer Name „als Mund Gottes im Weinkeller sein wird“ und die Untertanen Carmis „die Krone der Macht für das ganze Land“ (Jesaja 62,2-3) sind. Nach dieser Rede strömt schließlich ein großer Teil des Volkes zu Carmi, so dass sich bei der Schlacht eine gleichgroße Menge an Beri-Anhängern und Carmi-Anhängern gegenüberstehen. Beri behauptet großspurig, dass Gott ihm Kraft geben wird, ein Ausspruch, der Carmi verunsichert. Daraufhin wird „seine Fröhlichkeit und Freude hinweggenommen, der Wein wird aus den Weinkellern

zurückgenommen und der Kelterer keltert nicht mehr singend“ (nach Jeremia 48,33). Dies bedeutet, dass Carmi eine Niederlage einstecken muss. Auch der Prophet Habakbuk, der auf Carmis Seite steht, „findet keine Vision mehr“ (in Anlehnung an Klagelieder 2,29). Schließlich wird Carmi verhöhnt und alle entsetzen sich bei seinem Anblick. Das Volk ist ihm nicht mehr loyal und beschließt, sich Beri anzuschließen, der in diesem Augenblick als die sicherere Option erscheint. Habakbuk kritisiert die Wahl des Volkes, das „Schlechtes gegen Gutes eintauscht“ (nach Leviticus 27, 10). Er weist es daraufhin, dass Beri keinen Bestand als Herrscher haben wird, weil „Gott ihn abwies“ (Jeremia 46,15). In einer langen Rede fragt er die Beri-Anhänger, was noch passieren muss, damit sie ihr Verhalten ändern. Er gibt ihnen den Hinweis, dass „Wein das Herz des Menschen erfreut“ (nach Psalm 104,15) und zählt die Vorteile des Weins gegenüber dem Wasser auf: Anders als das von Beri verkaufte Wasser ist der Wein Carmis kostenlos, außerdem färbt er die Kleidung in eine schöne rote Farbe (nach Genesis 49,11) und er führt zu einem angenehmen Wärmegefühl, während das Wasser „keine Decke im Frost ist“ (nach Hiob 24,7).

Gleichzeitig droht Habakbuk Beri, dass Gott ihn hart bestrafen wird, wenn er nicht endlich Carmi die Herrschaft übergibt: Von ihm gebaute, sichere Verstecke werden zerstört werden (nach Obadja 1,4). Weiterhin beschließt Gott, Beri durch eine Dürrekatastrophe zu bestrafen:

„ich [werde] mit meinen Fußsohlen alle Flüsse Ägyptens austrocknen.“ (2 Könige 19,24). Die Katastrophe sollte Beri nicht unterschätzen, denn „Auch die Wasser von Nimrin werden zuschanden und das Wasser des Meeres wird verlöscht werden.“ (Jesaja 19,5). Dann folgt der Hinweis, dass Menschen Weisheit niemals im Wasser finden, was durch das Bibelzitat Hiob 28,14 ausgedrückt wird: „Die Tiefe des Meeres sagte: „Sie [die Weisheit] ist nicht in mir“, und das Meer sagte: „Sie [die Weisheit] ist nicht mit mir“ (Hiob 28,14).

Gott verspricht Carmi, dass er mit ihm Erbarmen haben wird und er „das Geschick seines Volkes wenden wird“ (nach Jeremia 30,3). Dies führt dazu, dass Carmi wieder Mut fasst. Gott beschließt außerdem, „den Hochmut der Tyrannen zu erniedrigen“, folglich wird er Beri erneut bekämpfen. Die Beri-Anhänger sollen von „Krämpfen und Schmerzen ergriffen werden wie ein gebärendes Mädchen“ (nach Jesaja 13,8). Eine weitere ihnen angedrohte Strafe ist, dass dem Volk, das Carmi und damit Gott untreu geworden ist, „der Bauch anschwellen und die Hüfte schwinden“ soll. Durch diese Strafen soll das Volk dann schließlich die Macht Gottes erkennen und es wird kein Zweifel mehr bestehen, auf wessen Seite – nämlich auf Carmis – er steht. Gott setzte seine angedrohte Strafe der Dürre für die Beri-Anhänger dann tatsächlich in die Tat um. Er treibt „einen starken Wind über das Meer, und er lässt es versanden und trocknete alle Flüsse und Seen und die Rinnsale und die Brunnen und die Gewässer aus“. Die Strafe für das falsche Verhalten verdeutlicht Gottes Willen, dass man an Purim Alkohol zu sich nehmen soll. Darüber hinaus schlägt Gott die Beri-Anhänger mit Geschwüren (nach Hiob 2,7), und zwar so sehr, dass „an ihrem Fleisch nichts unbeschädigt blieb“. Diese Bestrafungen führen dazu, dass die Beri-Anhänger ihr Tun überdenken, sich Carmi anschließen und ihn und Gott um Vergebung bitten: „Jetzt vergib uns doch, [dass] wir sündigten“ (Genesis 50,17). Die Entscheidungen, Carmi als König anzunehmen und Wein zu trinken, führen zu einem glücklichen Ende für das gesamte Volk, sie werden zur Ruhe und zum Erbteil gebracht. Darüber hinaus genießen sie ein erfülltes Sexualleben „Sie wurden brünstig“ (Genesis 30,39). Carmis Volk begeht das Purimfest und die Taten Carmis werden – in Anlehnung an die Estergeschichte – in die Chroniken Mediens und Persiens geschrieben. Schlussendlich wird erwähnt, dass „kein Prophet mehr im Hause Carmis [des Winzers] wie Bakbuk [die Flasche] erstand, mit all den Zeichen und Wundern, die er vor den Augen ganz Israels tat“ (Deuteronomium 34,10). An dieser Stelle ist im originalen Bibelvers selbstverständlich von Mose die Rede.

Im gesamten Werk lässt sich beobachten, dass Carmi die Worte ‚positiver‘ Bibelgestalten in den Mund gelegt werden. Genau wie König David fragt König Carmi: „Wer bin ich und wer ist mein Haus, dass du mich bis hierher gebracht hast?“ (2 Samuel 7,18). Ferner redet er sein Volk gleich König David an: „Hört mich, meine Brüder und mein Volk!“ (1 Chronik 28,2). Außerdem verwendet er die Worte des Propheten Jeremia, (Jeremia 1,6) „siehe, ich weiß nicht, was ich sagen soll, weil ich ein junger Mann bin.“, ein Ausspruch, der Carmis bescheidenes Naturell hervorhebt. Gleichzeitig fällt jedoch auch auf, dass er in vielen Aspekten dem König Achaschwerosch des Esterbuches nachempfunden ist, zum Beispiel trinkt er genau wie dieser viel Alkohol. Beri hingegen weist die Merkmale negativer Bibelfiguren auf: Da ist beispielweise der Erzfeind Israels, Amalek, dessen Platz

Beri beim Zitat aus 1 Samuel 14,48 einnimmt. In der Bibel heißt es: „Und er tat Mächtiges und schlug den Amalek und rettete Israel aus der Hand seines Räubers." Der Verfasser des *Sefer Habakbuk Hanavi* ändert den zweiten Teil des Zitats in „um Israel aus der Hand seines Räubers, [des aufständischen Emporkömmlings Beri], zu retten." Habakbuk werden die Worte aus Deuteronomium 31,8 „Fürchte dich nicht und erschrick nicht" in den Mund gelegt, die in der Bibel Mose zu Josua vor den Augen des Volkes Israel spricht. Dies zeigt, dass der Prophet Habakbuk in der Parodie dem Propheten Mose der Tora nachempfunden wurde.

Struktur, Stil und Humor des *Sefer Habakbuk Hanavi*

Zu Beginn steht die Beobachtung, dass es ein Merkmal des Textes des *Sefer Habakbuk Hanavi* ist, dass viele der zitierten Bibelstellen Hapaxlegomena enthalten, also Wörter, die nur an einer einzigen Stelle in der Bibel vorkommen, so dass die jeweils parodierte Stelle eindeutig identifiziert werden kann, selbst wenn das Zitat eher kurz ausfällt. Ein Beispiel dafür ist „Ich bedrückte die aus dem Haus Beris". Das hebräische Verb für „bedrücken", welches an dieser Stelle verwendet wird, ist הכר. Dies ist nur in Hiob 19,3 belegt.

Um einen Einblick in den Stil und Humor des *Sefer Habakbuk Hanavi* zu geben und die Arten des Humors nachvollziehen zu können, sollen an dieser Stelle Zitate aus meiner deutschen Übersetzung des Werkes exemplarisch angeführt werden. Zitate, die der Autor der Parodie aus der Bibel übernommen hat, werden dabei durch Kursivschrift kenntlich gemacht.

Das Buch setzt mit einer Anspielung auf den Anfang des Esterbuches ein:

> Es begab sich in den Tagen Carmi ben Serachs aus Bozra, des Königs von Israel.
>
> והיה בימי כרמי בן זרח מבצרה מלך ישראל

Dies ist analog zu Ester 1,1

> *Es begab sich in den Tagen Achaschweroschs, der König war vom Indus bis zum Nil über hundertsiebenundzwanzig Länder.*
>
> והיה בימי אחשורוש הוא אחשורוש המלך מהדו ועד כוש שבע ועשרים ומאה מדינה

Der sprachliche Rahmen des Anfangs des *Sefer Habakbuk Hanavi* ist also der gleiche wie der des Esterbuches, jedoch besteht hier bereits ein ironischer Gegensatz zum Originaltext der Bibel: Carmi ist nicht König über hundertsiebenundzwanzig Länder, sondern nur über ein kleines Volk, Israel.

Damals tranken sie Wein aus Opferschalen (Amos 6,6)
und liebten Traubenkuchen (Hosea 1,3),
und das Wort Gottes kam zu dem Statthalter, dem Sohn des Glases und der Traube (Nehemia 10,2).[5]
[...]
Bakbuk begann zu sprechen:
‚Hört, alle Völker!‘ (Micha 1,2)
Wenn ihr hört, hört ihr, und wenn ihr davon ablasst, habe ich [zumindest] mich selbst gerettet.
Ich nahm mir glaubwürdige Zeugen: (Jesaja 8,2)
den Trinkschlauch und den Weinkrug.
Er sagte zu ihnen:
Wie lange werdet ihr noch über zwei Zweige hüpfen?
Wenn Carmi [der richtige König ist], folgt ihm nach, und wenn Beri [der richtige König ist], folgt ihm nach. (nach 1 Könige 18,21)
Es antwortete das ganze Volk, sie sagten: (Exodus 19,8)
Die Rede, die der Prophet uns hielt, ist gut.
Lasst uns Lose werfen (Jona 1,7)
Wer wird uns aufhalten?
Sie ermittelten [durch das Los] Carmi.

Der angeführte Abschnitt gibt einen guten Einblick in den Stil und Humor des *Sefer Habakbuk Hanavi*. Wie bereits angemerkt, werden als humoristisches Element vor allem sprechende Namen benutzt. Weiterhin ist festzustellen, dass sich der Verfasser nicht auf das Zitieren von Bibelstellen eines einzigen Buches des Tanach beschränkt (das Esterbuch würde sich hierfür anbieten, da der erste Satz aus diesem entnommen ist und das *Sefer Habakbuk Hanavi* auf die Purimthematik Bezug nimmt), sondern Bibelstellen sowohl aus der *Tora* als auch aus dem gesamten Tanach entnommen werden und dabei auch in der Bibel vor- und zurückgeblättert wird. So steht ein Zitat aus dem Richterbuch beispielsweise vor einem Zitat aus Exodus. Es stellt sich heraus, dass diese Art, einen Text zu konstruieren, funktioniert – sieht man einmal davon ab, dass sich thematische Übergänge in einem Text ‚aus einem Guss‘ etwas eleganter gestalten.
Die folgenden beiden Textbeispiele belegen eine weitere Art des Humors, die sich im *Sefer Habakbuk Hanavi* mehrfach findet: Spiele mit Klangähnlichkeiten.

5 Im zugrundeliegenden Bibeltext heißt es eigentlich: „Nehemia, der Statthalter, der Sohn Hachaljas, und Zedakia“ (Nehemia 10,2).

Der Jesaja-Vers 5,11, der in der Bibel

Wehe denen, die morgens früh aufstehen, um zu saufen.	הוי משכימי בבקר שכר

heißt, lautet im *Sefer Habakbuk Hanavi*

Glücklich sind jene, die morgens früh aufstehen, um zu saufen (vgl. Jesaja 5,11).	אשרי משכימי בקר שכר ידופו יטוב לב משתה תמיד

Im Hebräischen besteht eine Klangähnlichkeit zwischen dem „Glücklich sind jene, die" und dem „Wehe": אשרי (oschrei) und הוי (hoj/oj) enthalten beide einen o-Laut und sind im Hebräischen – zumindest nach der alten aschkenasischen Aussprache des Hebäischen, die hier vorausgesetzt scheint – auch ähnlich lang. „hoj" besteht aus einer Silbe und „oschrei" aus zwei.
Der Leser des hebräischen Textes meint also im ersten Augenblick, eine bekannte Bibelstelle vor sich zu haben, bis ihm die Änderung auffällt. Dies zeigt eindeutig, dass es sich hier um eine Parodie handelt, deren Wirkungsweise darin besteht, dass Strukturen des Originals übernommen werden, die Aussage des Parodietextes aber eine andere ist als die des parodierten Textes. Dem Prophetenbuch des Jesaja zufolge ist es ein Vergehen, sich gleich nach dem Aufstehen dem Alkoholgenuss zu widmen, statt zu arbeiten. Das *Sefer Habakbuk Hanavi* rät jedoch genau zu diesem Verhalten. Tatsächlich ist der gesamte Text eine Lobrede auf den Weinkonsum.
An dieser Stelle sei darauf hingewiesen, dass es beim Übersetzen solcher Passagen aus dem *Sefer Habakuk Hanavi* unmöglich ist, bestimmte lautmalerische Namen wie „Beri" ins Deutsche zu übertragen und dabei einen Namen zu finden, der sowohl inhaltlich als auch klanglich das in der Ursprungssprache Ausgesagte in die Zielsprache überträgt. Eine ähnliche Schwierigkeit ergibt sich hier, weil der hebräische Text mit Lautähnlichkeiten spielt. In einem Fall, in dem der Autor ein Bibelzitat anbringt, dessen Sinn er durch ein klanglich ähnliches Wort verfälscht hat, ist es nicht möglich, das Bibelzitat im Deutschen inhaltlich entsprechend zu verändern und gleichzeitig die Lautähnlichkeit zu übertragen. In der Parodie wird der Text von Jesaja 5,11 „hoi" (wehe) durch „oschrei" ein klanglich sehr ähnliches und nur eine Silbe längeres Wort, ausgetauscht. Im Deutschen muss an dieser Stelle die lange Formulierung „glücklich sind jene, die […]" verwendet werden. Die Formen von „sein" werden im Hebräischen in der Gegenwart nicht versprachlicht (Nominalsatz), so dass der Unterschied zwischen dem originalem Bibelvers und dessen absichtlich veränderten Zitat sehr viel subtiler daherkommt als im Deutschen,

wo das kurze „wehe“ im abgeänderten Bibelzitat durch das weitaus längere „Glücklich sind jene, die“ ausgetauscht wird. Insofern kann der Sprachwitz des Hebräischen an dieser Stelle im Deutschen zwar imitiert werden, die Klangähnlichkeit geht bei der Übertragung in die andere Sprache jedoch verloren.

Eine weitere Stelle, die die Bibel ebenfalls nach dem Prinzip der Klangähnlichkeit parodiert, ist die folgende:

> Obadja 1,4, *Sefer Habakbuk Hanavi*:
>
> und wenn du auf den Zweigen dein Nest machst, werde ich es fallen lassen, Ausspruch Gottes.
>
> ואם על כפים שים קינך משם
> אורידך נאם יהוה
>
> Obadja 1,4 Bibel:
>
> *Und wenn du zwischen den Sternen dein Nest baust, werde ich es fallen lassen*
>
> ואם בין כוכבים שים קינך משם
> אורידך נאם יהוה

Es besteht eine weitere Lautähnlichkeit, die sich nicht ins Deutsche übertragen lässt – כוכבים (Sterne) und כפים (Zweige) fangen im Hebräischen beide mit einem k-Laut an.

Der Ort des Nestes ist im Original im Himmel „zwischen den Sternen“, in der Parodie befindet es sich sehr viel näher zum Erdboden „auf den Zweigen“. Die unterschiedlichen Höhen zeigen hier also bereits ironisch den Unterschied des ‚hohen‘ Sujets der Bibel zum ‚niedrigen‘ Sujet der Parodie an.

Weiterhin gibt es Stellen im Text, in denen Wörter oder Aussagen geändert wurden, ohne dass eine Klangähnlichkeit besteht, beispielsweise wird in den biblischen Ausspruch „Honig und Milch unter der Zunge“ (Hohelied 4,11) das Wort „Wein“ eingefügt, um das Thema der Parodie aufzugreifen, so dass es dann „Wein, Honig und Milch sind unter deiner Zunge“ heißt.

Genauso verhält es sich auch mit den Namen – in 1 Könige 18,21 heißt es in der Bibel:

> *Und er sprach: Wie lange werdet ihr noch über zwei Zweige hüpfen? Wenn Gott [der richtige König ist], folgt ihm nach, und wenn Baal [der richtige König ist], so folgt ihm nach.*
>
> ויאמר עד מתי אתם פסחים
> על שתי הסעפים אם יהוה
> האלהים לכו אחריו ואם הבעל
> לכו אחריו

Im *Sefer Habakbuk Hanavi* lautet dieser Vers:

> Und er sprach: Wie lange werdet ihr noch über zwei Zweige hüpfen? Wenn Carmi [der richtige König ist], folgt ihm nach, und wenn Beri [der richtige König ist], folgt ihm nach (vgl. 1 Könige 18,21).
>
> ויאמר אליהם עד מתי אתם
> פוסחים על שתי הסעיפים אם
> כרמי לכו אחריו ואם בארי לכו
> אחריו

Der Verfasser des *Sefer Habakbuk Hanavi* erzeugt also an dieser Stelle dadurch Komik, dass er die Namen Gottes und Baals durch die Namen Carmi und Beri ersetzt und so das ‚hohe' Thema der Bibel auf das Unterhaltungsniveau einer Parodie herabsetzt.
Ein Beispiel, in dem in einen Bibelvers ein zusätzliches Wort eingearbeitet wird, um dessen Sinn zu verändern, ist Jesaja 55,1.
Dieser Bibelvers lautet im *Sefer Habakbuk Hanavi*:

Auf, alle Durstigen, geht zum Wasser euch anzuziehen, denn es hat keine Wärme.	הוי כל צמא ילך למים ללבוש ושאין לחום לו

Im masoretischen Text des Buches Jesaja 55,1 steht:

Auf, alle Durstigen, geht zum Wasser, und wer kein Geld hat, gehe, schaffe Vorräte ohne Geld, und Wein und Milch ohne [Kauf]preis.	הוי כל צמא לכו למים ואשר אין לו כסף לכו שברו ואכלו ולכו שברו בלא כסף ובלא מחיר יין וחלב

Levi ben Gershon baut den Ausdruck „sich anziehen" in den Bibelvers ein und verändert damit ironisch das Trinkwasser in der Bibel zu Badewasser in der Parodie.
Eine weitere Methode, mit der der Leser der Parodie zum Lachen gebracht wird, ist die, dass zwei Bibelstellen miteinander kombiniert werden, die weder hintereinander stehen noch thematisch zusammengehören.

> Und du, Beri, [du Wasserloch], höre die Worte Gottes.
> *Bist du besser als das Schilfmeer? Hast du denn mit Israel gestritten, gegen es gekämpft und es bekriegt?* (Richter 11,25)[6]
> Und sie *teilten es in zwei [Hälften] und gingen zwischen den zwei Hälften hindurch* (Jeremia 34,18).

Nicht nur wird hier der Sinn des ursprünglichen Bibelverses, in dem es um Balak, den Sohn Zippors, geht, an das Wein-Wasser-Thema der Parodie angepasst, indem das Wasser hier Balaks Platz einnimmt. Auch ist es so, dass es im Jeremia-Vers in der Bibel die zwei Hälften des Goldenen Kalbs sind, zwischen denen das Volk hindurchgeht, und nicht die zwei Hälften des Schilfmeeres. Dem Autor des *Sefer Habakbuk Hanavi* ist hier durch das Einsetzen eines Bibelverses in einen anderen Kontext gelungen, dessen Sinn zu verändern. Levi ben Gershon hat den Bibelvers so raffiniert eingebaut, dass die zwei Hälften des Goldenen Kalbes, auf die in der Bibel angespielt

6 Dieser Vers lautet in der Bibel: „Meinst du, dass du denn besser recht hattest denn Balak, der Sohn Zippors? Hast du derselbe auch je gerichtet oder gestritten wieder Israel?" (Richter 11,25).

wird, problemlos auf die zwei Hälften des Schilfmeeres bezogen werden.

In meiner Übersetzung werden die Bibelstellen zwar angegeben, das hebräische Original der Parodie ist jedoch ein fortlaufender Text ohne Stellenangaben, so dass der Leser der hebräischen Parodie genau lesen muss, um die intertextuellen Anspielungen nachzuvollziehen. Diese Textstellenverschränkung dürfte bei einem Leser oder Zuhörer, der die originalen Bibelstellen kennt, zu einiger Heiterkeit geführt haben. Menschen, die sich nicht mit dem Text der hebräischen Bibel auseinandergesetzt haben, bleibt der Witz vorenthalten. Das Vergnügen an einer Parodie ist also ein intellektuelles Vergnügen.

Parallelen zum Esterbuch

Die sicherlich auffälligste Übereinstimmung zwischen dem Esterbuch und dem *Sefer Habakbuk Hanavi* ist die Einbettung der Parodie in die Anfangs- und Schlussformulierungen des Esterbuches. Doch nicht nur dies – genau wie Mordechais und Esters Taten am Ende in die Chroniken der Könige von Medien und Persien aufgenommen werden (Ester 10,2), so geschieht dies auch im Schlussparagraphen des *Sefer Habakbuk Hanavi*: „Und er fügte die Worte Carmis [des Winzers] und das Wirken seines Gesetzes und seines Heldenmutes hinzu, die nicht in die Chronik des Königs von Medien und Persien aufgeschrieben wurden." Ebenfalls wird die Beri- und Carmi-Geschichte fiktiv in den jüdischen Kanon aufgenommen, was dann auch die Begründung dafür ist, dass sie an Purim, genau wie die Estergeschichte, gelesen bzw. vorgetragen werden soll.

Darüber hinaus weist das *Sefer Habakbuk Hanavi* nicht nur einige Motive auf, die sich im Esterbuch finden, sondern es übernimmt auch viele Formulierungen daraus. Beispielsweise heißt es im *Sefer Habakbuk Hanavi* „Dieser Vorschlag gefiel ihnen, und sie verfuhren so". Diese charakteristische Ausdrucksweise, im Hebräischen בעינים הדבר וייטב, kommt auch mehrmals im Esterbuch vor, u. a. in Ester 1,21, 2,4 und 2,9.

Eine weitere Gemeinsamkeit zwischen dem Esterbuch und dem *Sefer Habakbuk Hanavi* besteht darin, dass in den beiden Werken das Motiv des Loswerfens aufgenommen wird – im Esterbuch 3,7 wird gelost, um den Tag zu ermitteln, an dem die Juden vernichtet werden sollen, im *Sefer Habakbuk Hanavi* bestimmt das Los, wer König wird.

Gleichfalls wird sowohl die Regentschaft Achaschweroschs (Ester 1,7–8) als auch die Regentschaft Carmis als eine Zeit beschrieben, in der sehr viel Alkohol konsumiert wurde. In Ester 1,7–8 heißt es:

> *Und das Getränk trug man in goldenen Gefäßen und immer andern und andern Gefäßen, und königlichen Wein die Menge, wie denn der König vermochte. Und man setzte niemand, was er trinken sollte; denn der König hatte allen Vorstehern befohlen, dass ein jeglicher sollte tun, wie es ihm wohl gefiel.*

Im *Sefer Habakbuk Hanavi* findet sich in ähnlicher Weise folgende Beobachtung über das Königreich Carmis: „Damals tranken sie Wein aus Opferschalen" (Amos 6,6) „und liebten Traubenkuchen" (Hosea 1,3).

Außerdem treten sowohl im biblischen Buch Ester als auch in der Parodie Fürsten auf, beispielsweise in Ester 1,14, „die nächsten aber die bei ihm waren Charsena, Sethar, Admatha, Tharsis, Meres, Marsena und Memuchan, die sieben Fürsten der Perser und Meder, die das Angesicht des Königs sahen und saßen obenan im Königreich." Im *Sefer Habakbuk Hanavi* heißt es in dem das Buch abschließeden Abschnitt: „der Mann aber, der nicht auf den König hört, und die Fürsten, die es in jenen Tagen geben wird, dessen Besitz wird gebannt".

Ferner spielen in beiden Werken Gold und Silber eine Rolle, in Ester 1,6 ist von „Polster[n] von Gold und Silber" die Rede, im *Sefer Habakbuk Hanavi* heißt es: „Und wenn ihr alle diese Sache tut [wenn ihr alle Wein holt], werde ich euch Geschenke aus Silber und Gold geben und euch [als] Fürsten über mein Volk einsetzen."

Des Weiteren legt Carmi genau wie Achaschwerosch in Ester 10,1 eine Steuer auf das Land und auf die Inseln im Meer. Durch die vielen Parallelen, die zwischen dem Handeln Achaschweroschs und den Taten Carmis bestehen, lässt sich weiterhin feststellen, dass der König Carmi in der Parodie dem König Achaschwerosch in der Bibel nachempfunden ist.

Das Ende des *Sefer Habakbuk Hanavi* bettet die Geschichte über die beiden Könige Carmi und Beri und den Propheten Habakbuk wieder in den Kontext der Estergeschichte und damit in den Kontext von Purim ein.

> Der Name der Stadt ist von diesem Tag an Freude,
> *dort gab er ihnen Gesetz und Gericht* (Exodus 15,25),
> dass jene Purimtage sein sollen, ihnen zum Gedenken, und um
> sie Jahr um Jahr zur Genüge zu begehen.

Der Mann aber, der nicht auf den König hört, und die Fürsten,
die es in jenen Tagen geben wird, dessen Besitz wird gebannt.
Lobe [daher] die Königsherrschaft und seine Fürsten!
Und es wurden Bücher in alle Länder des Königs geschickt,
um das im Buch geschriebene Gesetz zu bestätigen.
In jeder Stadt ist ein Ort, wo der König redet und sein Gesetz
Freude bereitet und
Jubel für die Juden,
*ein Trinkgelage und ein Feiertag, [an dem] man sich
gegenseitig Geschenke schickt* (Ester 9,19).
*Die Juden erhielten und nahmen auf sich und auf ihre
Nachkommen und auf ihre Gefährten* (Ester 9,27),
dem ganzen geschriebenen Gesetz in diesem Torabuch
Gültigkeit zu verleihen.
Und er fügte die Worte Carmis [des Winzers] und das Wirken
seines Gesetzes und seines Heldenmutes hinzu, die nicht in die
Chronik des Königs von Medien und Persien aufgeschrieben
wurden.

Bemerkenswert ist, dass das Buch dabei nicht nur eine Parodie des Esterbuches sein möchte, sondern mehrerer Bücher des Tanach. Daher kann Carmi in den letzten Worten des Textes ironisch mit Mose verglichen werden

*Und es erstand kein Prophet mehr im Hause Carmis [des
Winzers] wie Bakbuk [die Flasche], mit all den Zeichen und
Wundern, die er vor den Augen ganz Israels tat* (Deuteronomium 34,10–12).

Zusammenfassung und Ausblick

Ziel dieses Beitrages war es, eine kurze Einführung in die Handlung und in den Stil des *Sefer Habakbuk Hanavi* zu geben. Es handelt sich bei dieser Parodie um eine einzige Lobrede auf den Weingenuss, wie er im Zusammenhang mit dem Purim-Fest gepflegt wurde. Offensichtlich konnte das Buch, trotz unzweifelhaft subversiver, der offiziellen Religion zuwiderlaufender Elemente, der erbaulichen Unterhaltung an diesem ausgelassenen Freundenfest dienen. Es konnte zu einem besseren Verständnis der verballhornten Verse beitragen und die jedes Jahr in der Synagoge öffentlich verlesenen Kapitel aus der Esterrolle ergänzen. Der mit der Feier verbundene ausgelassene Weinverbrauch wurde hierdurch legitimiert.

Der Humor des Autors basiert auf einer geschickten Anwendung biblischer Zitate und Anspielungen auf strukturelle und inhaltliche Ähnlichkeiten. Die genauere Analyse ergab, dass der Autor des *Sefer Habakbuk Hanavi* auch nicht davor zurückschreckte, einzelne Worte in Bibelzitaten zu ändern, um diesen einen anderen Sinn zu geben. Häufig griff er dabei spielerisch auf Begriffe zurück, die klanglich dem ursprünglichen Wort in der Bibel ähneln. Außerdem wurde die Technik benutzt, zusätzliche Wörter in Bibelverse einzufügen – entweder um sie passender für das Weinthema der Parodie zu machen oder um ihren Sinn zu verändern. Eine weitere parodistische Technik des Verfassers des *Sefer Habakbuk Hanavi* bestand darin, zwei Bibelstellen so zusammenzufügen, dass sie in der Kombination einen neuen Sinn ergeben. Inhaltlich und stilistisch handelt es sich bei diesem „Buch des Propheten ‚Flasche'" um ein herausragendes Beispiel jüdischer Rezeption des Themas Wein, das zu einer intensiveren Beschäftigung auch mit den anderen Texten aus der dreiteiligen Sammlung *Massekhet Purim* einlädt.

Der Weinkonsum bei Juden des Nahen Ostens im späten Mittelalter und darüber hinaus

Abraham David

Laut des frühen islamischen Gesetzes, dem Pakt von U'mar, ist Muslimen der Genuss von Wein, Arabisch *Khamr*, verboten. Auch wenn dieses Verbot im Koran verankert ist, so kam es doch erst später, im 9. Jahrhundert, mit der Etablierung der offiziellen muslimischen Orthodoxie zur Durchsetzung.[1] Die Frage darüber kam auf, als man zu entscheiden hatte, was die Gesetze innerhalb der Sharia' sein sollten und man sich von den Nicht-Muslimen (den *Ahl-adh-Dhimma* oder *Dhimmi*) in den muslimischen Ländern absetzen wollte.[2] Man zog die Schlussfolgerung, den Genuss von Wein im Fall der Nicht-Muslime nicht völlig zu verbieten, sondern deren Konsum von Wein auf religiöse Zwecke zu beschränken. Offensichtlich war der Weinkonsum in diesen Ländern auf den eingeschränkten Verbrauch durch Ungläubige, auf deren Herstellung von Wein und deren Erwerb desselben für ausschließlich solche Zwecke limitiert. So lautete die Vorschrift für die Juden, die Christen und Gläubige anderer Religionen.

Aus muslimischen und jüdischen Quellen des späten Mittelalters, besonders aus dem 15. Jahrhundert, wird deutlich, dass das Thema des Weinkonsums durch die *Ahl-adh-Dhimma* oder *Dhimmi* heftige Reaktionen wegen des schlechten Einflusses von Wein auf die

1 Siehe Arendt Jan Wensinck / Joseph Sadan: Khamr. In: *Encyclopaedia of Islam*. New Edition. Bd. 4, hrsg. v. Emeri van Donzel / Bernard Lewis / Charles Pellat. Leiden: Brill 1978, S. 994–998; Zohar Amar: *Agricultural Produce in the Land of Israel in the Middle Ages*. Jerusalem: Ben-Zvi Institute 2000, S. 123–125 (Hebräisch).

2 Siehe Eliahu Strauss (Ashtor): The Social Isolation of Ahl-Adh-Dhimma. In: Yehuda Komlosh (Hrsg.): *Études Orientales à la Mémoire de Paul Hirschler*. Budapest: Kertész 1950, S. 73–94; Bat Ye'or: *The Dhimmi, Jews and Christians under Islam*. Rutherford, N.J.: Fairleigh Dickinson University Press 1985; Mark R. Cohen: *Unter Kreuz und Halbmond*. München: C. H. Beck 2005, S. 28–32, 132–137.

Muslime hervorrief.[3] Der vorliegende Beitrag wird sich auf dieses Thema konzentrieren, da er sich auf solche Vorkommnisse bezieht, die sich am Ende der mamlukischen Herrschaft, deren Hauptstadt Kairo war, und zu Beginn des Osmanischen Reiches im Nahen Osten seit 1517, mit Istanbul als Zentrum, ereigneten.

Im Jahr 1414 befahl der mamlukische Sultan Scheich al Ma'ayyad (1412–1421) seinen Untertanen nach allem Wein und anderen berauschenden Getränken zu suchen und sie dann in den Straßen auszugießen. 1416 wurde eine jährliche Steuer allen Nicht-Muslimen für die Erlaubnis, Wein zu konsumieren, auferlegt. Diese Steuer wurde viele Jahre lang eingetrieben.[4] Im Jahr 1428 versuchte Sultan al-Ashraf Barsbay, der von 1422 bis 1438 regierte, sein Königreich von der „Schande" des Weines zu reinigen. Zu diesem Zweck wurden Anweisungen an die verschiedenen Provinzen Ägyptens, Syriens und in das Gebiet des Landes Israel versandt, dass überall Fahndungen nach Weinlagern durchgeführt werden sollten und dass jeglicher Wein in den Straßen ausgeschüttet werden sollte.[5] Dieser Befehl wurde wie auch bei anderen Anlässen 1435 wiederholt, einschließlich während der Herrschaft des mamlukischen Sultans al-Zahir Chakmak in Folge eines Gerüchts, dass Juden und Christen Muslimen Wein verkauften. Daraufhin erließ dieser Sultan, der in den Jahren 1438 bis 1453 regierte, das Dekret allen Wein zu vernichten.[6] Dieses Edikt untersagte nicht nur absolut den öffentlichen Konsum von Wein, sondern auch jegliche öffentliche Werbung für den Verkauf desselben.[7] Diese Restriktionen wurden zudem während des Osmanischen Reiches streng durchgesetzt, wie wir an den Gerichtsakten der Jerusalemer Sharia' sehen können, die im 16. Jahrhundert ein früheres Verbot gegen den öffentlichen Genuss von Wein durch Juden und den Verkauf an Muslime ratifizierten.[8]

Aus muslimischen Quellen kann man zudem erkennen, dass für die muslimischen Herrscher ein begründeter Verdacht bestand, die

3 Eliahu Strauss-Ashtor: *History of the Jews in Egypt and Syria under the Rule of the Mamluks,* Bd. 2. Jerusalem: Mossad Ha-Rav Kook 1951, S. 66–67 (Hebräisch).

4 Siehe Strauss: The Social Isolation of Ahl-Adh-Dhimma, S. 66–67.

5 Ebd., S. 71.

6 Ebd., S. 73, 77.

7 Siehe Amar: *Agricultural Produce*, S. 123–126, 129–135.

8 Siehe Amnon Cohen: *A World within. Jewish Life as Reflected in Muslim Court Documents from the Sijill of Jerusalem*, Teil I. Philadelphia: Center for Judaic Studies 1994, S. 24, 81–82, 113, 145, 147, 150, 152, 156, 158; ders. / Elisheva Simon-Pikali: *Jews in the Moslem Religious Court*. Jerusalem: Ben-Zvi Institute 1993, S. 173–176 (Hebräisch).

jüdischen und christlichen Weinhändler zu drangsalieren, da diese der Sharia' zuwider handelten und Muslime, die dem Weingenuss frönen wollten, ihren Weg zu den nicht-muslimischen Weinhändlern fanden und von ihnen kaufen konnten.[9]

Der deutsche Pilger Arnold von Harff, der Ägypten am Ende des 15. Jahrhunderts besuchte, schrieb: „[...] es gibt viele Muslime, die mit den Mamluken und den Juden Wein trinken."[10]

Jüdische Quellen wie z.B. die halakhische und Responsen-Literatur bezeugen den Weinhandel und den Verkauf an Muslime. Wie wir in den Responsen des Rabbi David ibn Zimra (Radbaz), dem bekanntesten jüdischen Gelehrten aus Ägypten in der ersten Hälfte des 16. Jahrhunderts und einer der exilierten Juden aus Spanien,[11] sehen können, schrieb er einige Briefe in Bezug auf die Frage nach Wein, der von Nicht-Juden berührt worden war. Er versuchte zu klären, ob solcher Wein für Juden verboten war, d.h. ob er als Yeyn nesekh oder Stam yeynam zu gelten habe. Auch wenn von Juden hergestellter Wein koscher ist, gilt er dennoch als verboten, wenn er von einem Nicht-Juden berührt wurde.[12]

In drei Responsen dieses großen Halakhisten wird der Verkauf von Wein an Muslime erwähnt:

a.	Im Gegenteil, manchmal wurde [der Wein] an Muslime verkauft.[13]	ואדרבה לפעמי'[ם] נמכר [היין] לישמעאלי'[ם].

9 Siehe Strauss: *History of the Jews in Egypt*, S. 159.

10 Dr. E. von Groote: *Die Pilgerfahrt des Ritters Arnold Von Harff...in den Jahren 1498–1499*. Cöln: Heberle 1860, S. 86. Original: *sij voerten mich in yere huysser dar wyr heymelich wijn in droncken, ouch bij wijlen in der juden huysser ind cristen Suriani aldae genant, dae wir ouch heymelich in den huyssern wjin droncken, as die heyden geynen wijn en dryncken dan wasser.* https://archive.org/stream/diepilgerfahrtd00harfgoog#page/n148/mode/2up (Zugriff am 21.11.2013).

11 Zu ihm siehe Abraham David: *To Come to the Land. Immigration and Settlement in 16th-Century Eretz-Israel.* Tuscaloosa / London: University of Alabama Press 1999, S. 142–144, 227–228.

12 Der Konsum von nicht-jüdischem (christlichem) Wein, Yeyn nesekh, und Stam yeynam, in der mittelalterlichen Halakha wurde von Haym Soloveitchik in seinen beiden Publikationen: *Principles and Pressures: Jewish Trade in Gentile Wine in the Middle Ages*. Tel Aviv: Am Oved 2003 (Hebräisch) und ders.: *Wine in Ashkenaz in the Middle Ages*. Jerusalem: Zalman Shazar Center for Jewish History 2008 (Hebräisch) untersucht. Für allgemeine Erläuterungen zu Wein und Halakha siehe Shelomo Yosef Zeivin (Hrsg.): *Talmudic Encyclopedia. A Digest of Halachic Literature and Jewish Law from the Tannaitic Period to the Present Time. Alphabetically Arranged.* Jerusalem: Talmudic Encyclopedia Institute 1955–2011, Bd. 24 (1999), S. 215–498 (Hebräisch).

13 שו"ת הרדב"ז [Radbaz Responsa]. New York: Otsar Ha-Sefarim 1967, Teil 1, Nr. 2.

b. Es ereignete sich, dass ein Sklave des Königs kam, um an einem Feiertag Wein von einem Israeliten zu kaufen und der Israelit nahm dafür Pfand.[14]

מעשה היה באחד מעבדי המלך שבא לקנות יין מישראל ביו״ט [ביום טוב] ולקח ממנו הישראל משכון.

c. Es gab in Ägypten im Jahr [5]305 (=1545) einen Schreiber mit Namen ibn Gazal [...] und eines Tages, so sagt man, saß er da und verkaufte Wein, und die Nicht-Juden tranken und wurden in seinem Haus betrunken.[15]

במצרים בשנת ש״ה ליצירה היה סופר שמו ן׳ גזל [...] ויום אחד אמרו כי הוא יושב ומוכר יין, והגוים שותים ומשתכרים בביתו.

Scheinbar war es ein häufiges Phänomen, dass Juden Wein an Muslime verkauften trotz der in der Sharia' aufgestellten Verbote. Für eine besondere Jahressteuer, die den Dhimmis, den „Schutzbefohlenen", für den Konsum von Wein 1416 (wie wir oben gesehen haben) von den Mamluken auferlegt worden war, finden wir Nachweise in muslimischen und in jüdischen Quellen.

Diesbezüglich schreibt Rabbi Yitsḥaq ibn Latif aus Jerusalem in einem Brief an jemanden in Italien, ca. Mitte des 15. Jahrhunderts:

Der Wein dort ist großartig und besser als eurer und billiger, und für die Juden gehört er zum „Nicht-Gesehenem" (= Verbotenem), und sie bezahlen dafür Steuern.[16]

היין שבה גדול ומשובח יותר משלכם, ויותר בזול, והוא בבל יראה ליהודים, ופורעים ממנו מס.

In einem anderen Brief schreibt Rabbi Ovadya von Bertinoro (Bartenura), der berühmte Gelehrte und Oberhaupt der jüdischen Gemeinde in Jerusalem am Ende des 15. Jahrhunderts an seinen Vater in Italien im Jahr 1488:

Juden, die in Jerusalem leben, müssen jedes Jahr eine feste Steuer an den König zahlen [...] und sie zahlen zusätzlich an den Naib, den Gouverneur von Jerusalem, damit sie Wein herstellen dürfen, denn das wird bei den Muslimen als Greuel angesehen, so dass sie keinem Menschen Wein geben oder herstellen, und daher müssen sie 50 Golddukaten zahlen.[17]

יהודים היושבים בירושלם חייבים ליתן בכל שנה ושנה מס קצוב למלך [...] ופורעים לנאייפו. הוא השר של ירושלם, למען יוכלו לעשות יין, כי תועבה הוא לישמעאלים להניח לשום אדם לעשות יין, ופורעים בגלל הדבר הזה חמשים דוקאטי זהב.[18]

14 שו״ת הרדב״ז [Radbaz Responsa]. New York, Teil 3, Nr. 877.

15 שו״ת הרדב״ז [Radbaz Responsa]. Bene Brak: Hekhal Ha-Sefer 1975, Teil 8, Nr. 6.

16 Siehe Abraham David: *Reflections on Jewish Jerusalem. An Anthology of Hebrew Letters from the Mamluk Age*. Tel Aviv: Ha-Kibbuts Ha-Me'uḥad 2003, S. 93 (Hebräisch).

17 Übersetzt von Yaacov David Shulman: *Pathway to Jerusalem. The Travel Letters of Rabbi Ovadiah of Bartenura written between1488–1490 during his Journey to the Holy Land*. New York, Jerusalem: CIS Publications 1992, S. 61–62.

18 Siehe Menachem Emanuele Artom / Abraham David (Hrsg.): *From Italy to Jerusalem. The Letters of Rabbi Obadiah of Bertinoro from the Land of Israel*. Ramat-Gan: Bar Ilan University 1997, S. 80 (Hebräisch).

Rabbi Ovadya von Bertinoro kam mit dem Gouverneur von Jerusalem überein, dass eine gestaffelte Steuer gemäß den bestehenden sozialen Klassenstrukturen in der Jerusalemer Gemeinde erhoben werden sollte, wie ein unbekannter Reisender in seinem Brief aus Jerusalem am Ende des Jahres 1495 berichtete. Rabbi Ovadya war daher direkt mit der Einsetzung wichtiger Steuerregelungen beauftragt. Zu dieser Zeit wurde die Weinsteuer für Nicht-Muslime (Dhimmis) üblicherweise im Voraus festgesetzt. Jedes Mitglied der jüdischen Gemeinde war verpflichtet, denselben Betrag zu zahlen, ungeachtet seiner wirtschaftlichen Situation. Rabbi Ovadya richtete drei separate Weinsteuern ein, je nach finanziellem Status. Bezüglich seiner Aktivitäten in Jerusalem schreibt der unbekannte Reisende, der zufällig zu gleicher Zeit mit Rabbi Ovadya in Jerusalem war, in seinem Brief (am Ende des Jahres 1495):

> Rabbi Ovadya tat noch mehr für mich. Jedes Jahr verlangen die Muslime 50 Dukaten, um den Juden zu erlauben Wein herzustellen. Eine Sache, die die Muslime als verachtenswert empfinden. Es gibt drei Steuerklassen: Wohlhabende zahlen 20 Silberstücke pro Qintar Wein; Menschen mit mittlerem Einkommen zahlen 16 Silberstücke und arme Leute, selbst die, die auf Almosen angewiesen sind, zahlen 12 Silberstücke.[19]

> עוד הפליא חסדו עמי והציל עני מחזק ממנו, וזה כי יפרעו בכל שנה חמשי׳[ם]דוק׳[אטים] למען יוכלו לעשות יין, כי תועבה היא לישמעאלי׳[ם]. שלשה ערכי׳[ם] לגבות המער׳[ת] הנ׳[זכרים] העשירי׳[ם] פורעי׳[ם] עשרי׳[ם] כסף לכל קאנטרו יין, [והבינונים] יפרעו ששה עשר כסף, והעניים שנים עשר כספי׳[ם], ואפי׳[לו] מקבלי צדקה.[20]

Man sieht, wie der Weinkonsum von Seiten der Dhimmis zu einer besonders heiklen Angelegenheit wurde. Bei Naturkatastrophen oder anderen Miseren wurde die Schuld dafür den Ungläubigen und deren Weinkonsum zugewiesen. Rabbi Ovadya berichtet von einem Vorfall, als ein arabischer Junge seine Mutter ermordete und dann behauptete, er habe es getan, während er betrunken gewesen sei. Die Schuld dafür wurde dann den Juden und den Christen, die in Jerusalem lebten, gegeben:

> Es ereignete sich hier in Jerusalem einmal der Fall, dass ein Muslim (Ismaelit) im Zorne seine eigene Mutter ermordete. Und als sie ihn vor die Richter brachten, behauptete er, er habe es wegen seiner Trunkenheit getan. Und sie sprachen zu ihm und entschieden sofort,

> וכבר היה מעשה פה בירושלם בישמעאל שקם על אמו ושחט אותה כשחוט כבש בכעסו, וכאשר הביאוהו לפני השופטים אמר כי מפני שכרותו עשה זאת, ואמרו ודנו השופטים מיד

19 Übersetzt von Shulman: *Pathway to Jerusalem*, S. 87–88.

20 Siehe David: *Reflections on Jewish Jerusalem*, S. 161.

> dass diese Sünde wegen der Juden und Christen geschehen sei, die im Lande wohnten, denn sie allein produzierten Wein. Daher wurde den Juden eine Strafe von 16 Goldflorinen auferlegt, den Christen 12 Goldflorinen und der Muslim kam straffrei davon.[21]

> כי חטא של זה תלוי ביהודים ובנצרים יושבי הארץ, כי הם לבדם העושים יין, ונענשו היהודים ששה עשר פרחים זהב והנצרים שנים עשר, והישמעאל יצא לחפשי חנם.[22]

Auch eine Dürre in Jerusalem war laut Muslime durch den Weinkonsum der Juden verursacht worden. So schreibt der oben genannte unbekannte Reisende am Ende des Jahres 1495:

> Und der Regen versiegte auf Erden und die Brunnen trockneten aus. Und manchmal, (wenn es sich so ereignet), rotten sich die Muslime (Ismaeliten) zusammen, um den Wein auszugießen und [die Fässer] zu zerbrechen. Denn sie behaupten, dass der Regen nicht falle wegen der Sünde der Juden, die Wein tränken.[23]

> וכי יכלה הגשם מן ה[ארץ] יכלו המים מהבורות, ולפעמי׳[ם] יתקבצו הישמעאלי׳[ם] עלינו לשפוך היין ולשבור [הכדים], כי יאמרו אשר בעבור חטא היהודי׳[ם] שתותי׳[ם] היין ולא ירדו גשמים.[24]

Ein weiteres Beispiel hierfür finden wir in den Berichten des Pilgers Rabbi Moshe Basola, einem italienischen jüdischen Gelehrten, der zwischen den Jahren 1521–1523 durch das Land Israel reiste. In Bezug auf Jerusalem bemerkt er:

> Es ist Sitte unter den Muslimen in der Heiligen Stadt Jerusalem, dass wenn Gott keinen Regen schickt, dies der jüdischen Sünde des Weintrinkens anzulasten sei. Und sie verlangen vom Gouverneur, dass er alle Weinfässer der Juden zerstören lässt. Am Mittwoch, den 20. Kislew 5282 (20. November 1521), erließ der Gouverneur solch eine falsche Anschuldigung, doch wurde ein Kompromiss in Höhe von 200 Dukaten in ihrer Währung ausgehandelt […] Und eine Steuer in Höhe eines halben Dukaten wurde jedem, der Wein herstellt, auferlegt […] und für jede 100 Raṭl Wein, die 600 Litern bei uns entsprechen.[25]

> מנהג הישמעאלי׳[ם] בירושלם ע״ה, כשלא ימטיר ה׳, אומ׳[רים] שגורם עון היהודים ששותים יין ומבקשי׳[ם] מהשר לשבר כדי היין מהיהודי׳[ם]. וביום ד׳ כ׳ כסלו רפ״ב העליל השר על זה, עד כי נתפשרו במאתים דוק׳[אטים] מהמטבע שלהם […] ושמו העול הזה על כל מי שעשה יין, ועלה חצי דוק׳[אט] […] בעד מאה רוטולי יין הם שש מאות ליטרות שלנו.[26]

Rabbi Moshe Basola fügt einen weiteren interessanten Punkt über den Verkauf von Wein an Muslime hinzu. Offensichtlich war der

21 Übersetzt von Shulman: *Pathway to Jerusalem*, S. 54

22 Siehe Artom / David: *From Italy to Jerusalem*, S. 71.

23 Übersetzt von Shulman: *Pathway to Jerusalem*, S. 91.

24 Siehe David: *Reflections on Jewish Jerusalem*, S. 165.

25 Abraham David: *In Zion and Jerusalem. The Itinerary of Rabbi Moses Basola 1523–1521*. Jerusalem: C.G. Foundation / Bar Ilan University 1999, S. 103–104, Anm. 25.

26 Siehe ebd., S. 31 (Hebräisch).

Weinverkauf an Muslime zu diesem Zeitpunkt erlaubt. Er schreibt wie folgt:

> Es gab einen früheren Erlass, strafbar durch Exkommunikation und den Bann, der den Verkauf von Wein von Juden an Muslime verbot. Zu einem späteren Zeitpunkt, aber lange vor unserer Zeit, wurde der Erlass gemäß den Bedürfnissen der Sayrafi[27], die den Regierungsautoritäten nahe standen, aufgehoben. In diesem Jahr[28] produzierten die Sayrafi eine außergewöhnlich große Menge an Wein zum Verkauf an die Türken. Vor kurzem erhielten sie (die Ortsvorsteher) jedoch eine Anweisung vom Gouverneur, die Türken vom Weinkauf abzuhalten, denn die Türken gingen gewöhnlich zu jedem jüdischen Haus um zu kaufen, was ihnen auch immer in den Weg kam [...] Der Dayyan (Richter) verordnete darüber hinaus, dass [...] niemand außer den Sayrafi, also Rabbi Eleazar Albotini und Rabbi Yehuda von Corbeil, Wein verkaufen könne.[29]

> היתה גזרה קדמונית בכח נח״ש שלא יתן יהודי יין לישמעאלים, ואח״כ זה ימי׳[ם] רבי׳[ם] התירו הגזרה מפני הצורך שהם קרובי׳[ם] למלכו׳[ת]. ובזאת השנה עשו השרפ״י יין הרבה למכור לתוגרמי׳[ם], ומחדש השיגו מן השר שלא יקחו התוגרמי׳[ם] יין, מפני שהיו נכנסי׳[ם] בבית של היהודי׳[ם] לקחת מאשר ימצאו [...] ואח״כ הוסיף הדיין לגזור [...] ששום אדם לא יוכל למכור יין, כי אם השרפ״י הם: ר׳ אלעזר אלבור־טאני ור׳ יהודה מקורבייל.[30]

Auf den ersten Blick suggeriert dieser Abschnitt einen Widerspruch zu dem, was wir über das oben genannte Edikt gegen den Verkauf von Wein an Muslime wissen, das auch, wie oben erwähnt, während der osmanischen Periode in Kraft trat. Die wahre Bedeutung dieses Abschnitts ist eine andere. Das frühere Dekret, das durch die Weisen in Jerusalem, d.h. die rabbinisch Gebildeten, verabschiedet wurde und den Verkauf von Wein an Muslime verbot, hatte offensichtlich zum Ziel, die Juden davor zu bewahren, beschuldigt zu werden, die Muslime zum Weinkonsum zu verführen.[31] Es scheint, dass die Sayrafi die Lizenz zum Weinvertrieb vom Gouverneur erhalten hatten und dass die muslimischen Ortsvorsteher Ausschreitungen gegen die Juden befürchteten und daher den Gouverneur darum baten, den Verkauf von Wein zu unterbinden. Das rief jedoch ein neues Problem hervor, nämlich was mit dem restlichen Wein geschehen solle, der noch bei den Sayrafi lagerte.

27 Dabei handelt es sich um die wohlhabenden jüdischen Geldwechsler, die gelegentlich eine Sondergenehmigung zum Verkauf von Wein erhielten.

28 Im ausgehenden Jahr 1521.

29 Siehe David: *Reflections on Jewish Jerusalem*, S. 104–105.

30 Ebd., S. 31 (hebräischer Abschnitt).

31 Dieser Punkt wird auch im Jerusalemer Sharia' Gericht erwähnt. Siehe Cohen / Simon-Pikali: *Jews in the Moslem Religious Court*, S. 173.

Jüdische und nicht-jüdische Quellen weisen darauf hin, dass Wein aus Kreta nach Ägypten importiert wurde, wie wir aus jüdischen Quellen aus Kandia wissen.[32] Wie Rabbi Yosef Karo in einer seiner Responsen feststellt: „es ist ein verbreiteter Brauch (מנהג פשוט) in Ägypten und seiner Umgebung, Wein aus Kandia zu trinken".[33] Die Weinindustrie auf dieser Insel war weit bekannt, und Juden hatten Anteil sowohl an der Herstellung von Wein als auch an seinem Vertrieb. Eliahu Ashtor, der eine große Anzahl von Notarsurkunden in Venedig analysierte, hat dazu festgestellt: „Der Wein aus Kreta wurde tatsächlich in viele Länder exportiert, und anscheinend war Ägypten kein kleiner Markt dafür. Jüdische Händler waren an diesem Handel während der Herrschaft Venedigs über Kreta beteiligt."[34] Dieser Eindruck entsteht auch vor dem Hintergrund der rabbinischen Literatur[35] sowie aufgrund von Dokumenten aus der Kairoer Genisa. In einigen lateinischen Schriftstücken wird Wein *vinum iudaicum* (jüdischer Wein) oder *vinum mustum iudaicum* (junger jüdischer Wein) genannt.[36] Einer der besten Weine, der aus Kreta in den Nahen Osten exportiert wurde, trägt den Namen *Malvasia*. Es scheint, dass dieser Wein in Ägypten weit verbreitet war[37], und er wird in zwei jüdischen Quellen genannt: eine aus dem Jahr 1481 von Meshullam aus Volterra, der als Pilger nach Ägypten und ins Land Israel reiste,[38] und eine andere

32 Der Name Kandia für diese Insel ist auch aus lateinischen Quellen bekannt. Diese Stadt war zugleich die Hauptstadt der Insel, die mit der Stadt Heraklion identisch ist. Kreta befand sich zu dieser Zeit unter venezianischer Herrschaft (1204–1669).

33 Yosef Karo: *Sefer Avqat Rokhel*. Leipzig: Schnauss 1859, Responsum Nr. 67.

34 Eliahu Ashtor: New Data for the History of Levantine Jewries in the Fifteenth Century. In: *Bulletin of the Institute of Jewish Studies* 3 (1975), S. 76–79 [= *The Jews and the Mediterranean Economy 10th-15th Centuries*. London: Variorum 1983, Kap. 8, S. 76–79]; ders.: *Levant Trade in the Later Middle Ages*. Princeton: Princeton University Press 1983, S. 364. Weitere Forschung zu diesem Thema wurde von Benjamin Arbel unternommen; siehe Benjamin Arbel: The "Jewish Wine" of Crete. In: Ilias Anagnostakis (Hrsg.): *Monemvasian Wine - Monovas(i)n - Malvasia*. Athen: Institute for Byzantine Research 2008, S. 81–88. Siehe auch Abraham David: From Candia to Egypt in the Venetian Regime as Reflected from Cairo Genizah Documents. In: *Italia* 21 (2012), S. 11–14, 20, 22–23 (Hebräisch).

35 Siehe Meir Benayahu: *Rabbi Eliyahu Capsali of Crete*. Tel-Aviv: Ha-Makhon le-Ḥeqer ha-Tefutsot University of Tel Aviv 1983, S. 115–116 (Hebräisch); Michael Litman: The Relationship between Egypt and Candia in the Sixteenth and Seventeenth Centuries. In: *Sinai* 88 (1980), S. 51 (Hebräisch); David: From Candia to Egypt, S. 13.

36 Siehe Arbel: The "Jewish Wine" of Crete, S. 81

37 Ebd., S. 86–88.

38 Meshullam aus Volterra: *The Journey of Meshullam of Volterra in the Land of Israel*,

aus dem Jahr 1488 von Ovadya aus Bertinoro (Bartenura), der auch diese Länder bereiste.[39] Dieser Wein wurde in der zweiten Hälfte des 16. Jahrhunderts ebenfalls in die Türkei exportiert.[40]

Ungefähr 12 Schriftstücke aus der Kairoer Genisa verweisen auf den Weinhandel als ein jüdisches Betätigungsfeld. Man nimmt an, dass der Wein nur für den internen Gebrauch bestimmt war. Die Dokumente aus der Kairoer Genisa umfassen Briefe und Urkunden sowie mindestens ein gewerbliches Geschäftsbuch,[41] und sie belegen, dass der Weinhandel innerhalb Ägyptens oder der Import in dieses Land recht verbreitet war. Wein musste nach Ägypten eingeführt werden, da das tropische Klima den Anbau von Weinreben nicht zuließ. Der Wein kam aus anderen Ländern des Nahen Ostens, besonders aus dem Lande Israel, wo der Weinanbau sehr verbreitet war.[42]

In einem Geschäftsbrief, der von einem Händler aus Kairo im 16. Jahrhundert versandt wurde,[43] sieht man, wie der Verfasser notiert, dass er zwei Händler nach Qatia[44] geschickt habe, Yeḥiʿel und seinen Sohn. Sie sollten Wein nach Ägypten (Kairo)[45] einführen, um mit dem Händler Yosef Damuha, der in Qatia saß, darüber zu verhandeln: „In der Tat werden der verehrte Yeḥiʿel und sein Sohn, Gott behüte sie, nach Qatia (כאטייא) gehen, um bezüglich des Weines zu vermitteln und mit Yosef Damuha zu sprechen“ (S. 2, Zeile 7–8).

hrsg. v. Abraham Yaʿari. Jerusalem: Mossad Bialik 1948, S. 55 (Hebräisch). Siehe auch Elkan Nathan Adler: *Jewish Travellers in the Middle Ages.* 2. New York: Dover Publications 1987, S. 169: „Malmsey“!

39 Siehe Artom / David: *From Italy to Jerusalem*, S. 49; Adler: *Jewish Travellers in the Middle Ages*, S. 221: „Malmsey“!

40 Siehe Arbel: The "Jewish Wine" of Crete, S. 87, Anm. 26.

41 Meines Wissens ist nur eine Seite erhalten in New York – Jewish Theological Seminary of America Library (JTSA) ENA 3191,8.

42 Siehe Amar: *Agricultural Produce*, S. 100–135.

43 Erhalten in New York – JTSA ENA NS 14,15. Der Name des Verfassers fehlt, da das Dokument beschädigt ist.

44 Qatia liegt auf der wichtigsten Handelsroute zwischen Ägypten und dem Lande Israel auf der nördlichen Sinaihalbinsel, nicht weit von der Mittelmeerküste entfernt. Dieser Ort war ein Handelszentrum, da er an einer Kreuzung der Handelskarawanen aus allen Richtungen lag, besonders denen aus Ägypten und dem Lande Israel. Es ist möglich, dass es an diesem Ort eine kleine jüdische Gemeinde im 16. Jahrhundert gab. Siehe Abraham David: Jewish Settlements in the 16th and 17th Centuries. In: Jacob M. Landau (Hrsg.): *The Jews in Ottoman Egypt (1517–1914).* Jerusalem: Misgav Yerushalayim 1988, S. 24–26 (Hebräisch).

45 In den jüdischen Quellen dieser Zeit ist מצרים (Ägypten) gleichbedeutend mit Kairo.

Der kretische Wein wird in drei verschiedenen Dokumenten der Kairoer Genisa erwähnt.[46]

1. Ein bemerkenswertes Dokument, ein „Kashrut-Zertifikat“[47], das vom jüdischen Gericht (Bet Din) in Kandia am Ende des Jahres 1514[48] für Wein und Käse vergeben worden war.[49] Dieses Zertifikat wurde von einem muslimischen Kaufmann mit Namen Aḥmed ibn Omar nach Ägypten gebracht, der diese Produkte auf der Insel Kandia erworben hatte. Unterschrieben hat das Dokument im Namen des jüdischen Gerichts Rabbi Sha'ul ha-Kohen, der Sohn des verstorbenen Lehrers Rabbi Moshe Katz.[50] Zu dieser Zeit war es erlaubt, Wein in versiegelten Weinfässern durch nicht-jüdische Händler zu verschicken, wie man an diesem Dokument erkennen kann.
2. Ein Brief, der 1484 von Rabbi Eliya ben Elyakim aus Kandia verfasst und an Rabbi Moshe ben Yuda, einem Gemeindeleiter in der jüdischen Gemeinde Alexandriens,[51] adressiert war und von einer Lieferung von Wein und Käse an ihn durch einen Nicht-Juden handelte:[52] ובא אצלי הערל בעד היין ובעד הגבינה ובקשנו [מ]אד בעבור היין,

46 Diese Schriftstücke wurden von mir selbst analysiert in David: From Candia to Egypt, S. 12–14.

47 Erhalten in New York – JTSA Mic. 9160,2, und veröffentlicht in David: From Candia to Egypt, S. 14, 22–23.

48 Das Datum lautet יום ב׳ ר״ח טבת משנת הערה [רע״ה] (19.12.1514).

49 Kreta war zu dieser Zeit zudem ein Hauptumschlagsplatz für Käse; siehe David Jacoby: Cretan Cheese: A Neglected Aspects of Venetian Medieval Trade. In: Ellen E. Kittel / Thomas F. Madden (Hrsg.): *Medieval and Renaissance Venice*. Urbana / Chicago: University of Illinois Press 1999, S. 49–70. Zum Export von Käse nach Ägypten, siehe ebd., S. 58–60, 68.

50 Ein Gelehrter aus Ashkenaz, der sich zu dieser Zẹit auf Kreta befand. Er stand zu philosophischen Fragestellungen bezüglich Maimonides *More nevukhim* („Führer der Verwirrten“) in Korrespondenz mit dem berühmten Philosophen Don Isaac Abravanel, der dieses Werk umfassend kommentiert hatte.

51 Dieser ist aus einigen Dokumenten der Genisa aus Kairo bekannt. Zu ihm siehe Joseph Hacker: Maghrebi Jews in Egypt and Jerusalem at the End of the Mamluk Era. In: Daniel Boyarin / Shamma Friedman / March Hirshman / Menahem Schmelzer / Israel M. Ta-Shema (Hrsg.): *Atara L'Haim. Studies in the Talmud and Medieval Rabbinic Literature in Honor of Prof. Haim Zalman Dimitrovsky*. Jerusalem: Magnes Press 2000, S. 574–578 (Hebräisch).

52 Erhalten in Oxford – Bodleian Library Ms. Heb. C. 72, fol. 14 und veröffentlicht von Meir Benayahu: Book Dealings between Candia and Egypt (Documents from the Genizah). In: Zvi Malachi (Hrsg.): *The Abraham Meir Habermann Memorial Volume*. Lod: Yad le-Heman 1983, S. 256–258, 261, 263, 265 (Hebräisch). Siehe auch David: From Candia to Egypt, S. 12–14.

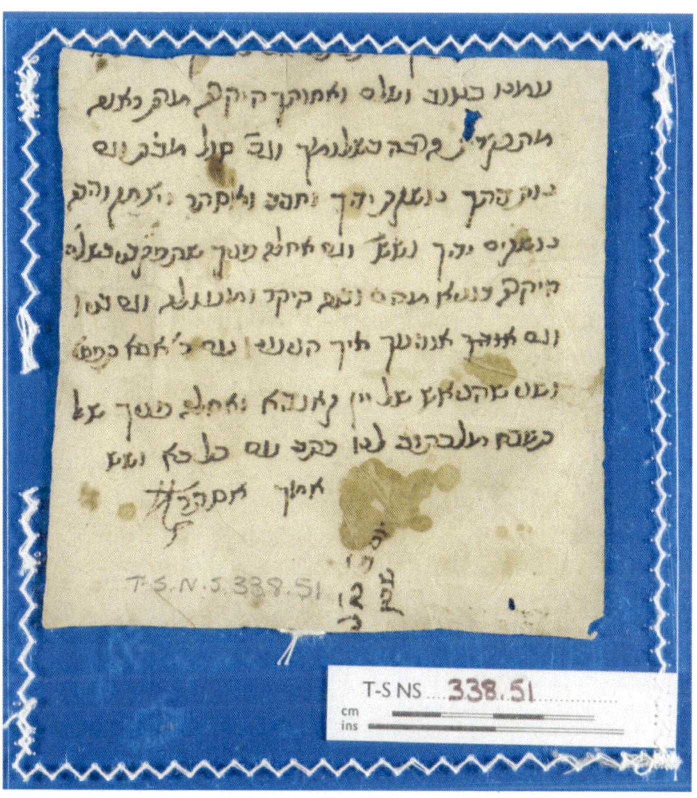

Abb. 1: Cambridge – CUL TS NS 338. 51.

„Und ein Nicht-Jude kam zu mir wegen (des Kaufes von) Wein und Käse, und wir forderten viel für den Wein" (Zeile 2–3).

3. Das Ende eines Briefes, der von Ester an ihren Sohn in 1569[53] geschickt wurde und in dem sie erwähnt, dass sie zwei Gefäße mit kretischem Wein erhalten habe: איך הגיענו עם ר' אבא תפסי' ושני שהניאש של יין קאנדיא „Wie wir mit Rabbi Abba Tafsi[54] über zwei Shehanias[55] bezüglich des kretischen Weines vereinbart hatten" (Zeile 6–7).

Es gibt noch andere Dokumente aus der Genisa in Kairo über den Weinhandel von Juden innerhalb Ägyptens aus dem 15. und 16. Jahrhundert.

1. Ein Geschäftsbrief, der im dritten Viertel des 16. Jahrhunderts[56] von Rabbi Moshe Binyamin[57] aus רשיד (Rosetta)[58] an Rabbi Yitsḥaq Luria Ashkenazi in Kairo gerichtet wurde, welcher später zur berühmtesten Gestalt der jüdischen Mystik in Safed wurde und besser bekannt ist unter dem akronymischen Namen „Ha-Ari" (der Löwe).[59] Der Schreiber erwähnt in diesem Brief die Situation

53 Erhalten in Cambridge – CUL TS NS 338. 51. Ich danke herzlich Dr. Ben Outhwaite, dem Leiter der Genizah Research Unit, Cambridge University Library, für die Erlaubnis, die Abbildungen der Genisa-Dokumente hier verwenden zu dürfen.

54 Es scheint, dass dies ein Spitzname für Abba ist.

55 Im Text findet man den Begriff שהניאש, doch seine etymologische Herleitung ist schwierig. Es scheint, dass es sich dabei um eine Art Gefäß handelt.

56 Erhalten in Cambridge – CUL TS 6J 4,32 und veröffentlicht durch Eliav Shochetman: New Sources from the Genizah on the Economic Activity of R. Isaac Luria in Egypt]. In: *Peamim* 16 (1983), S. 61–64 (Hebräisch).

57 Rabbi Moses Benjamin war ein Dayyan (jüdischer Richter) am jüdischen Gerichtshof in Rosetta, siehe Shochetman: New Sources from the Genizah, S. 61. Er ist auch aus anderen Dokumenten aus der Kairoer Genisa bekannt.

58 Ein Handelszentrum auf dem westlichen Nilarm im westlichen Delta, nicht weit von der Mittelmeerküste entfernt. Im Mittelalter und im Spätmittelalter haben sich Juden dort angesiedelt und auch am Handel beteiligt. Siehe Eliahu Ashtor: The Number of the Jews in Mediaeval Egypt. In: *Journal of Jewish Studies* 19 (1968), S. 7–8 [= *The Jews and the Mediterranean Economy 10th–15th Centuries*, London: Variorum 1983, S. 7–8]; David: Jewish Settlements in the 16th and 17th Centuries, S. 26.

59 Wie man aus anderen Quellen weiß (einschließlich der Dokumente aus der Kairoer Genisa) hat sich Rabbi Isaak Luria am internationalen Handel beteiligt, siehe Shochetman: New Sources from the Genizah, S. 59–64; Meir Benayahu: Documents from the Geniza – On ha-Ari's Commercial Activities and on his Family Members in Egypt. In: Ders. (Hrsg.): *Studies in Memory of the Rishon le-Zion R. Yitzḥak Nissim*, Bd. 4. Jerusalem: Yad Ha-Rav Nissim 1985, S. 225–253 (Hebräisch). Der oben erwähnte Brief wurde von Benayahu zudem als Faksimile veröffentlicht, ebd. S. 238–239; Abraham David: Halakha and Commerce in the Biography Isaac Luria. In: *Jerusalem Studies in Jewish Thought* 10 (1992), S. 287–297 (Hebräisch).

des Weinverkaufs in seiner Stadt: ומצד יינות לא נמצא קונה במדודים,[60] אז כשבאו ומכרתי לכה"ר אליקים עד סוף חדש תשרי „Bezüglich des Weines hatten wir keinen Käufer, der in bar bezahlen wollte, daher habe ich bei ihrer Ankunft dem ehrenwerten Rabbi Elyaqim auf Rechnung bis zum Ende des Monats Tishre verkauft“ (Zeile 15–16).

2. Ein Geschäftsschreiben, das von Moshe Bahalul aus מנזילא (Manzala)[61] an seinen Sohn Samuel, der in Kairo ansässig war, in der zweiten Hälfte des 16. Jahrhunderts verfasst wurde.[62] Er fragt u. a. seinen Sohn, ob dieser daran Interesse habe, Wein zu kaufen: תכתוב לי על ענין היין שהייתי רוצה לשלוח אותו [...] כתבתי לך לאחר שאין לך יין „Schreib mir bezüglich des Weins, den ich schicken wollte...[63] Ich hatte dir geschrieben, da du keinen Wein hattest“ (Zeile 48, rechter Rand, Zeile 1–2).
3. Ein Geschäftsbrief aus dem 16. Jahrhundert.[64] Der unbekannte Verfasser erwähnt folgendes: יש לי חבית יין חשובה אם יגזור מכ"ת [מעלת כבוד תורתו] אשלח לו בארילאש[65] מחשבוני ע"י כה"ר יצחק יצ"ו „Ich habe ein exzellentes Weinfass. Wenn du kaufen willst, werde ich dir einige Barrels aus meinem Bestand mit dem ehrenwerten Isaak, Gott bewahre ihn, schicken“ (rechter Rand, Zeile 5).
4. Ein Brief von Yitsḥaq, Sohn des Haggai, an Rachel, die Frau des Moshe ibn Suhil, aus dem 16. Jahrhundert.[66] Der Verfasser informiert sie, dass er ihr den Betrag von 15 Medis[67] mit Moshe, Sohn des Shlomo, geschickt habe und er entschuldigt sich, dass er dies nicht habe früher tun können, da er das Geld für den Wein nicht erhalten habe: ונתאחרתי בשביל שעדין לא הצלת[י ה]מעות של יין „Ich habe mich verspätet, da ich zuerst das Geld aus dem Verkauf von Wein eintreiben musste“ (Zeile 6).

60 In bar.

61 Eine Stadt nahe des Manzala Sees in der Region Damietta; siehe David: Jewish Settlements in the 16th and 17th Centuries, S. 21.

62 Erhalten in Cambridge – CUL TS AS 153,214.

63 Es gibt hier eine Auslassung von ein oder zwei Worten.

64 Erhalten in Cambridge – CUL Or. 1080J,245, leider sehr beschädigt.

65 Barrel. Das Wort ist von dem Spanischen barriles abgeleitet.

66 Erhalten in New York – JTSA ENA 2738,14.

67 מידי, eine ägyptische Münze, die im 15. und 16. Jahrhundert in Gebrauch war und ihren Namen nach dem mamlukischen Sultan Scheich Mu‘ayyad (1412–1421) erhalten hatte; siehe Paul Balog: *The Coinage of the Mamluk Sultans of Egypt and Syria*. New York: American Numismatic Society 1964, S. 299–306.

5. Eine versiegelte Urkunde zur gegenseitigen Schuldenannullierung zwischen zwei Geschäftspartnern – Yitsḥaq, Sohn des Ovadya Viadena und Zefanya, Sohn des Ḥayyim Saragosi.[68] Diese Urkunde wurde in דמיאט (Damietta)[69] zu Beginn des Jahres 1556 ausgestellt.[70] Es scheint, dass beide Partner Weinhändler waren, wie in der Urkunde betont wird: ולא נשאר לשום אחד על חבירו שום תביעה בעולם לא מצד החביות של יין שנמכרו במצרים „Niemand hat irgendeinen Anspruch behalten gegenüber dem anderen bezüglich der Barrels von Wein, die in Ägypten verkauft worden waren" (Zeile 4–5).

Es gibt zwei weitere Schriftstücke aus der Genisa in Kairo, die zeigen, dass Juden an der Weinherstellung beteiligt waren.

1. Eine Urkunde wurde im 16. Jahrhundert ausgestellt – ein Vertrag über die Weinproduktion zwischen vier Partnern - Ya'aqov Ayo, Masu'd, Sohn des Maḥluf, Manzur, Sohn des Yitsḥaq, und Shmu'el:[71] נשתתפו יחד למלאכת היין „Sie waren Geschäftspartner in der Weinherstellung" und danach ויתמשך זה השותפות כל זמן שיהיה להם מלאכת היין „Diese Partnerschaft wird solange andauern, wie sie die Weinherstellung betreiben" (Zeile 8–9).
2. Zwei unterschiedliche Urkunden: eine bezüglich der Ketubba (Ehevertrag) von Sitt al-Bait, der Tochter von Aharon al-Tagar, der Frau des Yosef al-Nagar.[72] Bei der zweiten Urkunde handelt es sich um einen Übereinkunft zwischen Sitt al-Bait und ihrem Ehemann zum Gebrauch der Finanzierung von 5 goldenen Florin aus ihrer Ketubba, die in Kairo im Jahr 1565 getroffen wurde.[73] In diesem Schriftstück finden wir die Worte: ולא יוכל לעשות בהם יין אחר החמשה שנים „Und es wird ihm nicht gestattet sein, nach fünf Jahren Wein herzustellen" (Zeile 6).

68 Erhalten in Cambridge – CUL TS 8J 6,20.

69 Ein Handelszentrum auf dem Ostarm des östlichen Nildeltas, nicht weit von der Mittelmeerküste entfernt. Seit dem Spätmittelalter gab es dort jüdische Siedlungen, und Juden waren im Handel involviert. Siehe Ashtor: Number of the Jews in Mediaeval Egypt, S. 2–3; David: Jewish Settlements in the 16th and 17th Centuries, S. 19.

70 Das Datum ist der יום רביעי שלשה ימים לחדש שבט שנת חמשת אלפים ושלש מאות ושש עשרה ליצירה (15.01.1556).

71 Erhalten in Cambridge – CUL TS AS 205,168, sehr beschädigt.

72 Erhalten in Cambridge – CUL TS 8J 8,11, beidseitig.

73 Bei dem Datum handelt es sich um den ביום רביעי שלשים יום לחדש תשרי שהוא ראש חדש חשון שנת השכ"ו (25.09.1565).

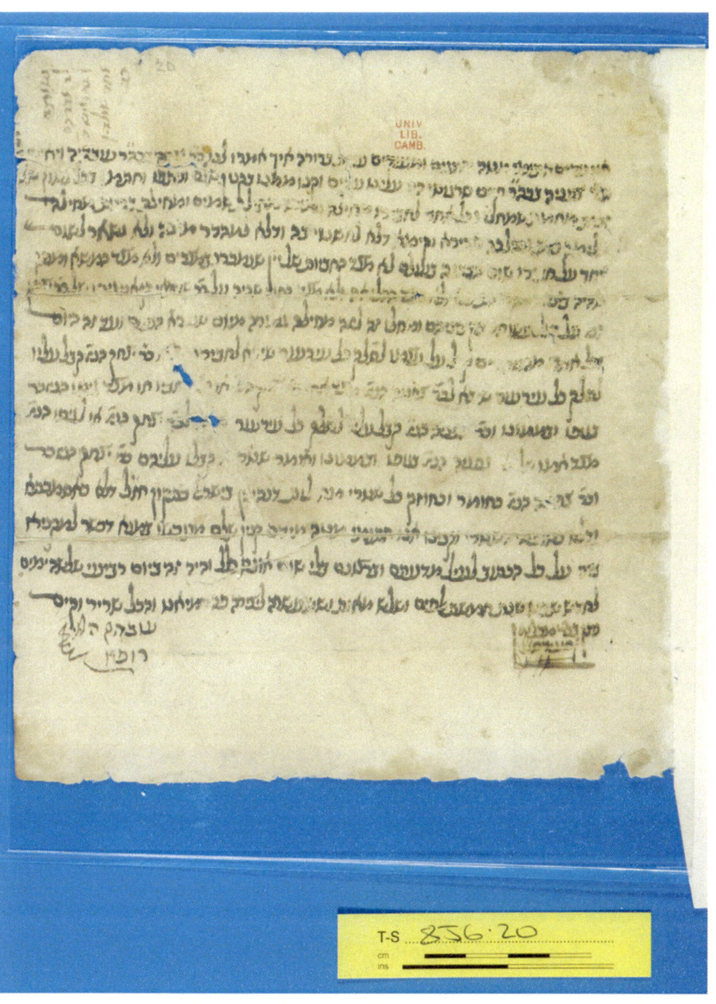

Abb. 2: Cambridge – CUL TS 8J 6, 20.

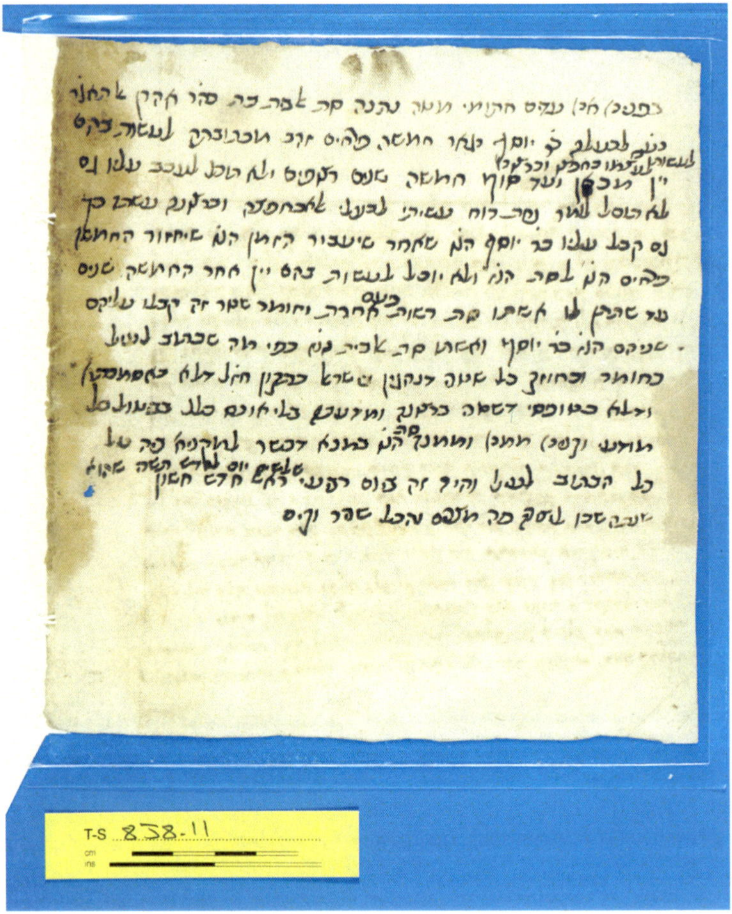

Abb. 3: Cambridge – CUL TS 8J 8, 11.

Die Frage stellt sich, wie Juden in Ägypten aus Trauben Wein herstellen konnten. Im Sommer was es definitiv unmöglich, diese aus dem Ausland zu importieren. Wie oben erwähnt, wurde Wein aus unterschiedlichen Ländern wie Kreta, dem Lande Israel und Syrien importiert. Daher kann die Bedeutung der Weinproduktion in Ägypten unterschiedlich interpretiert werden.

Im Nahen Osten des Mittelalters finden wir eine andere Art der Traubenzubereitung, die sich vom regulären Wein unterschied und die von Juden und Muslimen gleichermaßen angewandt wurde. Dieser nicht alkoholische, erhitzte Wein war im Nahen Osten weit verbreitet. In den arabischen und hebräischen Quellen wird er als דבס (Dibs) bezeichnet.[74] In einigen hebräischen Quellen wird er auch Devash ʿanavim (Traubenhonig) genannt.[75] In allen Generationen kam die halakhische Frage auf, ob dieser von Juden hergestellt und, falls er hergestellt worden und mit Muslimen oder Christen in Kontakt geraten war, verwendet werden durfte. Es ging also um die Frage, ob es sich bei dem den Juden verbotenen Wein um Yeyn nesekh oder Stam yeynam handelte.[76] Der Dibs wurde wie regulärer Wein aus dem Lande Israel oder Syrien nach Ägypten importiert, wie man oben gesehen hat.[77]

Ein anderes Produkt aus Trauben waren צימוקים (Rosinen), auf Arabisch Zibibbo (زبيب), welche leicht von einem in das andere Land transportiert werden konnten und ein Exportprodukt aus dem Lande Israel und Syrien nach Ägypten waren.[78] Wie dies auch aus Europa der Fall war.[79] Der Reisende Meshullam aus Volterra erwähnt in seinem Reisebericht aus dem Jahr 1481, dass er in Kairo יין זביבו (Yayin zibibbo) gefunden habe.[80] Dieses Getränk wurde natürlich aus Rosinen hergestellt. Der Rosinenhandel war im Nahen Osten im

74 Eine gute Zusammenfassung zu diesem Thema bietet Zohar Amar: 'Dibs' in the Land of Israel during the Middle Ages. In: *Judea and Samaria Research Studies* 5 (1995), S. 241–248 (Hebräisch); ders.: *Agricultural Produce*, S. 113–116.

75 Ebd. S. 114–115.

76 Zur Bedeutung dieser Begriffe siehe Anm. 12 und die Angaben in der *Encyclopaedia Judaica*. Bd. 16 (1971), Art. Wine, S. 540. Vgl. auch Amar: 'Dibs' in the Land of Israel during the Middle Ages, S. 244–245; ders.: Agricultural Pro*duce*, S. 115–115.

77 Amar: 'Dibs' in the Land of Israel, S. 245; ders.: *Agricultural Produce*, S. 115–116.

78 Ebd., S. 112–113.

79 Ashtor: New Data for the History of Levantine Jewries in the Fifteenth Century, S. 245, 268, 282.

80 Meshullam von Volterra: *The Journey of Meshullam of Volterra*, S. 55; ders.: *Viaggio in Terra d'Israele*, hrsg. v. Alessandra Veronese. Rimini: Luise 1989, S. 50.

16. Jahrhundert sehr beliebt, wie wir aus den Dokumenten aus der Genisa in Kairo ersehen können.[81] Es scheint, dass es sich bei dem Wein, der in Ägypten produziert wurde, um jenen Rosinenwein handelt, den Meshullam aus Volterra erwähnt – יין זביבו (Yayin zibibbo). Oder mit seinen Worten: גדול מאד יותר מהמלווישיאה אלף פעמים, „eintausend mal besser als Malvasia".[82] Aus halakhischer Perspektive wurde die Frage, ob diese Art Wein bei religiösen Zwecken denselben Status habe wie regulärer Wein, viele Generationen lang diskutiert.[83]

Zusammenfassend lässt sich sagen, dass der Weinkonsum in den Ländern unter islamischer Herrschaft keineswegs unproblematisch war. Aus den unterschiedlichen Quellen seit dem Ende der mamlukischen Herrschaft und am Beginn des osmanischen Reiches im 15. und 16. Jahrhundert lassen sich die Schwierigkeiten ablesen, in die Juden aufgrund des Weinkonsums verwickelt waren. Zum einen wurde ihnen eine Jahressteuer auferlegt und der Weinkonsum für Juden und Christen auf religiöse Zwecke beschränkt, so dass Wein nach dem Gesetz der Sharia' nicht für den Handel bestimmt war. Zum anderen wurde dies jedoch nicht immer eingehalten. Aus den Quellen aus der Genisa in Kairo kann man erkennen, dass Juden im Weinhandel in der Tat involviert sein konnten – doch nur innerhalb der jüdischen Gesellschaft, und nur ausnahmsweise und im Geheimen auch in der muslimischen.

Die Weinherstellung in Ägypten lieferte ein Ersatzprodukt aus Rosinen. Der Weinkonsum durch Juden war manchmal ein Grund für Spannungen zwischen ihnen und den Muslimen. Muslime fanden Wege, um die Juden einerseits zu beschuldigen, einen kriminellen Einfluss auf andere Muslime zu haben, andererseits auch um sie für Naturkatastrophen aufgrund ihres Weinkonsums verantwortlich zu machen.

Aus dem Englischen von Elke Morlok

81 Siehe Abraham David: The Role of Egyptian Jews in Sixteenth-Century International Trade with Europe: A Chapter in Social – Economic Integration in the Middle East. In: Ben Outhwaite / Sam Bhayro (Hrsg.): *"From a Sacred Source". Geniza Studies in Honour of Professor Stefan C. Reif.* Leiden / Boston: Brill 2011, S. 99–126, hier S. 107.

82 Zu Malvasia-Wein siehe die Anmerkungen oben. Man weiß nicht genau, was גדול מאד יותר (besser / großartiger) bedeutet. Vielleicht war sein Geschmack sehr viel besser als Malvasia.

83 Siehe *Talmudic Encyclopedia*, Bd. 24 (1999), S. 273–277.

Neuzeit

„Dieser alte Rheinwein mundet nur noch, wie die Philosophie, unseren Veteranen, die von den Realitäten einen anschaulichen Begriff haben“ David Friedländer (1750–1834) und die Berliner Aufklärung

Uta Lohmann

Prolog
Der Wein und die Haskala – Erkenntnis und Tugendlehre

Im Tanach ist der Wein ein „Bild der Lebensfreude“ und der geistlichen Gaben.[1] Und so war der Wein auch für die Berliner Maskilim, mit ihrem starken Bezug zur biblischen Lehre und mit ihrem Bemühen um Begriffsklärung und Wahrheitsfindung, ein Gleichnis für Erkenntnis und Herzensfreude, aber auch für Tugendhaftigkeit. In diesem Sinne nannte etwa Naphtali Herz Wessely seinen Kommentar zu Pirke Avot „Jen Lewanon“ (1775), Wein des Libanon. Nicht zufällig entnahm er diesen Titel dem prophetischen Buch Hosea, in dem die Abtrünnigkeit Israels von Gott und seine Umkehr zu wahrer Gläubigkeit, aus der das rechte sittliche Verhalten der Menschen untereinander abgeleitet ist, thematisiert sind. In der Übersetzung der Maskilim lautet der entsprechende Vers (Hosea 14,8): „Die, welche einst in seinem Schatten gesessen, mögen zu ihm zurückkehren. Sie mögen gedeihen wie Korn und blühen wie der Weinstock, seine Frucht sei wie vom Lewanon“.[2] Der Mischna-Traktat Pirke Avot

1 Manfred Lurker: *Wörterbuch biblischer Bilder und Symbole.* München: Kösel 1987, S. 407.

2 Ḥevrat shoḥare ha-ṭov we-ha-tushiya (Hrsg.): *Haftarot mi-kol ha-shana. Prophetenlesungen mit deutscher Übersetzung und hebräischen Anmerkungen.* Berlin: 1790–1791; zitiert nach der transkribierten Neuedition von Annette Böckler: *Buch der Friedenspfade.*

versammelt ethische Lebensregeln, die auch in die Liturgie aufgenommen wurden und deren Lesung zu Pesach, bei einem Glas Wein, begonnen wird.[3] „Dieser Traktat ist wahrhaft die vollendete Schönheit der Sittenlehren und lauteren Einsichten, die unsere Väter empfingen, einer aus dem Munde des anderen bis zur Halakha an Mose aus dem Munde des Allmächtigen",[4] schreibt Wessely, und zu seinem Kommentar bemerkt er:

> [I]ch kam in meinen Garten und nahm von dort eine Weinranke und eine Beerentraube und preßte sie in einen Kelch des Heils. Trinkt vom lieblichen Wein, den ich gemischt habe! Wenn es auch kein alter Wein ist – denn die Einsicht der Alten ist angenehmer als er –, wird mein Most nicht verfehlen, das Herz eines Mannes meinesgleichen und die zu erfreuen, die in meinem Alter sind. [...] Wenn die Kommentare, die ich niederschreibe, neu sind, [...] sind sie [doch] nicht nach neuen Meinungen gegründet, die kürzlich erst angekommen sind. Denn dieses Neue ist euch, Haus Israels, alter Wein aus dem Weinberg des Ewigen der Heerscharen, eine edle Rebe, ich habe sie gepflanzt, aus Samen der Wahrheit, zur Gerechtigkeit. Nicht daß ich verspreche, daß mein Gaumen wie guter Wein sei, der gerade hinuntergleitet, und mein Kommentar in allen seinen Einzelheiten wahr sei. Denn wer darf sagen: Ich habe lauter erhalten mein Herz [nach Spr 20,9], bin frei von allem Irrtum. Vielleicht habe ich viel geirrt, und wie wir oben sagten: auch wenn Hinderliches unter meinen Händen ist, weiß der Ewige, Gott, daß es nicht in Aufruhr noch in Untreue geschah, sondern aus Mangel an Geist der Erkenntnis. Deshalb erbarme sich seiner [des Kommentars] jedes Auge, das ihn erblickt, und sage: Von den Kindern der Hebräer ist dieses. [nach Ex 2,6] Und alle solchen Vergehen bedecke die Liebe zur Tora und die Liebe zur Wahrheit.[5]

Der Kommentar müsse „sein Herz zum Himmel hin richten, um ein nützlicher Lehrer zu sein, um reine Einsichten ins Herz des Lesers seiner Erläuterungen zu bringen".[6] In diesem Sinne gleicht der Kom-

Die Tora nach der Übersetzung von Moses Mendelssohn mit den Prophetenlesungen im Anhang. Berlin: Jüdische Verlagsanstalt Berlin 2001, S. 475 (Haftara für Shabbat Shuwa).

3 Die Maskilim Isaak Euchel und David Friedländer übersetzten beide unabhängig voneinander die „Sprüche der Väter" als Anhang zu ihren Gebetbuchübersetzungen; vgl. Uta Lohmann: David Friedländer und Isaak Abraham Euchel und die Gebeteübersetzungen in ihrem bildungshistorischen Kontext. In: Marion Aptroot / Andreas Kennecke / Christoph Schulte (Hrsg.): *Isaac Euchel. Der Kulturrevolutionär der jüdischen Aufklärung.* Hannover: Wehrhahn 2010, S. 105–133.

4 Naphtali Herz Wessely: *Massekhet avot ʿim perush yeyn levanon.* Berlin 5535 [1775], Einleitung; zitiert nach der Übersetzung von Rainer Wenzel in Uta Lohmann / Ingrid Lohmann (Hrsg.): *„Lerne Vernunft!" Jüdische Erziehungsprogramme zwischen Tradition und Modernisierung. Quellentexte aus der Zeit der Haskala, 1760–1811.* Münster / New York / München / Berlin: Waxmann 2005, S. 44–55, hier S. 45.

5 Ebd., S. 48–49.

6 Ebd., S. 55.

mentar dem Wein, denn wie der Wein schafft der Kommentar Tugend und Sittlichkeit nicht, aber er stärkt sie durch Einsicht. Was also ist besser als Wein? Nur „Worte der Vernunfteinsichten sind es, Worte des Glaubens sind es“, wie Wessely sagt.[7] Und so tritt er in seiner Erziehungsschrift *Divrei shalom we-emet* (1782) für die Vermittlung von religiösen Lehren (torat ha-shem) *und* weltlichen Fächern (torat ha-adam) ein. Für die Verbindung von Religion und Tugendlehren mit den säkularen Wissenschaften traten letztlich auch die jüdischen Aufklärungsgesellschaften ein, die in den 1780er und 1790er Jahren in Berlin aktiv waren, indem sie die Jüdische Freischule gründeten, an die sie die Orientalische Buchdruckerei anschlossen, mit der sie die Herausgabe der Zeitschrift *Ha-Measef* und den Vertrieb der Haskala-Literatur förderten.[8]

David Friedländer und die Popularphilosophie

Seit alters werden Wein, Geselligkeit und Wahrheit in sprichwörtlicher Rede miteinander verwoben. Schon Sokrates trank gerne Wein, wenn er sich in den geselligen Runden seiner Symposien oder in den Häusern seiner Freunde philosophischen Gesprächen hingab. Gleiches kann wohl von den Berliner Aufklärern, mit ihren zahlreichen geselligen Vereinen,[9] gesagt werden, die sich Sokrates gerne zum Vorbild nahmen – bei weitem nicht nur des Weines wegen: Er wurde vor allem zum „Vorbild popularphilosophischer Bemühungen“, weil behauptet wird, er habe „als erster die Philosophie vom Himmel heruntergeholt, sie in den Städten angesiedelt, in die Häuser hineingeführt und sie gezwungen, nach dem Leben zu forschen“.[10]

7 Naphtali Herz Wessely: Vorrede zu Moses Mendelssohn: *Phaedon. Hu sefer hasharat ha-nefesh, ins Hebräische übersetzt von Jischai Beer [Jesaja Beer-Bing]*. Berlin 5547 [1786]; zitiert nach der deutschen Übersetzung von Rainer Wenzel in *Naphtali Herz Wesselys Erziehungsschrift „Worte des Friedens und der Wahrheit“. Dokumente einer Kontroverse in der europäischen Spätaufklärung* (= Jüdische Bildungsgeschichte in Deutschland, Bd. 8), hrsg., eingeleitet und kommentiert v. Ingrid Lohmann, mithrsg. v. Rainer Wenzel / Uta Lohmann, aus d. Hebräischen u. mit Anmerkungen versehen v. Rainer Wenzel. Münster: 2014, im Erscheinen.

8 Vgl. Uta Lohmann: Chevrat Chinuch Ne'arim. In: Uta Motschmann (Hrsg.): *Handbuch der Berliner Vereine, 1786–1815*. Berlin: Akademie Verlag 2015; dies: Chavurat Mazdiqej haRabim. In: Ebd.; dies.: Chevrat Schocharej haTov wehaTuschija. In: Ebd.; dies.: Chevrat Marpe laNefesch. In: Ebd.; dies.: Chevrat Ohavej Laschon Ivrit. In: Ebd.

9 Vgl. Motschmann (Hrsg.): *Handbuch der Berliner Vereine*.

10 Christoph Böhr: *Philosoph für die Welt. Die Popularphilosophie der deutschen Spätaufklärung im Zeitalter Kants*. Stuttgart: Frommann-Holzboog 2003, S. 29.

Allgemein kann der Wein als Symbol sowohl für Klarheit, Verständlichkeit und Erkenntnis als auch für Geselligkeit gelten. In ihm spiegelt sich eine Lebenshaltung, die den sinnlichen Freuden nicht abgeneigt ist, wie denn auch die Popularphilosophen der Berliner Aufklärung Vernunft und Sinnlichkeit in eine „gleichgewichtige Beziehung" zueinander setzten.[11]

Das gekürzte Zitat, das diesem Beitrag den Titel verleiht, entstammt einem Brief David Friedländers an Friedrich Nicolai vom September 1801. Die Korrespondenz zwischen Nicolai und Friedländer zählt zu den wenigen noch heute erhaltenen Briefwechseln Friedländers. Er ist im umfangreichen Nachlass Nicolais enthalten und umfasst nur die letzten Jahre ihrer langen Freundschaft,[12] die schon in den frühen 1770er Jahren begann. In seiner vollen Länge lautet der Brief:

> Von dem kleinen Vorrath Rheinwein den ich selbst besitze, stehen Ew. Wohlgeb. mit Vergnügen 6 Bouteuillen zu Diensten. Mehr kann ich wahrlich nicht mißen. Diese kan Ihr Bedienter jeden Morgen um 9 Uhr bey mir abholen, nur werde ich bitten, Korb und 6 leere Flaschen mitzuschicken. Sollt ich Ihnen noch 12 Bout. bey einem guten Freunde verschaffen können, wird es mir eine wahre Freude seyn. Dieser alte Rheinwein, den der selige Wlömer: die Milch des Alters nannte, mundet nur noch, wie die Philosophie, unseren Veteranen, die von den Realitäten einen anschaulichen Begriff haben. Die Idealisten mögen sich ihren Wein selber brauen; ich wünsche daß Ihnen dieser wohl bekommen, und Ihr thätiges u nützliches Leben verlängern möge.[13]

Hier geht indirekt hervor, dass Friedländer neben seinen engen Handelsbeziehungen in den östlichen Gebieten Preußens und in Polen, die er als Kaufmann und Seidenfabrikant pflegte, auch gute Verbindungen zu jüdischen Weinhändlern besaß, von denen es bekanntlich gerade in den Weinanbaugebieten längs des Rheins viele gab. Seinem Freund, dem namhaften Berliner Buchhändler, Autor und Verleger Friedrich Nicolai, der mit Moses Mendelssohn und Gotthold Ephraim Lessing einst den geistigen Mittelpunkt der Berliner Aufklärung bildete, verkaufte Friedländer ein Dutzend der kostbaren Flaschen für zwei Reichstaler, was für einen „Wein von 1707", der also fast hundertjährig war, als sehr günstiger Preis angesehen wurde.[14]

11 Ebd., S. 50.

12 Die relativ kleine Briefsammlung beinhaltet neben zumeist kurzen Notizen Nicolais 16 Briefe Friedländers aus den Jahren 1794 bis 1808; vgl. Staatsbibliothek zu Berlin Preußischer Kulturbesitz, Handschriftenabteilung. Nachlass Nicolai, Bd. 23.

13 Ebd., Bl. 9; vgl. auch ebd., Bl. 11v.

14 Zum Vergleich: Die Subskribenten der von Isaak Satanows herausgegebenen Ausgabe von Jehuda Halevis *Ha-Kusari*, Berlin 1795, bezahlten zwei Reichstaler für

Der im Brief erwähnte Johann Heinrich Wloemer hatte als Finanzrat und Justitiar des königlichen Generaldirektoriums zu den Gutachtern der frühen jüdischen Reformverhandlungen gehört, die 1791 ergebnislos beendet wurden.[15] Später zeichnete er für die Ausformulierung des im April 1797 verabschiedeten „Generaljudenreglements für Süd- und Neuostpreußen“ verantwortlich.[16] Abgesehen davon galt er – und das war wohl auch Friedländer nicht entgangen – als „einer der feinsten Weinkenner“.[17] In einem Nachruf auf Wloemer wurden unter anderem seine Neigung zur Geselligkeit und seine Bevorzugung ausgesuchter gebildeter Gesellschaften hervorgehoben.[18]

Ein markantes Charakteristikum der Epoche der deutschen Aufklärung war die Bildung von zahlreichen Vereinen und Gesellschaften, von denen besonders in Berlin viele wie Pilze aus dem Boden schossen.[19] Zunächst hatte sich in der Geselligkeit einiger auserwählter Freunde der Kern einer neuen humanitären Lebenshaltung ausgebildet. Persönliche Freundschaften bildeten die erste Stufe zur Toleranz, von wo aus der Prozess der Aufklärung vorangetrieben wurde.[20]

das Buch, das mit 104 Blatt von geringem Umfang war; vgl. Lohmann: Chevrat Marpe laNefesch.

15 Vgl. die an Wloemer sowie zwei weitere Geheime Finanzräte gerichtete Instruktion zur Untersuchung der von den Juden verlangten Verbesserung ihres bürgerlichen und sittlichen Zustandes vom 10. Dezember 1787. In: David Friedländer: *Ausgewählte Werke*, hrsg. v. Uta Lohmann. Köln / Weimar / Wien: Böhlau 2013, S. 138–139.

16 Dieses Gesetz löste einen Großteil der in der ersten Reformphase gestellten Forderungen ein. Im Vorfeld des Reglements gehörte Friedländer (neben den Provinzialministern für Süd- und Neuostpreußen) zu den Gutachtern des Gesetzentwurfs. Auch für die im Reglement von 1797 ungeklärte Regelung des jüdischen Schulwesens wurde Friedländer zwei Jahre später neben weiteren jüdischen Aufklärern wie Isaak Euchel und Lazarus Bendavid zum Gutachter bestellt; vgl. Uta Lohmann: „Kenntnisse, welcher der künftige Staatsbürger bedarf“. David Friedländers Gutachten zur Etablierung moderner jüdischer Schulen in Südpreußen. In: Michael Brocke / Aubrey Pomerance / Andrea Schatz (Hrsg.): *Neuer Anbruch. Zur deutsch-jüdischen Geschichte und Kultur*. Berlin: Metropol 2001, S. 97–112.

17 Friedrich Nicolai: *Einige Blumen auf das Grab Johann Heinrich Wlömers, eines allgemein verehrten Königl. Preußischen Geschäftsmannes* (Januar 1802); zitiert nach Friedrich Nicolai: *Sämtliche Werke, Briefe, Dokumente. Kritische Ausgabe mit Kommentar*, Bd. 6: Gedächtnisschriften und philosophische Abhandlungen, Erster Teil: Text, hrsg. von P. M. Mitchell / Hans-Gert Roloff / Erhard Weidl, bearbeitet von Alexander Košenina. Bern: Peter Lang 1995, S. 99–106, hier S. 100.

18 Vgl. ebd., S. 101, 105.

19 Zum „Geselligkeitsboom“ vgl. Uta Motschmann: *Schule des Geistes, des Geschmacks und der Geselligkeit. Die Gesellschaft der Freunde der Humanität*. Hannover: Wehrhahn 2009, S. 1–4.

20 Vgl. Klaus L. Berghahn: On Friendship: The Beginnings of a Christian-Jewish

In diesem Sinne diente die Geselligkeit der Wahrheitsfindung, der sich die Aufklärer verschrieben hatten. Ihrer Überzeugung nach ließ sich Wahrheit am effektivsten im wechselseitigen Austausch und im vielschichtigen Gespräch aufspüren. Von dem favorisierten, lebendigen Denk- und Darstellungsstil zeugen nicht zuletzt Moses Mendelssohns in Gesprächen angelegte religionsphilosophische Schrift *Phädon Oder über die Unsterblichkeit der Seele* (1.1767) und die von Johann Jacob Engel im Joachimsthalschen Gymnasium zu Berlin eingeführte sokratische Lehrmethode.[21] Die dialogische Methode gehörte zum popularphilosophischen Denken der Berliner Aufklärung, die dem Dialog besondere Bedeutung auch für den wissenschaftlichen Erkenntnisfortschritt beimaß. Die „Verwobenheit von Philosophie und Geselligkeit" gehörte zu ihrem Selbstverständnis.[22]
Nur die Aufklärung gewährleistete die Bekämpfung von Vorurteilen und eine Kultur, die Anderssein und -denken nicht nur zuließ, sondern Vielfalt und Kritik geradezu einforderte. Dies galt auch und gerade gegenüber den Juden. Diverse Aufklärungszeitschriften bildeten zudem neuartige Foren für den öffentlich-literarischen Diskurs, der sich um objektive und vorurteilsfreie Stellungnahmen zu jüdischen Belangen bemühte. Jahrhunderte lang waren interreligiöse Freundschaften in Deutschland unmöglich, ja geradezu undenkbar gewesen. Freundschaft, Dialog und religiöse Toleranz bildeten nun die Basis für wechselseitiges Verständnis und gegenseitige Akzeptanz zwischen jüdischen und christlichen Aufklärern. Und so waren es auch nicht David Friedländers Ämter – er war Assessor des Königlichen Manufaktur- und Kommerzkollegiums und später auch erster jüdischer Stadtrat Berlins –, sondern hauptsächlich sein freundschaftlicher Umgang mit einzelnen Gelehrten der Berliner Aufklärung, durch den er gesellschaftliche Anerkennung und seinen Einflussbereich fand. Ein Beispiel dafür liefert die freundschaftliche Interaktion zwischen ihm und einigen Mitgliedern der „Berliner Mittwochsgesellschaft", der bekanntesten und einflussreichsten

Dialogue in the 18th Century. In: Ders. (Hrsg.): *The German-Jewish Dialogue Reconsidered.* New York: Peter Lang 1996, S. 5–24; hier S. 8, 10, 13, 17.

21 Johann Jacob Engel: *Methode die Vernunftlehre aus Platonischen Dialogen zu entwickeln.* Berlin: Voss 1780; vgl. Alexander Košenina: Johann Jakob Engels sokratische Lehrmethode am Joachimsthalschen Gymnasium zu Berlin (1776–1787). In: Ders. (Hrsg.): *Johann Jakob Engel (1741–1802): Philosoph für die Welt, Ästhetiker und Dichter.* Hannover: Wehrhahn 2005, S. 189–204.

22 Vgl. Böhr: *Philosoph für die Welt*, S. 73, 76.

Aufklärungsgesellschaft überhaupt. Unter ihnen wurde interreligiöse Geselligkeit als bildendes Element begriffen und gelebt. Ohne selbst Mitglied zu sein, zählte Friedländer viele Mitglieder der Berliner Mittwochsgesellschaft zu seinen persönlichen Freunden und Gönnern.[23] Allen voran ist natürlich Moses Mendelssohn zu nennen, aber auch die Berliner Oberkonsistorialräte und Propste Johann Joachim Spalding, Wilhelm Abraham Teller und Johann Friedrich Zöllner gehörten zu Friedländers sozialem und kommunikativen Netzwerk, ebenso Wloemer und Nicolai und die Herausgeber der *(Neuen) Berlinischen Monatsschrift*, dem eigentlichen Sprachrohr der Berliner Mittwochsgesellschaft, Johann Erich Biester und Friedrich Gedike. Gedike zählte zu jenen Aufklärern, die öffentlich für Toleranz in Glaubensdingen eintraten. 1786 beschloss er einen seiner Artikel in der *Berlinischen Monatsschrift* über den seltenen Fall eines zum Judentum übergetretenen Christen mit den Worten:

> Noch immer ist es in mehrern Staaten ein Verbrechen, ein Jude zu sein; wie viel mehr denn, ein Jude zu werden. […] Und wenn gleich die Zahl derer noch immer sehr groß bleiben wird, bei denen der getaufte Jude einen größern Werth hat als der beschnittene Christ; so wird es doch hoffentlich bald dahin kommen, daß der Jude nicht mehr, gleich dem beschnittenen Goldstük, bloß darum, weil er beschnitten ist, weniger gilt.[24]

Außergewöhnlich selbstkritisch und um objektive Darstellung bemüht, schrieb später auch Nicolai in der *Berlinischen Monatsschrift*:

> Die Juden leben mitten unter uns, und wir wissen fast nichts von ihnen. Höchstens beklagen wir uns über den jüdischen Wucher, mit wenig Rücksicht darauf daß Viele aus der christlichen Gemeinde eben so argen Wucher treiben. Wir lachen allenfalls über die langen Bärte alter Juden, und vielleicht über verbildete neumodische Jüdinnen […]. Wir lächeln darüber; aber mögten uns auch wohl ein wenig schämen, daß wir von der innern Verfassung der unter uns wohnenden Juden, vorzüglich auch von dem Zusammenhange ihrer religiösen Gesetze so viel als gar nichts wissen, und daher sowohl das Gute und das Verwerfliche daran, als die wahren und falschen Mittel, die gelungenen und mißlungenen Versuche zur Verbesserung, sehr oft ganz falsch beurtheilen. Von den eigentlich jüdischen Studien, von den Veranstaltungen die zum Behuf derselben seit langer Zeit hier in Berlin waren und zum Theil noch sind, wie auch von der Originalität der Charaktere, die sich in diesem immer noch halb Orientalischen

23 Vgl. dazu Uta Lohmann: David Friedländers Freundschaft mit dem Kreis der Berliner Mittwochsgesellschaft und seine ‚Aufklärung über Juden‘. In: *Berliner Aufklärung* 4 (2011), S. 94–133.

24 Friedrich Gedike: Geschichte des ehemaligen Rathmanns Joseph Steblitzki zu Nikolai in Oberschlesien, nunmehrigen Juden Joseph Abraham. In: *Berlinische Monatsschrift* 8 (1786), S. 152–173, hier S. 173.

> Volke bei Vielen findet zu denen Europäische Kultur noch nicht durchdringen konnte, wird fast nie etwas geschrieben, und sehr selten gesprochen. Billig sollte uns diese andere Welt, mitten unter uns, doch nicht ganz unbekannt bleiben; und ich denke daher, es wird nicht uninteressant sein, wenn ich in der Berl. Monatsschrift etwas davon ans Licht bringe.[25]

Wie fast alle Popularphilosophen betrachtete Nicolai die „Kenntniß seiner selbst und seiner Mitmenschen in allen ihren Verhältnissen" als den vorzüglichsten Gegenstand der Philosophie.[26] Zu seinen „Mitmenschen" zählte Nicolai, und das war zu seiner Zeit alles andere als selbstverständlich, auch die Juden. Er fügte seinem Artikel in der *Berlinischen Monatsschrift* hinzu:

> Durch vieljährigen Umgang mit meinem verewigten Freunde Moses Mendelssohn, und andern sehr schätzenswürdigen Israeliten, habe ich vielerlei erfahren; und, wenn ich auch manches nicht genau wußte, oder mich dessen nicht genau erinnerte, so hat mich einer der edelsten Männer dieser Nazion, mein würdiger Freund Hr David Friedländer, mit Verbesserungen und Beiträgen unterstützt.[27]

Zu Friedländers eigenen Beiträgen gehörte u. a. eine Reihe von Übersetzungen kleinerer Sentenzen aus Talmud oder Midrasch, die in den 1790er Jahren in der *Berlinischen Monatsschrift* erschienen und die er als „Rabbinische Parabeln" oder „Rabbinische Erzählungen" in die literarische Öffentlichkeit einführte.[28] 1795 ließ er im *Berlinischen Archiv der Zeit und ihres Geschmacks* weitere „Mythen und Erzählungen aus dem Talmud" folgen.[29] Das *Berlinische Archiv* stand in enger personeller Verbindung mit der im September 1796 gegründeten Literarischen Mittwochsgesellschaft oder Gesellschaft edler Vergnügungen, die, wie die aus ihr hervorgegangene Gesellschaft der Freunde der

25 Friedrich Nicolai: Jüdische Talmudisten in Berlin. Fortsetzung der Berlinischen Nachlese. In: *Neue Berlinische Monatsschrift* 21 (1809), S. 352–362; zitiert nach Ingrid Lohmann (Hrsg.): *Chevrat Chinuch Nearim*, Dok. 226, S. 573–576, hier S. 573.

26 Friedrich Nicolai: *Betrachtungen über die Frage: wie der mündliche Vortrag der Philosophie auf Universitäten eingerichtet werden sollte, um gemeinnütziger zu sein* 1806; zitiert nach Alexander Košenina: Über die Verständlichkeit. Nicolais Akademierede zur Bildungsdebatte um 1800. In: Ders. / Rainer Falk (Hrsg.): *Friedrich Nicolai und die Berliner Aufklärung*. Hannover: Wehrhahn: 2008, S. 165–179, hier S. 177.

27 Nicolai: Jüdische Talmudisten, S. 573.

28 Vgl. David Friedländer: Eine Rabbinische Parabel (Der Backofen des Achnai). In: *Berlinische Monatsschrift* 17 (Mai 1791), S. 474–477; ders.: Korah, oder der Demagogenfeind. Eine Rabbinische Erzählung aus dem Midrasch. In: *Berlinische Monatsschrift* 18 (August 1791), S. 117–119; ders.: Der weise Richter, und die zärtliche Gattinn. Eine Rabbinische Erzählung. In: *Berlinische Monatsschrift* 25 (Mai 1795), S. 385–387.

29 David Friedländer: Mythen und Erzählungen aus dem Talmud. In: *Berlinisches Archiv der Zeit und ihres Geschmacks* 1 (Juli 1795), S. 81–86.

Humanität, ganz selbstverständlich Christen *und* Juden unter ihren Mitgliedern hatte.

Die Intention, die Friedländer mit der Übersetzung und Veröffentlichung der Talmudauszüge verfolgte, war keineswegs apologetischen Ursprungs, wie ihm unterstellt wird.[30] Es ging nicht um Eindruckschindung oder um Verharmlosung jüdischen Schrifttums.[31] Vielmehr wollte Friedländer, wie Nicolai, in der literarischen Öffentlichkeit über das Judentum informieren und jüdische Kultur in den Aufklärungsdiskurs importieren. Deutlich geht das aus Friedländers erster Übersetzung aus dem Talmud, „Der Backofen des Achnai“ (Bava Metsia 61), hervor, die im Mai 1791 erschien und die er mit folgenden an den Herausgeber Biester gerichteten Worten einleitete:

> Ob Sie von beikommendem Orientalischen Produkt Gebrauch machen wollen, hängt von Ihnen ab. Ich bescheide mich gerne, daß unser Einer ueber den Werth solcher Kompositionen nicht der befugteste Richter sei. So viel ist gewiss, aus den wenig besuchten Gefilden des Talmuds bringen gewisse Wandrer nichts als Dornen und Unkraut mit [...]; mir schien die beigefuegte Parabel eine Blume, die in einer Orientalischen Anthologie einen Platz verdiente. Sie ist zwar von fremder Struktur, von bis zum Blenden hoher Farbe, und verraeth ueberall das heisse Klima, in welchem sie gezogen worden; aber eben deswegen glaube ich, wird sie fuer den Liebhaber etwas Anziehendes haben.[32]

Zwar fallen hier Apologie und Distanzierung vom ‚fremden Text‘ ins Auge, doch sind gerade dies typische Merkmale eines bewussten Kulturtransfers:[33] Mit Fokus auf die explizit hervorgehobene Fremdheit, auf die sich die Aufmerksamkeit des Lesers richten soll, wird die Auseinandersetzung mit dem Dargebotenen, in Friedländers Fall mit dem „orientalischen Text“, in Gang gesetzt, wodurch die Fremdheit allmählich aufgehoben und mit der vorherrschenden Kultur in Einklang gebracht wird.[34]

30 Vgl. Gideon Freudenthal: Rabbinische Weisheit oder Rabbinische Philosophie? Salomon Maimons Kritik an Mendelssohn und Weisel. In: *Mendelssohn Studien* 14 (2005), S. 31–64.

31 Vgl. ebd., S. 38, 41.

32 Friedländer: Eine Rabbinische Parabel, S. 474.

33 Zur Kulturtransfer-Forschung vgl. Matthias Middell: Kulturtransfer und Historische Komparatistik – Thesen zu ihrem Verhältnis. In: *Comparativ* 10,1 (2000), S. 7–41 (hier v. a. These 5, S. 17–23) sowie die Beiträge in Wolfgang Schmale / Martina Steer (Hrsg.): *Kulturtransfer in der jüdischen Geschichte.* Frankfurt am Main / New York: Campus 2006.

34 Vgl. Middell: Kulturtransfer und Historische Komparatistik, S. 21.

Die von Friedländer dargebotenen talmudischen Texte vermitteln aus der jüdischen Tradition heraus aufklärerische Werte wie Tugendhaftigkeit und Sittlichkeit, Bescheidenheit und Güte, die Anerkennung wissenschaftlicher Kenntnisse und wechselseitiger Belehrung. Sie sind vor allem aber auch ein Appell an das eigene Nachdenken (Selbstdenken) und die Entwicklung der menschlichen Vernunft als Mittel gegen Vorurteile und Aberglauben, denen die Aufklärung den Kampf angesagt hatte. Und so kommentiert Friedländer seine Übersetzung mit den Worten: „Ist es möglich, die Achtung für die Vernunft stärker auszudrücken? Kann man dringender, anschaulicher, den Satz erhärten: Daß Wunder und wunderbare Zeichen kein Beweismittel für oder wider die Wahrheit sind? Ich zweifle".[35]

Mit seinen Beiträgen in diversen aufklärerischen Zeitschriften erwies sich Friedländer als Anhänger der Popularphilosophie der deutschen Spätaufklärung, „eine Philosophie, die den Versuch unternimmt, Fragestellungen aufzugreifen, die näher am Leben der Menschen liegen und für den Gebildeten von allgemeinem Interesse sind".[36] Ihre Anhänger machten die Welt „zum Adressaten der Philosophie, die – wie die Wissenschaft überhaupt – lebensnah sein" sollte. Sie waren aufgeschlossen „für praktische Fragen", um nützlich sein zu können „für die Bewältigung des Lebens". Ziel war es, die Menschen darin anzuleiten, „ein moralisches und glückliches Leben führen zu lernen". Die Popularphilosophen setzten sich bewusst gegen die Schulphilosophie (spekulative Philosophie) ein, deren „Wirklichkeitsferne und Weltfremdheit" sie tadelten.[37] Ihr zentraler Vorwurf lautete, dass der „Schulfuchs [...] verlernt hat, menschlich zu denken, weil er sich von seinem Menschsein entfernt hat".[38] In diesem Vorwurf kann man eine Parallele sehen zur Kritik der jüdischen Aufklärer an den Traditionalisten. In diesem Sinn bezeichneten die Berliner Maskilim David Friedländer und Naphtali Herz Wessely als חכם (Weiser).[39] Diesen Titel trugen ursprünglich die biblischen Schriftgelehrten, die sich mit ethischen Alltagsfragen auseinandersetzten und sich als Lehrer des Volks verstanden. Auch die Rabbiner der sefardischen Gemeinden

35 Friedländer: Eine Rabbinische Parabel, S. 477.

36 Böhr: *Philosoph für die Welt*, S. 16.

37 Ebd., S. 20–21.

38 Ebd., S. 45.

39 Vgl. die Subskribentenliste des letzten Teils von Joel Bril Löwes Psalmen-Ausgabe *Tehilim*. Berlin: Verlag Jüdische Freischule 1790.

nannten sich חכם (Weiser). An diesen Traditionsstrang des Judentums wollten die Maskilim anknüpften und traten damit in Opposition zur rabbinischen Auslegungstradition in Aschkenas.
Doch Friedländers Brief an Nicolai ist auch auf dem Hintergrund einer Debatte zu sehen, zu der es um 1800 über den Reformbedarf im Bildungsbereich kam. Einer der bekanntesten Beiträge dazu war Kants Schrift *Der Streit der Facultäten* (1798), in der er sich unter anderem gegen die Popularphilosophie mit ihrem Streben nach einem möglichst breiten Spektrum an Welt- und Menschenkenntnis, nach gesellschaftlichem Nutzen und Allgemeinverständlichkeit und ihrer Ablehnung theoretischer Metaphysik wandte.[40] Und so ist Friedländers Pointe gegen die Idealisten wohl einzureihen in die „Dauerpolemiken Nicolais gegen die idealistische Systemphilosophie“, die vor allem „gegen Kants vertrackten, grammatikalisch oft uneindeutigen Stil voller neu erfundener Wörter“ gerichtet waren.[41] Da die Popularphilosophen gerade die Gemeinnützigkeit für Mensch und Gesellschaft als wichtige Aufgabe der Philosophie sahen, galt ihre Kritik insbesondere der Distanz der Transzendentalphilosophie von Lebenserfahrung und Welt.[42] Verständliche Darstellungsweise und allgemein interessierende Themenwahl setzten sie dem entgegen. Der Mensch müsse sich nach und nach durch Erfahrung und Prüfung des Erfahrenen bilden.
Popularphilosophie implizierte konsequenterweise „verständliche Darstellung und allgemein interessierende Themenwahl“.[43] Mit ihren Zeitschriften öffneten die Berliner Aufklärer die Philosophie „auf ein Publikum hin, das keine fach- und schulphilosophische Bildung“ besaß.[44] Ein Paradebeispiel dafür ist das Magazin *Der Philosoph für die Welt*, das von Johann Jakob Engel (1741-1802), einem der führenden Berliner Aufklärer und bedeutendsten Vertreter der Popularphilosophie in drei Bänden (1775, 1777 und 1800) herausgegeben wurde. In dieser Sammlung philosophischer, literarischer, poetologischer und ästhetischer Beiträge wurde Popularphilosophie in literarischer Form präsentiert, ohne zur Belletristik zu geraten. Über die „Verfasser“ des *Philosoph für die Welt* schrieb Engel:

40 Vgl. Košenina: Über die Verständlichkeit, S. 167–168.
41 Ebd., S. 169, 171; vgl. auch Böhr: *Philosoph für die Welt*, S. 103–104.
42 Vgl. Košenina: Über die Verständlichkeit, S. 172–173.
43 Vgl. Böhr: *Philosoph für die Welt*, S. 104.
44 Ebd., S. 22.

> Unter einem *Philosophen* scheinen sie überhaupt einen Mann zu verstehen, der irgend eine zur Philosophie gehörige oder philosophisch behandelte Wahrheit vorträgt: gleichviel welche? oder in welcher Gestalt? und unter der *Welt*, das ganze gemengte Publicum, wo der Eine mehr für diese, der Andre mehr für jene Gegenstände ist, der Eine mehr diesen, der Andre mehr jenen Ton liebt. – Das Einzige war dabei zu beobachten, daß nichts mit unterliefe, was für irgend einen der schon zu dem feinern gebildeten Theile des Publicums gehört, ganz unverständlich oder ganz ohne Reiz wäre.[45]

1787 war Engel zum Oberdirektor des Berliner Nationaltheaters ernannt worden. Während seiner Amtszeit berief er Bernhard Wessely (ein Neffe Naphtali Herz Wesselys) als ersten jüdischen Künstler überhaupt zum Kapellmeister. Mit Wesselys Ernennung musste Engel gegen das Vorurteil ankämpfen, dass „es auf dem Gebiete der Kunst trennende Unterschiede gäbe", für ihn sei „die Kunst weder jüdisch noch christlich, sondern göttlich, d. h. eine Gottesgabe und ein Himmelstrost für alle Menschen".[46] Mit Engel verband Friedländer eine sehr enge Freundschaft. Nicolai ging sogar so weit zu behaupten, Friedländer sei „gewiß" Engels „vertrautester Freund in den letzten Jahren" gewesen.[47]

Eine „vermehrte und verbesserte Ausgabe" des *Philosophen für die Welt* erschien 1801, im Jahr vor Engels Tod. Diese neue Gesamtausgabe war „Herrn Assessor David Friedländer in Berlin meinem edlen Freunde gewidmet". Diese Widmung ist deutlicher Ausdruck nicht nur der Freundschaft zwischen Engel und Friedländer, sondern vor allem auch der Verbundenheit beider mit der Popularphilosophie. Auf dem Titelkupfer des Bandes blickt Kalliope – ihr Attribut ist die Schreibtafel – zu Sokrates auf. Kalliope gilt als Schutzherrin der Dichtung, der Wissenschaft und der Philosophie, aber auch als Muse der Wahrheitsfindung und des Schönen und Guten.

Im dritten Band des *Der Philosophen für die Welt* (1800) hatte Friedländer selbst Beiträge geliefert, die wiederum in Übersetzungen aus Talmud und Midrasch bestanden und hier als Fortsetzung der „Proben Rabbinischer Weisheit" erschienen, die Moses Mendelssohn

45 Johann Jacob Engel: Zusatz (1775). In: Ders. (Hrsg.): *Der Philosoph für die Welt*, 1. Teil. Neue vermehrte und verbesserte Ausgabe. Berlin: Myliussische Buchhandlung 1801, S. 365–366.

46 Adolph Kohut: Johann Jakob Engel und die Juden. In: *Allgemeine Zeitung des Judenthums* 66,26 (1902), S. 308–310, hier S. 310.

47 Friedrich Nicolai: *Gedächtnißschrift auf Johann Jakob Engel.* Berlin / Stettin: Polak 1806; zit. nach ders.: *Sämtliche Werke, Briefe, Dokumente*, Bd. 6, Erster Teil, S. 117–133, hier S. 126.

DER

PHILOSOPH

FÜR DIE WELT.

HERAUSGEGEBEN

VON

J. J. ENGEL.

ERSTER THEIL.

Neue vermehrte und verbesserte Ausgabe.

BERLIN, 1801.

In der Myliussischen Buchhandlung.

Abb. 1: Titelblatt von *Der Philosoph für die Welt*, Berlin 1801.

im zweiten Band (1777) veröffentlicht hatte.[48] Einem seiner Beiträge gab Friedländer den Titel „Der Wein in irdenen Gefäßen". In seiner erklärenden Übersetzung lautet die Erzählung aus dem Babylonischen Talmud (Taʿanit 7a):

> Je mehr die Kaisertochter mit dem Rabbi *Josua*, dem Sohn *Ananias*, sich unterhielt, desto mehr ergötzte sie sein Scharfsinn, erfreuten sie seine Kenntnisse, erbauten sie seine Tugendlehren. Doch entschlüpfte ihr einst, gleichsam unwillkürlich, das Wort: Welche schöne Seele und welche widrige Hülle! Konnten so liebliche Tugenden nicht in einem schöneren Körper wohnen? – Sage mir, große Fürstentochter, fragte sie der Rabbi nach einer Weile: worin wird der edle Rebensaft deines erhabnen Vaters aufbewahrt? – In irdenen Gefäßen. – Unmöglich! Darin bewahrt ja den seinigen jeder Bürger. Man sollte doch des Kaisers Weine in goldenen und silbernen aufbewahren. – Du hast nicht Unrecht, erwiederte die Fürstinn: das wäre schicklicher, und das soll von nun an geschehen. – Der Wein verdarb; sein Geist entfloh. – Du hast mich übel berathen, sagte nach einiger Zeit die Fürstentochter. In den Prachtgefäßen ist der Wein meines Vaters verdorben. – Sehr möglich! erwiederte Josua: auch Tugend und Kenntnisse gedeihen am besten in wenig glänzenden Körpern.[49]

Diese Übersetzung ist ein gutes Beispiel für Friedländers Arbeit, der den knappen talmudischen Text im Sinne des Kulturtransfers so präsentierte, dass er für das allgemeine Publikum verständlich, in seiner literarischen Qualität ansprechend und in seiner dialogischen Form jedem „Bürger" zugänglich war.[50] In seinem Aufsatz „Etwas über die Mendelssohnsche Psalmenübersetzung" begründet Friedländer die Notwendigkeit der freien Übersetzungsweise mit der semantischen

48 Vgl. Moses Mendelssohn: Proben Rabbinischer Weisheit. Aus dem Talmud und dem Midrasch gezogen. In: Johann Jacob Engel (Hrsg.): *Der Philosoph für die Welt*, 2. Teil. Leipzig: Dyck 1777, S. 49–64.

49 David Friedländer: Proben rabbinischer Weisheit (Fortsetzung). In: Engel (Hrsg.): *Der Philosoph für die Welt*, Erster Theil, Zwanzigstes Stück, S. 315–334, hier, S. 320–321. Friedländer hatte die Erzählung mit anderen Auszügen aus dem Talmud bereits einige Jahre früher veröffentlicht, vgl. Friedländer: Mythen und Erzählungen aus dem Talmud, S. 81–82.

50 Vgl. die textgetreue wörtliche Übertragung von Lazarus Goldschmidt: *Der Babylonische Talmud*, Dritter Band: Joma / Sukka / Jom Tob / Roš Hašana / Taánith. Frankfurt am Main: Jüdischer Verlag im Suhrkamp Verlag 1980, S. 655: „So sprach einst die Tochter des Kaisers zu R. Jehošuá b. Ḥananja: Ei, herrliche Weisheit in einem häßlichen Gefäße! Dieser erwiderte: Ei, Tochter dessen, der Wein in irdenen Gefäßen verwahrt! Jene sprach: Worin denn sollte man ihn verwahren!? Dieser erwiderte: Ihr Vornehmen solltet ihn in silbernen und goldenen Gefäßen verwahren. Hierauf ging sie und sagte es ihrem Vater. Da ließ er den Wein in silberne und goldene Gefäße gießen, und er wurde sauer. Als man ihm dies berichtete, fragte er seine Tochter: Wer sagte dir dies? Sie erwiderte: R. Jehošuá b. Ḥananja. Darauf ließ er ihn kommen und fragte ihn: Weshalb sagtest du ihr dies? Dieser erwiderte: Wie sie zu mir sagte, sagte ich auch zu ihr".

Verschiedenheit der Wörter, die nicht in jeder Sprache dieselben Konnotationen aufweisen:

> Mancher Ausdruk, manche Redensart, ist in der einen Sprache edel, neu, kühn und groß; in der andern, wegen der ihnen anklebenden Nebenideen, unedel, niedrig und trivial. Der Uebersetzer wird sich alsdann wohl hüten, die Urschrift getreu zu übertragen. Er setzt lieber minder kräftige Worte, umschreibt lieber, ist lieber weniger treu, als weniger schön. Eine andre Redensart ist in der einen Sprache schiklich und wohlklingend, in der andern durch die Aufnahme in die Volkssprache gemein geworden.[51]

Die eigentliche Absicht der Übersetzung sieht Friedländer in ihrer Anwendbarkeit „fürs praktische Leben“, um daraus „nützlichen und lehrreichen Gebrauch zu machen“.[52] In den Erläuterungsband zu seiner Tora-Übersetzung *Or la-netiva* (1783) widmete auch Moses Mendelssohn einen längeren Abschnitt der Übersetzungsfrage. Unter anderem beschäftigte er sich hier mit der Unmöglichkeit, eine Sprache wortgetreu in eine andere Sprache zu übersetzen.[53] Grammatikalische Eigenarten und formale Eigenheiten der Sprachen machten seines Erachtens die wörtliche Übertragung zu einem Werk, dem es an Überzeugung und Wirkungskraft mangelte. Daher müsse „der wahre Übersetzer oft ändern, zufügen, weglassen und die Ordnung des Textes vertauschen […], um die Absicht des ursprünglichen Sprechers wiederzugeben“. Und er setzte dem in aller Deutlichkeit hinzu: „Niemand verdirbt die Bedeutung mehr und stiftet mehr Schaden, als einer, der Wörter bewahrt, der wörtlich Wort für Wort übersetzt, auch wenn er auf den ersten Blick, scheinbar, der getreueste und eifrigste Arbeiter ist“.[54] Nicht anders verfuhr Friedländer mit seiner Übersetzung der „Proben rabbinischer Weisheit“:[55] Nur mit der freien, erläuternden Übersetzung erhielten die Texte den Sinn des Originals. Und so wird deutlich, dass der Wein in Friedländers talmudischer Parabel

51 David Friedländer: Etwas über die Mendelssohnsche Psalmenübersetzung. In: *Berlinische Monatsschrift* 8 (1786), S. 523–550, hier S. 543–544.

52 Ebd., S. 526.

53 Vgl. Moses Mendelssohn: Von den Übersetzungen, aus dem Hebräischen v. Werner Weinberg. In: Ders.: *Gesammelte Schriften*, Bd. 9.1. Stuttgart: Fromman Holzboog 1993, Pentateuchübersetzung in deutscher Umschrift, S. 35–65, hier S. 35–37.

54 Ebd., S. 39.

55 Zur Übersetzungspraxis von Spätaufklärung und Berliner Haskala vgl. Uta Lohmann: „Niemand verdirbt die Bedeutung mehr, als einer, der wörtlich übersetzt“. Das ‚deutsche Original‘ von *Divre schalom we-emet*: Kontextualisierung und Transkulturation der Übersetzung David Friedländers. In: *Naphtali Herz Wesselys Erziehungsschrift „Worte des Friedens und der Wahrheit“*.

als Metapher für Tugenden, umfassende Kenntnisse und nicht zuletzt für die Schönheit innerer Werte steht.

Wie Engels Widmung an Friedländer betont Friedländers Brief an Nicolai die ideelle Verbundenheit des jüdischen mit dem christlichen Aufklärer. In ihrem sozialen Netzwerk bildete die Popularphilosophie den gemeinsamen Beziehungskontext. Friedländers Brief offenbart aber auch ihre gemeinsame Frontstellung gegen das literarische Geniewesen von Idealismus und Romantik, die sich seit Ende des 18. Jahrhunderts zu den vorherrschenden philosophischen und literarischen Strömungen entwickelt hatten. Als die Gesamtausgabe von Engels *Der Philosoph für die Welt* 1801 erschien, im selben Jahr wie Friedländers Schreiben an Nicolai, „hatte die Popularphilosophie ihren Höhepunkt schon überschritten und sah sich längst den polemischen Attacken ihrer Gegner ausgesetzt“.[56] Was nun folgte, war der Nährboden für Irrationalität, romantische Verklärung, antijüdische Agitation und Judenmissionen im frühen 19. Jahrhundert. Vorbei war der interreligiöse Austausch in den literarischen und wissenschaftlichen Gesellschaften von Henriette und Marcus Herz, im musikalisch-ästhetischen Salon von Sara Levy, in den Mittwochsgesellschaften oder in der Berliner Singakademie. An seine Stelle trat die soziale Isolierung mit Vereinen, die den Juden die Mitgliedschaft ausdrücklich untersagten, exemplarisch sei die Christlich-deutsche Tischgesellschaft (gegr. 1811) genannt, die nur „Wohlanständige“ unter ihren Mitgliedern haben wollte und damit ihrem Selbstverständnis nach Juden ausschloss.[57] In der zunehmenden antijüdischen Demagogie in den ersten Jahrzehnten des 19. Jahrhunderts sah Friedländer später „die bittere Frucht des Egoismus, und einer zur Mystik und Schwärmerei sich neigenden Zeit“.[58] Doch schon 1801 war ihm bewusst, dass die Epoche der Aufklärung zu Ende war: „Dieser alte Rheinwein […] mundet nur noch, wie die Philosophie, unseren Veteranen, die von den Realitäten einen anschaulichen Begriff haben“[59], schreibt er an Nicolai.

56 Böhr: *Philosoph für die Welt*, S. 68.

57 So auch die Turnerbewegung und patriotische Kreise im Vorfeld der Befreiungskriege; für diese Auskunft danke ich Uta Motschmann, Berlin-Brandenburgische Akademie der Wissenschaften.

58 David Friedländer: *Beitrag zur Geschichte der Verfolgung der Juden im 19ten Jahrhundert.* Berlin: Nicolai 1820, S. 23.

59 Vgl. oben Anm. 13.

Abb. 2
Lithographie
David Friedländers
von Caroline von Bardua,
1821.

Persönliche Freundschaften hatten dennoch Bestand. Noch 1820 spricht Friedländer über die „ununterbrochene Freundschaft so vieler achtungswürdiger Zeitgenossen von meiner und fremder Religion, welche seit einem halben Jahrhundert mein Daseyn beglücken“.[60] Im gleichen Jahr fertigte die Berliner Künstlerin Caroline Bardua ein Portrait des 70jährigen David Friedländer auf dem Hintergrund einer antiken Landschaft.[61] Im oberen Ausschnitt dieser Lithographie ist neben dem sehnsüchtig und andächtig in himmlische Höhen blickenden Antlitz Friedländers eine Weinrebe abgebildet. Als Attribut Friedländers steht der Weinstock hier als Sinnbild für Israel, für das jüdische Volk, das an den Säulen des Tempels, der wiederum Sinnbild für die Gegenwart Gottes ist,[62] empor rankt. Der Wein ist hier Wahrzeichen der Liebe Gottes, die Himmel und Erde verbindet.[63] Oder

60 Ebd.

61 Zu Barduas Portrait Friedländers vgl. Uta Lohmann: *David Friedländer. Reformpolitik im Zeichen von Aufklärung und Emanzipation*. Hannover: Wehrhahn 2013, S. 468.

62 Vgl. Lurker: *Wörterbuch biblischer Bilder und Symbole*, S. 373–374.

63 Vgl. ebd., S. 409–410.

aber auch Symbol für Friedländers Bemühungen, die Religionsphilosophie des Judentums vom Himmel auf die Welt zu holen, um sie hier für die Menschen fruchtbar zu machen.

Epilog
Trotzdem auf ein Glas Wein mit Kant

Bei aller Vorliebe für die Popularphilosophie zählten zu Friedländers „Gaben der Intelligenz", wie Alexander von Humboldt sich ausdrückte, neben der „Kenntniß des Alterthums" und der „Fähigkeit durch die hohe Bildsamkeit unserer vaterländischen Sprache das schwierigste Problem der Uebertragung aus dem heiligen Orient kraftvoll zu lösen", auch die „Liebe zur spekulativen Philosophie".[64] Letzteres bezog sich wohl vor allem auf die Philosophie Kants, der bekanntlich seine Wirkungsstätte in Friedländers Heimatstadt Königsberg hatte. Friedländer sagt selbst, er habe den „hochwürdigen" Philosophen „so oft gesehen und gehört", habe ihn „von früher Jugend gekannt, und mit allen Religionsgenossen verehrt", und Kant habe Friedländer „seines Wohlwollens" gewürdigt.[65] Auch über seinen Freund, den ‚philosophischen Arzt' Marcus Herz, der bei Kant studiert hatte, stand er nach seinem Wegzug aus Königsberg in Verbindung mit Kant. So nahm Friedländer ein Portrait Kants mit nach Berlin, das sich Herz als ehemaliger Schüler in „Erinrungen an jene lehrreiche Stunden" über den Schreibtisch hängte.[66] Nach Herz' Tod veröffentlichte Friedländer eine Verteidigung der „innigen Verbindung zwischen Kant" und dessen ehemaligem Schüler, dem „vortreflichen Herz", die in einer Biographie Kants diffamiert worden war.[67] Zur innigen Verbindung zwischen Herz und Kant gehörte auch der gemeinsame Genuss von Wein, von dessen heilender Wirkung er durch Kant, der ein geselliger und „passionierter Weintrinker" war,[68]

64 Alexander von Humboldt an Benoni Friedländer, Berlin am 27. Dezember 1834; zitiert nach J. Loewenberg: Wilhelm und Alexander v. Humboldt im Verkehr mit ihren ältesten jüdischen Freunden. In: *Kalender und Jahrbuch für Israeliten* 12 (1865–1866), S. 70–71, hier S. 70.

65 Friedländer: *Beitrag zur Geschichte der Verfolgung der Juden im 19ten Jahrhundert*, S. 14.

66 Immanuel Kant: Kant's Briefwechsel I: 1747–1788. In: Ders.: *Gesammelte Schriften*, Bd. X, Zweite Abteilung, hrsg. von der Königlich Preußischen Akademie der Wissenschaften. Berlin: de Gruyter 1900, S. 121; vgl. auch ebd. S. 98, 119–121, 322–325.

67 Vgl. Ludwig Ernst Borowski: *Darstellung des Lebens und Charakters Immanuel Kants*. Königsberg: Nicolovius 1804; David Friedländer: Kant und Herz. In: *Neue Berlinische Monatsschrift* 13 (Februar 1805), S. 149–153, hier S. 150.

68 Vgl. Andreas Speer: Auf ein Glas Wein mit Kant. Oder: „Der Mensch ist, was

bekannt wurde. In seiner Autobiographie, in der er vor allem seine eigene Krankheitsgeschichte schildert, schreibt Herz:

> Meine Bekanntschaft mit meinem großen Lehrer Kant und dessen Empfehlungen brachten mir eine etwas bessere Diaet zu Wege, die doch eigentlich nur darin bestand daß ich einige mal wöchentlich ein Paar Gläser leichten Weines zu trinken bekam, ein Getränke das ich in der That bis dahin kaum der Erfahrung nach kannte, denn meine ganze körperliche Erziehung war eine ärmliche, von Wein war nie die Rede.[69]

Womöglich war es Friedländer, der Kant mit edlem Rheinwein versorgte. Trotz aller Kritik am „Schulfuchs“ traf er sich während seiner Aufenthalte in Königsberg vermutlich gerne auf ein Glas Wein mit Kant. Sie tauschten sich zwar auch über philosophische Fragen aus, doch sah Kant in Friedländer vor allem den Kaufmann und Seidenfabrikanten. Und so wandte er sich im November 1787 an den „berühmten jüdischen Negocianten“,[70] um ihn wegen des Verkaufs eines neuartigen Spinnrads um Rat zu fragen:

> Während dem, daß wieder die neuerliche Aufklärungsversuche allerley Einwürfe gemacht werden, erlauben Sie mir ein solches Mittel in Vorschlag zu bringen und Sie zum Beförderer derselben zu erbitten, wieder welches hoffentlich niemand etwas einzuwenden haben wird, nämlich etwas, das die Industrie, und mit ihr den Wohlstand, wobey denn gewöhnlich auch bessere Denkungsart sich einzufinden pflegt, ausnehmend befördern kan[n].[71]

Friedländer, der im Frühjahr 1787 zum „Generaldeputierten sämtlicher Judenschaften“ gewählt worden war, erwartete nach dieser umständlichen Einleitung wohl kaum die darauf folgende kaufmännische Anfrage, die er schließlich mit aller Offenherzigkeit beantwortete.[72] Vielleicht spiegelt sich hier die Ignoranz und Arroganz des

er trinkt“. In: *Forschung & Lehre* 19 (September 2012), S. 700–701. http://www.forschung-und-lehre.de/wordpress/Archiv/2012/ful_09-2012.pdf (Zugriff am 21.11.2013). Ich danke Andreas Lehnardt für den Hinweis auf diesen Artikel.

69 Marcus Herz: *Ein Stück Selbstbiographie und Krankheitsgeschichte. Unvollendet, aus den letzten Wochen seines Lebens. 1802–1803*; zitiert nach Gotthold Lessing (Hrsg.): *Carl Robert Lessings Bücher- und Handschriftensammlung*, Bd. 3. Berlin: Holten 1916, S. 101.

70 Kant: Kant’s Briefwechsel I: 1747–1788, S. 486.

71 Ebd., S. 479.

72 Friedländers Antwort, auf die Kant lange und ungeduldig warten musste, war eindeutig abschlägig; vgl. Kants Nachfrage an Herz am 24. Dezember 1787. In: Ebd., S. 486. Friedländer schätzte die Anwendung des neuen Spinnrads nur für einige Materialien als tauglich ein; zur Verarbeitung von Baumwolle, Seide und feinem Zwirn sei die neue Erfindung nicht gewinnbringend. In Bezug auf die Verarbeitung von Wolle führt er vor allem soziale Aspekte gegen die neue Maschine ins Feld, mit Argumenten, die im Zeitalter der Rationalisierungen ungewöhnlich sozial und naiv anmuten: „Zur Verarbeitung der gemeinen Wolle, die sehr schnell von der Hand gehet, und deren

Schulphilosophen gegenüber dem Juden *und* dem Popularphilosophen wider. Und so war Friedländers Verhältnis zu Kant denkbar ambivalent. Er tadelte, dass Kant „nicht die mindeste Kenntniß von hebräischer Sprache und Literatur“ besessen habe, und fügte, etwas paradox, hinzu: „Ich habe mit ihm darüber sehr interessante Unterredungen gehabt, und Gelegenheit gefunden, seine Scharfsinnigkeit zu bewundern; aber sie eignen sich zu keiner Mittheilung“.[73] Auf der einen Seite stand also die Bewunderung der Denkleistungen Kants, auf der anderen die Unzufriedenheit über Kants Desinteresse an der hebräischen Literatur und die Empörung über dessen Äußerungen über die Juden. Zwar lobte Kant einige Juden „mit Wärme“,[74] und zu diesen zählten Friedländer und Herz, doch förderte sein Weingenuss offensichtlich nicht die Erkenntnis, von den ihm bekannten Positivbeispielen auf das gesamte Judentum schließen zu können, d. h. ‚menschlich zu denken‘. Sein vernichtendes Urteil über die Juden lautete 1798 im Privatgespräch: „so lange die Juden Juden sind, sich beschneiden lassen, werden sie nie in der bürgerlichen Gesellschaft mehr nützlich werden. Jetzo sind sie die Vampyre der Gesellschaft“.[75] Im selben Jahr erschienen der *Streit der Fakultäten* und die *Anthropologie in pragmatischer Hinsicht*, gleich zwei Schriften, in denen Kant seine negative Meinung über das Judentum auch öffentlich kundtat. Gegen die philosophischen Angriffe auf das Judentum richtete Friedländer sein *Sendschreiben an Seine Hochwürden, Herrn Oberconsistorialrath und*

Lohn daher auch sehr gering ist, haben wir in der Marck bereits zu viele Hände, und die Menge dazu angestellter Colonisten könne kaum ihren dürfftigen Unterhalt damit gewinnen. Eine Erfindung die also Hände erspahren lernte, würde Statt einer Wohlthat, für diese Classe von Menschen ein wahres Unglük werden, wenn die Maschine allgemein eingeführt würde“; Friedländer an Kant am 8. Januar 1788. In: Ebd., S. 495. Nach der sehr sachverständigen und ausführlichen, aber ablehnenden Antwort Friedländers folgte keine weitere nachweisliche Korrespondenz zwischen Kant und Friedländer. Von einem dauerhaften Kontakt zwischen Kant und Friedländer geht dagegen Heinz Moshe Graupe aus; vgl. Heinz Moshe Graupe: Kant und das Judentum. In: *Zeitschrift für Religions- und Geistesgeschichte* 13 (1961), S. 308–333, hier S. 313. Zum Verhältnis der Berliner Maskilim zu Kant vgl. Christoph Schulte: Kant und die jüdische Aufklärung in Berlin. In: Dina Emundts (Hrsg.): *Immanuel Kant und die Berliner Aufklärung*. Wiesbaden: Reichert 2000, S. 80–97.

73 Friedländer: *Beitrag zur Geschichte der Verfolgung der Juden im 19ten Jahrhundert*, S. 19.

74 Johann Friedrich Abegg: *Reisetagebuch von 1798*, hrsg. v. Walter und Jolanda Abegg in Zusammenarbeit mit Zwi Batscha. Frankfurt am Main: Insel 1976, S. 185; vgl. auch Uta Lohmann: In Geselligkeit und Öffentlichkeit zum Nachdenken anregen und über das Judentum aufklären. Biographische Streiflichter auf David Friedländer, Einführung zu Friedländer: *Ausgewählte Werke*, S. 7–20, hier S. 11 und S. 16.

75 Abegg: *Reisetagebuch von 1798*, S. 190.

Probst Teller zu Berlin (1799).[76] In der *Anthropologie* reflektierte Kant über die Wirkung „berauschender Genießmittel“, zu denen er auch den Wein zählte.[77] Neben Bier gehöre der Wein zu jenen alkoholischen Getränken, die „zur geselligen Berauschung“ dienen, wobei nur die „Trinkgelage“ mit Wein „fröhlich, laut und mit Witz redselig“ seien.[78] Auch wer dem Alkoholgenuss vorsichtig gegenüberstand und aus welchen Gründen wusste Kant zu analysieren:

> Weiber, Geistliche und Juden betrinken gewöhnlich sich nicht, wenigstens vermeiden sie sorgfältig allen Schein davon, weil sie *bürgerlich* schwach sind und Zurückhaltung nöthig haben (wozu durchaus Nüchternheit erfordert wird).[79]

Die Begründung, die Kant nun folgen ließ, bezog sich wohl nur auf die Juden:

> Denn ihr äußerer Werth beruht blos auf dem *Glauben* Anderer an ihre Keuschheit, Frömmigkeit und separatistische Gesetzlichkeit. Denn was das letztere betrifft, so sind alle Separatisten, d.i. solche, die sich nicht blos einem öffentlichen Landesgesetz, sondern noch einem besonderen (sectenmäßig) unterwerfen, als Sonderlinge und vorgeblich Auserlesene, der Aufmerksamkeit des Gemeinwesens und der Schärfe der Kritik vorzüglich ausgesetzt; können also auch in der Aufmerksamkeit auf sich selbst nicht nachlassen, weil der Rausch, der diese Behutsamkeit wegnimmt, für sie ein *Skandal* ist.[80]

Folgenschwer warf Kant hier den Juden Separatismus vor und schürte damit die Sektenangst der obersten Staatsbehörden.[81] Dass die Juden,

76 Vgl. dazu Uta Lohmann: „Vereinigung aller derer, die Gott im Geist und in der Wahrheit anbeten“. Die Allgemeingültigkeit religiöser Wahrheiten und Friedländers *Sendschreiben an Propst Teller* (1799). In: Friedländer: *Ausgewählte Werke*, S. 169–184 oder die leicht überarbeitete und erweiterte Fassung, dies.: „Welche überschwängliche Eitelkeit, welcher gränzenlose Selbstdünkel“. David Friedländers *Sendschreiben an Propst Teller* (1799) – eine Entgegnung auf religionsphilosophische Abwertungen des Judentums. In: Ursula Goldenbaum / Alexander Košenina (Hrsg.): *Berliner Aufklärung. Kulturwissenschaftliche Studien*, Bd. 5. Hannover: Werhahn 2013, S. 163–190.

77 Immanuel Kant: *Anthropologie in pragmatischer Hinsicht.* Erstes Buch: „Vom Erkenntnißvermögen“, § 29: „Die Einbildungskraft“; zitiert nach ders.: *Werke*, Bd. VII. Berlin: de Gruyter 1968, S. 169. Friedländer kannte Kants Vorlesungen zur „Anthropologie“ bereits seit den frühen 1780er Jahren. In seinem Besitz befanden sich Kolleg-Nachschriften aus dem Wintersemester 1775 / 76; vgl. *Kant's Vorlesungen*, Bd. II: Vorlesungen über Anthropologie, hrsg. von der Akademie der Wissenschaften zu Göttingen. Berlin: de Gruyter 1997, S. 465–728.

78 Kant: *Anthropologie in pragmatischer Hinsicht*, S. 170.

79 Ebd., S. 171.

80 Ebd.

81 Allen voran die Furcht vor Sektenbildung des noch nicht lange inthronisierten Königs Friedrich Wilhelm III.; vgl. Lohmann: *David Friedländer*, S. 413–501 (Kap. 11–13), 515–520.

die er kannte, vielleicht einfach nur besser mit dem Weinkonsum umgehen konnten als er selbst, wollte Kant wohl nicht wahrhaben. Lieber schob er sie weiter ins Abseits der bürgerlichen Gesellschaft und sprach ihnen die Fähigkeit zur Geselligkeit und implizit auch zu „einer moralischen Eigenschaft, nämlich der Offenherzigkeit“[82] ab. Kant hätte es besser wissen müssen. Seine ‚Distanz von Lebenserfahrung und Welt‘ ließ diese Erkenntnis jedoch nicht zu.

82 Kant: *Anthropologie in pragmatischer Hinsicht*, S. 171.

Wie der Wein in Mitteleuropa jüdisch wurde

Kevin D. Goldberg

Wie der folgende Beitrag zeigen wird, haben Judentum, Juden und Wein eine komplizierte gemeinsame Geschichte. Seit der mythologischen Pflanzung von Weinbergen über die Handelsrouten der Diaspora bis hin zur modernen Halakha haben Juden in der Levante und anderswo seit langem sämtliche Sorten von Wein produziert, konsumiert, darüber rechtlich verhandelt und damit Handel getrieben. Die jüdische Religion bezieht noch immer Wein in ihrer Liturgie, ihren Festen und in den alltäglichen Handlungen mit ein, und auch der weltweite Weinhandel wird auf mehreren Kontinenten von vielen Juden betrieben. Daher überrascht es etwas, dass die Geschichte des neuzeitlichen Weines und seines Anbaus im Großen und Ganzen ohne besondere Beachtung der jüdischen Beteiligung daran dargestellt wurde. Diese Lücke möchte der vorliegende Beitrag schließen.[1] Während die Historiographie des Weinhandels die derzeitige jüdische Beteiligung daran weitgehend unbeachtet lässt, übersieht sie in gleichem Maße wie neuzeitliche Weine und der Diskurs darüber gesellschaftliche Ängste im 19. Jahrhundert reflektieren, insbesondere in Bezug auf die Kommerzialisierung des Weinhandels und die angebliche Entwurzelung des traditionellen Weinanbaus auf dem Land durch jüdische Händler.

1 Marni Davis hat vor Kurzem auf dieses Defizit in der Forschung zum amerikanischen Alkoholhandel aufmerksam gemacht. Marni Davis: *Jews and Booze: Becoming American in the Age of Prohibition*. New York: New York University Press 2012. Daniel Deckers, Herausgeber der *Frankfurter Allgemeinen Zeitung*, hat begonnen, die Geschichte der Juden im deutschen Weinhandel zu untersuchen. Siehe z. B. Daniel Deckers: Händler, Winzer, Kenner: Jüdische Spuren in der Geschichte der deutschen Weinkultur. In: *Fine. Das Weinmagazin* (2012), S. 118–123.

Selbstverständlich stellt die Definition des neuzeitlichen Weines zwangsweise ein Problem dar. Als offensichtlich (obwohl die Hegemonie der Historiographie des französischen Weinhandels dies lange zu verbergen suchte) hat sich erwiesen, dass nichts den Weinhandel Mitteleuropas in den Jahrzehnten zwischen 1860 und dem Ersten Weltkrieg so beharrlich begleitete wie die so genannte *Kunstweinfrage*. Diese unermüdlichen Debatten füllten die Seiten der Handelsjournale, beherrschten die Diskussion bei Handelstreffen, lieferten neues Material für den Klatsch der Winzer und trieben den meteorhaften Aufstieg der wissenschaftlichen Önologie an, um schließlich festzulegen, was bei der Herstellung von Naturwein zulässig war, um damit den deutschen und den österreichischen Handel bedrohlich zu lähmen. Obwohl der Weinhandel wie fast der gesamte Lebensmittelmarkt am Ende des 19. Jahrhunderts einschneidenden Veränderungen unterlag, war er dennoch besonders anfällig für technologische und kommerzielle Neuerungen.[2] Solche Streitpunkte wie Zusätze, Entsäuerung, Markenpolitik und Etikettierung entfachten eine jahrzehntelang erbittere Debatte zwischen Erzeugern, Händlern und Konsumenten aus unterschiedlichen Regionen und Gesellschaftsschichten. Jeder Historiker, der sich mit dem Judentum Mitteleuropas befasst – selbst jemand, der sich noch nie der Bedeutung des Weines in der jüdischen Geschichte bewusst war – würde schnell die Methoden und die Rhetorik dieser scheinbar zusammenhangslosen Weindebatten erkennen. Tatsache ist jedoch, wie gezeigt werden wird, dass moderner Wein in genau demselben Milieu und unter Verwendung derselben Sprache geschaffen wurde wie jene, die benutzt wurde, um die Juden am Eintritt in die nationalen Kulturen, besonders in Europa, zu hindern.

Begriffe wie Lisa Silvermans „Jüdische Spezifität" (*Jewish difference*) waren auffällig präsent im mitteleuropäischen Weinhandel.[3] Bei „Jüdische Spezifität" handelt es sich um eine analytische Kategorie für Historiker – wie Gender oder Schicht –, die sich auf „einen dialektischen, hierarchischen Rahmen bezieht, der das Verhältnis

2 Zu Nahrungsmittelbestimmungen in Deutschland während der Industrialisierung siehe Vera Hierholzer: *Nahrung nach Norm: Regulierung von Nahrungsmittelqualität in der Industrialisierung 1871–1914*. Göttingen: Vandenhoek & Ruprecht 2010. Zum Weinhandel im Besonderen siehe Ulrike Ingrid Bernhardt: *Geschichte des Weinrechts im Deutschen Kaiserreich (1871–1918)*. Frankfurt am Main: Peter Lang 2012.

3 Lisa Silverman: *Becoming Austrians: Jews and Culture Between the World Wars*. Oxford: Oxford University Press 2012.

zwischen sozial konstruierten Kategorien von ‚Jude' und ‚Nicht-Jude' umschreibt"[4]. Laut Silverman „bleibt der Begriff der jüdischen Spezifität meist unausgesprochen [...] doch genau diese ‚Unsichtbarkeit' könnte ihr stärkstes Charakteristikum darstellen."[5] Gelegentliche und engagierte Teilnahme an der Idee der „Jüdischen Spezifität", durch Juden wie Nicht-Juden gleichermaßen, hielt die binäre Struktur aufrecht, welche die entstehende Bedeutung und Ausformung von Identitäten auf solche Weise zuließ, dass diese eher unbewusst etabliert als absichtlich gestaltet wurde. „Jüdische Spezifität" lieferte den Weinhändlern und ihren politisch Verbündeten eine unmittelbar erkennbare Sprache, durch welche komplexe Probleme vereinfacht und simple Antworten formuliert werden konnten. Was die Rhetorik auf andere, nicht mitteilbare Weise bei der Frage des Kunstweinhandels begleitete, war etwas, das näher an dieser Jüdischen Spezifität als am Antisemitismus per se lag.

Die quantitative Erfassung der Anzahl von Juden, die am Weinhandel in Mitteleuropa beteiligt waren, ist nicht mehr möglich, doch einige Aussagen sind durchaus zulässig. Wie auch in Bezug auf andere Handelsgeschäfte variierte die jüdische Beteiligung daran je nach Gegend und Epoche. So waren zum Beispiel in einigen Gegenden Mitteleuropas wie Franken, Rheinhessen und Wien die jüdischen Weinhändler statistisch gesehen in der Überzahl, auch wenn koscherer Wein in den 70er Jahren des 19. Jahrhunderts zu einem Produkt geworden war, auf das sich sehr wenige jüdische Kaufleute beschränkt hatten.[6] Doch trotz regionaler Unterschiede erwies sich die Präsenz oder scheinbare Präsenz von Juden immer als Zündstoff. Bis zu dem Ausmaß, dass Wein in der Folge zu einem Politikum wurde, wobei sich die Positionen oft auf die vorherrschenden Gegebenheiten von Antisemitismus und der Politisierung der „Judenfrage" stützten. Somit war die Rechtsgeschichte und selbst die des Geschmacks von

4 Ebd., S. 6–7.

5 Ebd., S. 174.

6 Viele deutsch-jüdischen Weinhändlerfamilien hatten das Gefühl, die jüdischen Traditionen aufgeben zu müssen, um im Handel konkurrenzfähig zu sein. Die Familie von Nathan Fromms Unternehmen in Kitzingen sprach und verstand kein Jiddisch, und die jüdischen Speisegesetze wurden auch nicht bewusst beachtet. Alfred Fromm: *Wines, Music, and Lifelong Education*. California Jewish Community Oral History Series. Regional Oral History Office, University of California, Berkeley: The Bancroft Library 1988. Die Interviews wurden 1986 und 1987 von Elaine Dorfman und Caroline Crawford geführt.

modernem Wein sowohl mit dem wahren Einfluss jüdischer Kaufleute als auch mit der Paranoia über ihre missverstandene Vorherrschaft belastet.

I.

Wie auch vieles andere unterlagen die Produktion und der Vertrieb von Wein in der letzten Hälfte des 19. Jahrhunderts massiven Veränderungen. Neue Keltertechniken wurden mit modernen Verkaufsstrategien kombiniert, die Kreditmöglichkeiten vervielfältigten sich (wie auch die Risiken), ein zunehmender globaler Markt, unsichere Tarife und Steuerpolitik sowie Kooperationsstrategien einer Reihe von Handelshäusern revolutionierten den Handel.[7] In Deutschland verlief die Integration von Juden in die Handelsnetzwerke genauso gründlich wie im Bank- und Verlagswesen, auch wenn die Historiker davon kaum Notiz genommen haben. Selbst wenn die Enthüllung wenig schockiert, dass jüdische Weinhändler in Städten wie Berlin, Breslau oder Frankfurt am Main ansässig waren, so mag ihre Existenz im Herzen der Produktionsstätten doch eher überraschen. Städte wie Mainz, Bingen, Landau und Kitzingen waren jeweils die Heimat einer großen Anzahl von jüdischen Weinhändlern, die ihre lokal angebauten Weine vermarkteten, kelterten und an Verbraucher aus nah und fern verkauften.[8]

In Bingen, einer Stadt am Rhein mit einer relativ großen jüdischen Bevölkerung, waren 60 der 112 Weinhändler am Vorabend des Ersten Weltkrieges jüdisch, sowie auch 14 der 20 Wein-Kommissionäre (Großhändler) am Ort.[9] Eine der größten und innovativsten Firmen war die Seligmann Simons. Ihre höhlenartigen Keller umfassten vier hydraulische Weinpressen und eine elektrische Presse

7 Die Revolution des Weinhandels wurde traditionell sowohl als Phänomen des 20. Jahrhunderts als auch als französisches betrachtet. Ein wichtiger Beitrag dazu stammt von Leo Loubère: *The Wine Revolution in France: The Twentieth Century*. Princeton: Princeton University Press 1990. Eine neuerer Beitrag ist James Simpson: *Creating Wine: The Emergence of a World Industry, 1840–1914*. Princeton: Princeton University Press 2011.

8 Daniel Deckers merkt an, dass in einigen Regionen, einschließlich des berühmten Rheingaus, Juden Weinbergeigentümer und Winzer waren wie ihre nicht jüdischen Nachbarn. Deckers: *Händler, Winzer, Kenner*, S. 118–123.

9 Werner Grandjean: Jüdisches Bürgertum – Beitrag zur Entwicklung der Stadt Bingen vor dem Ersten Weltkrieg. In: *Heimat am Mittelrhein* 48,5 (2003) und 49,2 (2004) (nicht paginiert).

mit einem täglichen Produktionsvermögen von 40.000 Litern.[10] In der pfälzischen Stadt Landau waren um 1900 47 der 79 Weinhändler jüdisch, wohingegen im fränkischen Kitzingen zur selben Zeit 52 der 102 Weinhändler als jüdisch bezeichnet wurden. Tatsächlich arbeiteten mindestens 2/3 der relativ großen jüdischen Bevölkerung Kitzingens auf die eine oder andere Weise im Weinhandel.[11] Die Firma Nathan Fromm in Kitzingen (die später nach Büdesheim bei Bingen umgesiedelt wurde) war eine der größten und erfolgreichsten Firmen im Deutschen Reich. Sie hatte nicht nur ungefähr 150 Angestellte, darunter viele Küfer, d.h. Handwerker, die Fässer und Gefässe herstellten, sondern verfügte auch über beachtliche Kontakte, besonders zum Reichskolonialamt in Berlin und die Lloyd Passagierlinie.[12] In gleichem Maße beeindruckend waren die jüdischen Weinkommisionäre im Rheingau, die, als diese ihre Produktion und ihre Verkaufsstrategien modernisierten, eng mit den vielen traditionellen Großgrundbesitzern der Region zusammenarbeiteten.[13] Federführend unter diesen Maklern war der Wiesbadener Händler Ludwig Levitta, einer der umtriebigsten Großhändler ganz Deutschlands um das Jahr 1900. Wie viele andere deutsch-jüdische Weinhändler sollte auch Levitta ein paar Jahrzehnte später sein Ende in den Gaskammern von Auschwitz finden.[14]

Vor 1933 verursachte die Umsiedlung traditionell verwurzelter Winzer weitaus schärfere politische Reaktionen in der Doppelmonarchie als in Deutschland. Die Enttäuschungen der nicht-jüdischen Winzer als

10 Seligmann Simon: Weinbau u. Weingrosshandel Bingen a. Rh.. In: *Historisch-biographische Blätter. Industrie, Handel und Gewerbe*. Berlin. Undatiert, wohl um 1911.

11 Zu Kitzingen siehe Die Erfolgsgeschichte der jüdischen Weinhändler. http://www.kitzingen.info/fileadmin/.../juedische_geschichte_weinhaendler.pdf (Zugriff am 11.11.2013). Zu Landau siehe Günther List: Juden im Landauer Weinhandel: Skizze einer Gründerzeit. In: Alfred Hans Kuby (Hrsg.): *Juden in der Provinz: Beiträge zur Geschichte der Juden in der Pfalz zwischen Emanzipation und Vernichtung*. Neustadt: Verlag Pfälzische Post 1989, S. 65–85.

12 Elmar Schwinger: The Jewish Community in Kitzingen (1865–1942): Live (sic) between Success and Disaster. http://www.kitzingen.info/fileadmin/files_bildung_soziales/juedische_geschichte_eng.pdf (Zugriff am 20.11.2013).

13 Zur eindrucksvollen Geschichte und Wiederentdeckung des Rheingaus im 19. Jahrhundert, siehe Manfred Daunke: *Die Nassauisch-Preussische Weinbaudomäne im Rheingau 1806–1918*. Stuttgart: Steiner 2006.

14 Zur Erinnerung: Ludwig und Hertha Levitta sowie ihren Sohn Herbert Levitta. In: *Aktives Museum Spiegelgasse für Deutsch-Jüdische Geschichte in Wiesbaden e. V. Erinnerungsblätter*. http://www.am-spiegelgasse.de/wp-content/downloads/erinnerungsblaetter/EB-Levitta-Ludwig.pdf (Zugriff am 20.11.2013).

Abb. 1: Fotografie von Elias Simon, Julius Simon, Seligmann Simon und Moritz Simon (1906).

Folge der Modernisierungen des Handels fanden Linderung in den damaligen Gesprächen über die Gefährlichkeit der Juden innerhalb des Handels. Das Aufwerfen der „Judenfrage“ wurde routinemäßig zum Bestandteil der Kritik von Winzern und Politikern der Weinanbaugegenden an den Techniken und Praktiken der Etikettierung und des Wein-Marketing, welche sie für unecht, unglaubwürdig und irreführend hielten. Offene und stillschweigende Fälle der ‚Jüdischen Spezifität‘ im Weinhandel waren oft eine Form der rationalen Wirtschaft; eine Art und Weise, durch die die einen Profit erwirtschafteten und die anderen in die Armut (oder in den Konkurs) abdrifteten. Auch wenn es sehr wenig unbearbeiteten Boden in der Geschichtsschreibung des österreichischen Antisemitismus gibt, wird dennoch im Folgenden die These aufgestellt, dass die „Judenfrage“ eine bis jetzt unbearbeitete Komponente enthält: ihre Überschneidung mit der *Kunstweinfrage*.

Obwohl das deutsch-österreichische Burgenland geographisch betrachtet nach den Ersten Weltkrieg innerhalb des ungarischen Gebietes der Doppelmonarchie lag, so war diese Region dennoch sprachlich und kulturell gesehen zweifelsohne ein Weinanbaugebiet, das in großem Maße von jüdischen Familien beeinflusst wurde. Dies traf besonders in der ehemaligen Hochburg der Esterházy, Eisenstadt, in den so genannten Siebengemeinden des Burgenlandes zu. Einer der jüdischen Händler aus Eisenstadt, die 1790 gegründete Weinhandlung Wolf, wurde zum kulturellen und wirtschaftlichen Zentrum für die jüdische Gemeinde der Region. In der Mitte des 19. Jahrhunderts exportierte die Firma Leopold Wolf's Söhne Wein nach Wien, Böhmen, Mähren, in das russische Polen, das preußische Schlesien und nach Bayern und hatte zudem Handelsniederlassungen in Wien, Budapest, Fiume (Rijeka) und Spalato (Split). Zum 100sten Jubiläum der Firma 1890 spendete die Wolf-Familie 20.000 Florin an eine neu gegründete Pensionskasse zugunsten der ehemaligen Angestellten, deren Witwen und verwaiste Kinder.[15]

Die Familie Wolf, welche Richard Berczeller als die ‚Rothschilds des Burgenlandes' bezeichnete, waren Berühmtheiten bei ihren Nachbarn in der Judengasse in Eisenstadt und darüber hinaus. Sandor Wolf war als Gesicht der Familie im frühen 20. Jahrhundert der Repräsentant derselben. Er war in Wien ausgebildet worden und auch ein Veteran des Ersten Weltkrieges, einer der großen Sammler von Kunst und antiken Artefakten der Doppelmonarchie, sowie Vorstandsmitglied unzähliger jüdischer, nationaler und Handels-Vereinigungen.[16] Und das Unternehmen selbst war sogar noch beeindruckender: Mit seinen riesigen unterirdischen Kellern, seiner kulturellen Dominanz der jüdischen Gemeinde Eisenstadts und seiner weitergehenden Expansion im Ausland war das Wolfsche Weinimperium eine lokale Macht und zugleich ein wahrer globaler Großkonzern. In Folge des „Anschlusses" im Jahr 1938 war die Enteignung des Wolfschen Besitzes und die Unterbindung des Einflusses der Firma eine der ersten Prioritäten von Nazi-Deutschland in seinem neu gewonnenen Territorium.[17]

So beeindruckend seine Vorherrschaft im Burgenland war, hatte Wolf doch vieles mit anderen jüdischen Firmen in Mitteleuropa

15 *Deutsche Wein-Zeitung* (Beilage), 23.02.1890, S. 87.

16 *Die Familie Wolf: Verzeichnis der Nachkommen des Leopold und der Rosa Wolf, geb. Spitzer*, hrsg. v. Ernst Wolf. Wien: 1924.

17 Das Judenviertel in Eisenstadt. In: *Der Stürmer* 15,33 (1938), s. p. Siehe auch Sandor Wolfs Brief vom 13. August 1938 an G. S. Messersmith, amerikanischer Staatssekretär. Wolf, Sandor, Fiume, Italy. To G. S. Messersmith, Washington. Collection MSS 109, 1021-00. Special Collections Department, University of Delaware Library.

gemeinsam: Tendenzen der vertikalen Unternehmenskonzentration (Anbau, Herstellung, Lagerung und Verkauf), ein zunehmender Anteil am internationalen Markt, Produktvielfalt und aggressive Vermarktungsstrategien waren die Markenzeichen nicht nur von Wolf in Eisenstadt, sondern auch von Zimmermann Lipót und Söhne in Tokay (Ungarn), Seligmann Simon in Bingen (Rheinhessen), Leopold Durlacher in Kippenheim (Baden) und mehrerer anderer jüdischer Firmen. Doch was Wolf mit diesen Unternehmen besonders verband – und dieser Punkt wird im Folgenden genauer erläutert – ist die Tatsache, dass jedes davon letzten Endes Vorwürfen der Weinverfälschung, des Betrugs und der Verarmung der traditionsreichen ansässigen Weinbauern ausgesetzt war.[18] Der Diskurs der Antisemiten und anderer, die auch sonst den rasanten kommerziellen und sozialen Wandel der Epoche kritisierten, war derselbe, der in dem Genre der Qualitätsweinproduktion (wir würden heute sagen „Boutique-Wein" oder „Prädikat-Wein") verwandt wurde. Begriffe wie Naturwein, Gutsabfüllung, Herstellerauktion (bei denen der Händler ausgeschlossen war) und Weinetikettierung, die den Ursprung des Weines eher im Boden als im Keller hervorhob, wurden alle in gewissem Sinne erfunden oder umgestaltet in der Vermischung von Kunstwein- und „Judenfrage".

II.

In Deutschland waren solche politische Parteien, die Arbeiter und Landwirte anzusprechen versuchten, diejenigen, die am lautesten die *Juden-* mit der *Kunstweinfrage* in einen Zusammenhang brachten. Am offenkundigsten von allen war die Deutschsoziale Partei, jene agro-zentrische Organisation, die im Jahr 1889 von Theodor Fritsch und Max Liebermann von Sonnenberg gegründet worden war. Für diese Partei hatte die Verbindung zwischen Kunstwein und Juden – der angebliche Fluch des ehrenhaften Winzerdaseins – theologische

18 Betrugsanschuldigungen gegen Juden waren nichts Neues. Selbst im Esterházy-Gebiet kamen solche Anschuldigungen im Alkoholhandel bereits seit Hunderten von Jahren vor. 1752 legte der nicht jüdische Brauereibesitzer von Strebersdorf dem Haus Esterházy eine Petition vor, dass der jüdische Bierbrauer Josef aufgrund des Verkaufs von unreinem Bier vertrieben werde sollte. Auch wenn das Gericht der Esterházy die Anschuldigungen letztendlich als berechtigt erachtete, wurde keine Strafe verhängt, da der jüdische Braumeister seine Abgaben an das Haus Esterházy pünktlich zahlte. Siehe Harald Prickler: Beiträge zur Geschichte der Burgenländischen Juden Siedlungen. In: Rudolf Kropf (Hrsg.): *Juden im Grenzraum*. Eisenstadt: Burgenländisches Landesmuseum 1993, S. 100–101.

— 606 —

Leop. Wolf's Söhne, Eisenstadt.

Filialen: Wien, Budapest, Fiume, Spalato

P. T.

Wegen Arbeits-Ueberhäufung ist es uns gegenwärtig unmöglich, jeden einzelnen unserer Freunde zu verständigen, daß wir in der Lage sind, zu offeriren

2199 **türkische Rothwein-Trauben zu Frs. 11.—**

„ Weisswein- „ „ „ 13.—

per 100 Kilo **franco Constantinopel** in vom Käufer franco beizustellenden Gebinden oder Leihfaß zu sechs Centimes per Faß und Tag.

Eventuelle Aufträge sind **telegraphisch** zu richten an die Filiale in **Fiume**. — **Telegramm-Adresse: Wolfs.**

Proben der 1894er Weiß- und Rothweine gleicher Provenienz stehen zur Verfügung. — Die Rothtrauben geben **Verschnittwein.**

Leop. Wolf's Söhne.

Unsere diesjährigen Neuheiten in **Neujahrs-Glückwunschkarten** für die **Weinbranche** erscheinen **Mitte Oktober** u. bitten Muster jetzt schon zu verlangen. C.-B. 135. **Gebr. Hartmann, Vallendar a. Rh.** Lithographische Kunstanstalt, Buch- und Steindruckerei.

Rheingauer Naturweine (Specialität) reelle und reingehaltene Gewächse ... **Johann Baptist Hirschmann & Co.,** C.-B. 125 Weinbergsbesitzer. **Eltville a. Rh.**

Erste Bezugsquelle für Grossisten!

Aechter Vermouth di Torino.

Anerkannt beste Marke empfiehlt unter vortheilhaften Bedingungen. Proben gratis und franco.

Consortium italienischer Weinproduzenten (Consorzio di viticoltori Italiani) Central-Bureau C.-B. 149 **R. Salzer, Dresden N.**

Die Erste Deutsche Wermuthwein-Kellerei Otto Maul, Leipzig, empfiehlt ihren auf 18 Ausstellungen mit den höchsten Preisen prämiirten **Wermuthwein.** Vortheilhafteste Bezugsquelle für Weinhandlungen. Proben gratis und franco C.-B. 28

A. Schubnell gegründet **Mannheim** 1872

Vertreter der ersten Weinproduzenten. Transitlager in ausländischen Verschnitt-, Bordeaux- und Südweinen. *Samos Muscat.* C.-B. 4

Trauben-Import

Italiener u. Tyroler zu den billigsten Tagespreisen. Ferner: **Rothwein** verschnitten von Mark 35.— an bei **Cuny-Elbel** in **Basel** (Schweiz). NB. Tüchtige Agenten werden angenommen. 2078

Kohlensäure-Apparate. ... **H. Siebener,** ... **Traben** a. d. Mosel. 2186

Für **Brenner u. Weinhändler.** ... **94er weißen Italiener** zu verkaufen. ... 2184a an die Exp. d. Blattes.

Indischer Rohrzucker ... **J. Henninger's Nachf., Mannheim.** 1830

... Wilhelm Hirsch, Mannheim.

Reellste Bezugsquelle für **Pfälzer Weiß- und Rothweine! Billigste** ... **Proben franco. Herbstberichte.** Offerten unter Nr. 1768 an die Expedition d. Bl.

Wein-Reisender gesucht. ... **tüchtigen Reisenden für Rheinland und Westfalen** ... 2205 an die Expedition d. Bl. adressiren.

Grösste Cognac Brennerei Deutschlands Albert Buchholz Grünberg Schlesien Stammhaus München Köln a. Rh. Höchst prämiirt Billigste Bezugsquelle für den Grosshandel Zwei Millionen Liter Pro Jahr Export Amtlich beglaubigt. C.-B. 139

E. M. MAYER, MAINZ. Wein-Etiketten aller Art in grösster Auswahl. Musterbücher franco gegen franco. Specialität. Buch- & Steindruckerei.

COGNAC MACHOLL' Anerkannt leistungsfähigste Bezugsquelle für den Grosshandel. **Proben franco.**

Für einen **Küfer,** der in unserem Hause gelernt hat, ... **Polckow & Günzel,** Wein-Großhandlung, **Stettin.** 2158

Ein ... junger **Küfer** wünscht sich zu verändern. ...

Zum 1. Oct. ... **Weingroßhandlung** ein **Lehrling** ... **Herm. Christoffers, Braunschweig.** 2183

Lagerfaß-Verkauf. **Zehn** Stück ... 2232 an die Expedition dieses Blattes.

Weingeschäft **zu verkaufen.** ... **Rheingau** ... **Weingeschäft** ... **Wohnhaus, Garten** u. **gutem Keller** ... 2212

---

kleiner Weißwei[ne] ... **sucht Verbind[ung]** mit **Grossisten.** ... Rud. Mosse, ...

Mehrere neue eichen weingrüne Fäs[ser] ... **450 Hect.** ... **billig** ...

Frisch geleerte Pip[en] ... **A. Racke, Bingen a. R[h.]** **Weinessigfabrik.**

C. Berwanger ... **Wein- u. Liqueurfla[schen]** ...

Rother Portwe[in] ... **Morhardt & Co., Bremen.** Wein-Großhandlung. ...

Keller mit Fässer[n] **zu vermiethen** ... 51,000 Liter. ... Offerten an die Expedition der „Deutschen Weinzeitung“ Mainz unter Nr. 2201.

Hambur[g] ... **Wein-Agen[t]** ...

Destillateu[r] ... **Rudolf Mosse,** ...

Abb. 2: Annoncenteil der Ausgabe der *Deutschen Wein-Zeitung* vom 1. Oktober 1895.

Wurzeln, was ihre Satire auf Psalm 137,1 deutlich macht: „An den Wasserflüssen zu Babylon saßen sie und weinten, an den Weinflüssen Deutschlands sitzen sie und wässern"[19] Die Deutschsoziale Partei beschuldige die jüdischen Weinhändler der Preisabsprache durch Monopole, während Liebermann von Sonnenberg, der die erbitterte Weingesetz-Frage von 1892 im Reichstag als seinen Ausgangspunkt nutzte, die Juden beschuldigte, Deutschlands Ruf mit ihrer „Anfertigung von minderwerthigen Waaren."[20] Die Parteizeitung berichtete einige Jahre später, dass der Jude, „der so viel vom Weinbau versteht wie ein Bergbauer vom Seefahren", den deutschen Händler komplett ersetzt und die ehemals blühenden Weinbauregionen vernichtet habe.[21]

Trotz der Übertreibungen in vielen Behauptungen der Deutschsozialen Partei traf es doch zu, dass sich Deutschland einen internationalen Ruf in der Weinpanscherei erworben hatte. Händler, insbesondere jüdische, wurden mit alarmierenden Zahlen vor Gericht geschleift und für verschiedene Arten der Weinverfälschung und des Betrugs angeklagt. Die Deutschsoziale Partei war stets darauf erpicht, auf solche Beispiele hinzuweisen, wie im Falle Emanuel Goldschmidts, der im Jahr 1901 zu fünfzehn Tagen Gefängnis und einer erheblichen Geldbuße für die Herstellung und den Vertrieb von „Kunstwein" verurteilet wurde.[22] Ohne Frage waren jüdische Händler in den Verfahren wegen Weinpanscherei, die in Folge der Restriktion von 1879 gegen die künstliche Entsäuerung vor Gericht kamen und in Folge der genaueren Etikettierungsvorgaben in den 1890ern, überdurchschnittlich repräsentiert. Dies muss genauer erläutert werden.

Der Bingener jüdische Kaufmann Julius Kahn wurde auf den Seiten mehrerer Zeitschriften einer Reihe von Übertretungen beschuldigt, inklusive der Zugabe von Wasser und Zucker zu seinem Traubenmost. B. Levi, Kahns Anwalt, sah sich der vollen Macht des Staates gegenüber, am meisten jedoch traf sie der geachtete Chemiker und Önologe Dr. Fresenius, der als Zeuge auftrat. Die Anklage brachte Kahn mit einem anderen jüdischen Weinhändler in Verbindung, Isaak

19 *Deutsch-Soziale Blätter*, 23.12.1897, S. 404. Als Organ von Max Liebermann von Sonnenbergs Deutschsozialer Partei waren die *Blätter* voll von boshaften Bemerkungen gegen die deutschen Juden. Psalm 137,1 nach der Luther-Übersetzung: „An den Flüssen Babels saßen wir und weinten, wenn wir an Zion gedachten."

20 Reichstag. 207. Sitzung. 30. März 1892, 5135.

21 *Deutsch-Soziale Blätter*, 23.12.1897, S. 405.

22 *Deutsch-Soziale Blätter*, 24.01.1901, S. 47.

Levita aus Rüdesheim, und ging von einem Netzwerk jüdischer Weinpanscher aus. Auch wenn Kahn letzten Endes schuldig gesprochen wurde, stand die Strafe von 1.000 Mark ohne Gefängnisaufenthalt in keinem Verhältnis zur öffentlichen Aufmerksamkeit des Verfahrens. Es ist wichtig zu erwähnen, dass die Handelsblätter keine nennenswerte Notiz von Kahns Zugehörigkeit zum Judentum nahmen.[23] Auch wenn dies durch die relative Marginalisierung der explizit antisemitischen Gruppen im Deutschen Reich zu erklären ist, so schließt es dennoch nicht die Möglichkeit aus, dass Kahns jüdische Herkunft – oder seine „Jüdische Spezifität" – inhärenter Bestandteil der Anklage seiner Nachbarn, Konkurrenten und sogar des Staates gewesen war.

Ein anderer dramatischer Prozess, der die Aufmerksamkeit des Handels auf sich gezogen hat, war im Jahr 1881 die Anklage gegen die Firma von Moritz, Simon und Leopold Durlacher in Kippenheim – die selbsternannten einflussreichsten Weingroßhändler in Deutschland – wegen Herstellung und Verkauf von verwässertem oder auf andere Art verunreinigtem Wein. Auch wenn die Brüder bezeugten, allen entsäuerten Wein gegenüber den Kunden als solchen ausgegeben zu haben, so fand doch der renommierte Önologie Dr. Nessler aus Karlsruhe heraus, dass einige der Weißweine der Brüder nur einen dreißig- bis vierzigprozentigen Trauben-Anteil enthielten, während der Rest aus nicht weinartigem Anteile bestand. Fälle wie diese stellten eine Herausforderung für die bestehenden Definitionen von Natur- und Kunstwein dar. In der Tat wurde die bloße Bezeichnung dessen, aus was „Wein" bestand (im Zusammenhang der Berichterstattung über diese Verfahren fast immer in Anführungszeichen gebraucht), allgemein in Frage gestellt. Im Durchlacher Fall wurden alle drei Brüder durch den obersten Reichsgerichtshof in Leipzig zu drei Monaten Gefängnis, 1.000 Mark Bußgeld und Übernahme der Gerichtskosten verurteilt.[24] Wie im Falle Kahns wurde die Religion der Durlacher Brüder nicht explizit als Beweis für Betrug oder Fehlverhalten angeführt. Auch wurde die Strafverfolgung nicht auf einer

23 Siehe z.B. *Deutsche Wein-Zeitung*, 01.03.1882, S. 49; ebd, 08.03.1882, S. 55. Siehe auch die Darstellung des Falls Kahn in Zur Lage des Winzerstandes. In: *Christlich-Sociale Blätter: Katholisch-Sociales Central-Organ* 18 (1882), S. 26–58.

24 Ein Prozessbericht findet sich in Weinschmier-Prozess gegen die Gebrüder Durlacher in Kippenheim. In: *Wein-Halle*, 10.11. 1880, S. 7; Verhandlung und Entscheidung des Reichsgerichts in Leipzig gegen Moritz, Simon und Leopold Durlacher von Kippenheim. In: *Deutsche Wein-Zeitung*, 01.02.1881, S. 23–24.

offenkundig antisemitischen Ebene aufgebaut. Doch der noch nicht näher betrachtete Raum, der in den Berichten dieser Prozesse nicht auftaucht – wo Antisemitismus und „Jüdische Spezifität“ von großer Bedeutung waren –, lag zwischen einer sichtbar erfolgreichen und expandierenden jüdischen Firma und der von den nicht jüdischen Kaufleuten verspürten Irritation, die nicht in der Lage waren, sich in der Folge des laufenden wirtschaftlichen Umschwungs selbst neu zu erfinden.

In Deutschland, wo jüdische Händler zumindest stillschweigend für den Niedergang der Weinkultur verantwortlich gemacht wurden, unternahmen nur die Randparteien den Versuch, diesen Gedanken in Worte zu fassen. In Österreich jedoch, wo die Politik einen „neuen Schlüssel“ zu Verfügung hatte – um mit Carl Schorskes bekannter Formulierung zu sprechen – hatten die Politiker ausdrücklich die jüdische Beteiligung am Weinhandel als Gegenpol zum Naturwein aufgestellt.[25] Auch wenn man nicht allzu rasch eine enge Parallele ziehen sollte, so wurde dennoch in gewissem Sinn etwas, das in den deutschen Fällen nicht explizit gesagt wurde, anderswo doch klar artikuliert, wenn man Österreich genauer untersucht. 1898 fand im niederösterreichischen Landtag ein kleiner Skandal statt, als Albert Gessmann, der Mitbegründer der Christlichsozialen Partei (CSP), August Dötz, einen Verbündeten von Georg von Schönerer, beschuldigte seinen Förderern gepanschten „Judenwein“ in der Kneipe seines Heimatortes serviert zu haben. Als Dötz die Anschuldigung zurückwies, legte Gessmann nochmals nach und behauptete, dass eine Anzahl von Zeugen beweisen könne, dass Dötz mit einer Reihe von ungarisch jüdischen Weinhändlern bekannt sei, von denen er seinen Kunstwein beziehe.[26] Die Beschuldigung eines politischen Gegners, sich mit Juden (besonders ungarischen Juden) zu verbrüdern, war zugleich die Infragestellung des gegnerischen Bestrebens nach den angeblich besten Interessen der österreichischen nicht jüdischen Majorität. Genauer gesagt war die Anschuldigung eines Gegners in Bezug auf die *Kunstweinfrage* – wegen der offensichtlichen Vorherrschaft der jüdischen Weinpanscher in einem Handel mit einer langen Vorgeschichte fragwürdiger betrügerischer Praktiken – eine ähnliche politische Taktik wie bei

25 Carl. E. Schorske: *Wien. Geist und Gesellschaft im Fin de Siècle*. Frankfurt am Main: Fischer 1982, S. 111–168.

26 N. ö. Landtag. VIII. Wahlperiode. – 31. Sitzung der II. Session am 3. März 1898, S. 1043–1047.

der Beschuldigung bezüglich der „Judenfrage". Man sollte erwähnen, dass der Begriff „Judenwein" zum Synonym für gepanschten Wein im Allgemeinen geworden war, und dies bedeutete nicht immer zwangsweise, dass damit Wein gemeint war, der von Juden produziert oder verkauft wurde.[27]

Im Jahr 1901 verabschiedeten 21 österreichische Parlamentarier einen Gesetzesentwurf zur Unterbindung der Produktion und des Vertriebs von künstlichen Weinen. Sie behaupteten, dass ein ungewöhnlicher hoher Prozentsatz von in Österreich verkauften Weinen keine Naturprodukte seien, sondern eher das Ergebnis verschiedener Kunstgriffe, und dass das, was in Österreich als Wein verkauft würde, nicht an Reben gereift sei, sondern in Weinkellern angebaut worden war. Die Opfer waren die Konsumenten und die Gastwirte, die beim Kauf hinters Licht geführt wurden, da sie der Überzeugung waren, sortenreine Weine von Österreichs höchst prämierten Winzern zu erwerben. Die Gesetzesbrecher, so behaupteten sie, seien die jüdischen Großhändler in Österreich und Ungarn, von denen die meisten ungestraft davonkämen und einige sogar von dem verliehenen Titel „k. k. Hoflieferant " profitierten.[28] Natürlich waren um die Jahrhundertwende Debatten zur Weinherstellung und zum Platz der Juden in der Gesellschaft nichts Neues. Doch relativ neu war der gegenseitige Missbrauch.

In der anschließenden Parlamentsdebatte um den vermeintlichen Niedergang der Getreidekultur und des Weinbaus in Österreich führte ein Mitglied der Christlichsozialen Partei, Josef Kühschelm, eine Liste von Faktoren an, die zum Niedergang des inländischen Weinanbaus geführt hätten, u. a. Niedrigpreise, die Unsicherheit der Regierung, ausländische Konkurrenz, Abstinenzbewegungen und natürliche Gründe wie Getreidekrankheiten. Kühschelm war ordinierter Priester und ein hoch angesehener Fürsprecher der österreichischen Bauern. Er hielt Vorträge zur Bienenzucht, sorgte für

27 Robert Schlumberger Edler von Goldeck: *Weinhandel und Weinbau im Kaiserstaate Österreich 1804–1918*. Wien / Leipzig: Agrarverlag 1937. Der Autor zitiert bei vielen Gelegenheiten seinen Großvater, den Weinhändler August Schneider, wie dieser die Diskreditierung ehrenhafter österreichischer Winzer durch die Lieferanten von Judenwein beklagt.

28 Antrag der Abgeordneten Herzog, Dötz, Malik und Genossen, betreffend das gänzliche Verbot der Erzeugung und der Einfuhr von Kunstwein und des Handels mit demselben. In: *Beilagen zu den stenogr. Protokollen des Abgeordnetenhauses. XVII. Session*, 1901.

Bachregulierungen und Entwässerung von Gemeindegebieten und gründete sogar eine Winzer-Schule in Hollabrunn, Niederösterreich. Das hervorstechendste Merkmal für den Niedergang der Weinkultur war laut Kühschelm der Schaden, der den Winzern durch Mittelmänner und Kunstweinverkäufer oder „durch eine besondere Klasse von Menschen [...] ich meine Juden[,...] die die Früchte ernten, welche die Winzer und Bauern im Schweiße ihres Angesichts gesät hatten", zugefügt würde.[29] Kühschelm empfahl die Naturweine „von seinem Einzellagen", um zu zeigen, wie großartig österreichischer Weinbau ohne jüdisches Eingreifen sein könnte.

Zwei Jahre später, 1903, brachten Kühschelm und 15 andere Parlamentarier die Angelegenheit um die jüdischen Weinhändler wieder zurück ins Rampenlicht der Gesetzgebung. In einer Interpellation an den Ministerpräsidenten hoben sie die Anzahl der jüdischen Weinpanscher hervor, die einem regen Geschäft rund um Wien nachgingen. Anscheinend hatten Juden viele der Weinkeller in der Gegend aufgekauft und nutzten sie in der Folge, um Sorten je nach Wunsch des Kunden vermischen zu können. Wenn der Kunde einen bekannten österreichischen Wein wie Markersdorfer oder Retzer wünschte, dann sollen die jüdischen Händler ein Mischmasch oder ähnliches Gebräu an den Käufer, oft ein Hotel oder Restaurant, in einem Waggon mit dem echten Etikett des Winzers oder dem Siegel dieser bestimmten Region geliefert haben. Laut der Interpellation wurde die Masche angewandt, um hunderte Hektoliter von gepanschtem Wein in das Umland Wiens zu liefern, was zwar die jüdischen Händler reich machte, doch zugleich große Schande und Armut über die österreichischen Weinbauern brachte.[30]

Da die Frage der gesetzlichen Unterscheidung zwischen Natur- und Kunstwein bis zum Jahre 1907 noch nicht geklärt war, nutzte das Mitglied der Deutschnationalen Bewegung Österreichs (DNP), Josef Herzog, den Plenarsaal des Parlaments, um den heftigsten Angriff gegen die jüdischen Kaufleute vorzubereiten. Es war für Herzog kaum Zufall, dass die kaiserlichen Berater Pollack und Spitzer (die im

29 Abgeordneter Kühschelm, vorgetragen vor dem *Haus der Abgeordneten. 46. Sitzung der XVII. Session am 14. Mai 1901*, S. 3795.

30 Interpellation der Abgeordneten Johann Mayer, Leopold Daschl, Kühschelm und Genossen an Seine Excellenz den Herrn Ministerpräsidenten als Leiter des Ministeriums des Innern und des Justizministeriums. In: *Haus der Abgeordneten. 254. Sitzung der XVII. Session am 10. Dezember 1903*, S. 23134–23135.

Plenarsaal verächtlich als Juden bezeichnet wurden) das schwächstmögliche Weingesetz anstrebten, während ‚echte' Österreicher wie der Weinbaudirektor Reckendorfer für das strengst mögliche Gesetz gegen Panscherei und Falschetikettierung kämpfte. Herzog kritisierte die jüdischen Händler scharf dafür, dass sie die österreichischen Weinbauern während der Zeiten des Mehltaubefalls – wie 1896 – ausgenutzt hätten, als er sarkastisch bemerkte, dass die jüdischen Weinhändler in der Lage gewesen seien, Jahrgangsweine zu verkaufen, als gar keine angebaut worden waren. Er nannte des Weiteren Namen wie Leopold Wolf in Eisenstadt, Aron Wolf in Neudörfl und Adolf Mandl in Mattersdorf (heute Mattersburg). Sie wurden im Parlament beschuldigt, Wein gepanscht und den österreichischen Winzern Schaden zugefügt zu haben.

Nach der Verabschiedung des österreichischen Weingesetzes am 12. April 1907 scheiterte dieses darin, verschiedene Veredelungstechniken, wie z.B die Trockenzuckerung, gesetzlich zu unterbinden und überließ den Behörden vor Ort die Verantwortung dafür, wie die Regelungen sachgemäß umzusetzen seien.[31] Die renommierte Firma Wolf in Eisenstadt errichtete laut Herzog eine Kunstweinfabrik in Ebenfurth (Niederösterreich), und zwar unmittelbar, nachdem Ungarn ein weitaus strengeres Gesetz ungefähr zu derselben Zeit erlassen hatte. Man sagte, die Firma habe gezuckerten Wein aus Ebenfurth über die Grenze nach Eisenstadt in den Keller transportiert und diesen dann später als echten ungarischen Wein zurück nach Österreich transportiert. Zur Strafe für dieses Handeln wurden die Wolfs aus dem Klub der Wiener Weinhändler ausgeschlossen, obwohl die lange Geschichte des Klubs in Bezug auf Animositäten gegenüber den ungarischen Weinen hier nicht unberücksichtigt bleiben sollte.[32]

31 Eine vollständige Wiedergabe des Gesetzes von 1907 ist zu finden in August Wilhelm von Babo / Edmund Mach (Hrsg.): *Handbuch des Weinbaues und der Kellerwirtschaft*, Bd. 2. Berlin: Parey 1922, S. 807–808.

32 Siehe z. B. Beschwerde des Klubs der Wiener Weinhändler. In: *Weinbau und Weinhandel*, 22.08.1885, S. 275. Der Artikel beinhaltet einen Nachdruck der Petition des *Klubs*, die an die österreichische Handelskammer gesandt worden war und sich darüber beschwerte, dass ungarische Weinunternehmen weiterhin die bevorzugten Lieferanten für gemeinsame Militärmanöver im österreichischen oder ungarischen Gebiet seien.

In ähnlicher Weise wurden Aron und Sigmund Wolf aus Neudörfl beschuldigt, gepanschten Wein vertrieben zu haben.[33] Das Unternehmen von Sigmund und Aron Wolf war um 1900 einer der größten Weinhändlerbetriebe in Westungarn und lagerte mehr als 200.000 Liter Wein in seinen Kellern. Der Betrieb hatte mehr als 30 Vollzeitbeschäftigte und verfügte über eine eigene Fassbinderei. In Folge des lokalen Kunstwein-Skandals in Mattersdorf verfügte ein Stuhlrichter, dass die Firma den gesamten Inhalt ihres Kellers in den örtlichen Kanal schütten musste, der bald darauf den Spitznamen „Weinbach" erhielt. Aufgrund der immensen Rufschädigung und dem Zerbrechen seiner Ehe mir einer katholischen Frau aus dem Ort nahm sich Aron Wolf 1910 das Leben.[34]

Die Anschuldigungen gegen den jüdischen Kaufmann Mandl in Mattersdorf waren sogar noch schwerwiegender. Kurz nachdem er eine beachtliche Menge Wein von Mandl erworben hatte, erkrankten ein Bauer und sein Sohn plötzlich an Magenschmerzen. Beide verstarben kurz darauf in Folge dessen, was als Tod in Folge akuter Magenschmerzen aufgrund des Genusses von Mandls Wein diagnostiziert wurde.[35] Josef Herzog nutzte die Gelegenheit, um die Verstrickung der Geschäftsbeziehungen, inklusive des Handels mit jüdischem Wein, zwischen Juden und österreichischen Bauern zu analysieren, welche das Leben auf dem österreichischen Lande – in diesem Fall wörtlich – ruinierten.

All diese Anschuldigungen führten zu einigen allgemeinen Schlussfolgerungen. Was den Betrug in den meisten dieser Fälle ausmachte war eine Streitfrage. Es bestand weiterhin eine grundsätzliche Unstimmigkeit bezüglich der Definition von Natur- und Kunstwein, und jeder Versuch, diese Definitionen zu klären, um dem Weinhandel eine neue Richtung zu geben, basierte in vielen Fällen nur auf den Ängsten vor den jüdischen Schwindlern. Das Ködern mit der „Jüdischen Spezifität" war oft die wichtigste Waffe im Arsenal der traditionellen Händler. Entscheidend war zudem, dass der Randstatus der antisemitischen politischen Parteien (obwohl sie in Wahrheit die

33 Abgeordneter Herzog, *Haus der Abgeordneten. 477. Sitzung der XVII. Session am 18. Jänner 1907*, S. 41836–41837.

34 Franz Schachinger / Roman Tschirk: *Neudörfl: Geschichte und Geschichten.* Neudörfl: Marktgemeinde Neudörfl 1982, S. 156–158.

35 Abgeordneter Herzog, *Haus der Abgeordneten. 477. Sitzung der XVII. Session am 18. Jänner 1907*, S. 41835–41839.

Hauptströmung in Österreich darstellten) nicht zugleich bedeutete, dass ihre lautstarke Meinung zu Weinfragen ungehört blieb. Ganz im Gegenteil: In den verärgerten und festgefahrenen Debatten zum Weinhandel, die die ländlichen Instanzen mehr betrafen als die städtischen Wähler, waren diese antisemitischen Stimmen oftmals die einzigen, die ein nachvollziehbares und leicht verständliches Argument vorbrachten, auch wenn es noch so irreführend war. Dieses Argument war das der „Jüdischen Spezifität".

III.

Der vor Kurzem erfolgte ‚economic turn' in den Jüdischen Studien zwingt die Historiker dazu, anzuerkennen, dass die Juden Mitteleuropas in der Tat „außergewöhnliche" (extraordinaire) Zwischenhändler waren (manchmal in übertriebenem Sinne, doch natürlich nie frei erfunden) – ein Beruf der sich oft – und oft zu Recht – der ‚Wucherei' mitschuldig machte.[36] Doch müssen dabei einige Punkte genauer in Betracht gezogen werden. Man braucht gründlichere Untersuchungen bezüglich der Häufigkeit der Strafverfolgung, der Anteile und anderer Details bei den Prozessen der Weinpanscherei gegen Juden und Nicht-Juden. Historiker haben bisher Antisemitismus weder ausreichend definiert noch den Entwurf der „Jüdischen Spezifität" im Zusammenhang des jüdischen Handelserfolgs der sich schnell verändernden Agrarmärkte, besonders des Weinbaus, angewandt. Unbegründete Ängste gegenüber technischen Entwicklungen, Kreditmärkten, ausländischen Gütern, Nahrungsmittelpreisen, Landmangel etc. konnten bisher oft *nur* mithilfe „vernünftiger" Kohärenz des antisemitischen Diskurses oder „Jüdischer Spezifität" zum Ausdruck gebracht werden.[37]

Während die Beweislage hier sicherlich das Bewusstsein der „jüdischen Spezifität" in Mitteleuropa vor dem Ersten Weltkrieg bekräftigt hat, hat sie hoffentlich auch etwas die Methoden beleuchtet, anhand derer der Weinhandel modernisiert wurde: uneinheitlich, umstritten und oft auf gefährliche Weise. Die traditionellen Herstellungs- und

36 Jonathan Karp: Can Economic History Date the Inception of Jewish Modernity. In: Gideon Reuveni / Sarah Wobick-Segev (Hrsg.): *The Economy in Jewish History. New Perspectives on the Interrelations between Ethnicity and Economic Life*. New York: Berghahn: 2010, S. 23.

37 Olaf Blaschke: *Katholizismus und Antisemitismus im Deutschen Kaiserreich*. Göttingen: Vandenhoeck & Ruprecht 1999, S. 264–265.

Vertriebsmethoden wurden zunehmend unvereinbar mit modernem Handel und erzwangen eine aggressive Synthese zwischen statischer Tradition und krampfhafter Innovation. Der Abgleich der Weinqualität anhand der Verbreitung önologischer Kenntnis zusätzlich zu einem demokratischeren Zugang zu den Vertriebsnetzwerken trug den Samen eines revolutionären Wandels innerhalb eines bodenständigen Handels in sich. In den reaktionären Kämpfen – und nicht notwendigerweise mit einer offenkundigen antisemitischen Hetze als Ziel – wurden die oft als ausschließlich jüdisch betrachteten kapitalistischen Handelspraktiken zunehmend von denen, die Marktanteile zu verlieren hatten, in politische Köder verwandelt. Aus dieser Perspektive spielte die „Jüdische Spezifität“ eine entscheidende Rolle an einem Ort, an dem es nicht zu erwarten war: dem modernen Weinbau mit seinen erlesenen Weinen.

Aus dem Englischen von Elke Morlok

Wein und Judentum: Eine Auswahlbibliographie

Bassermann-Jordan, Friedrich von: *Geschichte des Weinbaus*. Frankfurt am Main: Frankfurter Verlagsanstalt 1923 (erweiterter Nachdruck 1975).

Becker, Lothar: *Rebe, Rausch und Religion. Eine Kulturgeschichtliche Studie zum Wein in der Bibel*. Münster: Lit 1999.

Ben-David, Arye: *Talmudische Ökonomie. Die Wirtschaft des jüdischen Palästina zur Zeit der Mischna und des Talmud*, Bd. 1. Hildesheim / New York: Olms 1974, S. 107–111.

Blaschke, Karl: *Lebenswasser. Wein in der Bibel*. Augsburg: Wißner 2010.

Böcher, Otto: *Der Wein und die Bibel*. Grünstadt: Sommer 1996.

Broshi, Magen: *Bread, Wine, Walls and the Scrolls*. London: Sheffield Academic Press 2001, S. 144–172.

Busse, Eduard: *Der Wein im Kult des Alten Testamentes. Religionsgeschichtliche Untersuchung zum Alten Testament*. Freiburg im Breisgau: Herder 1922.

Cotton, Hanna M. / Joseph Geiger: Wine for Herod. In: *Cathedra* 53 (1989), S. 3–12 (Hebräisch).

Dalman, Gustaf: *Arbeit und Sitte in Palästina*, Bd. 4: Brot, Öl und Wein. Gütersloh: Bertelsmann 1935, S. 291–413.

Delitzsch, Franz: *Die Bibel und der Wein*. Leipzig: Dörffling & Franke 1885.

Döller, Johannes: Der Wein in Bibel und Talmud. In: *Biblica* 4 (1923), S. 143–167, 267–299.

Dubach, Manuel: *Trunkenheit im Alten Testament: Begrifflichkeit – Zeugnisse – Wertung*. Stuttgart: Kohlhammer 2009.

Feliks, Jehuda: *Fruit Trees in the Bible and Talmudic Literature*. Jerusalem: Rubin Mass 1994, Bd. 1, S. 67–82 (Hebräisch).

Feldman, William Moses: Alcohol in Ancient Jewish Literature. In: *The British Journal of Inebrity* 24 (1924), S. 121–124.

Frankel, R.: *The History of the Processing of Wine and Oil in Galilee in the Period of the Bible, the Mishnah and the Talmud*. Diss. Tel Aviv 1984 (Hebräisch).

Gutermuth, Paul-Georg: *Der Wein und die Bibel. Freude ohne Grenzen*. Trier: Paulinus 2007.

Habermann, Abraham Me'ir: *'Innve ḥen – Me'a shire yayin le-meshorere Sefarad we-aratsot ha-mizraḥ*. Tel Aviv: Mahberot le-Sifrut 1943.

Harnack, Erich: Die Bibel und die alkoholischen Getränke. In: *Festschriften der vier Fakultäten zum 200jährigen Jubiläum der vereinigten Friedrich-Universität Halle-Wittenberg*. Halle an der Saale 1894, S. 115–132.

Jordan, David J.: *An Offering of Wine. An Introductory Exploration of the Role of Wine in the Hebrew Bible and Ancient Judaism through the Examination of the Semantics of Some Keywords*. Saarbrücken: Dr. Müller 2008.

Krauss, Samuel: *Talmudische Archäologie.* Leipzig: Fock 1910–1911, Bd. 1, S. 258–261; Bd. 2, S. 227–242.

Limbacher, Gottfried: *Weinbau in der Bibel.* Preßburg: Selbstverlag 1931.

Löw, Leopold: *Die Flora der Juden.* Wien / Leipzig: Löwit 1924–1934, Bd. 1., S. 49–189; Bd. 4, S. 110–117.

Manaresi, Mauro: *Wine and Interculturality: Judaism, Christianity, and Islam.* Ravenna: Longo 2011.

McGovern, Patrick E. / Stuart J. Fleming / Solomon H. Katz (Hrsg.): *The Origins and Ancient History of Wine.* London / New York: Routledge 1996.

Putzu, Vadim: *Bottled Poetry / Quencher of Hope. Wine as a Symbol and as an Instrument in Late Medieval and Early Modern Jewish Thought.* PhD Hebrew Union College, Jewish Institute of Religion 2013.

Scheindlin, Raymond P.: A Miniature Anthology of Medieval Hebrew Wine Songs. In: *Prooftexts* 4,3 (1984), S. 269–300.

—: *Wine, Women, and Death. Medieval Hebrew Poetry on the Good Life.* Oxford / New York: Jewish Publication Society / Oxford University Press 1986.

Silman, Neomi: *Wine as a Symbol in Jewish Culture.* Tel Aviv: Ha-Kibbuts ha-Me'uḥad 2014 (Hebräisch).

Soloveitchik, Haym: *Principles and Pressures: Jewish Trade in Gentile Wine in the Middle Ages.* Tel Aviv: Am Oved 2003 (Hebräisch).

—: *Wine in Ashkenaz in the Middle Ages. Yeyn Nesekh – A Study in the History of Halakhah.* Jerusalem: Zalman Shazar Center 2008 (Hebräisch).

Stark, Moses: *Der Wein im jüdischen Schrifttum und Cultus.* Wien: Waizner 1902.

Zapletal, Ninzenz: *Der Wein in der Bibel.* Freiburg: Herder 1920.

Zohary, Michael: *Pflanzen der Bibel. Vollständiges Handbuch.* Stuttgart: Calwer 1983, S. 54–55.

Abbildungsnachweise

Elke Morlok: Zwischen Ekstase und Gottesfurcht.

Abb. 1 D. C. Matt: *The Zohar. Pritzker Edition*, 7 Bde. Stanford: Stanford University Press 2004–2012, Bd. 1, S. XI – © Stanford University Press.

Andreas Lehnardt: „Im Kelche ein Wunder".

Abb. 1 Genisa Veitshöchheim-H-IV-76-4.

Abb. 2 Universitätsbibliothek Frankfurt am Main, Ms hebr. oct. 17, fol. 12v.

Abraham David: Der Weinkonsum bei Juden des Nahen Ostens.

Abb. 1 Cambridge University Library T.-S. NS 338-051.

Abb. 2 Cambridge University Library T.-S. 8 J 006-020.

Abb. 3 Cambridge University Library T.-S. 8J 8,11 B.

Uta Lohmann: „Dieser alte Rheinwein mundet nur noch".

Abb. 1 *Der Philosoph für die Welt*, hrsg. v. J. J. Engel. Berlin: Myliussische Buchhandlung 1801.

Abb. 2 Berlin Kupferstichkabinett SMB, Inv. 995-133.

Kevin D. Goldberg: Wie der Wein in Mitteleuropa jüdisch wurde.

Abb. 1 Seligmann Simon: Weinbau u. Weingrosshandel Bingen a. Rh. In: *Historisch-biographische Blätter. Industrie, Handel und Gewerbe*. Berlin: Ecksteins Biographischer Verlag [ca. 1911], S. 10. .

Abb. 2 *Deutsche Wein-Zeitung*, 01.10.1895, S. 606. http://www.dilibri.de/rlb/image/view/232982?w=704 (Zugriff am 11.11.2013).

Autorinnen und Autoren

Mirjam Beddig (M.A. Jüdische Studien 2012/2013, Heinrich Heine-Universität Düsseldorf) ist derzeit am Jüdischen Museum in Berlin tätig.

Abraham David (Ph.D. 1976, Hebrew University Jerusalem) war Head Researcher of Hebrew Manuscripts an der National Library in Jerusalem und gilt als Experte auf dem Gebiet der jüdischen Geschichte des Mittelalters und der frühen Neuzeit. Zu seinen wichtigen Publikationen zählen: *A Hebrew Chronicle from Prague, c. 1615.* Tuscaloosa: University of Alabama Press 1993; *To Come to the Land: Immigration and Settlement in 16th-Century Eretz-Israel.* Tuscaloosa: University of Alabama Press 1999; *In Zion and Jerusalem. The Itinerary of Rabbi Moses Basola (1521–1523).* Jerusalem: C.G. Foundation 1999 und *Jewish Settlement in Eretz ha-Zvi. Texts and Studies on Late Medieval Jewish History in the Land of Israel.* Jerusalem: Rubin Mass 2013.

Kevin Goldberg ist Instructor am Department of History & Philosophy, Kennesaw State University; er arbeitet zur Zeit an einem Buch mit dem Titel *The Fermentation of Modern Taste: German Wine from Napoleon to the Great War.*

Tal Ilan (Ph.D. 1991, Hebrew University Jerusalem) ist Professorin für Judaistik an der FU Berlin und Expertin für die Geschichte der Juden in der Zeit des Zweiten Tempels sowie Spezialistin im Bereich jüdische Frauen in der Antike. Sie leitete von 2006 bis 2012 das DFG-Projekt zur Erfassung jüdischer Namen in der Antike und ist Initiatorin und Herausgeberin eines feministischen, ebenfalls als DFG-Projekt geförderten Kommentars zum Babylonischen Talmud. Zu ihren wichtigsten Publikationen zählen *Mine and Yours are Hers. Retrieving Women's History from Rabbinic Literature.* Leiden 1997; *Lexicon of Jewish Names in Late Antiquity*, 4 Bde. Tübingen: Mohr Siebeck 2002–2012 und *Silencing the Queen. The Literary Histories of Shelamzion and other Jewish Women.* Tübingen: Mohr Siebeck 2006.

Andreas Lehnardt (Dr. phil. 1999, Freie Universität Berlin) ist Professor für Judaistik an der Johannes Gutenberg-Universität Mainz. Er leitet mehrere wissenschaftliche Projekte, unter anderem ein Projekt zur Erschließung hebräischer Einbandfragmente und ein Projekt zu mittelalterlichen Zitaten aus dem Talmud Yerushalmi, beide gefördert durch die DFG. Er ist Verfasser von *Qaddish. Studien Untersuchungen zur Entstehung und Rezeption eines rabbinischen Gebetes.* Tübingen: Mohr Siebeck 2002 und Herausgeber von ‚*Genizat Germania*' *Hebrew and Aramaic Binding Fragments from Germany in Context.* (= ‚European Genizah': Texts and Studies, Bd. 1). Leiden, Boston: Brill 2011. Zuletzt wurde von ihm eine Übersetzung von Nachman Krochmal: *Führer der Verwirrten der Zeit*, 2 Bde. Hamburg: Meiner 2012 veröffentlicht.

Uta Lohmann (Dr. phil. 2012, Universität Duisburg-Essen) ist Wissenschaftliche Mitarbeiterin am DFG-Projekt „David Friedländer und Wilhelm von Humboldt im Gespräch. Zur Wechselwirkung zwischen Haskala und Neuhumanismus" (Universität Hamburg). Zu ihren Forschungsschwerpunkten gehören jüdische Bildungsgeschichte und Berliner Haskala. Veröffentlichungen (in Auswahl): *„Lerne Vernunft!" Jüdische Erziehungsprogramme zwischen Tradition und Modernisierung. Quellentexte aus der Zeit der Haskala, 1760–1811*, hrsg. zus. mit Ingrid Lohmann. Münster u. a.: Waxmann 2005; *David Friedländer. Reformpolitik im Zeichen von Aufklärung und Emanzipation – Kontexte des preußischen Judenedikts vom 11. März 1812.* Hannover: Wehrhahn 2013 und *David Friedländer. Ausgewählte Werke.* Köln u. a.: Böhlau 2013.

Farina Marx (M. A. Jüdische Studien 2012, Heinrich Heine-Universität Düsseldorf) war Wissenschaftliche Mitarbeiterin am Lehrstuhl für Judaistik an der Johannes Gutenberg-Universität Mainz.

Elke Morlok (Ph. D. 2008, Hebrew University Jerusalem) studierte Evangelische Theologie und Judaistik in Tübingen, Heidelberg und Jerusalem und schloss 2008 ihre Promotion bei Moshe Idel zum Thema *Rabbi Joseph Gikatilla's Hermeneutics* ab, die 2011 im Verlag Mohr Siebeck Tübingen veröffentlicht wurde. Von 2007 bis 2013 war sie Wissenschaftliche Mitarbeiterin am Lehrstuhl für Jüdische Philosophie und Geistesgeschichte an der Hochschule für Jüdische Studien Heidelberg.

Susanne Plietzsch (Dr. theol. 1999, Universität Leipzig), ist Professorin für Jüdische Studien und Leiterin des Zentrums für Jüdische Kulturgeschichte an der Universität Salzburg. Ihre Forschungsschwerpunkte liegen auf dem Gebiet der rabbinischen Literatur, Judentum und Christentum in der Antike, jüdische Bibelexegese und -hermeneutik. Herausgegeben hat sie *Literatur im Dialog: Die Faszination von Talmud und Midrasch*, Zürich: TVZ 2007 und (zusammen mit Michael Krupp) *Die Mischna – Schädigungen, Seder Neziqin*, Frankfurt am Main: Verlag der Weltreligionen 2008. Unter der Adresse http://bereschitrabba.hypotheses.org/ veröffentlicht sie kontinuierlich einen Blog zum *Midrasch Bereshit Rabba.*

Bill Rebiger (Dr. phil. 2004, Freie Universität Berlin) war als wissenschaftlicher Mitarbeiter im DFG-Projekt „‚Das Buch der Geheimnisse' (Sefer ha-Razim) – Edition, Übersetzung und Kommentar unter besonderer Berücksichtigung der Rezeptionsgeschiche" tätig; von 2004 bis 2009 war er Wissenschaftlicher Mitarbeiter an der Philipps-Universität Marburg im DFG-Projekt „Der Jerusalemer Talmud in deutscher Übersetzung"; seit 2009 war er Mitarbeiter in dem DFG-Projekt „Yohanan Alemanno" sowie Lehrbeauftragter am Institut für Judaistik der FU Berlin. Er ist Verfasser von *Gittin – Scheidebriefe*. Tübingen: Mohr Siebeck 2008; *Sefer Shimmush Tehillim. Buch vom magischen Gebrauch der Psalmen – Edition, Übersetzung und Kommentar*. Tübingen: Mohr Siebeck 2010 und *Das jüdische Berlin. Kultur, Religion und Alltag gestern und heute*. Berlin: Jaron 2010.

Giuseppe Veltri (Dr. phil. 1991, FU Berlin) war Professor für Judaistik / Jüdische Studien an der Martin Luther-Universität in Halle an der Saale. 2014 nahm er einen Ruf auf eine Professur an der Universität Hamburg an. Er ist Vorsitzender des Verbandes der Judaisten in Deutschland. Zu seinen wichtigsten Veröffentlichungen gehören *Magie und Halakha. Ansätze zu einem empirischen Wissenschaftsbegriff im spätantiken und frühmittelalterlichen Judentum*. Tübingen: Mohr Siebeck 1997; *Gegenwart der Tradition, Studien zur jüdischen Literatur und Kulturgeschichte*. Leiden: Brill 2002 und *An der Schwelle zur Moderne: Juden in der Renaissance*, hrsg. zus. mit Annette Winkelmann. Leiden: Brill 2003.

Register

Personen (in Auswahl)

Orte, Namen, Sachen (in Auswahl)

Jüdische Kulturgeschichte in der Moderne

hrsg. von Joachim Schlör

Bereits erschienen

Bd. 1 Sebastian Schirrmeister:
Das Gastspiel. Friedrich Lobe und das hebräische Theater 1933–1950

Bd. 2 Andreas Lehnardt (Hrsg.):
Wein und Judentum

In Planung

Bd. 3 Lea Wohl von Haselberg (Hrsg.):
Hybride Identitäten des Jüdischen.
Gemischte Familien und patrilineare Juden

Bd. 4 Alina Gromova / Felix Heinert / Sebastian Voigt (Hrsg.):
Jewish and Non-Jewish Spaces in Urban Context

Bd. 5 Maria Teresa Sciacca:
Theater ohne Publikum. Literatur im Exil am Beispiel Friedrich Wolfs

Bd. 6 Martin Kindermann:
Zuhause im Text. Raumkonstitution und Erinnerungskonstruktion
im zeitgenössischen anglo-jüdischen Roman

Bd. 7 Lea Wohl von Haselberg:
Und nach dem Holocaust?
Jüdische Figuren im (west-)deutschen Spielfilm nach 1945